中学数学开放式教学
实践与探究

■ 黄 雄◎著

厦门大学出版社 国家一级出版社
XIAMEN UNIVERSITY PRESS 全国百佳图书出版单位

图书在版编目(CIP)数据

中学数学开放式教学实践与探究/黄雄著.—厦门:厦门大学出版社,2021.8
ISBN 978-7-5615-8378-4

Ⅰ.①中… Ⅱ.①黄… Ⅲ.①中学数学课—教学模式—教学研究 Ⅳ.①G633.602

中国版本图书馆 CIP 数据核字(2021)第 173832 号

出 版 人	郑文礼
责任编辑	李峰伟

出版发行 厦门大学出版社

社 址	厦门市软件园二期望海路 39 号
邮政编码	361008
总 机	0592-2181111 0592-2181406(传真)
营销中心	0592-2184458 0592-2181365
网 址	http://www.xmupress.com
邮 箱	xmup@xmupress.com
印 刷	厦门市明亮彩印有限公司

开本	787 mm×1 092 mm 1/16
印张	22.5
字数	548 千字
版次	2021 年 8 月第 1 版
印次	2021 年 8 月第 1 次印刷
定价	69.00 元

本书如有印装质量问题请直接寄承印厂调换

厦门大学出版社
微信二维码

厦门大学出版社
微博二维码

内容简介

　　本书基于人本主义的教学理论模型和建构主义的教学模式,构建中学数学开放式教学.中学数学开放式教学主要指教学思想开放、教学内容开放、教学形式开放、教学手段开放和教学评价开放等.全书分为三大模块.第一模块是开放式教学的理论支撑及开放性特征、意义和内容等;第二模块,在开放式教学的理论指导下,以翔实的教学范例分别阐述教学内容、教学形式、教学手段等不同角度的开放式教学;第三模块,主要阐述开放式教学实践对教师在教育理念、教师技能和教科研等专业成长方面起到的重要作用.全书相关教学案例均采用全过程教学设计的撰写方式,为广大一线数学教育工作者提供真实的开放式教学范例,力求为中学数学教学提供新模式、新方法和新思路.

序

    开放式教学是一种适应当前教育改革深化和教育形势发展的教学模式,充分凸显以学生为主体、以教师为主导的现代教育理念,有利于教师在教学过程中突破空间与教材的局限,突破传统教学手段、教学形式、教学方法的束缚,充分发挥组织者、引导者的重要作用,亦有利于培养学生学习的自主性和主动性,培养学生发现问题、提出问题、分析问题和解决问题的能力,培养创新精神和创新能力,尽可能地挖掘学生各方面潜能以提升学科核心素养和综合素质.有鉴于此,开展开放式教学的实践与相关探究是一项非常有必要且有着重要现实和深远意义的工作.

    黄雄老师长期坚持不懈地潜心于教学、教改与教研工作,继全国教育科学"十三五"规划、2018 年度教育部重点课题"基于 STEM 教育理念的初中数学'综合与实践'课程教学研究"成果获 2020 年福建省基础教育教学成果特等奖之后,旋即转至中学数学开放式教学的探索,足见其对中学数学教研之顽强的意志、坚韧的执着和深挚的情怀.余忝为其师,既有着"青出于蓝"之喜悦,又有些许汗颜.

    黄雄老师的这本专著,以建构主义和人本主义教育观为理论基础,详尽介绍了国内外关于开放式教学探讨的相关进展,全面阐述了开放式教学在基础教育以及中学数学教学中的地位、作用和意义.尤其要指出的是,书中以大量的示范性案例给出教学内容开放、教学形式开放、教学手段开放的针对性实践探索,这对一线教师具有极大的实质性的参考与借鉴价值.

    欣为本书作序,又惶恐才疏文拙、言不达意,令大作黯失光耀.然坚信其精华与闪光之处,必将对一线教师更好地从事开放式教学实践与探究,对提升教师的专业水平、能力和素质,对基础教育改革的深入开展,培养建设现代化国家所需的全面发展的优秀人才发挥着很好的推动与促进作用.

邱淦俤

2021 年 8 月

　　建构主义教育观强调学习者的主动性,认为知识不是通过教师传授得到,而是学习者在一定的情境下,借助他人的帮助,利用必要的学习资料,通过生成意义、建构理解的方式获得.人本主义教育观则主张以人为本,以情感、意志等非理性因素为基础来开发学生的潜能和精神发展,强调将人的潜能充分释放和人的价值的自我实现,倡导教学过程中民主、平等、和谐的师生关系.而传统教学忽略学生的主体作用,教学内容、方法、形式固化,教学手段、考核评价单一等,既不能适应现代教育发展的基本要求,也不能适应现代教育培养人才的需要.20世纪50年代,我国提倡采用启发式教学法.毫无疑问,启发式教学法比填鸭式好得多,在一定程度上能提高学生学习的积极性,使他们所学的知识更为扎实和巩固,但仍有很大的局限性,那就是老师的任务仍然只是"教"和传授知识;学生的任务仍然只是"学"和接受知识.虽然老师采用启发的方式,使学生更懂些,更好些,但是本质上没有改变学习只是被动学习的定位,这样的定位很难培养出适应时代需要的创新开拓性人才.

　　为此,在全面深化教育改革,为建设社会主义现代化国家培养大量全面发展的优秀人才的当今基础教育界,就非常有必要进行开放式教学的探究与实践.近年来,笔者努力在实际教学中,不断有意识地将人本主义教育观与建构主义教育观渗透到自己的教学实践中,积极探索以学生为本的开放式教学实践.

　　开放式教学指教师以知识教学为载体,把关注人的发展作为首要目标,通过创造有利于学生主动发展的教学环境,提供给学生充分发展的空间,从而促进学生在积极主动的探索过程中,各方面素质得到发展.开放式教学主要包括教学思想开放、教学目标开放、教学内容开放、教学形式开放、教学手段开放和教学评价开放等.其基本内涵是以人为本,立足发展的教育理念、多元的教育教学目标、开放的教学环境、多样的教学形式、多种教学手段的应用、多维的教学设计和多角度的教学评价.它在解决问题的过程中给每个学生以充分的自由,展示学生的个性,使每个学生都有参与的机会,都能发表自己的观点,使其根据个人的能力、兴趣和爱好,得以开发创造潜能,培养创新意识和实践能力,从而实现"以人的发展为目的"之教育目的,是实行创新教育的有效形式.中学数学开放式教学具有开放性、主体性、创新性、有效性和鲜明的学科性等特征.

　　教学实践证明:开放式教学有利于推进课程改革,符合现代教育发展的客观要求;有利于优化教学系统,实现提高教学效益的价值追求;有利于培养学生创新精神,满足学生全面发展的需要;有利于提高教师素质,促进研究型教师的培养.本书侧重在教学内容开放、教学手段开放、教学形式开放等方面展开教学探究,从长期教学积淀的丰富素材中精心挑选 15 个教学内容开放的教学案例、15 个教学手段开放的教学案例、16 个教学形式开放的教学案例作为本书的主要教学实践架构,力求通过这些教学案例,向广大一线教师展示开放式教学的优秀范例,为他们在教学实践中实施开放式教学提供可借鉴、可模仿的教学设计并付诸教学实践.在每个教学案例的最后,笔者以注析的方式将教学设计及教学过程的得失和执教的心路历程进行系统的总结和反思,试图引发读者更多的思考与创新.

在开放式教学实践与探究的过程中,得到恩师福建省高校教学名师、宁德师范学院邱淦俤教授的精心指导,邱淦俤教授就开放式教学的内涵与外延、各类开放式教学的深度与广度等,对笔者进行高屋建瓴的耐心指导.同时,邱淦俤教授还深入开放式教学课堂听课与评课,指导如何上好、上出开放式教学课程的精华和特色.正是在邱淦俤教授的关心和鼓励下,才有拙作的出版.在此对邱淦俤教授几十年如一日地对笔者专业发展的关心、提升、鼓励和帮助,深表真挚谢意! 同时,在编写过程中,福建省厦门双十中学数学组同仁许波、王成焱、陈锦荀、黄慧萍、康晓灵、庄夏云、李美静、林心怡、马贺、邓世兵等老师提供了丰富的案例素材,在此一并致以诚挚的谢意! 此外,衷心感谢厦门大学出版社的支持和帮助.

限于笔者的学识和水平,书中难免有各种疏漏或不足,敬请专家、读者批评指正.

黄　雄

2021 年 8 月

CONTENTS | 目　录

第一章　开放式教学概论

第一节　开放式教学理论基础

一、开放式教学概念及内涵

开放式教学指教师以知识教学为载体,把关注人的发展作为首要目标,通过创造有利于学生生动活泼、主动发展的教学环境,提供给学生充分发展的空间,从而促进学生在积极主动的探索过程中,各方面素质得到发展.开放式教学包括教学思想开放、教学目标开放、教学内容开放、教学形式开放、教学手段开放和教学评价开放等.

开放式教学的核心是以学生的发展为本,实施开放式教学极其重要的是完成教师和学生在教学活动中角色的转变:教师从知识的传输者变为指导者,学生从知识的被动接受者变为知识的主动建构者.

第一,从教学思想看,教师在开放式教学中,必须树立以学生为中心的教育理念,大胆地将课堂教学的主动权交到学生手上,以"助产师"的身份,组织学生主动建构新知识.在整个教学过程中,教师的角色由"教"者变成"导"者,通过营造开放的教学和学习环境,以开放的心态包容学生的不同观点和标新立异的想法,彻底摒弃以教师为中心,强调知识传授,把学生当作知识灌输对象的传统教学观念.

第二,从教学目标看,开放式教学的目标是多维的、弹性的、灵活的,强调从学生的具体学情出发,关注每一个学生,注重学生的全面发展.制定教学目标的策略是根据学生的不同情况,立足于学生的最近发展区,制定学生可达到的阶段性目标.制定的教学目标既关注知识和技能,也关注过程与方法,更强调学生情感态度价值观的养成.

第三,从教学内容看,开放式教学从内容上要求开发教学资源,打破一本书、一个课堂的局限,努力开阔学生视野.教材不是凭借,只是例子,教师可以根据阶段性目标重新组织教学内容,创造性地用教材,在使用教材的过程中融入自己的科学精神和智慧,对教材知识进行重组和整合,选取更好的内容对教材进行深加工,设计出活生生的、丰富多彩的课来,充分有效地将教材的知识激活,形成有教师教学个性的教材知识.

第四,从教学设计看,开放式教学过程中的程序、环节、步骤不再走模式道路,是可变的,可以调整的,不是僵化的,不再把程序变成工序,教学中都是变量,整个教学过程是变化的、敞开的、多向的,随教学情境的变而变.

第五,从教学形式看,开放式教学可以打破固定授课地点的束缚,带领学生走出教室,到生产生活实践中学习知识,应用所学知识解决实际问题;或采取网络教学,或以小组合作的方式开展数学建模与数学探究活动等,开展形式多样的教学形式.学习方法也征求学生的意见,学什么?怎么学?让学生参与设计,以学生为学习的主体,根据学生的需要来确定.

第六,从教学手段看,开放式教学要求教师尽量借助直观教具,或采用现代教学技术手段,充分展示知识发生、发展、形成的过程,或应用大数据平台诊断学生的知识掌握程度是否达到教学要求,进而调整教学进度和教学难度.

第七,从教学评价看,开放式教学将单一的选拔功能转换为反馈、诊断、导向等多功能,以形成什么,促进什么.开放评价主体、评价内容和评价方式,从以往的教师评价学生,引导为学生自我评价、学生相互评价、家长参与评价和第三方评价等,既要评价学生的知识掌握水平,又要关注学生学习能力和学习状态;既要评价学生的学习结果,又要关注学生的学习过程,用发展的眼光对学生做出综合性评价,通过评价树立学生学习数学的信心,促进学生全面发展.

综上所述,开放式教学的基本内涵是以人为本,立足发展的教育理念、多元的教育教学目标、开放的教学环境、多样的教学形式,多种教学手段的应用、多维的教学设计和多角度的教学评价.它在解决问题的过程中给每个学生以充分的自由,展示学生的个性,使每个学生都有参与的机会,都能发表自己的观点,使其根据个人的能力、兴趣和爱好,得以开发创造潜能,培养创新意识和实践能力,从而达到"以人的发展为目的"之教育目的,是实行创新教育的有效形式.

二、开放式教学特征

根据教学内容与形式同各种外界环境因素的联系程度的不同,以及学生在知识、技能、情感获得方式的不同,教学模式可分为开放式教学模式与封闭式教学模式.[1]相对封闭式教学模式而言,开放式教学具有开放性、主体性、创新性和有效性等特征.

(一)开放性

开放性是开放式教学的最重要特征.在教学理念上,开放式教学主张执教者转变以教师为中心、注重讲解传授知识的陈旧观念,树立以学生为中心、知识是学生主动建构生成的先进理念,以此指导教师的教学行为,使教师的"教"为学生的"学"服务.在教学目标上,立足于学生的具体学情,面向全体学生,关注每位学生在知识、技能和情感等多方面的收获和成长,是动态的、多元的、弹性的.在教学内容上,鼓励教师灵活地、创造性地使用教材,因地制宜地挖掘教学资源,拓宽学生学习新知识的渠道,激活学生思维的创造性.在教学形式上,引导学生走出教室、体验生活,以小组合作学习的方式展开探究活动,培养学生的团队合作意识,通过动手实验、观察,验证学科知识的科学性,促进学生综合能力的提高.在教学手段上,充分利用教学软件、计算器、计算机、大数据平台和互联网等信息技术,不仅创设丰富的教学情境,而且借助其直观可视的优点将抽象的教学内容进行直观演示,帮助学生理解和掌握知识,增强学习兴趣,改善学习方式.在教学评价上,开放评价主体、评价内容和评价方式,转变评价观念,改变以往单一的评价方法,实施开放性评价,既关注学生知识、技能的理解和掌握,更关注他们情感、态度、价值观的形成和发展;既关注学生数学学习的结果,更关注他们在学习过程中的变化和发展,树立学好数学的自信心,使学生感受到学习的愉悦和成功,从而激发其内在的学习动力.

(二)主体性

开放式教学把人的发展作为首要目标,强调所有的教学活动都应以学生为主体.建构主义认为,知识不是通过教师传授得到,而是学习者在一定的情境即社会文化背景下,借助其他人的帮助即通过人际的协作活动,利用必要的学习资料,通过意义建构的方式而获得.[2]教师是意义建构的帮助者、促进者,而不是知识的传授者与灌输者.在开放式教学过程中,教师应通过创设符合教学内容要求的情境,提供新旧知识融通的平台,激发学生学习的兴趣,激发他们自己解决问题获得成长.学生是信息加工的主体,是意义的主动建构者,而不是外部刺激的被动接受者和被灌输的对象.学生要成为意义的主动建构者,必须发挥其自身的主体作用.在开放式教学中,学生主动搜集并分析有关的信息和资料,将当前学习内容所反映的事物尽量和自己已经知道的事物相联系,对所学习的问题提出各种假设并努力加以验证,大胆地发表自己的见解,表达自己的想法和思路,主动寻求教师或同伴的帮助,积极主动地建构新知识,培养提出和发现问题、分析和解决问题的能力,提升自身的学科核心素养.在开放式教学过程中,教材不再是教师传授的内容,而是学生主动建构意义的对象;信息技术不再是帮助教师传授知识的手段和方法,而是学生主动学习、协作式探索的认知工具;教学评价不再是冰冷的数据和居高临下的说教,而是帮助学生更好地完善学习方法和平等民主的对话交流.总之,开放式教学强调以人为本的教育理念,注重人性的完满和人格的健全,凸显学生的主体地位.

(三)创新性

开放式教学的创新性主要包括:①教学思想的创新.开放式教学给学生留下足够的自由空间,允许学生在学习进程中有一定的"路径差",允许学生对教师和书本提出质疑,允许学生"突发奇想"打破教师原有的教学设计,给学生留下足够的"探究空间",着力培养学生的创新精神和创新能力.[3]②教学内容的创新.教师在开放式教学设计时不唯教材,创新性地使用教材,在遵循课程标准的前提下,根据学生的实际情况,适当地调整教学顺序、重组教学单元及整合教学内容.同时,合理地根据本地和本校资源,创新开发校本课程及教学内容.③教学形式的创新.开放式教学倡导教师带领学生走出教室,在开放的物理空间开展创新性的教学活动;倡导学生以小组合作的方式开展探究性学习和研究性学习,创新性地提出自己的观点和看法;倡导学生在动手实验中获得学科知识、方法和思想,培养动手能力和创新能力.④教学手段的创新.开放式教学强调合理地使用信息技术开展创新教学,凭借信息技术直观可视、便捷的大数据处理方式等优势,启发学生观察、思考、分析、判断和选择,提升学生的创新精神.⑤教学评价的创新.开放式教学创新性地开放评价主体,采用多角度的评价内容和多元的评价方式等,区别于传统的单一的师生评价方式,其创新性不言而喻.

(四)有效性

作为有效的教学,我们不仅应当十分关注如何帮助学生很好地掌握各种具体学科知识与技能,而且应高度重视如何帮助学生学会学习,包括由思维方法的学习向学科核心素养的重要过渡,即充分发挥学科的文化价值.简单地说,就是突出强调学科教学相对于学科教育的三维目标的有效性.[4]开放式教学通过创设开放的教学情境,提出具有挑战性同时又适合学生认知水平的、恰当的、具有启发性的问题,以开放的教学组织形式,不断激发学生学习的积极性和主动性,引导学生主动构建新知识,努力做到以思想方法的分析带动具体学科知识内容的教学,即通过相关内容的"理性重建"真正将知识"讲活""讲懂""讲深",使学生能够看到活生生的研究工作,而不是死的知识,能真正理解有关的学科内容,而不是囫囵吞枣、死记硬背,并使学生不仅能掌握具体的学科知识内容,也能领会内在的思想方法,学会思维,养成健康的情感、态度和价值观.[5]

三、开放式教学理论基础

开放式教学理论基础主要来自人本主义和建构主义的理论基础.

(一)人本主义理论基础

1.人本主义概述

人本主义于 20 世纪 50—60 年代在美国兴起,70—80 年代迅速发展,它既反对行为主义把人等同于动物,只研究人的行为,不理解人的内在本性,又批评弗洛伊德只研究神经症和精神病人,不考察正常人心理,因而被称为心理学的第三种运动.

人本主义强调人的尊严、价值、创造力和自我实现,把人的本性的自我实现归结为潜能的发挥,而潜能是一种类似本能的性质.人本主义最大的贡献是看到了人的心理与人的本质的一致性,主张心理学必须从人的本性出发研究人的心理.

该学派的主要代表人物是亚伯拉罕·马斯洛(1908—1970)和卡尔·罗杰斯(1902—1987).马斯洛的主要观点:人作为一个有机整体,具有多种动机和需要,包括生理需要(physiological needs)、安全需要(security needs)、归属与爱的需要(love and belonging needs)、尊重的需要(respect and esteem needs)和自我实现的需要(self-actualization needs).马斯洛认为,当人的低层次需要被满足之后,会转而寻求实现更高层次的需要.其中自我实现的需要是超越性的,追求真、善、美,最终将导向完美人格的塑造,顶峰体验代表了人的这种最佳状态.[6]罗杰斯的主要观点:在心理治疗实践和心理学理论研究中发展出人格的"自我理论",并倡导了"患者中心疗法"的心理治疗方法.人类有一种天生的"自我实现"的动机,即一个人发展、扩充和成熟的趋力,它是一个人最大限度地实现自身各种潜能的趋向.[7]

马斯洛认为人类行为的心理驱力不是性本能,而是人的需要,他将其分为两大类五个层次,好像一座金字塔,由下而上依次是生理需要、安全需要、归属与爱的需要、尊重的需要、自我实现的需要(图 1-1).人在满足高一层次的需要之前,至少必须先部分满足低一层次的需要.第一类需要属于缺失需要,可产生匮乏性动机,为人与动物所共有,一旦得到满足,紧张消除,兴奋降低,便失去动机.第二类需要属于生长需要,可产生成长性动机,为人类所特有,是一种超越了生存满足之后,发自内心地渴求发展和实现自身潜能的需要.满足了这种需要个体才能进入心理的自由状态,体现人的本质和价值,产生深刻的幸福感,马斯洛称之为"顶峰体验".马斯洛认为人类具有真、善、美、正义、欢乐等内在本性,具有共同的价值观和道德标准,达到人的自我实现关键在于改善人的"自知"或自我意识,使人认识到自我的内在潜能或价值,人本主义心理学就是促进人的自我实现.[8]

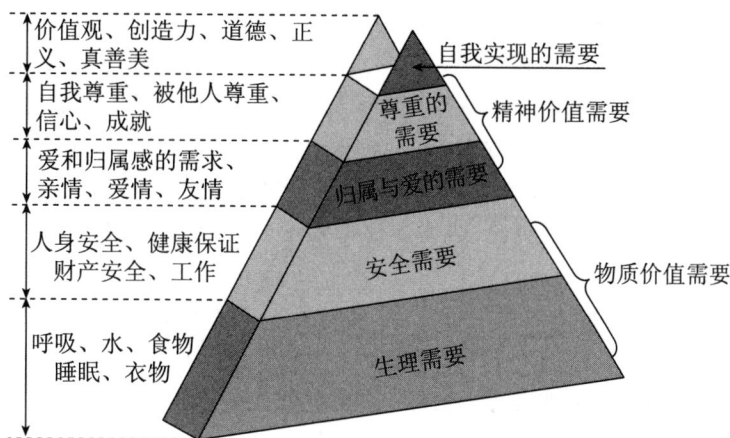

图 1-1　马斯洛需要层次理论

　　刚出生的婴儿并没有自我的概念,随着他(她)与他人、环境的相互作用,他(她)开始慢慢地把自己与非自己区分开来.当最初的自我概念形成之后,人的自我实现趋向开始激活,在自我实现这一股动力的驱动下,儿童在环境中进行各种尝试活动并产生大量的经验.通过机体自动的估价过程,有些经验会使他感到满足、愉快,有些则相反,满足愉快的经验会使儿童寻求保持、再现,不满足、不愉快的经验会使儿童尽力回避.在孩子寻求积极的经验中,有一种是受他人的关怀而产生的体验,还有一种是受到他人尊重而产生的体验,不幸的是儿童这种受关怀尊重需要的满足完全取决于他人.他人(包括父母)是根据儿童的行为是否符合其行为标准(或价值标准)来决定是否给予关怀和尊重,所以说他人的关怀与尊重是有条件的,这些条件体现着父母和社会的价值观,罗杰斯称这种条件为价值条件.儿童不断通过自己的行为体验到这些价值条件,会不自觉地将这些本属于父母或他人的价值观念内化,变成自我结构的一部分,渐渐地儿童被迫放弃按自身机体估价过程去评价经验,变成用自我内化了的社会价值规范去评价经验,这样儿童的自我和经验之间就发生了异化,当经验与自我之间存在冲突时,个体就会预感到自我受到威胁,因而产生焦虑.预感到经验与自我不一致时,个体会运用防御机制(歪曲、否认、选择性知觉)来对经验进行加工,使之在意识水平上达到与自我相一致.若防御成功,个体就不会出现适应障碍;若防御失败,就会出现心理适应障碍.罗杰斯的以人为中心的治疗目标是将原本不属于自己的是经内化而成的自我部分去除掉,找回属于他自己的思想情感和行为模式,用罗杰斯的话说"变回自己""从面具后面走出来",只有这样的人才能充分发挥个人的机能.人本主义的实质就是让人领悟自己的本性,不再倚重外来的价值观念,让人重新信赖、依靠机体估价过程来处理经验,消除外界环境通过内化而强加给他的价值观,让人可以自由表达自己的思想和感情,由自己的意志来决定自己的行为,掌握自己的命运,修复被破坏的自我实现潜力,促进个性的健康发展.[9]

　　人本主义强调爱、创造性、自我表现、自主性、责任心等心理品质和人格特征的培育,对现代教育产生了深刻的影响.马斯洛作为人本主义心理学的创始人,充分肯定人的尊严和价值,积极倡导人的潜能的实现.罗杰斯同样强调人的自我表现、情感与主体性接纳,他认为教育的目标是要培养健全的人格,必须创造出一个积极的成长环境.

　　人本主义心理学家认为心理学应着重研究人的价值和人格发展,他们既反对弗洛伊德的精神分析把意识经验还原为基本驱力或防御机制,又反对行为把意识看作行为的副现象.关于人的价值问题,人本主义心理学家大都同意柏拉图和卢梭的理想主义观点,认为人的本性是善良的,恶是环境影响下的派生现象,因而人是可以通过教育提高的,理想社会是可能的.在心理学的基本理论和方法论方面,他们继承了19世纪末狄尔泰和韦特海默的传统,主张正确对待心理学研究对象的特殊性,反对用原子物理学和动物心理学的原理和方法研究人类心理,主张以整体论取代还原论.人本主义心理学的主要观点有以下几个方面:

(1)人的责任.

人们自己最终要对所发生的事情负责,这就是人本主义人格理论的基础,它能说明我们为什么经常说"我不得不"这句话,如"我不得不去上班""我不得不去洗澡""我不得不听老板的调遣"等.其实,我们不一定非要做这些事,甚至可以选择不做任何事情.在特定的时刻,行为只是每个人自己的选择.

弗洛伊德和行为主义把人说成是无法自我控制的,人本主义心理学家则与之相反,他们把人看作自己生活的主动构建者,可以自由地改变自己,如果不能改变,只是因为身体上有局限.人本主义心理治疗的主要目标就是使来访者认识到他们有能力做他们想做的事情,但是正如弗洛姆所说,有许多自由是可怕的.

(2)此时此刻.

生活中总有很多怀旧或无法自拔于过去的人,他们常常追忆往昔的美好时光,或是反复体验以往尴尬的遭遇或是痛苦的失恋.也有一些人总是在计划将来的日子,而不顾眼前的生活.从一个人本主义心理学家的角度,每天的怀旧或是白日梦使你失去了 N 分钟的时间,你本应该享用这 N 分钟去呼吸新鲜空气、去欣赏日落或做更多有意义的事情.

根据人本主义的观点,只有按生活的本来面貌去生活,我们才能成为真正完善的人.只有生活在此时此刻,人才能充分享受生活.人本主义心理学家会常常告诫你"今天是你剩余生命里的第一天".

(3)个体的现象学.

人本主义心理学认为,没有人比你更了解自己,他们鼓励自己能够克服自己所遇到的暂时的困境.

(4)人的成长.

根据人本主义心理学的观点,让所有需要立刻得到满足并不是生活的全部.当人们眼前的全部需要得到满足后,他们不会感到满意或幸福,而要得到满意或幸福则是永远地、积极地寻求发展,这就是人的"自我完善".人本主义心理学认为,除非有困难阻碍我们,否则我们会不断朝着这种满意状态.

2.人本主义的教学观

人本主义教学观是在人本主义学习观的基础上形成并发展起来的,该理论根植于其自然人性论的基础之上.人本主义心理学家认为,人是自然实体而非社会实体;人性来自自然,自然人性即人的本性.他们的共同信仰是每一个人都具有发展自己潜力的能力和动力,行为和学习是知觉的产物,一个人大多数行为都是他对自己的看法的结果.由此,真正的学习涉及整个人,而不仅仅是为学习者提供事实.真正的学习经验能够使学习者发现他自己的独特品质,发现自己作为一个人的特征.从这个意义上说,学习即"成为",成为一个完善的人,是唯一真正的学习.人本主义学习观与教学观深刻地影响了世界范围内的教育改革,是与程序教学运动、学科结构运动齐名的 20 世纪三大教学运动之一.

人本主义教学思想关注的不仅是教学中认知的发展,更关注教学中学生情感、兴趣、动机的发展规律,"注重对学生内在心理世界的了解,以顺应学生的兴趣、需要、经验以及个性差异,达到开发学生的潜能、激发起其认知与情感的相互作用,重视创造能力、认知、动机、情感等心理方面对行为的制约作用".[10]

罗杰斯把其"以人为中心的治疗"理论扩展到了心理治疗领域之外,形成了"以学生为中心"的教育观.他认为,学生的学习是一种经验学习,它以学生经验的生长为中心,以学生的自发性与主动性为学习动机.因此,教育的目标是促进学生变化和使学生学会学习,培养学生成为能够适应变化和知道如何学习的、有独特人格特征而又充分发挥作用的"自由人".罗杰斯强调,在达到这一目标的过程中,教师要贯彻"非指导性"教学的理论与策略,即教师要尊重学生、珍视学生,在感情上和思想上与学生产生共鸣;应像治疗者对来访者一样对学生产生同情式理解,从学生的内心深处了解学生的反应,敏感地意识到学生对教育与学习的看法;要信任学生,并同时感受到让学生信任,这样才会取得理想的教育效果.[11]

罗杰斯的"以学生为中心"的教育思想,是第二次世界大战以来最有影响的三大教育学说之一.在关于"教学模式"的归类研究中,罗杰斯的"非指导性教学"被列在"个人模式"之首,足见他对教育广泛而深远的影响.他反对传统教育压抑人性、重知轻情,主张尊重学生的自我潜能,建立良好的师生关系和课堂气氛,启发学生的主观能动性、自主性和创造性.这些观念和精神已融入了当代西方教育的体系中.[12]

人本主义教育观具有以下五个方面的特征:[13]

第一,强调以人为本的教育理念,主张把人作为教育的始点、中点和终点,教育的目的和过程都应以人性的彰显、人的自由发展为宗旨,人的自由、价值、尊严应受到充分尊重.

第二,将人的潜能充分释放和人的价值的自我实现作为教育的终极目的,将学生的主体地位凸显出来,都注重人性的完满和人格的健全,反对把学生当作任意模塑的工具.

第三,反对单纯的知识教学,强调以情感、意志等非理性因素为基础来开发学生的潜能和精神发展,主张课程的设置与教学的目标应从知识的传授转到人性的优化、人生的设计上来,将道德教育、情感教育、艺术教育、宗教信仰教育作为教育的重要内容;其课程观体现出重人生的意义、轻职业或实利教育的内容,知识的选择倾向于人文学科,课程内容具有崇古色彩,课程组织缺乏严密的逻辑性等特点.

第四,在教学方法上,反对强制性的方法,注重教育过程的人性化,将自我选择、自我判断作为学生自由发展的基石,侧重学生情意的发展、创造力的培养、经验的学习和感受性的训练,主张采用价值澄清法、自我教育法、陶冶教育法、活动教育法、对话法、讨论法等保障学生自由发展的教育方法.

第五,在师生关系上,倡导教学过程中民主、平等、人道的师生关系的重要性,将师生关系视为一种能体现人性色彩、真诚对话、心灵交遇、思想共鸣的"我—你关系",教师的作用在于帮助学生更好地成为他自己,使其自己决定自我发展的道路.

(二)建构主义理论基础

1.建构主义

建构主义是一种关于知识和学习的理论,强调学习者的主动性,认为学习是学习者基于原有的知识经验生成意义、建构理解的过程,而这一过程常常是在社会文化互动中完成的.建构主义的提出有着深刻的思想渊源,它具有迥异于传统的学习理论和教学思想,对教学设计具有重要指导价值.

建构主义的最早提出者可追溯至瑞士的皮亚杰(Piaget).他是认知发展领域最有影响的一位心理学家,他所创立的关于儿童认知发展的学派被人们称为日内瓦学派.皮亚杰的理论充满唯物辩证法,坚持从内因和外因相互作用的观点来研究儿童的认知发展.他认为,儿童是在与周围环境相互作用的过程中,逐步建构起关于外部世界的知识,从而使自身认知结构得到发展.[14]

儿童与环境的相互作用涉及两个基本过程:"同化"与"顺应".同化是指把外部环境中的有关信息吸收进来并结合到儿童已有的认知结构(也称"图式")中,即个体把外界刺激所提供的信息整合到自己原有认知结构内的过程;顺应是指外部环境发生变化,而原有认知结构无法同化新环境提供的信息时所引起的儿童认知结构发生重组与改造的过程,即个体的认知结构因外部刺激的影响而发生改变的过程.可见,同化是认知结构数量的扩充(图式扩充),而顺应则是认知结构性质的改变(图式改变).认知个体(儿童)就是通过同化与顺应这两种形式来达到与周围环境的平衡:当儿童能用现有图式去同化新信息时,他是处于一种平衡的认知状态;而当现有图式不能同化新信息时,平衡即被破坏,而修改或创造新图式(即顺应)的过程就是寻找新的平衡的过程.儿童的认知结构就是通过同化与顺应过程逐步建构起来,并在"平衡—不平衡—新的平衡"的循环中得到不断的丰富、提高和发展.这就是皮亚杰关于建构主义的基本观点.[4]

在皮亚杰的上述理论的基础上,柯尔伯格在认知结构的性质与认知结构的发展条件等方面做了进一步的研究;斯腾伯格和卡茨等人则强调了个体的主动性在建构认知结构过程中的关键作用,并对认知过程中如何发挥个体的主动性做了认真的探索;维果斯基创立的"文化历史发展理论"则强调认知过程中学习者所处社会文化历史背景的作用,在此基础上以维果斯基为首的维列鲁学派深入地研究了"活动"和"社会交往"在人的高级心理机能发展中的重要作用.所有这些研究都使建构主义理论得到进一步的丰富和完善,为实际应用于教学过程创造了条件.

建构主义源自关于儿童认知发展的理论,由于个体的认知发展与学习过程密切相关,因此利用建构主义可以比较好地说明人类学习过程的认知规律,即能较好地说明学习如何发生、意义如何建构、概念如何形成,以及理想的学习环境应包含哪些主要因素等.总之,在建构主义思想指导下可以形成一套新的比较有效的认知学习理论,并在此基础上实现较理想的建构主义学习环境.建构主义教育观如图1-2所示.

2.建构主义学习理论

建构主义学习理论的基本内容可从"学习的含义"(即关于"什么是学习")与"学习的方法"(即关于"如何进行学习")这两个方面进行说明.

(1)学习的含义.

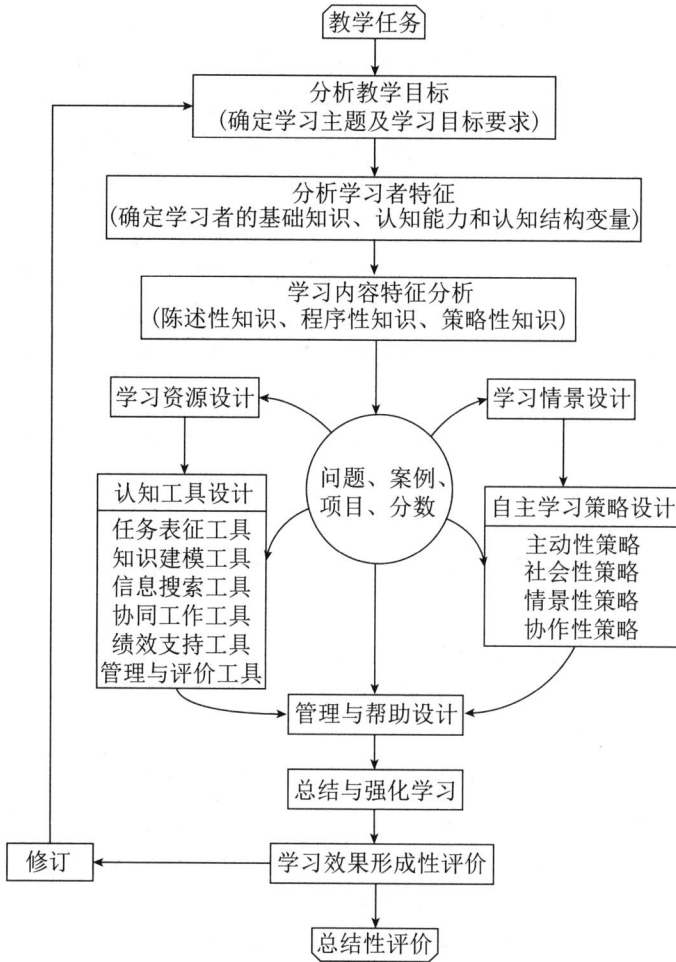

图 1-2　建构主义教学观

　　建构主义认为,知识不是通过教师传授得到,而是学习者在一定的情境即社会文化背景下,借助其他人(包括教师和学习伙伴)的帮助,利用必要的学习资料,通过意义建构方式而获得.由于学习是在一定的情境即社会文化背景下,借助其他人的帮助即通过人际的协作活动而实现的意义建构过程,因此建构主义学习理论认为"情境"、"协作"、"会话"和"意义建构"是学习环境中的四大要素或四大属性.

　　"情境":学习环境中的情境必须有利于学生对所学内容的意义建构.这就对教学设计提出了新的要求,也就是说,在建构主义学习环境下,教学设计不仅要考虑教学目标分析,还要考虑有利于学生建构意义的情境的创设问题,并把情境创设看作教学设计的最重要内容之一.

　　"协作":协作发生在学习过程的始终.协作对学习资料的搜集与分析、假设的提出与验证、学习成果的评价直至意义的最终建构均有重要作用.

　　"会话":会话是协作过程中的不可缺少环节.学习小组成员之间必须通过会话商讨如何

完成规定的学习任务的计划.此外,协作学习过程也是会话过程,在此过程中,每个学习者的思维成果(智慧)为整个学习群体所共享,因此会话是达到意义建构的重要手段之一.

"意义建构":这是整个学习过程的最终目标.所要建构的意义是指:事物的性质、规律以及事物之间的内在联系.在学习过程中帮助学生建构意义就是要帮助学生对当前学习内容所反映的事物的性质、规律以及该事物与其他事物之间的内在联系达到较深刻的理解.这种理解在大脑中的长期存储形式就是前面提到的"图式",也就是关于当前所学内容的认知结构.

由以上所述的"学习"的含义可知,学习的质量是学习者建构意义能力的函数,而不是学习者重现教师思维过程能力的函数.换句话说,获得知识的多少取决于学习者根据自身经验去建构有关知识的意义的能力,而不取决于学习者记忆和背诵教师讲授内容的能力.[14]

(2)学习的方法.

建构主义提倡在教师指导下的、以学习者为中心的学习,也就是说,既强调学习者的认知主体作用,又不忽视教师的指导作用,教师是意义建构的帮助者、促进者,而不是知识的传授者与灌输者.学生是信息加工的主体,是意义的主动建构者,而不是外部刺激的被动接受者和被灌输的对象.学生要成为意义的主动建构者,就要求学生在学习过程中从以下几个方面发挥主体作用:

第一,要用探索法、发现法去建构知识的意义.

第二,在建构意义过程中要求学生主动去搜集并分析有关的信息和资料,对所学习的问题要提出各种假设并努力加以验证.

第三,要把当前学习内容所反映的事物尽量和自己已经知道的事物相联系,并对这种联系加以认真思考."联系"与"思考"是意义构建的关键.如果能把联系与思考的过程与协作学习中的协商过程(即交流、讨论的过程)结合起来,则学生建构意义的效率会更高、质量会更好.协商有"自我协商"与"相互协商"(也叫"内部协商"与"社会协商")两种,自我协商是指自己和自己争辩什么是正确的;相互协商则指学习小组内部相互之间的讨论与辩论.

教师要成为学生建构意义的帮助者,就要求教师在教学过程中从以下几个方面发挥指导作用:

第一,激发学生的学习兴趣,帮助学生形成学习动机.

第二,通过创设符合教学内容要求的情境和提示新旧知识之间联系的线索,帮助学生建构当前所学知识的意义.

第三,为了使意义建构更有效,教师应在可能的条件下组织协作学习(开展讨论与交流),并对协作学习过程进行引导使之朝有利于意义建构的方向发展.引导的方法包括:提出适当的问题以引起学生的思考和讨论;在讨论中设法把问题一步步引向深入以加深学生对所学内容的理解;要启发诱导学生自己去发现规律、自己去纠正和补充错误的或片面的认识.[2]

(3)教学思想.

建构主义所蕴含的教学思想主要反映在知识观、学习观、学生观、师生角色的定位及其作用、学习环境和教学原则等六个方面.[2]

①知识观.

知识不是对现实的纯粹客观的反映,任何一种传载知识的符号系统也不是绝对真实的表征.它只不过是人们对客观世界的一种解释、假设或假说,它不是问题的最终答案,它必将随着人们认识程度的深入而不断地变革、升华和改写,出现新的解释和假设.

知识并不能绝对准确无误地概括世界的法则,提供对任何活动或问题解决都实用的方法.在具体的问题解决中,知识是不可能一用就准、一用就灵的,而是需要针对具体问题的情景对原有知识进行再加工和再创造.

知识不可能以实体的形式存在于个体之外,尽管通过语言赋予了知识一定的外在形式,并且获得了较为普遍的认同,但这并不意味着学习者对这种知识有同样的理解.真正的理解只能是由学习者自身基于自己的经验背景而建构起来的,取决于特定情况下的学习活动过程;否则,就不叫理解,而是死记硬背或生吞活剥,是被动的复制式的学习.

②学习观.

学习不是由教师把知识简单地传递给学生,而是由学生自己建构知识的过程.学生不是简单被动地接收信息,而是主动地建构知识的意义,这种建构是无法由他人来代替的.

学习不是被动接收信息刺激,而是主动地建构意义,是根据自己的经验背景,对外部信息进行主动选择、加工和处理,从而获得自己的意义.外部信息本身没有什么意义,意义是学习者通过新旧知识经验间的反复的、双向的相互作用过程而建构成的.因此,学习不是像行为主义所描述的“刺激-反应”那样.

学习意义的获得,是每个学习者以自己原有的知识经验为基础,对新信息重新认识和编码,建构自己的理解.在这一过程中,学习者原有的知识经验因为新知识经验的进入而发生调整和改变.

同化和顺应是学习者认知结构发生变化的两种途径或方式.同化是认知结构的量变,而顺应则是认知结构的质变.同化—顺应—同化—顺应……循环往复,平衡—不平衡—平衡—不平衡……相互交替,人的认知水平的发展,就是这样的一个过程.学习不是简单的信息积累,更重要的是包含新旧知识经验的冲突,以及由此而引发的认知结构的重组.学习过程不是简单的信息输入、存储和提取,是新旧知识经验之间的双向的相互作用过程,也就是学习者与学习环境之间互动的过程.

③学生观.

建构主义强调,学习者并不是空着脑袋进入学习情境中的.在日常生活和以往各种形式的学习中,他们已经形成了有关的知识经验,他们对任何事情都有自己的看法.即使是有些问题他们从来没有接触过,没有现成的经验可以借鉴,但是当问题呈现在他们面前时,他们还是会基于以往的经验,依靠他们的认知能力,形成对问题的解释,提出他们的假设.

教学不能无视学习者的已有知识经验,简单强硬地从外部对学习者实施知识的“填灌”,而是应当把学习者原有的知识经验作为新知识的生长点,引导学习者从原有的知识经验中,生长新的知识经验.教学不是知识的传递,而是知识的处理和转换.教师不单是知识的呈现者,不是知识权威的象征,而应该重视学生自己对各种现象的理解,倾听他们时下的看法,思考他们这些想法的由来,并以此为据,引导学生丰富或调整自己的解释.

教师与学生、学生与学生之间需要共同针对某些问题进行探索,并在探索的过程中相互交流和质疑,了解彼此的想法.由于经验背景差异的不可避免,学习者对问题的看法和理解经常是千差万别的.其实,在学生的共同体中,这些差异本身就是一种宝贵的现象资源.建构主义虽然非常重视个体的自我发展,但是也不否认外部引导,亦即教师的影响作用.

④师生角色的定位及其作用.

教师的角色是学生建构知识的忠实支持者.教师的作用从传统的传递知识的权威转变为学生学习的辅导者,成为学生学习的高级伙伴或合作者.教师应该给学生提供复杂的真实问题.他们不仅必须开发或发现这些问题,而且必须认识到复杂问题有多种答案,激励学生对问题解决的多重观点,这显然是与创造性的教学活动宗旨紧密吻合的.教师必须创设一种良好的学习环境,学生在这种环境中可以通过实验、独立探究、合作学习等方式来展开他们的学习.教师必须保证学习活动和学习内容保持平衡.教师必须提供学生元认知工具和心理测量工具,培养学生批判性的认知加工策略,以及自己建构知识和理解的心理模式.教师应认识教学目标包括认知目标和情感目标.教学是逐步减少外部控制、增加学生自我控制学习的过程.

教师要成为学生建构知识的积极帮助者和引导者,应当激发学生的学习兴趣,引发和保持学生的学习动机.教师通过创设符合教学内容要求的情景和提示新旧知识之间联系的线索,帮助学生建构当前所学知识的意义.为使学生的意义建构更为有效,教师应尽可能组织协作学习,展开讨论和交流,并对协作学习过程进行引导,使之朝有利于意义建构的方向发展.

学生的角色是教学活动的积极参与者和知识的积极建构者.建构主义要求学生面对认知复杂的真实世界的情境,并在复杂的真实情境中完成任务.因而,学生需要采取一种新的学习风格、新的认识加工策略,形成自己是知识与理解的建构者的心理模式.建构主义教学比传统教学要求学生承担更多的管理自己学习的机会;教师应当注意使机会永远处于维果斯基提出的"学生最近发展区",并为学生提供一定的辅导.学生要用探索法和发现法去建构知识的意义.在建构意义的过程中要求学生主动去搜集和分析有关的信息资料,对所学的问题提出各种假设并努力加以验证;要善于把当前学习内容尽量与自己已有的知识经验联系起来,并对这种联系加以认真思考.

⑤学习环境.

建构主义认为,学习者的知识是在一定情境下,借助他人的帮助,如人与人之间的协作、交流,利用必要的信息等,通过意义的建构而获得的.理想的学习环境应当包括情境、协作、会话和意义建构四个部分.

学习环境中的情境必须有利于学习者对所学内容的意义建构.在教学设计中,创设有利于学习者建构意义的情境是最重要的环节或方面.

协作应该贯穿于整个学习活动过程中.教师与学生之间、学生与学生之间的协作,对学习资料的搜集与分析、假设的提出与验证、学习进程的自我反馈和学习结果的评价以及意义的最终建构都有十分重要的作用.协作在一定的意义上是协商的意识.协商主要有自我协商和相互协商.自我协商是指自己和自己反复商量什么是比较合理的;相互协商是指学习小组内部之间的商榷、讨论和辩论.

会话是协作过程中最基本的方式或环节.比如学习小组成员之间必须通过会话来商讨如何完成规定的学习任务达到意义建构的目标,怎样更多地获得教师或他人的指导和帮助等.其实,协作学习的过程就是会话的过程,在这个过程中,每个学习者的想法都为整个学习群体所共享.会话对于推进每个学习者的学习进程,是至关重要的手段.

意义建构是教学过程的最终目标.其建构的意义是指事物的性质、规律以及事物之间的内在联系.在学习过程中帮助学生建构意义就是要帮助学生对当前学习的内容所反映事物的性质、规律以及该事物与其他事物之间的内在联系达到较深刻的理解.

⑥教学原则.

建构主义认为教学应遵循以下八条原则:

第一,把所有的学习任务都置于为了能够更有效地适应世界的学习中.

第二,教学目标应该与学生的学习环境中的目标相符合,教师确定的问题应该使学生感到就是他们本人的问题.

第三,设计真实的任务.真实的活动是学习环境的重要特征,应该在课堂教学中使用真实的任务.

第四,设计能够反映学生在学习结束后就从事有效行动的复杂环境.

第五,给予学生解决问题的自主权.教师应该刺激学生的思维,激发他们自己解决问题.

第六,设计支持和激发学生思维的学习环境.

第七,鼓励学生在社会背景中检测自己的观点.

第八,支持学生对所学内容与学习过程的反思,发展学生自我控制的技能,成为独立的学习者.

(4)教学模式.

与建构主义学习理论以及建构主义学习环境相适应的教学模式:"以学生为中心,在整个教学过程中由教师起组织者、指导者、帮助者和促进者的作用,利用情境、协作、会话等学习环境要素充分发挥学生的主动性、积极性和首创精神,最终达到使学生有效地实现对当前所学知识的意义建构的目的."在这种模式中,学生是知识意义的主动建构者;教师是教学过程的组织者、指导者、意义建构的帮助者、促进者;教材所提供的知识不再是教师传授的内容,而是学生主动建构意义的对象;媒体也不再是帮助教师传授知识的手段、方法,而是用来创设情境、进行协作学习和会话交流,即作为学生主动学习、协作式探索的认知工具.显然,在这种场合,教师、学生、教材和媒体四要素与传统教学相比,各自有完全不同的作用,彼此之间有完全不同的关系.但是这些作用与关系也是非常清楚、非常明确的,因而成为教学活动进程的另外一种稳定结构形式,即建构主义学习环境下的教学模式.[14]

(5)教学设计.

建构主义学习理论强调以学生为中心,认为学生是认知的主体,是知识意义的主动建构者;教师只对学生的意义建构起帮助和促进作用,并不要求教师直接向学生传授和灌输知识.在建构主义学习环境下,教师和学生的地位、作用和传统教学相比已发生很大的变化.教育技术领域的专家们进行了大量的研究与探索,力图建立一套能与建构主义学习理论以及建构主义学习环境相适应的全新的教学设计理论与方法体系.尽管这种理论体系的建立是一项艰巨的任务,并非短期内能够完成.但是其基本思想及主要原则已日渐明朗,并已开始实际应用于指导基于多媒体和因特网(Internet)的建构主义学习环境的教学设计.建构主义使用的教学设计原则如下[14]:

①强调以学生为中心.

明确"以学生为中心",这一点对于教学设计有至关重要的指导意义,因为从"以学生为中心"出发还是从"以教师为中心"出发将得出两种截然不同的设计结果.至于如何体现以学生为中心,建构主义认为可以从三个方面努力:要在学习过程中充分发挥学生的主动性,要能体现学生的首创精神;要让学生有多种机会在不同的情境下去应用他们所学的知识(将知识"外化");要让学生能根据自身行动的反馈信息来形成对客观事物的认识和解决实际问题的方案(实现自我反馈).

以上三点,即发挥首创精神、将知识外化和实现自我反馈,可以说是体现以学生为中心的三个要素.

②强调情境对意义建构的重要作用.

建构主义认为,学习总是与一定的社会文化背景即"情境"相联系的,在实际情境下进行学习,可以使学习者能利用自己原有认知结构中的有关经验去同化和索引当前学习到的新知识,从而赋予新知识以某种意义;如果原有经验不能同化新知识,则要引起"顺应"过程,即对原有认知结构进行改造与重组.总之,通过"同化"与"顺应"才能达到对新知识意义的建构.在传统的课堂讲授中,由于不能提供实际情境所具有的生动性、丰富性,因而将使学习者对知识的意义建构发生困难.[2]

③强调协作学习对意义建构的关键作用.

建构主义认为,学习者与周围环境的交互作用,对于学习内容的理解(即对知识意义的建构)起着关键性的作用.这是建构主义的核心概念之一.学生在教师的组织和引导下一起讨论和交流,共同建立起学习群体并成为其中的一员.在这样的群体中,共同批判地考察各种理论、观点、信仰和假说;进行协商和辩论,先内部协商(即和自身争辩到底哪一种观点正确),然后再相互协商(即对当前问题摆出各自的看法、论据及有关材料并对别人的观点做出分析和评论).通过这样的协作学习环境,学习者群体(包括教师和每位学生)的思维与智慧就可以被整个群体所共享,即整个学习群体共同完成对所学知识的意义建构,而不是其中的某一位或某几位学生完成意义建构.

④强调对学习环境的设计.

建构主义认为,学习环境是学习者可以在其中进行自由探索和自主学习的场所.在此环境中,学生可以利用各种工具和信息资源(如文字材料、书籍、音像资料、计算机辅助教学与多媒体课件以及 Internet 上的信息等)来达到自己的学习目标.在这一过程中,学生不仅能得到教师的帮助与支持,而且学生之间也可以相互协作和支持.学习应当被促进和支持而不应受到严格的控制与支配,学习环境则是一个支持和促进学习的场所.在建构主义学习理论指导下的教学设计应是针对学习环境的设计而非教学环境的设计,因为教学意味着更多的控制与支配,而学习则意味着更多的主动与自由.

⑤强调利用各种信息资源来支持"学".

为了支持学习者的主动探索和完成意义建构,教师在学习过程中要为学习者提供各种信息资源(包括各种类型的教学媒体和教学资料).利用这些媒体和资料并非用于辅助教师的讲解和演示,而是用于支持学生的自主学习和协作式探索.对于信息资源应如何获取、从哪里获取,以及如何有效地加以利用等问题,是主动探索过程中迫切需要教师提供帮助的内容.

⑥强调学习过程的最终目的是完成意义建构.

在建构主义学习环境中,强调学生是认知主体,是意义的主动建构者,所以是把学生对知识的意义建构作为整个学习过程的最终目的.教学设计通常不是从分析教学目标开始,而是从如何创设有利于学生意义建构的情境开始,整个教学设计过程紧紧围绕"意义建构"这个中心而展开,不论是学生的独立探索、协作学习还是教师辅导.总之,学习过程中的一切活动都要从属于这一中心,都要有利于完成和深化对所学知识的意义建构.[14]

四、基于人本主义和建构主义的开放式教学

人本主义和建构主义均强调:学习是学习者主动建构的内部心理表征过程,教师的角色是思想的"催化剂"与"助产师".教师应把注意力放在学习者的心态(即情感与动机)变化上,而不应局限于所教的内容上.教师应通过教与学两个方面,实现教师和学生在教学活动中角色的转变,即让教师从知识的传输者变为指导者,让学生从知识的被动接受者变为知识的主动建构者,从而实现教育的目标,即教师与学生共享生命历程,共创人生体验,培育积极愉快、适应时代变化、心理健康的人.

开放式教学是建立在人本主义和建构主义理论基础之上的一种教学方法,其设计原则在于强调以学生为中心、强调协作学习的作用、强调对学习环境的设计、强调利用各种信息资源、强调通过多元评价来支持学习.它将学生作为教学活动的主体,在教学理念、目标、手段、形式、师生关系、评价体系等问题上对传统教学模式做出根本性的变革,其目的在于调动学生学习的主动性、开发学生的创造潜能、培养学生的创新意识和实践能力、协助学生在学业上进行自我观点的构建,培养适应社会需要的具有创造能力的人才.

传统的课堂授课是学校教育中的关键教学环节之一.在这种以"教"为中心的教学方式中,教师是课堂的主导者,掌握所授课程的进度、内容等,控制、掌握"教"的作用,学生只是被动地接受教师讲授的课堂知识,完成教师安排的练习和作业,忽视了学生"学"的重要作用,忽视了学生的主动探索、发现和创新作用,在一定程度上阻碍了学生的个性化综合发展.[16]

与以"教"为中心的教学方式不同,开放式教学树立了以"学"为中心的教学理念.开放式教学认为学生的"学"才是教学的核心,教师通过教学设计特别是互动设计,营造开放、深入式的学习环境,激发学生的主动性、自主性和创造性."学"为中心的教学,强调学习的主动性、情景性和面向社会性,学习不是教师把知识直接、简单地传递给学生,而是学生自己选择、建构知识的过程.学生不是被动地接收信息,而是主动地建构知识.学校必须培养学生具有自我学习的能力、自我学习的主动性和自我学习的敏感性,从而为现代社会培养有用的人才.

开放式教学要求做到:一是创设有利于学生发展的开放式教学情境,营造和谐、民主、轻松的学习氛围,以激发学生的学习活力;二是设定开放性问题,通过围绕问题的提出、争论、分析和解答,充分调动学生的积极性和主动性,促使学生发挥主观能动作用,以激发学生的想象和探索求知的愿望,让学生的思维和心态处于开放的状态;三是选择开放性的教学形式和手段,通过问题的解决,深层次地把握基本概念和基本知识,通过让学生主动寻找解决问题的具体方法,启发学生将理论知识运用于实践;四是创设开放性的教学评价方式,通过师生评价、生生评价、家长评价和第三方评价等多种评价方式,运用档案袋评价、表现性评价等广泛的评价手段,肯定学生在学习过程中的闪光点,激发学生的学习潜能,促使学生保持比较高的学习热情,以更积极的态度投入后续的学习中.

第二节　开放式教学相关研究概述

一、开放教育

国际上,对开放式教学的研究主要来源于开放教育.国内外有关"开放教育"的论述都有一个共同的精神内核,即主张彻底消除或尽量减少学习者面临的障碍,通过多样化的组织机构、技术手段和方式方法充分满足学习者多样化的学习需求.[16]"开放教育"的理念和实践在中西方都有着悠久的历史渊源,并经历了不同阶段的演化.

(一)中国教育史视角下的开放教育

从中国教育史的视角来看,开放教育的理念和实践可以追溯到古代著名教育家孔子.孔子明确提出了"有教无类""因材施教"等具有"开放"特征的教育思想,并在其教育实践中身体力行.我国近代教育家陶行知、晏阳初等在研究西方教育思想的基础上,结合中国国情提出的"生活即教育""社会即学校""教学做合一""平民教育"等教育理论,以及创办"中华平民教育促进会""中华职业教育社""山海工学团""香港中华业余学校""重庆社会大学""乡村建设学院"等教育实践均在一定程度上体现出"开放教育"的精神内涵.新中国成立以后20世纪50年代在全国范围内开展的"扫盲运动",70年代末建立的广播电视大学系统,80年代创立的高等教育自学考试制度,以及普通高校开展的函授教育和网络教育,均可视为新中国的开放教育实践.[17]

中国知网数据库的数据显示,"开放教育"作为一个词组首次出现于中文学术期刊的文章标题中,是在1986年第11期《电视大学》上的署名文章《搞好电视教学　发展开放教育——祝贺"中国教育电视"正式开播》[17].文中提出"卫星电视教育是一种开放式教育,人人都可以参加学习",要"促使广播电视大学加强同函授大学、高等教育自学考试之间的横向联系,使开放式教育的容量更大,社会效益更高",要在"三至五年的时间,在全国范围内,初步建成一个由广播、电视、函授组成的教育网络,出版一批具有较高水平、符合成人自学特点的教材,使具有中国特色的开放学校更加完善,更好地为广大教师、干部和青年在职业余学习服务".1995年,上海电视大学主办的《文科月刊》更名为《开放教育研究》,这是我国第一本以"开放教育"命名的学术期刊,其创刊词《开放教育大有可为》指出:"函授、自学考试和广播电视教育等开放教育是与传统的学校课堂教育并行的一种教育形式,其主要特点是以学生为中心,通过开放式教育管理,给一切有志于求学的人提供灵活便利的学习条件和接受教育的机会."[18]

1997年,国家教委印发的《电教单位机构改革实施方案》(教人〔1997〕73号)提出:中央广播电视大学是"国家教委直属的,采用广播电视、文字教材、音像教材和计算机课件及网络等多种媒体进行现代远距离开放教育的高等学校".1998年,教育部在《面向21世纪教育振兴行动计划》中提出要"实施'现代远程教育工程',形成开放式教育网络,构建终身学习体系"[19].1999年,教育部印发《关于开展"中央广播电视大学人才培养模式改革和开放教育试点"项目研究工作的通知》(教高厅〔1999〕1号),尽管该文件并未对"开放教育"进行概念界定,但从其内容表述可以看出,该文件中的"开放教育"是指与通过"高考"入学相区别的实行注册入学的高等教育形式."开放教育"的"开放"首先是指对"人"的开放,即是否参加过"高考"以及"高考"分数的高低不再是学习者接受高等教育的必要条件,符合报名条件的学生可以直接注册入学;其次是"教学方式"的开放,表现在教育部要求参与试点的广播电视大学要特别注重利用现代远程教育技术和手段开展教学和教学辅导工作.[20]

目前,国内华东师范大学等普通高校使用"开放教育"一词指代其所开展的各类成人学历和非学历教育,绝大多数普通高校还是习惯于使用"网络教育""继续教育"等术语指代其具有开放教育特征的教育教学实践.不过,近年来国内也有研究者提倡从更广义的层面诠释"开放教育",主张将"开放教育"定义为致力于推动教育在各个维度更加开放、最大限度地满足学习者学习需求的教育理念和教育实践的统称.[21]

(二)西方教育史视角下的开放教育

从西方教育史的视角来看,开放教育的理念和实践最早可以追溯到苏格拉底.苏格拉底免费向一切有志于求知的人进行启发式教学,随时随地通过问答式讨论施教,充分体现了其对于教育对象和教育方法所秉持的开放理念.近代以来,卢梭的自然主义教育理论、杜威的实用主义教育思想、帕克等人的进步主义教育思潮对西方开放教育理念的发展也有很大影响.

在基础教育层面,现代西方学校教育中的开放教育实践最早可追溯至英国自由主义教育家亚历山大·尼尔(Alexander S. Neill)于 1921 年创办的夏山学校(Summerhill School).尼尔从自由主义教育理念出发,主张以学习者为中心安排课程,认为儿童的学习在不受胁迫的自由状态下是最好的,所有课程都应该是可选的,学生可以自由选择什么时间做什么.

在高等教育层面,1858 年伦敦大学开始为校外学生提供远程学习机会,1946 年南非大学成立了专门提供远程函授教育的校外学习部,1969 年英国建立了实行开放入学并以远程教学为主的开放大学——这些都是通常所认为的近现代意义上开放教育发展的几个重要里程碑.英国开放大学首任名誉校长杰弗里·克劳瑟(Geoffrey Crowther)在其就职庆典上提出的"四个开放",即教育对象的开放(open to people)、教育地点的开放(open to places)、教育方法的开放(open to methods)、教育思想的开放(open to ideas),被视为对开放教育理念的经典诠释.

20 世纪六七十年代,以罗兰·巴斯(Roland Barth)为代表的西方学者们关注的主要是"中小学的开放教育(open education in schools)",即如何促使(中小学)学校教育的教学理念和教学方法更加"开放".以 1969 年巴斯发表于《教育哲学与理论》(*Educational Philosophy and Theory*)上的那篇 Scopus 数据库中最早的开放教育文献为例,该文的标题是《开放教育:关于学习的假设》(*Open Education:As Sumptions about Learning*),作者在文中提出了九项有关儿童学习的原理性假设,对教育为什么应该以儿童为中心进行了哲学层面的理论概述.

值得注意的是,该文所阐述的"开放"的儿童教育理念与当代开放教育倡导的"自主学习""个性化学习""泛在学习"等主张一脉相承;该文提出的有关假设虽然是对儿童学习原理的阐述,但实际上对所有年龄段的学习者均同样适用.

到了 20 世纪 80 年代,随着越来越多的国家和地区效仿英国建立起开放大学,英国开放大学所主张的"远程教育和开放学习(distance education and open learning)"开始受到学术界的关注;20 世纪 90 年代,随着计算机多媒体和互联网技术在教育中的广泛应用,电子学习和在线教育成为开放教育发展的重要手段和特征;进入 21 世纪,"开放教育"的内涵更加丰富,"开放获取出版(open access publishing)""开放教育资源(open educational resources)""开放教育实践(open educational practice)""慕课(massive open on-line courses,MOOCs)""社交媒体在教育中的应用"等已成为开放教育研究的重要分支主题.

近年来,随着"open education"这一术语在西方学术文献中的使用越来越频繁,一些西方学者和研究机构意识到由于这一术语涵盖的内容较为丰富和复杂,其含义在实际使用中显得较为混乱,因此尝试对其含义进行辨析和界定,并各自做出了多种阐述.欧盟联合研究中心在其 2016 年发布的报告中提出,"开放教育是一种教育方式,其目标是消除各种障碍并使学习变得容易、丰富和个性化,从而扩大每个人的受教育机会,提高参与程度;开放教育通常采用数字技术,提供多种教和学、构建和共享知识的方式,以及各种接受正规和非正规教育的途径,并将两者连接起来".荷兰开放大学克里斯蒂安·施特拉克(Christian Stracke)教授提出,开放教育是指"本着愿景上的开放、运作上的开放和法律上的开放对学习机会进行设计、实现和评估以提升学习者的学习质量",开放教育的开放性(openness)可划分为三个范畴九个维度,即"'愿景'上的开放,包括开放创新、开放认定和开放方法;'运作'上的开放,包括开放标准、开放技术和开放资源;'法律'上的开放,包括开放易得性、开放许可和开放获取".《远程教育》(Distance Education)杂志主编澳大利亚学者索姆·奈杜(Som Naidu)主张从整体视角来看待"开放教育"这一概念,认为该术语可涵盖开放教育实践的各个方面,包括但不限于开放教育资源、开放教学、开放获取、开放出版、开放学术,以及教学设计、学习机会和学习策略的开放.

(三)开放教育的实践进展

当前,全球范围内开放教育的实践进展突出表现在以下几个方面:开放大学在世界各地不断建立和发展、开放教育国际组织影响力不断增大、开放教育资源和慕课的建设与应用方兴未艾.

1. 开放大学

开放大学是开放教育在高等教育领域发展的重要表现形式.开放大学通常采用远程、在线、灵活的教学模式,对学习者的入学没有或者较少设置门槛,很大程度上体现了开放教育对于"人人皆学、处处能学、时时可学"的理想追求.据不完全统计,截至 2019 年年底,世界范围内开放大学的数量已经超过 100 所,广泛分布在亚洲、欧洲、美洲、非洲、大洋洲等各大洲.这些开放大学,有的是直接采用"开放大学"或类似词语命名,有的虽然校名中没有"开放"二字(如南非大学、加拿大阿萨巴斯卡大学和中国的广播电视大学等),但由于其办学定位和办学特色同样符合入学门槛较低、主要采用远程或在线的灵活教学方式、致力于终身教育和终身学习等"开放大学"的特征,因此也被视为是广义上的开放大学[22].据 Contact North 统计,保守估计,目前全球开放大学的学生人数超过 2000 万,在中国、印度、土耳其、巴基斯坦等国家开放大学的学生人数达到百万以上规模,有力地助推了这些国家高等教育大众化的进程.在可预见的未来,开放大学在满足日益增长的全球高等教育需求方面将持续发挥重要作用.

2.开放教育国际组织

目前,国际上致力于推动开放教育发展的国际组织有国际开放与远程教育理事会(International Council for Open and Distance Education,ICDE)、全球开放教育联盟(Open Education Global,OEG)、英联邦学习共同体(Commonwealth of Learning,COL)、亚洲开放大学协会(Asian Association of Open University,AAOU)等.

(1)国际开放与远程教育理事会.

国际开放与远程教育理事会是致力于促进开放、远程、灵活和在线教育的全球性会员组织,也是世界范围内开放与远程教育领域规模最大、声誉最高的国际性组织.其前身是1938年成立于加拿大的国际函授教育理事会(International Council for Correspondence Education),1982年更名为国际远程教育理事会(International Council for Distance Education),1999年改为现名.截至2019年12月,国际开放与远程教育理事会共有190余个机构会员,遍布世界各个大洲的70多个国家和地区,主要是开放大学、在线教育企业等远程教育机构以及相关的学术组织.自2009年以来,国际开放与远程教育理事会形成了每两年召开一次世界大会(world conference)的传统.此外,国际开放与远程教育理事会还定期举办"终身学习峰会(Lifelong Learning Summit)""开放教育领导者峰会(Open Education Leadership Summit)"等会议,发布有关开放教育的专题研究报告,并办有兼做会刊的学术期刊《开放实践》(Open Praxis).国际开放与远程教育理事会与联合国教科文组织保持着密切的合作伙伴关系,共同致力于开发和使用有助于推动全民学习和终身学习的新方法和新技术,倡导通过技术变革促进全球优质教育,通过在线、开放和灵活学习,扩大教育机会、促进教育公平和提高教育质量.

(2)全球开放教育联盟.

全球开放教育联盟的前身是成立于2008年的开放课件联盟(Open Courseware Consortium),2014年更名为开放教育联盟(Open Education Consortium),2019年更名为现名.全球开放教育联盟是一个非营利、全球性的开放教育机构会员制组织,致力于在世界范围内提倡和领导开放教育的发展,促进发现、使用、创建和共享开放教育资源的能力,推动开放教育政策,创建可持续的开放教育模式,促进国际合作和创新.全球开放教育联盟每年主办"开放教育周(Open Education Week)""开放教育全球会议(Open Education Global Conference)",颁发"开放教育卓越奖(Open Education Awards for Excellence)",目的是通过这些活动为世界各地的学习者提供高质量的和全纳的教育.全球开放教育联盟以"在世界各地促进、支持和推进教育的开放"为使命,主张教育应该成为一种基本、共享和协作的社会福利,每个人在任何地方都应该获得他们渴望的高质量教育和培训.

(3)英联邦学习共同体.

英联邦学习共同体的成立始于1987年的英联邦政府首脑会议(Commonwealth Heads of Government Meeting),1988年正式开始运转,总部位于加拿大温哥华,是致力于开放和远程教育的英联邦国家政府间组织.该组织通过与各国政府、非政府组织及国际组织合作,促进英联邦国家学习机会的增加和教育质量的提升.通过与联合国教科文组织的紧密合作,英联邦学习共同体的影响力其实并不局限于英联邦国家,而是遍及全球.自1999年以来,英联邦学习共同体每2~3年举办一次泛英联邦开放学习论坛(Pan-Commonwealth Forum on

Open Learning,PCF),组织开放和远程学习领域的专家学者研讨共同关心的问题,交流思想,分享开放教育实践的经验,探索开放与远程学习在扩大教育机会、缩小数字鸿沟和促进经济社会发展方面的作用.2016 年,英联邦学习共同体发布《吉隆坡宣言》,呼吁各国政府、教育机构、私营部门和民间社会通过各种形式的教育促进开放学习和终身学习;充分利用开放与远程学习以及混合和灵活的学习方式提供教师教育和在职教师培训,增加合格教师的供给;关注开放与远程学习的质量,注重学习者的学习成效;制定战略和政策推动开放教育资源的开发和使用,在提高教育质量的同时降低教育成本;重视通过远程与开放学习提升妇女、女童、残疾人等群体的教育,促进全纳教育.

(4)亚洲开放大学协会.

亚洲开放大学协会成立于 1987 年,是由亚洲主要从事开放与远程教育的高等教育机构所组成的一个非营利性组织.该协会致力于为亚洲所有人提供更多的教育机会,提高成员机构在教学、研究和教育管理等方面的质量.亚洲开放大学协会通过远程教学系统及专业和伦理标准开发远程开放教育的潜力促进亚洲教育的发展,重视与各种对远程教育直接或间接感兴趣的官方和非官方机构的合作,以及与其他类似的区域和国际组织的合作.截至 2019 年 12 月,亚洲开放大学协会共有正式会员 47 个、非正式会员 16 个.1989 年以来,亚洲开放大学协会每年举办一次年会,由会员机构轮流主办.

此外,欧洲远程和在线学习网络组织(European Distance and E-Learning Network)、非洲远程教育委员会(Africa Council for Distance Education)、联合国教科文组织、欧盟、经合组织等国际组织也设有专门的机构或议题,开展开放教育研究和推动开放教育实践.上述这些国际组织所开展的有关开放教育的研究和实践对全球开放教育的发展做出了重要贡献.

3.开放教育资源和慕课

(1)开放教育资源.

2002 年,联合国教科文组织首次将"开放教育资源"作为一个术语提出.此后,联合国教科文组织、经合组织、英联邦学习共同体等机构及众多学者发表了大量以开放教育资源为主题的报告和学术论文,积极倡导并助推开放教育资源在世界范围内的发展,主张开放教育资源是满足全球对教育和培训巨大需求的重要途径,能够帮助发展中国家弥合教育鸿沟、促进社会正义,在扩大所有人特别是非传统学生群体的学习机会、降低学习成本的同时还有助于改变教师和学生之间的关系,提升教育机构的学习支持服务质量.2012 年,联合国教科文组织举办首届世界开放教育资源大会,并发布《开放教育资源巴黎宣言》,建议各国尽其所能地从各个方面推动开放教育资源的发展.2017 年,联合国教科文组织举办第二届世界开放教育资源大会,发布《卢布尔雅那开放教育资源行动计划》,提出 41 项建议措施,旨在推动开放教育资源进入主流教育,帮助所有会员国建设知识社会,助推联合国 2030 年可持续发展目标 4,即"确保包容和公平的优质教育,为所有人提供终身学习机会"的实现.很多国家出台了支持开放教育资源发展的政策,如欧盟的开放教育行动计划、中国的国家精品在线开放课程项目、美国的"平价大学教科书法案"和"#GoOpen 计划"等.

开放教育资源的倡导者和支持者在全球范围内实施了为数众多的开放教育资源项目,创建和发布了海量的免费教育资源,有力推动了全球教育资源的开放共享,对教育体制及其变革产生了深刻影响.

（2）慕课.

尽管学术界对于慕课及其与开放教育的关系存在很多争论甚至可以说毁誉参半,慕课促进教育开放的功能可能有所夸大,或者说并未完全达到人们的期望,一些慕课平台似乎已经背离了"开放"的初衷,甚至彻底沦为商业机构牟利的工具,但总体而言,慕课对于全球开放教育的发展确实发挥了重要的推动作用.正如穆尔德所言,如果学习者、教师、教育机构和相关团体等各方能够共同努力,推动慕课继续朝着"开放"的方向发展,那么通过慕课在全球范围内推动"教育向所有人开放"还是很值得期待的.2016 年,联合国教科文组织和英联邦学习共同体发布题为《慕课的意义:发展中国家政策制定者指南》的报告,提出慕课"是实现联合国 2030 年可持续发展议程目标 4 的重要工具",倡导发展中国家将慕课定位于"一种通过网络平台免费提供的开放教育形式",坚守慕课"向更多人开放高质量高等教育"的初衷.以我国为例,在政策的支持下以"学堂在线"为代表的慕课平台发展势头强劲.根据教育部的统计,截至 2019 年 8 月底我国慕课上线数量已达到 1.5 万门,在校生和社会学习者学习人数达 2.7 亿人次,在校生获得慕课学分人数达 8000 万人次.

事实上,在慕课兴起之前,大规模开放在线课程已经存在多年,如一些开放大学(包括中国的广播电视大学),从 20 世纪 70 年代甚至更早就通过广播向公众提供开放的课程,90 年代就开始借助互联网向学习者提供免费的或收费低廉的课程,但这些课程长期以来并未像慕课一样引起主流媒体和教育研究界的如此关注.慕课之所以能声名鹊起,在很大程度上是因为世界各国顶尖大学的积极参与.从这个意义上讲,慕课无疑对开放教育运动做出了重要贡献,在一定程度上促进了优质教育资源走出"象牙塔"服务全民的开放教育理想的实现.

（四）开放教育的核心思想

从上文可以看出,"开放教育"理念的产生和发展在中西方都有着悠久的历史渊源,并经历了不断的演化.尽管不同语境下不同学者对"开放教育"的论述有所差异,但都有一个共同的精神内核,即人类社会的教育在制度、对象、内容、资源、方式、方法、时间、空间等各方面都应该是"开放"的,只要学习者有学习需求和学习能力,就应该提供学习机会,不能因为学习者的年龄、性别、地理位置、经济条件、职业身份等学习能力以外的因素人为地设置入学门槛和学习障碍,或漠视和忽视学习者的学习需求和面临的学习障碍.一言以蔽之,开放教育就是致力于实现"人人皆学、处处能学、时时可学"的教育理念与教育实践.

中西方有关"开放教育"的理念与实践有着相同的逻辑起点,尽管在当前的研究和实践中存在一定的差异,但殊途同归,都是围绕着上述这样一个核心思想,其发展都植根于人类社会对教育公平、终身学习、个性化学习、泛在学习、教育技术革新的孜孜追求.教育公平、终身学习、个性化学习和泛在学习为开放教育的发展提供了必要性,而现代信息技术支撑下的远程教学理论和学习理论为开放教育的发展提供了可能性.

1. 教育公平

促进教育公平是开放教育的初心和使命."公平"(equity)包含两个维度,即"公正"(justice)和"平等"(equality).教育公平是"公正"和"平等"在教育领域的延伸和体现,它既是社会公平的重要内容,也是实现社会公平的重要手段.为了促进教育公平,"开放教育"的倡导者主张教育各个维度的开放,既包括教育对象、资源、思想、方式、方法的开放,也包括教育制度的开放以及学术研究成果发表、出版和获取的开放等,这在很大程度上就是为了实现教育公平,继而通过教育公平推动社会公平.联合国在 1948 年的《世界人权宣言》中就已将教育列为一项基本人权.进入 21 世纪,世界各国普遍已将教育视为公民的一项基本权利,教育面向人人开放被视为实现人类社会和平与可持续发展、保持国家和国际稳定的重要手段.开放教育被视为高等教育民主化运动的重要组成部分,从促进教育公平和扩大学习机会的角度分析高等教育变革是开放教育研究的重要旨趣之一.

2.终身学习

推动终身学习和学习型社会建设是开放教育的责任和担当.自 1965 年保罗·朗格朗(Parl Lengrand)提出"终身教育"概念以来,无论是各国政府还是普通民众都已普遍接受"学习贯穿人的一生""活到老,学到老"的理念.2015 年 9 月,联合国大会提出 17 项 2030 年可持续发展目标(sustainable development goals,SDGs),其中第四项可持续发展目标(SDG4)是"确保包容和公平的优质教育,为所有人提供终身学习机会".要想满足所有人的终身学习需求,仅仅依靠传统的学校教育是远远不够的,教育在制度、机构、资源、方式等各个维度都必须更加"开放",只有充分"开放"才能满足全民终身学习的需求.

3.个性化学习和泛在学习

满足学习者的个性化学习需求和泛在学习需求是开放教育的重要特征.古代的教育先贤,无论是孔子还是苏格拉底,都非常重视学习者的个性化学习和随时随地的泛在学习,注重针对学习者的个人特点因材施教,师徒之间的问答可以发生在任何时间、任何地点.近代以来,学校成为主流教育场所,而学校教育普遍采用固定时间、固定地点的班级授课制,为了与工业化社会对劳动者的要求相匹配,学校教育在教学目标、教学内容和教学评价等方面都日益标准化和模式化,学习者沦为批量生产的产品,个体差异和个性化学习需求被严重忽视.20 世纪,西方一些教育家,如杜威、帕克、伊凡·伊里奇等相继认识到学校教育中存在的种种弊端,并在自由主义、实用主义和进步主义教育理念的指导下开展了大量致力于推动以学习者为中心、提倡个性化学习的教育改革,有效地促进了教育理念和教学方式方法的开放.进入 21 世纪,无论是中国还是西方国家,无论是基础教育领域还是高等教育和继续教育领域,个性化学习和泛在学习的需求已经受到更多的关注和重视,中西方教育的方式和方法都正朝多元和开放的方向发展.

4.现代信息技术支撑下的远程教学理论和学习理论

教育与信息技术的深度融合是开放教育的实现途径.开放教育的最高理想是实现"人人皆学、处处能学、时时可学",不断更新发展的信息技术是实现这一理想的物质基础,现代信息技术支撑下的远程教学理论和学习理论为"开放教育"不断从理想走向现实提供了工具和方法.在古代社会,由于教育技术匮乏,学习的发生最初只能依靠师徒之间的口耳相传;随着书籍的诞生,人类的知识存储和传播方式有了更好的载体和手段;近代以来,教育技术不断推陈出新,从黑板+粉笔逐渐跨越到广泛采用投影、计算机、互联网等现代信息技术和工具开展教学.5G 时代,虚拟现实、增强现实、大数据、云计算、人工智能等前沿科技即将大规模应用于教育领域,教育与信息技术的深度融合将使"在线学习""个性化学习""泛在学习"成为常态,学习者的学习在时间、地点、内容、节奏、方式、方法等各方面都将更加灵活多样,教育在各个维度的"开放"程度都在不断提升.在此过程中,适用于开放教育学习者的建构主义、联通主义、独立学习、交互理论、探究社区等教学理论和学习理论不断涌现,对开放教育的发展起到了重要的推动作用.

二、开放式实验教学

与开放式教学相近,我国高校在理工科方向开展了开放式实验教学的积极探索与实践.近年来,在高等学校本科教学水平评估和实验教学示范中心建设的推动下,围绕着人才培养目标,增强实践能力和创新精神的培养,高校对实验室建设的投入逐步加大,实验教学设备得到较大的更新,实验教学环境有了明显改善;对实验教学功能的认识有了质的提高,实验教学的地位及其重要性逐渐凸显;实验室建设和实验教学改革有了显著进展.

在这种背景下,实验室建设与实验教学改革已经逐步从着重于实验室硬件和环境建设、从着重于实验教学内容和教学方法的改革,向构建以能力培养为核心的模块化与层次性的实验教学体系、向与实验室开放相适应的开放式实验教学模式和开放式实验教学管理模式、向有利于能力培养的个性化与多元化的发展性实验教学质量评价体系、向网络化实验教学资源与管理平台建设等方面转移,开展了大量的研究与实践,取得了诸多可供借鉴的研究成果和实践经验.[21]

这种深层次的实验教学改革,旨在增强实验室开放的内涵建设,发挥实验教学的特殊功能,提升实验教学质量,促进学生知识、能力、素质综合发展.

基于实验教学在应用型本科人才培养过程中的重要地位和特殊作用,以及人才培养过程的复杂性、培养模式的多样性,以突出学生实践能力和创新意识、创新精神、创新能力的培养,促进学生知识、能力、素质综合发展为目标,探索了开放式实验教学模式,并在教学实践中进行了尝试.这种尝试促进了实验室内涵建设和实验课程建设,并在一定程度上改变了人才培养模式和学生的学习方式,取得了一些有益的成果和初步成效.

开放式的实验教学模式的内涵特征就是实验教学的开放性,即实验教学的目标是开放的,实验教学的主体是开放的,实验教学的方式是开放的,实验教学的内容是开放的,实验教学的资源是开放的.这种开放性的特征,是基于实验教学过程和能力培养过程的复杂性、培养模式以及教学方式的多样性、人才的个性化和发展目标的多元化等因素.

(一)开放式实验教学模式的内涵

1.还原了实验教学不可替代的特殊作用

应用型人才的特征就是善于将科学技术应用到实际、善于将科研成果转化为生产力.因此,应用型人才的培养质量在较大程度上体现在理论联系实际的能力、实践动手能力和创新能力方面."实验教学对于提高学生的综合素质、培养学生的创新精神与实践能力具有特殊作用."[23]实验教学对于激发学生学习兴趣、促进学生将知识转化为能力、逐步地完成由学习者到实践者的转化,具有不可替代的特殊作用,实验教学是理工类本科人才实践能力培养的基础性实践教学环节.

"实验的基本目的是学习实验测量方法、科学思维方法和学科的基本研究方法,这是最基本的,验证则应放在比较次要的地位."[24]实验过程在一定程度上就是一种科学探究过程或科学探究过程的再现,实验过程增加了直觉思维和创造思维的训练机会,即实验教学的功能不仅是掌握科学实验的方法、技能和验证已知的科学原理、重现自然现象,更重要的功能是发现与探究未知.测量和验证是实验教学的基础,发现与探究是实验教学的实质,在探究中培养创新意识和创新精神.

开放式实验教学模式提供了这种探究的、自主的学习方式和教学环境.学生运用所掌握的知识选择或提出实验项目、设计实验方案、组织实验仪器、安装调试、排除故障、观察现象、分析数据、获得结论.学生在实验过程中得到的训练是多方面的:①要查阅文献、设计实验方案.这一过程增强了学生自我汲取知识的能力和科学思维能力.②要选择仪器和方法.这一过程就必须经过分析、比较、总结、归纳等积极的思维活动.③要安装调试、实验操作.这一过程训练了学生的实际动手能力.④可以通过讨论锻炼学生的语言表达和思辨能力.⑤可以通过观察分析现象、排除实验故障、处理实验数据,提高分析问题和解决问题的能力.⑥这种开放式实验教学对于学生开阔视野、拓宽思路、激发灵感、提高综合素质具有特殊作用.因此,开放式实验教学模式还原了实验教学不可替代的特殊作用.

2.体现学生的主体地位和教师的主导作用

开放式实验教学模式的特点是学生自主性学习,教师成为学生知识学习和能力培养的设计者、组织者、指导者,体现学生的主体地位和教师的主导作用.在开放式实验教学过程中,学生具有更大的独立性、自主性、探索性,更能充分体现学生是学习的主体.一方面,实验操作、数据测量、定性分析与定量计算、获得结论等各个环节都要求学生独立完成,学生在实验教学过程中成为名副其实的"主体",学生从"封闭的束缚态"转变为"开放的自由态",增加了学生学习的自由度,激发学生的学习积极性,较大程度地促进学生自主学习,使学生成为实验教学的主体;另一方面,在开放式实验教学模式下,学生根据自身的智力、能力、兴趣和志向,自主选择学习内容、学习方式.

3.课程模块化和项目层次化的实验课程体系

随着"高等教育面向21世纪教学内容和课程体系改革计划"的实施,实验教学的课程体系、教学内容已经逐步向多层次、模块化课程结构转变.这种实验教学内容课程化、实验项目层次化、课程模块化是开放式实验教学模式的主要内涵.

构建以增强学生实践能力和创新意识、创新精神、创新能力的培养,促进学生知识、能力、素质综合发展为目标,以课程群知识体系为框架的多层次、模块化实验课程体系,成为逐步实现实验教学特有功能的载体.在这种多层次、模块化实验课程体系中,由于课程群知识体系的内在联系以及学科之间的交叉与渗透,其实验设计、实验方法、实验技能体现出通用性、综合性特征.这种课程体系有助于实现实验教学的特有功能,使得实验教学的目标更加明确.

这种由简单到复杂、由基础到提高的实验课程体系,实验项目的层次性和综合性相融合,使得学生可以获得"循序渐进""触类旁通""举一反三"的综合性的实践能力和综合性的科学素质的培养.

(二)开放式实验教学模式的特征

1.体现了能力培养的层次性与综合性

人才实践能力、创新能力的培养过程是复杂的,培养模式是多样的.这是由于人才的智力、能力、兴趣、特长的发展具有复杂性和多样性.人才个体都具有在某一方面或几方面的发展潜质,好的教育教学模式就是充分促进学生发展的模式.

开放式实验教学模式是以学习过程的差异去调节学生个体的智力、能力、兴趣、特长的差异,为不同发展特点的学生提供多样的、自主的学习方式,使每个学生都得到切实的收获,达到实验教学的效果最大化,为每个学生的发展提供机会,实现开放式实验教学目的.

开放式实验教学模式将实验教学空间延伸到实验室以外,将实验教学时间延伸到"八小时"以外,极大地拓展了实验教学的时间和空间,使得学生可以充分得到"理解、消化、完成、提升",为"循序渐进"的认知过程和渐进性的能力养成提供了必要条件.因此,开放式实验教学模式体现了因材施教的个性化教学原则,符合人才发展的认知规律.

人的实践能力、创新能力是有层次的(理论联系实际的能力、综合运用知识与技能解决问题的能力、创新能力等),因此实践能力的培养也是有层次的.实验教学内容本身就具有层次性和综合性,这就是实验项目层次化、课程模块化.因此,能力培养的层次性和综合性就孕育在这种课程体系的教学过程之中,即通过基础性、综合性、设计性、研究性实验及课程设计、毕业设计、学科竞赛等获得.因此,开放式实验教学模式体现了能力培养的层次性与综合性.

2. 实验室开放是开放式实验教学的主要形式

实验室开放已成为实验教学改革和现代实验室管理的基本要求.实验室开放的内涵和形式是多元的,不仅是时间和空间的开放,更重要的是教学内容、教学方法和教学手段上的开放,是教学理念的开放.因此,实验室开放不仅是管理模式的开放,更是教学模式的开放,是实施开放式实验教学模式的基础和主要形式.一方面,实验室开放将实验室有限的实验资源、教学空间以及教学计划有限的内容和时间拓展、延伸;另一方面,实验室开放为开放式的实验教学和开放式的学习提供了一种开放的实验教学环境和必要条件.在开放性实验环境中,学生可以根据自己的能力、专业、兴趣和学习风格等来选择实验内容,通过学生主动参与、自主学习、自由探索,让他们体验实验的快乐,体现了以学生发展为本、教育人性化和学习个性化的教育教学理念;实验室开放是自主学习方式的基础,有利于激发学生学习的主动性和积极性,有利于学生学习潜力的发挥,有利于学生自主学习能力和人才的个性化发展.

实验室开放是存在多种途径的,还包括课程设计、毕业设计及大学生结构设计大赛、电子设计大赛、数学建模竞赛、机械创新设计大奖赛等学科竞赛以及"创新学分"等第二课堂活动,这些都是开放实验室的方式和途径.

3. 网络化实验教学平台是开放式实验教学的基础

21 世纪以来,网络信息技术已成为发展最迅速、影响最广泛的科学技术领域之一,已经深刻地改变了人们的工作方式和生活方式.在高等教育等领域里,网络信息技术更是对教学管理、教学模式、学习方式等产生巨大影响和作用,为高等教育教学改革注入了新的活力和新的方式;对人才培养、教学质量的提高发挥了显著作用,计算机网络信息技术的运用已成为衡量教学现代化水平的重要标志之一.

随着计算机网络技术和数据库技术的广泛使用,基于校园网的实验教学管理平台、信息平台和实验教学资源库的建立,为教学方法和教学手段的改善、形成开放式实验教学模式提供了必要的基础,在更深层次上推进了实验教学改革,为实验教学提供了更深、更广的发展空间.面对这种开放式实验教学所带来的教学对象、内容、时间等因素不确定的问题,网络化实验教学平台已成为开放式实验教学的基础.

网络化实验教学平台主要包括实验教学资源、实验教学演示视频或网络课程、仪器设备图文说明、在线测验系统、仿真实验,功能是辅助学生做好实验预习,了解实验目的、实验原理、实验内容.其还包括实验网上预约系统、实验题目管理、信息查询、成绩统计、实验考核题库.

网络化实验教学平台不仅优化管理流程、提高管理效率,还提供多样化学习方式,使学生自主学习成为可能,进一步提高实验室开放程度.同时,这种开放式的实验教学模式,使得实验教学过程中的师生交流互动延伸到课外,更大程度发挥教师的主导作用.

基于应用型人才培养目标的实践性特征、实践能力培养过程的复杂性和培养模式的多样性、人才的个性化和发展目标的多元化等,结合近年来实验教学示范中心建设和实验教学改革实践,提出了开放式实验教学模式的内涵和特征,即实验教学的目标、主体、方式、内容、资源等多元化、开放性;指出了实验教学的功能在于培养学生善于实践和勇于创新的精神,这种开放式实验教学模式还原了实验教学的特殊作用;指出了开放式实验教学模式的特点是学生的自主性学习,教师是教学的设计者、组织者、指导者;提出了实验课程模块化和项目层次化是开放式实验教学模式的主要内涵.这种开放式实验教学模式体现了能力培养的层次性与综合性,体现了因材施教的个性化教学原则,遵循人才发展的认知规律.实验室开放是实施开放式实验教学模式的基础和主要形式,网络化实验教学平台是开放式实验教学的基础.开放式实验教学模式促进了实验室开放的内涵建设,并在一定程度上改变了人才培养模式和学生的学习方式.

同时在教学实践中,相当部分的实验教学满足于实验原理、操作方法的讲解,缺乏培养学生创新精神、提高实践动手能力的经验和意识,缺乏将相近实验课程融合的意识和能力,缺乏对实验教学功能的认识.注意到实验室文化建设的必要性,实验室文化建设是开放式实验教学模式的拓展和延伸,是长期积淀的特有的人文精神、治学气氛,体现了师生共同的理想、追求,敬业精神和价值取向,实验室文化氛围将影响实验室开放和管理效果.

三、中学数学开放题教学研究

目前中学数学开放式教学见诸文献的研究,主要集中在中学数学开放题的设计及教学.在国外,以日本等国为首的学者对中学数学开放题展开了系列研究;在国内,以戴再平先生为首的团队和郑毓信先生为代表,对中学数学开放题的研究做出了比较大的贡献.特别是,戴再平先生领导的研究团队的"开放题——数学教学的新模式"立项为全国教育科学"九五"规划教育部重点课题,该课题的系列成果对中学数学的开放题教学产生了积极的影响.

(一)开放题研究历程

中学数学开放题及其教学的研究最初是由日本率先进行的.从20世纪70年代开始,日本学者陆续开展数学开放题研究,如开放题应具备的条件,教学中学生活动的开放性等诸多方面.1980年,日本学者泽田利夫的研究成果《从"未完结问题"提出的算术、数学课的教学的方案》在我国期刊《外国教育》发表,引起国内中学数学界的关注,其后国内不少学者撰文介绍开放题及其教学问题.

紧接着,国内逐渐在教学一线对开放题展开研究.例如,1984年,戴再平运用开放题进行测试,发现知识和技能的堆砌与学生的创造思维没有必然联系.[25]1990年,胡林瑞对安徽黄山市一所中学的学生也进行了数学开放题的测试,得出以下结论:①高中生的发散性创造性思维与初中生没有区别;②基础知识和基本技能的增长不能作为创造思维能力发展的充分条件,但是创造思维发展的必要条件;③知识基础好的学生不一定自然转化为能力强.[26] 1994年,赵雄辉运用数学开放题进行了实验,认为学生对开放型应用题非常欢迎,有利于培养学生运用数学的意识和探索的精神.[27]

1996年,"开放题——数学教学的新模式"立项为全国教育科学"九五"规划教育部重点课题,以戴再平教授为首的一部分学者,集中对开放题及其教学进行了系统的研究.1998年,该课题组发起在上海金汇学校召开了"数学开放题及其教学"学术研讨会.这次会议对扩大国际交流,加强我国研究工作者和中小学教师之间的合作起了较大的作用.2000年以后,随着《中小学数学开放题丛书》的陆续出版,课题组在杭州市举办多场大型中小学数学开放式教学研讨会,吸引了大批中小学教师、高中教师和教育教学研究人员.

2000年,教育部发布《关于2000年初中毕业、升学考试改革的指导意见》,文件明确提出:"数学考试应设计一定的结合现实情景的问题和开放性问题",这表明我国教育行政部门已正式肯定数学开放题的作用和地位.同时,在那几年高考、中考试题中,都不时出现开放性问题,考试指挥棒的作用促进数学开放题的研究达到一个巅峰.众所周知,考试是数学教育的指挥棒,一旦在热门考试的试卷上引进了开放题,那么在课堂教学中使用开放题就会流行开来.[28]

随后教育部发布的《高中数学教学大纲》和《初中数学教学大纲》增加了具有开放性的探究性或研究性活动的数学问题,在一定程度上推动了数学开放题的研究,也逐渐地引导中学数学教育朝着探究性和研究性方向发展.当教育部发布《义务教育数学课程标准(2011年版)》及最新的《普通高中数学课程标准(2017年版2020年修订)》后,涵盖开放题的"综合与实践"课程及数学建模和数学探究的研究与教学越发重要,而数学开放题的研究与教学呈现日常化的态势.

(二)什么是开放题

尽管对开放题的研究已有相当一段时间,但是对开放题的含义仍各有各的说法.从已查阅的文献来看,关于什么是开放题的表述,学者们主要有以下几种不同的定义[29]:

(1)答案不固定或者条件不完备的.

(2)条件多余需选择、条件不足需补充或答案不固定.

(3)有多种正确的答案.

(4)答案不唯一.

(5)具有多种不同的解法,或有多种可能的解答.

(6)问题不必有解,答案不必唯一,条件可以多余.

(7)具备条件开放、解题过程开放和结论开放三个条件之一.

不难看出,以上表述对问题条件的描述不尽相同,但对问题答案的看法比较一致,基本上都认为答案不唯一.综合认为,对于中学数学开放题,其条件不宜做太多的限定,对问题的答案给以宽松的环境,要求答案是多样化的、不唯一的、多层次性的、丰富多彩的.因此,可以对开放题做简明的描述:答案不唯一的问题称为开放题.当然,一个问题是否开放还取决于学生解答问题时的知识水平如何.例如,对 n 个人两两握手共握多少次的问题,在学生学习组合知识以前解法很多,是一个开放题,在学习组合知识之后则是一个封闭题.

(三)开放题的类型及其案例

中学数学开放题主要有以下几种形式[30].

1. 举例

(1)就概念举例. 例如,①举出一些集合的例子;②举出现实生活中的一些轴对称的例子;③举出现实生活中一些全等图形的例子;④举例说明是否存在平面图形,它在平面内绕着平面内的一点旋转某一个角后能与原图形重合;⑤请列举出一些三边都是整数值的直角三角形;⑥举出一些等可能试验的例子.

(2)为否定一个命题举反例. 例如,①三角形的内心一定在三角形内吗? ②对应边成比例的多边形是相似多边形吗?

(3)举例说明某知识内容的应用. 例如,①举例说明三角形的稳定性在实际中的应用、四边形的不稳定性在生活中的应用;②举例说明圆锥曲线在实际中的应用;③举例说明圆在实际中的应用.

2. 变化

(1)特殊化. 例如,①试研究一些特殊三角形的内心、外心的性质;②试研究正四面体的性质;③试研究黄金椭圆的性质.

(2)一般化. 例如,①怎样把正方形四等分? 对正多边形考虑类似的问题,对圆、圆柱考虑类似的问题.②多边形的内角和定理对一般的凹多边形也成立吗? ③设 $f(n)=\sin^{2n}x+\cos^{2n}x$,$n$ 为正整数,试对于 n 个别的具体值,估计 $f(n)$ 的范围,你还能得到一般的结论吗?[31]

3. 推广

增加空间维数、未知元素,命题将怎样变化? 例如,①你能否把勾股定理做一些推广? ②你能把三角形的面积公式 $S=\dfrac{1}{2}ab\sin C$ 推广到立体图形中去吗? ③你能否把不等式 $\dfrac{a+b}{2}\geqslant\sqrt{ab}(a>0,b>0)$ 做一些推广?

4. 组合

多个条件进行不同组合,并判断其正确性. 例如,α,β 是两个不同的平面,m,n 是平面 α 及 β 之外的两条不同的直线,给出四个论断:

①$m\perp n$ ②$\alpha\perp\beta$ ③$n\perp\beta$ ④$m\perp\alpha$

以其中三个论断作为条件,余下一个论断作为结论,写出你认为正确的一个命题:＿＿＿＿
＿＿＿＿＿.

本例为 1999 年普通高校招生统一考试数学试题(理工农医类)第 18 题. 本题既是一个条件开放题,也是一个结论开放题,按题意要求,要以题中的三个论断作为条件,余下的一个论断作为结论来组成命题,实际上只有四种组成的方法,因此其开放度不是很大.

5. 关系

研究一个数学对象,寻找关系. 例如,给出下面两组图表,A 组包括一张图表和一个数字表格,B 组包括一些表征函数的代数表达式. 要求学生检验 A 组中的图象①和表格②,从 B 组选择出与①和②有共同特征的函数,并且解释选择的理由,找出尽可能多的共同特征.

A 组

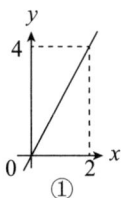

x	-3	-2	-1	0	1	2	3
y	1	0	-1	-2	-3	-4	-5

①　　　　　　　　　　　　　　②

B 组

(a) $y=\dfrac{2}{3}x$　　　(b) $y=-x$　　　(c) $y=2x+1$　　　(d) $y=x^2$

(e) $y=\dfrac{1}{x}$　　　(f) $y=x+2$　　　(g) $y=\dfrac{1}{2}x-2$

学生有可能发现多种特征,如变化率、代数及表达式、图象的形状、函数的定义域等,在教学中使用这个问题使学生能够综合他们所学的线性函数知识.

6. 类比

类比已有结论,写出相似或相近的结果. 例如,① $f(x)=x$,$g(x)=\sqrt[3]{x^3}$ 和 $f(x)=x^2+x$,$g(y)=y^2+y$ 是两组形式不同、实质相同的函数,试给出与之类似的多组函数. ② $f(x)=3x+2(x\in\mathbf{Z})$,$g(x)=3x-1(x\in\mathbf{Z})$ 和 $f(x)=x^2+x$,$g(x)=\dfrac{x^3+x^2}{x}$,以上两组函数中 $f(x)$,$g(x)$ 是不是相同的函数,为什么? 分别给出与之类似的函数.

根据函数的定义知,一个确定的函数包括三个方面:①定义域;②值域;③对应法则. 因此,$f(x)$ 与 $g(x)$ 为同一函数必须保证这三个方面完全一致,否则就不是相同的函数. 以上两例有助于加深学生对函数概念的理解. 对于其他数学概念,也可设置类似的问题.

7. 理解

教师可以经常有考查学生对知识掌握程度的开放性问题. 例如,①你是怎样理解几何中的“点”这一概念的? ②你是怎样理解三角形的内角和定理的? ③你是怎样理解勾股定理的? ④你是怎样理解圆周率的?

8. 改进

对研究问题解法的改进,也就是一题多解,这类问题在各级各类考试中也经常出现. 例如,①对等腰三角形的性质定理,请用不同的方法进行证明. ②已知函数 $f(x)=ae^{x-1}-\ln x+\ln a$,请至少采用两种以上的办法求 a 的取值范围.

(四)中学数学开放题的教学设计[32]

1. 确定问题是否合适

教师构建开放式问题准备用于班级教学前有必要思考以下几点:

首先,设计的问题是否含有丰富的数学内容,在数学上是否有价值? 开放题应该鼓励学生从不同角度进行思考. 然而,单单做到这一点还不够,问题还应该含有丰富的数学内容,使得成绩优秀和成绩差者都能通过不同的方法解决这个问题,每种方法都要有数学价值.

其次,问题的数学水平是否适合学生? 一般而言,问题的难度应该与学生的能力相对应,当学生解决开放题时,他们需要使用以前学到的数学知识与技能. 如果教师认为这个问题超出学生的能力,就不应该在教学中使用这个问题,或对此做必要的修改.

最后,问题是否包含某些导致未来数学发展的数学特征?在学生对开放题的各种回答中,教师应思考:有些答案可能与较高级的数学概念相联系,或者能够进一步发展成高级数学思维.

2.精心编制教学计划

利用适当的策略构建适当的开放题后,教师应编制一个好的教学计划,以期达到预计的教学效果.

首先,列出学生对问题的可能回答.我们希望学生以不同的方式方法对开放题做出回答,因此在备课时应该列举尽可能多的问题答案.由于学生表述其思想或思维的能力是有限的,他们也许不会适当地将问题解决的活动用语言表示出来,也可能他们用不同的方法解释相同的数学思想.重要的是教师要以学生的语言列出尽可能多的学生的回答,即使这些回答可简化为很少的命题.另外,应该列出高水平学生的回答.然后,教师根据各种观点重新整理和编辑这些回答,并就每个观点概括出一个一般命题.对每个回答,教师应该阐明其内在的数学价值或未来发展的方向.

其次,说明使用问题意图.教师应理解这个教学计划中的开放题的作用.根据丰富的实践经验,开放题特别适合导入概念或总结学习.问题可以作为一个独立的主题,或用于新概念的导入,或用于总结学生的学习.

再次,设计形成问题的一种方法,使学生更容易理解问题的含义和意义.教师应直接将问题表达出来,使学生容易理解,并找到解决问题的途径.有时如果教师对问题的阐述太扼要,学生对问题的理解就会模糊不清,或错误理解问题,因为他们在根据教材学习时没什么经验.为了避免这种情况,教师应该十分注意问题提出或表征的方式方法.

最后,使问题尽可能吸引人.教师采用的问题对学生来说应该是具体和熟悉的,而且能唤起学生智力上的好奇.由于解决一个开放题需要充分的时间思索,因此问题应该有足够的吸引力,以抓住学生的兴趣.

3.灵活组织教学活动

基于开放题的教学方法特别强调学生的个性化思维,教师要灵活采用多种教学方法组织教学,尤其要关注来自学生的特别想法.不要给所有学生一个固定的取向.这种教学的组织形式也包括两个方面,即个人的活动与整个班级的讨论活动.其中,学生之间与师生之间的积极讨论是进行开放题教学的关键.我们不是寻找单一的或唯一的解答,这个手段尤其适用从个别学习向班级讨论推进的过程中.

在教学活动中应该记录下学生对开放题的反应、采用的方法或解答,这些记录是今后个人和小组学习要采用的.学生可以使用笔记本或学习表来记录这些信息.教师在课后要收集这些学习表,用于今后对个人或小组学习的评价.教师应根据学生记录的信息,发现那些不理解问题的学生,并给他们更多的例子或建议,启发引导他们改进学习方法和学习策略,激励他们以相应的方法思考问题,促使他们在今后的开放题学习中有更好的表现.

在开放题教学过程中,教师或学生应该在黑板上简要描述个人或小组的活动,教师应鼓励学生确认他们的解答是否与其他学生的解答相一致,或是否能够简化自己的解答.如果学生提出的某些解答是错误的或表述不完整,教师应该给予正面的关心,并通过来自其他同学的帮助来修正这些解答.

4.多元评价肯定学生

在开放题教学过程中,教师可通过学生表达自己思想的精彩程度做出相应的评价,一些学生以不明确的方式写下他们的解答,而另一些人则以简洁的、精致的方法来表达自己的观点.从数学语言角度看,用符号表述数学关系会比使用平常句子来表达更雅致,用代数表达式则会更精彩.教师也可以采用定量和定性相结合的方式,对学生的各种不同反应或回答做出评价.教师如果需要采用定量和定性的方式评价学生的表现,在授课前必须准备一份列举各种可能答案的表格,对这些答案有序地按照数学特征进行分类和安排.上课期间,教师要检验学生的答案,记录到表格相应的空栏中,学生的成就可以根据流畅性、灵活性和创意性进行评价.

流畅性指每个学生能够给出多少解答.如果学生(小组)的回答根据某个定理是正确的,教师给予学生(小组)相应的分数,这些分数的总和可以看作学生数学思维流畅性的指标.灵活性指学生发现多少不同的数学思想.一个学生给出的正确解答或方法可以归入不同的范畴,如果两个解答(或方法)拥有相同的数学思想,那么它们属于相同的范畴,这些范畴的数量总和可以视为学生思维灵活性的指标.创意性指学生的思想在多大程度上是原创的.如果学生(或小组)提出一个唯一的或很有见地的思想,这个思想的创意应该得到高度评价.在可能的回答中,也许存在不同层次的即从高到低的数学意义,教师应该给有高度数学思维的学生一个高分,这些分数的总和可以看作学生思想原创的指标.流畅性和灵活性属于定量评价,创意性属于定性评价.

第三节　开放式教学意义与内容

一、开放式教学的意义

传统教学忽略学生的主体作用,教学内容、方法、形式固化,教学手段、考核评价单一等诸多弊病,既不能适应现代教育发展的基本要求,也不能适应现代教育培养人才的需要.20世纪50年代,我国提倡采用启发式教学法.毫无疑问,启发式教学法比填鸭式好得多,它能提高学生学习的积极性,能使他们所学的知识更为扎实和巩固,但仍有很大的局限性,那就是老师的任务仍然只是"教",是传授知识;学生的任务只是"学",是接受知识.虽然老师采用启发的方式,使学生更懂些、更好些,但是本质上没有改变学生只是被动学习的定位,这样的定位很难培养出适应时代需要的创新开拓性人才.[33]

因此,在全面深化教育改革中,为建设社会主义现代化国家培养大量全面发展的优秀人才的当今基础教育界,就非常有必要进行开放式教学的探究与实践.[3]

(一)开放式教学有利于推进课程改革,符合现代教育发展的客观要求

开放式教学最为显著的特点就是开放性,它是全方位、多角度的开放,包括:①教育观念的开放,即教师要拥有开放的教学理念.②教育内容的开放,即要打破传统教学片面追求课程要求与教学内容统一的僵化做法,使教学内容不拘泥于教材,学习材料来源多样化.③教

学目的和教学过程的开放,即要突破传统教学以问题为起点、以结论为终点的封闭过程,使教学目的不在于教会解答、掌握结论,而在于锻炼思维、发展能力,培养积极的情感与正确的态度和价值观.④教育空间的开放,即强调教育不局限于学校和教室,不受时空限制(如远程教育),将教学从课堂向社会延伸、向传媒和网络延伸.⑤教学评价体系的开放,即要改变传统教学以考试分数评价教学效果的单一评价体系,侧重全面评价、综合评价.

开放式教学以学生的发展为本,与现代课程改革的核心观念——促进学生全面、持续、和谐发展是一致的.开放式教学的引进势必冲击传统教学,引起传统教学理念、教学方法和手段、教学内容和形式、教学过程和空间、学习方式、师生关系、评价体系等方面的根本性变革,有利于推进课程改革.开放式教学的开放特点,符合创新性人才培养目标和现代教育发展的客观要求.

(二)开放式教学有利于优化教学系统,实现提高教学效益的价值追求

开放式教学可改变封闭教学的低效状态,优化整个教学系统:①有利于教师充分整合知识、技能、方法、手段,综合运用"人""物"和各因素的互动来创设开放的教学模式,以适应现代教育的发展要求.②有利于根据教材实际内容,整合多样化的教学材料,拓展材料来源渠道(如图书馆、网络、书店等)、材料的收集方法(如检索、社会调查等),从中筛选、优化,以便学生掌握,培养能力.③有利于优化教学过程,打破传统教学以问题为起点、以结论为终点的封闭式过程,通过灵活运用激趣、启发、讨论、调查实践、实战模拟、自学等基本教学形式,让学生在解决问题中锻炼思维、发展能力,形成积极向上的情感,培养正确的态度和价值观.④有利于现代教育技术的灵活运用,改变传统的"一张嘴加一支粉笔"式的教学手段和课堂讲授方法,运用先进教学设备,采用案例法、问答法、专题讨论法等多种教学方法,丰富课堂教学,提高学生思维品质.⑤有利于建构科学的教学评价体系,改变传统以考分评价教学效果的单一评价体系,建构"知能并重、智德并重、理论与实践并重"的全面素质评价体系.通过上述的改变和提升,实现教学效益的全面提高.

(三)开放式教学有利于培养学生创新精神,满足学生全面发展的需要

开放式教育突破了传统教育"以课堂为中心""以教师为中心"的模式,成功实现了教育中心的转变,让学生变"要我学"的被动学习为"我要学"的主动学习,学生成为学习的主宰,充满学习的活力,自由选择学习的内容和方式,自主安排学习的进程、学习的时间和地点,让自己得到全面发展:①有利于学生健康成长.良好的教学氛围能激发学生积极主动参与,一起探讨问题,通过讨论、调查实践、实战训练等一系列活动,完成教学任务,让学生健康成长.②有利于学生获得更多的知识.教育空间开放和教学过程开放符合回归生活这一教学改革的趋向.学生通过开放教学过程和开放空间,从多种渠道和途径学习知识.③有利于学生创新精神和实践能力的培养.如教师预设问题,通过在课堂提问、布置作业等,训练学生的开放性发散思维.具体操作方法是:鼓励、引导学生从不同角度思考问题,发表不同意见,让学生通过解决开放性问题,获得创新演练,以培养学生的创新精神、自学能力和实践能力.④有利于学生获得更多的参与机会.开放式教学要求教师能够给每位学生提供参与机会和成功机会,让学生在参与中得到锻炼,在实践中得到成长.

(四)开放式教学有利于提高教师素质,促进研究型教师的培养

开放式教学有利于教师综合素养的提高:①熟练掌握现代教学技术,能够综合灵活运用多种教学方法,对学生不断激励和启发,循循善诱,鼓励他们提出批判性意见或评价.②提高筛选和整合信息材料的能力.③拥有开放的教学理念和教学态度,以开放的、宽容的心态对待学生提出的任何问题,与学生平等相处,既能够让自己扮演好教学总导演角色,又能让学生扮演好学习的主体角色.④制定开放的教学目标,设计科学的教学问题,推动教学良性互动.教师就争论焦点,掌控全局,有效引导,帮助学生在问题讨论中锻炼和提升能力.⑤与时俱进,满足开放式教学的要求,让开放式教学与时代同步,让教学成为有利于学生健康成长的欢乐世界.⑥归纳总结,提高教学水平.教师能够根据教学效果和学生的反馈不断地总结经验,提高教学水平.

二、开放式教学基本模式

在教学活动中,因教学过程复杂、教学内容丰富、教学环境多样化,并不存在普遍适用的统一的开放式教学模式.但是,纵观国内外各种教学模式,它们并不相互排斥,而是相互补充,甚至有相互融合的趋势.我们可以从中找出一套较为普遍适用的开放式教学的基本模式.[34]

(一)创设开放的教学氛围——保障教学、学生主动

开放式教学得以顺利开展的必要保障,就是应创设一个开放的教学氛围,它包括开放的教学空间、开放的师生关系和开放的教学气氛.

开放式教学氛围的基本要求是民主、平等、和谐和宽松.这种氛围是缓解紧张气氛、让学生放松不拘束、师生友好交流的根本保证,通过这样的友好交流,让学生能够体会到畅所欲言的快乐,以至于激发学生学习欲和表现欲.只有在这样的教学环境中,才会促进学生健康成长,并能够让学生感到教师是自己的亲密朋友,有利于形成良好的师生关系.

创设开放教学氛围,关键在于教师要尊重、信任、宽容学生.具体要求有:①要以平等的态度信任、尊重每一个学生,满足他们的表现欲;②要相信学生能够发表独特见解,或者有价值的意见,对学生创造性思维要给予激励性的评价;③要善于接受学生的不同意见乃至于批评意见,当学生答错或回答不完整时,教师要给予充分的谅解和足够的宽容;④要适时鼓励学生,消除学生的顾虑,要及时启发引导学生,让学生积极思考.

(二)分配适当的师生角色——学生主体、教师导演

教师应始终贯彻"学生是主体,以学生为中心"原则,教学过程围绕"学生和学生的学习"这一核心,让学生成为学习的主角.教师可从组建学习小组、制定学习规则、创设开放教学情境、分配学习任务、启发思维和建立科学评价标准等各方面把握,让学生成为自主学习的主体.学生成为学习主体的表现有:①学生学习的兴趣高、主动性强,能够主动参与到各项教学活动中去;②学生养成了良好的学习习惯,掌握了较强的自学能力;③学生能够相互进行学习合作,能够有效配合教师的教学,形成分工合作、良性有序、健康和睦的开放教学状态;④学生明白学习的意义和价值,知识得以增长、思想受到启迪、思维得到训练、能力获得培养;⑤学生能够在教师的带领和引导下,不断总结学习经验、归纳学习方法及调整学习态度,以实现自我完善和发展.

教师扮演好教学导演角色.学生是主体,并不意味着可以忽视教师的作用.开放式教学

要求教师扮演好教学总导演,具体工作包括:①规划和设计整个课程教学;②设计科学的教学问题,选择合适的教学内容和教学方式;③驾驭教学过程和灵活运用好教学方法,掌控教学全局,引领教学进程、实现教学目标;④协调好师生关系和教学关系,建立平等、融洽、友好的朋友型师生关系和轻松、和谐、良性发展的教学关系,实现学生主动学习、教师有效引导、教学良性发展、教学目标"合目的性"的开放式教学状态;⑤做好教学的科学评价和总结提升工作.教师要能够总结并制定出一套适合本课程教学效果的评价体系,科学评价教学效果,并不断总结经验.

(三)设定科学的教学问题——朋友关系、良性互动

建构主义理论认为,解决现实生活中的问题是学习的途径,学生在教师的指导下,从社会生活中选择与教学有着密切关系的问题,用科学研究的方式去主动获取、应用知识,以解决现实生活中的问题,使学生在解决问题的过程中培养能力和实现知识的意义建构,这是问题教学的理论基础.问题教学要求教师善于结合学生实际,通过预先设计一系列问题,引导学生发问、质疑,让学生学会带着问题学习,学会主动探索、解决问题.

另外,教师要能够灵活运用问题以达到预期的教学效果,具体做法如下:①通过问题的提出、争论、分析和解答,充分调动学生的积极性和主动性,促使学生在开放教学环境中发挥主观能动作用;②根据学生的回答,指出学生在运用学科知识上存在的错误,引导学生对问题进行深入思考;③学生通过问题的解决,理解问题背后蕴含的学科思想和方法,以深度把握学科的基本理论和基本概念;④让学生自主寻找解决问题的方法,启发学生将学科知识灵活运用于实际问题的解决,让学生深刻认识到掌握学科理论知识的重要性,形成主动学习学科知识、学科思想和方法的强烈愿望与冲动,最终让学生从知识的被动接受者转变为自主学习者.

教学实践证明,师生教学以问题为纽带,不但可以通过解决一系列事先设定或临场提出的问题来实现教学目的,还能够建立朋友型师生关系,推动良性互动.开放式教学需要建立一种互相尊重、民主、平等、和谐的朋友型师生关系,以推动师生互动、教学互动.

(四)善用综合的教学方法——教学相长、综合创新

在开放式教学中,我们可以综合并灵活运用多种教学法,主要方法有:案例教学法和问答式教学法并用、专题讨论法和课堂教学并用等.以案例教学法和问答式教学法并用为例,可以实施以下的操作方法:一是精选典型教学案例,要求该案例属于既贴近生活又与教学内容密切相关的典型案例,而且还能够巧妙地把枯燥的学科知识和方法隐含于教学案例中.二是教师在提出案例后,或主动提出一些相关问题,或启发和引导学生发问,培养学生思考和发问的习惯,训练学生的思维思考能力.三是由学生概括争论点,并展开充分讨论,这要求教师能够根据需要适时进行启发和引导,让学生展开充分讨论,使教学能够不断推进和深入,以培养学生发现问题和思考问题的能力.四是教师进行最后的归纳总结,揭示问题情境蕴含的学科知识和方法及解决问题的思路方法等.

三、开放式教学具体内容

开放式教学的核心是以学生的发展为本.一般地,开放式教学主要包括教学思想开放、教学目标开放、教学内容开放、教学形式开放、教学手段开放和教学评价开放等.

(一)教学思想开放

长期以来,我国部分地区和学校的教育过分看重学习内容,同时受考试指挥棒的直接影响,部分教师的教学方法保守且相对过时,认为学生仅仅掌握学科内容就已经足够的教师为数不少.日常教学通常都在大班的情况下进行,而且每班学生数偏多,以致难以进行小组活动,教学偏于教师主导,学生甚少积极参与并且强调记忆而不求甚解,很多时候学生在未完全了解教学内容的情况下,就进行大量练习,教师及学生都因竞争激烈的考试而承受极大压力,疲于应付各级各类考试,而疏于知识的发生、发展和形成过程的教学.实际的教学工作又往往依赖于已往的经验,而没有能够成为理论指导下的自觉实践,从而在实践中也就容易出现各种不应有的偏差,甚至出现"形似而神异"的现象.

教师在教学过程中,如果不重视以上不足之处,就很容易在教学实践中出现这样的偏差:第一,对于教育长期目标的忽视.由于集中于具体的知识或技能的学习这样的短期(即时)目标,教育的长期目标,如学生能力、情感和态度的培养等,就很容易在教学中被忽视,这也可被看成"熟练的演绎者"这一模式所固有的一种局限性.第二,未能给学生的自由创造留下足够的空间.由于教育的规范性,在课堂上,教师始终占据主导的地位,尽管也强调了教学的启发性以及学生的参与,但教师所希望的又总是课程能按照事先设计的方案得以顺利进行,学生只有按教师的思路去进行思考,才能最终牢固地掌握相应的学科知识和技巧,包括教师所希望学生掌握的学科思维方法.这在很大程度上可说是"大框架下的小自由",即未能给学生的主动创造(以及学生间的互动与交流)留下足够的"自由空间".[35]如果教师缺乏自觉性的话,教学更会处于教师的绝对支配之下,学生的主动性和创造性会受到严重限制.在强调教育规范性的传统下,十分容易出现对于教学目标的一再"细分",直至各个所谓的"知识点",而忽视了对知识内容的整体性把握.

值得指出的是,由于教育管理的统一性和规范性,在教育系统中也就很容易出现以下的"一层卡一层"的现象:大纲(课程标准)"卡"教材——教材的编写必须"依纲据本";教材"卡"教师——教师的教学必须"紧扣教材";教师"卡"学生——学生必须牢固地掌握教师所授予的各项知识和技能.这样,作为最终的结果,所有的有关人员,包括教师和学生,其创造性才能就都受到了严重压制.[36]

时代的开放性和教育改革的深入,迫切需要我们改变封闭式教学,与时俱进,建立新的开放性教学模式.以培养学生创新精神和实践能力为核心的开放式教学,是与传统教学相对的一种面向社会、面向生活、面向全体学生的多层次、全方位的教学观,从培养学生的学习兴趣入手,不断激发学生的活力,引导学生理解、认知、探索、发现、想象和表现,着力培养学生的动手能力、独立思考能力,给学生留有积极思维的空间和时间,并充分发挥学生学习的主动性、思考的独立性,使课堂教学适应学生自主创新性发展的需求,实现教学的多元化和多向联系.开放式教学要从学生实际出发,为学生能生动活泼地、主动地发展服务;不但要允许学生对教师、对书本提出质疑,而且要允许学生突发奇想的"节外生枝",打破教师原先的教学设计,突破原有的教学目标.

基于以上认识,为了提高学生的创新能力,培育创新精神,教师在实际教学过程中,应有意识地实施开放式教学,给学生留下足够的自由空间,不应人为地去追求任何一种强制的统一或过分的规范,而应让每个学生都有一定的自主性,不仅应当允许学生在学习的过程中具有一定的"路径差",而且也应给各种不同意见(特别是教师事先未曾预料到的意见)以充分的表达机会,包括让所有学生对于所说的不同看法都能有一个理解和评价的机会.另外,无论就问题的提出与表述而言,都应当十分重视如何能给学生留下足够的"探究空间",而不应将学生的思维活动局限于一个事先划定的狭小范围.

只有树立了开放的、正确的教学思想,即使是典型的"传统问题"也可被用以培养学生的创新精神和能力.正如郑毓信先生所言:与题型的改变相比,教学思想的转变是更加重要的,特别是,只要有了开放的教学思想,即使是传统的封闭题也可取得与选用开放题相同的效果[36].以下两个案例也说明了这个问题.

例如,一位美国小学教师给自己任教的四年级学生提出了这样一个问题:每箱橘汁都装有 24 罐,为了使 250 个学生人手一罐,共需要多少箱?

从传统的观点来看,这显然是一个除法的问题.但是教师在此并没有直接写出相应的算式:"$250 \div 24 = ?$",而是写出了如下的表达式:"250? 24",其主要目的是让学生"自由地"去进行探索.事实上,在所说的实例中,有些学生就是用加法——对 24 进行连加直至达到 250——求得了解答;另一些学生则采用了减法,也即是从 250 连续减去 24 直至最终达到 0;还有学生试图利用乘法去求得解答,即努力去发现 24 与何者相乘将得到 250.

还有一个小女孩提出了如下的求解方法:100 包括 4 个 25,由于 250 个学生是两个 100 再加上半个,因此如果每箱橘汁都有 25 罐的话,相应的结果就是 4 箱加 4 箱再加 2 箱(总共 10 箱);但现在每箱只有 24 罐,也即每箱少了 1 罐,从而就必须在第 11 箱中补取 10 罐.

另有一个小组采取了"实验"的方法:他们在纸上画了一个长方形,并用垂直的平行线将它分成 24 个部分,这时画一条水平线就将生成 24 个小的正方形,而又只需通过连续作出这样的水平线直到得到 250 个小正方形就可获得相应的解答.

由于教师采取了开放式的教学方法,一个原先显然被列入"封闭性"范畴的问题就获得了很大的"自由度",这就更为清楚地表明"开放式教学"对于改进数学教学的重要意义,即其不仅适用于"开放题"的教学,而且可被用于所谓的"封闭题".从这则教学案例及其取得的教学效果,相信读者会有所体会和感悟其中蕴含的开放式教学思想.因此,是否采用开放式教学,并不完全取决于教学素材的局限,而最主要取决于教师的教学理念.这事实上也就表明了这样一点,就改进数学教学而言,教学思想的转变相对于题型的转变更为重要.[5]

再如,每年都有一批即将走上教学岗位的应届毕业生要参加教育实习,为了对即将授课的教学内容有更全面的了解和认识,让授课效果更加高效,他们在正式授课前都会进行试讲.有一次,一位实习生试讲的题目是《平行四边形的性质(总结课)》.在试讲过程中,这位实习生很清楚地对平行四边形的对边、对角(邻角)和对角线的性质进行了概括总结,应该说,这堂试讲课较为成功.但是,在评课时,有位老教师提出了这样的问题:"平行四边形的性质是否仅限于此?"而这位教师一时却无以作答.事实上,教师在备课时应向自己提出这样的问题,在课堂上也应向学生明确地提出这样的问题,引发学生的思考,而不应只是满足于无一遗漏地列举出课本上所给出的关于平行四边形的各条性质.另外,从更为一般的角度来看,这一案例也就清楚地表明了:如果我们的教师不具有"开放的头脑",在教学中也就很难真正进行开放式教学.因此,只有教师本身教学思想开放,方能实施真正的开放式教学.

对于教学思想开放,我们也应注意防止相反的倾向,即将"开放"错误地等同于"完全开放",完全放弃了教师所发挥的指导作用,或是将"创新"错误地理解成"标新立异",从而只是重视了多样化而忽视了必要的优化.[34]这里的关键就在于如何能够很好地去处理教学的有效性与开放性两者之间的辩证关系.教师应关注两个问题:一是在教学中应当如何去引导学生的主动探究;二是应如何有效地去培养学生提出问题的能力.

提出问题的能力不仅应当被看成创造能力的一个重要内涵,而且也是与学科学习密切相关的情感、态度和价值观的一个具体体现,集中地体现一定的学科思维.学生提出问题的能力不可能自然而然地得以形成,它必然经过一个逐步养成的过程,需要教师有意识地去加以引导和培养,从而在教学中我们也就不应采取"完全放开"的态度,即认为"学生所提出的问题都是有意义的".教师应当努力将提高学生提出问题的能力看成教学的一个重要目标,并将这方面的工作渗透、落实于具体的学科教学中.例如,数学思维的一个重要特点:数学家们总是不满足于某些具体结果或结论的获得,而是希望能够获得更为深入的理解,后者又不仅直接导致了对于严格的逻辑证明的寻求,也促使数学家们积极地去从事进一步的研究,如在这些看上去并无联系的事实背后是否隐藏着某种普遍的理论? 这些事实能否被归入某个统一的数学结构? 等等.数学家们也总是希望能达到更大的简洁性和精致性,如是否存在更为简便的证明? 能否对相应的表述方式做出适当的改进? 等等.因此,在教学中我们也就不应满足于问题的解决,而应积极地去从事新的研究,包括提出新的问题.

(二)教学目标开放

课堂教学目标是教学活动所要达到的预期结果和标准,它不仅是教学活动的出发点和归宿,也是衡量教学有效性的重要尺度.因此,要确保课堂教学的有效性,首先要确保教学目标的有效性.以往课堂教学仅仅关注认知性目标,教师只看到学生缺乏知识、能力和经验的一面,而没有从生命全程的需要出发规划学生的发展目标,看不到他们潜在的能力、内在的积极性和发展的可能性;教学过程往往只是以知识、智力和学习成绩为核心,而忽视了学生健康体魄、纯洁善良心灵、乐观豁达态度、友好合作交往和勤劳质朴作风的发展与培养;课堂教学往往以学生的学业成绩作为评价的唯一尺度,而忽视了对学生能力及情感、态度与价值观的评价,严重地压抑了大部分学生的个性和创造潜能.这种以学科为本位的课堂教学,使学生的潜质得不到全面、充分的培养和发展,造成课堂教学的低效和浪费.而有效的课堂教学目标是指向学生的全面发展,注重在品德、才智、审美和体质几方面分别构建认知、情感和技能目标甚至更深层次的目标,相应地提出了知识与技能、过程与方法、情感态度与价值观三个维度比较完整的教学目标体系;由以知识本位和学科本位转向了以学生发展为本,实现了对知识、能力和态度的有机整合,体现了对人的生命存在和发展的整体关怀.在确定课堂教学目标的内容范围时,教师一定要全面考虑这三个维度的教学目标,不可有所偏废;而在具体的课堂教学中,教学目标又要有不同的侧重点.这就要求教师在对课程标准和教材认真分析与研究及对学生全面了解的基础上,制定出科学合理的课堂教学目标.[37]

教学目标开放,就是要突破知识、技能、情感等常规目标的束缚,注重知识与技能、过程与方法、情感态度与价值观等多方面的发展,如合作能力、交流能力、设计能力、反思能力、创新能力等内容都应列入教学目标.[38]一般地,教学目标分为行为目标、生成性目标和表现性目标.行为目标是对教学活动完成后学生身心方面所发生的变化的预期结果,又称预设目标,通常是教师在教学活动开始之前对开展此次教学活动所要达到的结果做出的预期.生成性目标是伴随着教学活动的开展,教师灵活捕捉教学过程中一些新的、预料之外的教育因素,使学生身心发展得到非预期的结果,通常是教师在教学活动中,根据学生当时的学习情况随机提出新的学习任务,是对学生学习结果产生的新期待,而实际的教学活动也具备了达到非预期学习结果的种种可能性.表现性目标是学生在完成某项学习任务时,创造性地解决问题,取得新颖独特的学习结果,通常是在教学活动结束之时,被教师发现并确认的学生所取得的创造性的学习成果.[39]

行为目标是预设目标.行为目标表述具体、明确,便于操作和评价.例如,"理解并记住……定义""运用……公式正确解题"等,通常是清晰准确的,既能够使师生在教学活动开始之前就明确教学活动结束时所要达到的结果,发挥目标的导向作用,又能够在教学活动结束后及时地检测评价,发现问题及时补救,发挥目标的测评和调控作用.这有助于提升教学活动的针对性和实效性.行为目标的局限在于,学生的发展并不是全部都可以用外显的行为表现出来,思想觉悟、个性特征、情感、态度等,这些学生发展的重要方面是很难用外显行为方式来表述的.同时,动态的教学过程是一个由多因素构成的、不断发展变化的复杂系统,不可能完全循着预设的"轨道"按部就班地展开,教学的结果不可能完全是"意料之中"的,教师也不能对教学过程中的新情况、新问题,学生的新要求等"熟视无睹".单一地使用行为目标于教学实践是有局限的.

生成性目标是伴随着教学进程,教师根据教学情境中的具体情况而随机提出的新的教学目标,具有现实性、生成性的特点.生成性目标必须围绕学生的需要、学生的表现来确立,这有利于突出学生在教学活动中的"中心"地位,学生不再是单纯接受教师传授的知识的"受体",而是主动学习、主动发展的主体.生成性目标不只关注学生在知识、技能方面的收获,更加关注学生的兴趣变化、能力形成和个性发展,这对于实现全面发展的教育目的有着十分重要的意义.

表现性目标是难以预先确定的,通常在教学活动开始时可以为学生提供活动的领域,至于学习结果则是开放的.这类目标不像行为目标那样是封闭性的,而是开放性的,重点放在"教学活动的结果"上,而且是开放性、多样化的结果.这就可以使教师和学生摆脱行为目标的束缚,以便学生有机会去探索、发现他们自己特别感兴趣的问题或课题.表现性目标关注学生学习过程与结果的独特性和首创性,这一目标的确立与呈现,可以给学生的创造性表现以充分的肯定,从而鼓励学生重视发挥创造性,也可以将学生个人的创造性表现展示出来,让更多的学生能够领略和分享同伴的智慧及创造性的学习成果,同时对其他学生加以引导和启发,鼓励学生在学习知识和解决问题的过程中,力求"不拘一格""另辟蹊径"地解决问题,有意识地培养和锻炼学生的创新思维.

三类教学目标在教学中都有积极的意义,在开放式教学中,教师对三类教学目标都应予以重视,并处理好以下关系,探寻实现三类教学目标的有效策略.

第一,关注复杂开放的动态教学过程,处理好预设与生成的关系.

预设目标能够为教学活动指明方向,保证教学活动的效率.但预设目标是封闭而固定的,它将复杂多变的教学活动还原为简单的、线性的、完全可控的一个"刺激-反应"过程,这不符合动态教学过程不断变化的实际.教学过程也是一个复杂多变的系统,每一次教学活动都是具体特殊不可复制的,每一次教学活动又是有多种发展方向和发展可能的.怎样使每一次的教学活动变得真实生动而富有生命活力,让师生共享求知的快乐和成功的喜悦,是教师需要认真思考的问题.为此,教师应该树立对教学目标、教学过程的新认识,正确处理教学预设与生成的关系.

　　首先,要重视教学预设的意义.教学毕竟是一种有目的的实践活动,在活动开始之前,教师对学生的学习基础和学习态度、教学的预期目标和具体任务、教学物质与心理准备是否充分等,必须有一个清楚的认识,这样可以克服教学活动的盲目、随意和低效.其次,要认识到开放的教学中创造性生成的价值,掌握生成的原则和方法.生成是以预设为基础的生成,生成与预设之间有着内在的关联,两者相互促进、相得益彰.例如,某次数学课所预设的目标是学生正确理解数学公式并运用该公式正确解题,在实际教学中,出现了"一题多解"的情况,于是教师引导学生反思自己的解题思路和方法,比较不同的解题思路与方法,促使学生对解题策略有一定的认识和体验.由于解题策略是依附在对具体数学公式的理解和运用之上的,因此学生对解题策略的学习显得自然顺利,而学生对解题策略的掌握又可强化、巩固对数学公式的理解,这就体现了预设与生成的有机联系和相互促进的关系.

　　第二,在反思中把握教学过程的脉络与走向,力求三类教学目标的有机整合.

　　教学过程是复杂多变、动态发展的,教师在教学活动开展之前,只能对局部教学目标有所预期、有所把握,对实际的教学过程和结果是不能完全预期的,但这并不意味着教学活动就是一件不可捉摸、随意而为的事情."以教学促进学生发展"的职责要求教师要用高度的责任感和事业心来对待教学,努力争取教学活动在实际运行的过程中产生更大的"功效",即师生在共同求知的过程中得到生动活泼的、多方面的发展.尽管在实际教学中,教学活动的走向不能完全预设,但教师对实践进行反思,可以梳理教学过程的脉络和走向.教师对行为目标、生成性目标和表现性目标的把握及实现,都是在教学的脉络和框架中完成的.

　　第三,在教学中增长实践智慧,善于积累有效实现三类教学目标的经验

　　教师教学的情境性、针对性、独立性决定了教师的教学是一项创造性劳动,是靠"实践智慧"来胜任的工作.所谓实践智慧,是指教师面对复杂多变的教学情境和具体的教学问题,能够灵活应对、顺利解决问题的本领.教师的专业知识有理论性知识和实践性知识,亦称显性知识和隐性知识.显性知识是规范的、系统的、公共的,是可以传递的;隐性知识却是难以规范的,是个人的、缄默的,它往往具有浓重的个人色彩,与个人的个性、经验和所处的情境交织在一起,涉及教师的教育信念、自我知识、人际知识、情境知识、策略性知识、批判反思知识等.这两种知识在教师的教学实践中都发挥着重要的作用,尤以隐性知识的作用为甚,它决定着教学的真实走向与实际价值.就像中医用"望闻问切"的手段来诊断病人的病情一样,他所采用的手段具有普适性,但每个中医的经验水平不同,诊断结论及治疗效果也会不同.教师实践智慧的增长与其扎实的教育教学实践是分不开的,其中对已有的实践历程进行回顾、反思实践中的得失,对于实践智慧的增长起着至关重要的作用.在反思中,教师学会从理论的层面来看待教育教学活动,真正实现了理论与实践的结合.

　　在教学工作中,面对复杂多变的种种情况,能够随机应变、相机而教,需要教师主观能动性的发挥及教育智慧的支撑,这与教师良好的职业素质是分不开的.树立正确的观念、积累丰富的教育知识、掌握高超的教育技巧等,都是教师在开放式教学中创造性开展教学活动及有效实现三类教学目标的基本条件.

(三)教学内容开放

教材一直是我国学校教育的主要课程资源,以至于人们以为教材就是唯一的教学内容.随着教学改革的不断深入,教材的功能定位正逐渐由"控制"和"规范"教学转向为教学服务.教学内容开放是开放式教学的一个重要标志,教师应树立"材料式"教材观,视教材为教学的一种辅助材料和工具而非教学的全部,书本不再是学生获取知识的唯一渠道,教材也不再是学生课堂学习的唯一材料.教师作为课程资源的开发者和新课程的塑造者,可以根据本地、本校、本班学生的实际情况,不刻意追求原有知识体系的完整,在遵循课程标准的前提下,科学适当地增减教材、调整编排顺序、重组教学单元、整合教学内容是完全必要的.

教学内容开放,就是根据社会以及人的发展需要来调整课程内容,密切联系学生的生活实际,拉近教材与学生已有知识经验之间的距离,充分地把教材内容生活化,让教学贴近学生、贴近生活.教师可开发校本课程,补充开放性习题,不断融进社会发展、科学进步的新信息,使学生在丰富的、多样化的学习材料中学会选择与整合,学会思考与创新.教学内容开放主要应从以下几个方面入手:

第一,开放教学空间,挖掘教学资源.

教师根据学科教学内容,结合学生日常接触的生产生活实际,有意识地创设蕴含学科知识的问题情境,描述场景状态,组织学生探索问题和利用场景的活动,让学生自己就问题和场景发现和提出问题,在分析和解决问题的过程中,掌握学科知识.例如,在海边生活的学生对海水的涨潮和退潮非常熟悉,教师在教学三角函数周期性时,利用海水的潮起潮落创设教学情境,调动学生学习的积极性;学完小学数学的四则运算后,教师提供了反映商品买卖的情境,要求学生根据其中的信息填写发票;学习统计图表后,让学生对他们身边的人和事进行有关的调查与统计,设计统计图表等.这样,学生学得生动活泼、丰富多彩,不仅认识到数学与现实生活的联系,而且丰富了知识,发展了个性,增强了动手实践的能力.

第二,开放教学素材,拓宽学习渠道.

由于教材篇幅的限制,教材对相关学科知识的介绍,往往只介绍其最精华的部分.比如,现行数学教材对定理、命题的证明,只阐述一种或几种证明思路.教师在实际教学过程中,在完成教学任务的基础上,可以向学生介绍其他证明思路.例如,勾股定理的证明方法已超过400种,证明方法包括了几何证法、代数证法、动态证法、四元数证法等方法.教师完全可以选择其中经典的证明方法,引导学生探究、发现并证明,这样的教学足以让学生对勾股定理的内涵及外延留下深刻的印象,而不同的证明方法背后的数学思想和数学方法也会对学生今后的学习产生积极的影响.再如,借助三角形的外接圆证明正弦定理,简洁明快,这种证明方法相比较现行教科书中的向量证法,学生易理解、易掌握,其证明过程渗透的数形结合的思想,也让学生印象深刻,拓宽学生学习新知识、新方法、新思想的渠道.

第三,开放例题习题,创设宽松氛围.

一般地,大部分学科教材中使用的传统问题有一个共同的特征,即针对该问题事先确定一个并且只有一个正确答案,问题的设计也要保证其答案正确或者错误,并且正确答案是唯一确定的.我们称这类问题为"完整的"或"封闭的"问题.与之相对,我们称那些有多种正确答案的问题为"不完全"或"开放式"的问题.开放式教学要求教师能灵活地改造教材例题习题,开放条件或结论,学生不仅仅要获得问题的答案,更重要的是寻求多种不同的方法,以及在解决问题过程中呈现出来的思想方法.开放式问题为学生的解答提供了宽松的学习氛围,学生可以根据自己的能力水平,获得不同层次的解答.这类问题为学生提供了更多的表达机会,有助于学生对学科本质的正确理解,为教学模式的改变乃至创造出一种不同于传统的"教育文化"的新的教学氛围提供了现实可能性.

第四,开放解题方法,激活学生思维.

从不同的视角和方向寻求问题的答案,可以开拓学生的视野,激活学生的思维.在开放式教学中,教师应该引导学生善于应用所学知识,开放性地解决问题.例如,已知实数 x,y 满足:$(x+1)^2+(y-3)^2=4$,求 $x+y$ 的最大值和最小值.这道题目学生至少有以下三种解法[40]:

法一:数形结合法.设 $x+y=t$,则由圆心 $(-1,3)$ 到直线 $x+y-t=0$ 的距离 $d=\dfrac{|-1+3-t|}{\sqrt{2}}\leqslant 2$,从而 $x+y$ 的最大值和最小值分别为 $2+2\sqrt{2}$ 和 $2-2\sqrt{2}$.

法二:三角换元法.设 $x=-1+2\cos\alpha,y=3+2\sin\alpha,\alpha\in[0,2\pi)$,则有

$$x+y=2+2(\cos\alpha+\sin\alpha)$$
$$=2+2\sqrt{2}\sin\left(\alpha+\frac{\pi}{4}\right).$$

当 $\sin\left(\alpha+\frac{\pi}{4}\right)=\pm1$ 时,$x+y$ 取得最大值和最小值,分别为 $2+2\sqrt{2}$ 和 $2-2\sqrt{2}$.

法三:均值不等式法.利用柯西不等式 $|a+b|\leqslant\sqrt{2(a^2+b^2)}$,得

$$|(x+1)+(y-3)|\leqslant\sqrt{2[(x+1)^2+(y-3)^2]}=2\sqrt{2},$$

即 $|(x+y)-2|\leqslant 2\sqrt{2}$,于是可知 $x+y$ 的最大值和最小值分别为 $2+2\sqrt{2}$ 和 $2-2\sqrt{2}$.

通过一题多解、多题一解等开放式教学,教师有意识地引导学生综合运用所学知识解决问题,有利于学生将所学知识融会贯通、举一反三,提高学科核心素养.

(四)教学形式开放

传统的"一支粉笔、一本教科书、两套试卷"式的教学形式,将学生禁锢在课本和教室,极大地限制了学生学习的主动性,培养创造性思维也就无从谈起.教学形式开放打破了课本和教室的束缚,教师或带领学生走出教室在户外授课,或组织学生进行小组合作探究,或让学生动手实验等开展教学活动,以此激发学生的求知欲与探索热情,促进他们面对要解决的问题大胆猜想,主动试验,收集数据,分析结果,为寻求问题解决主动与他人交流合作.

1.走出教室,体验生活,获得成长

杜威说过:走出教室一步,就意味着对学科的超越;选择了一种教育,就选择了一种生活.授课地点由室内转为室外,学生更贴近自然,有助于将理论与实践相结合,应用所学知识解决现实生活中的实际问题.学生走出教室,目的就是去直接感受自然景象,亲身体验活动乐趣,从中领悟事物的特点,掌握变化的规律,激发内心的情感,从而达到理想的教学效果.

例如,在学生学习了平均数、中位数、众数和方差等统计知识后,教师可以指导学生走出教室,收集校园内多种树木的树叶,并测量每片树叶的长和宽,列表记录所得到的数据;分别计算出树叶的长宽比,估计每种树叶的长宽比,尝试总结得出规律性的结论,同时利用所得结果检验新采集到的树叶是否符合实验结果得到的规律.这种应用所学学科知识解决跨学科的实际问题教学,让学生充分体验到数学知识来源于生产生活实际,同时又高于生产生活

实际,有利于提高学生发现和提出问题、分析和解决问题的能力.[41]

同样地,在初中生刚学习有理数的加、减、乘、除等基本运算后,教师可以实施《家庭理财》的"综合与实践"课题教学任务,让学生记录自己家庭一个月的生活收支账目,收入记为正数,支出记为负数,最后计算当月家庭的总收入、总支出、总结余以及每日平均支出等数据.课题学习汇报阶段,让学生展示自己的账本及得到的结果,对自己收集家庭收支数据的过程进行描述,对家庭收支情况进行简单分析,并提出家庭理财的合理化建议.这类走出教室的课题学习,可以有效地培养学生的专注力,让他们在众多繁杂的数据中,静下心来一个一个研究,一个一个解决,有效地培养学生细致、耐心和严谨的学习习惯.[41]

2.合作探究,求同存异,共同发展

当今社会,既是竞争时代,又是合作时代,具备协作精神是现代社会的客观要求.美国未来学家阿尔文·托夫勒认为:"未来的文盲不再是不识字的人,而是没有学会学习的人".[42]开放式教学的目的不仅仅是使学生掌握知识,更重要的是教会学生学习的方法,使学生由"学会"变为"会学".小组合作学习是提高学生课堂学习效率、培养学生合作性学习的一种方式,也是实施开放式教学、提高教学效率的一种有效途径.在教学中,教师应善于创设情境,让学生学会合作学习,使学生学会与他人协作.

首先,要搭建科学合理的学习小组.教师根据学生的性别比例、兴趣倾向、知识基础、交往技能、守纪情况等进行合理搭配,将全班同学分成若干个3~5人的学习小组,选择组织能力强、责任心强的学生担任小组长,负责小组合作学习的统筹和协调工作.在小组建立初期就要求各小组尽快建立起一套由学生自行制定、自行实施、严格细致、切实可行,并具有约束力的"组规",规范小组合作学习的顺利开展.

其次,要培养互帮互学的团队意识,尽快形成气氛融洽、情感和谐的学习氛围,这样组员之间可以相互激励、共同奋斗形成高昂的学习热情,可以互相交流知识信息,扩大彼此的知识面.同时,让学生明确合作的目的,合作交流的程序方法,学会大胆发言,清晰表达,并学会仔细倾听各种意见,学会坚持自己正确的看法和勇于修正自己与他人的错误意见.教师通过集体指引、出示合作提示等方式,引导学生围绕合作提示,充分独立思考,讨论交流,形成共识,并由小组代表汇报.教师在布置完任务后,要穿梭于各小组之间,进行旁听(观)、指导、帮助或纠正,这样有利于学生顺利完成教师布置的任务,有利于师生间的有效沟通,有利于学生间的彼此了解,有利于学生相互帮助、相互支持、相互鼓励,从而促成他们亲密融洽的人际关系的建立,进而培养合作能力和团队精神.

最后,要创设宽松的小组合作学习氛围.教师应当尊重每一位学生的尊严和价值,不歧视、不排斥,不因学生的智力、性格、情趣等方面的差异而区别对待;经常与学生交流,倾听学生的心声,采纳学生正确的建议与意见,同时引导学生打开心灵的窗扉,把自己的困难与问题说出来,然后有针对性地开展指导;不断地给学生以肯定和鼓励,然后因材施教,促使学生健康成长.在教学内容上,教师要善于精心选择合作学习的内容,精心设计讨论问题,并深入小组中去,了解他们合作的效果、讨论的焦点、思考的疑难点.同时在讨论方式、讨论思路方面给予学生恰当的指导.对于有困难的学生,教师要进行个别辅导.在组际交流时,教师要鼓励各组学生积极发表意见,引导学生讨论交流.宽松的小组合作学习氛围的创设,有助于学生对彼此的观点和看法,求同存异,逐渐养成学会倾听、善于表达的良好学习品质,最终实现所有学生的共同发展.

3.动手实验,勤于反思,体验成功

著名数学家欧拉认为,"数学这门科学需要观察,也需要实验".波利亚也曾精辟地指出:"数学有两个侧面,一方面它是欧几里得式的严谨科学,从这个方面看,数学像是一门系统的演绎科学;但另一方面,创造过程中的数学,看起来却像一门实验性的归纳科学."教师在开放式教学中,通过认真研读课程内容,精心设置问题情境,以此引导学生在动手实验中获得学科知识、学科方法和学科思想.

就数学学科而言,大部分数学概念、数学定理、数学公式和数学规律的背后都存在一个几何"原型",事实上,这种"原型"就是它们的本质特征,同时这些几何"原型"为我们进行实验教学提供了可能.学生在探究数学概念、定理、公式和规律时,往往感觉很抽象,不好理解,究其原因就是没有利用好这些"原型"的直观作用.以下教学案例就是通过学生动手实验、归纳猜想、严格论证,最后得到的数学规律,从而加深对无理数 $\sqrt{2}$ 的理解和认识.

[案例]

纸张规格的奥秘[41]

环节一:初步度量,计算数据.

按照纸张幅面的基本面积,把幅面规格分为 A 系列、B 系列和 C 系列,幅面规格为 A0 的幅面尺寸为 841 mm×1189 mm,幅面面积为 1 平方米;B0 的幅面尺寸为 1000 mm×1414 mm,幅面面积为 1.4 平方米;C0 的幅面尺寸为 917 mm×1297 mm,幅面面积为 1.2 平方米;复印纸的幅面规格只采用 A 系列和 B 系列.若将 A0 纸张沿长度方向对开成两等分,便成为 A1 规格,将 A1 纸张沿长度方向对开,便成为 A2 规格,如此对开至 A8 规格;B0 纸张亦按此法对开至 B8 规格.其中 A3、A4、A5、A6 和 B4、B5、B6 七种幅面规格为复印纸常用的规格.C 系列纸张尺寸主要用于信封.书本、纸张的大小尺寸有什么讲究? 请你测量以下纸张的长与宽,并计算它们的比值.

下列各表数据单位均为毫米,计算比值时,保留小数点后三位.纸张对开后的数值如遇到小数时,舍弃小数,只保留整数,如353÷2=176.5,则取值176.

表一

B 型纸	长	宽	长:宽
B0	1414	1000	
B1			
B2			
B3			
B4	353	250	
B5			
B6			
B7			
B8			

仔细观察以上数据,你有什么发现?

环节二:探究奥秘,大胆猜想.

表二

A 型纸	长	宽	长:宽	K 型纸	长	宽	长:宽
A0	1189	841		4K			
A1	841	594		8K	390	270	
A2	594	420		16K			
A3	420	297		32K			
A4	297	210		64K			
A5	210	148		注:将 4K 纸张沿长度方向对开成两等分,便成为 8K 规格,将 8K 纸张沿长度方向对开,便成为 16K 规格,如此对开至 64K 规格.			
A6	148	105					
A7	105	74					
A8	74	52					

仔细观察以上数据,请你大胆猜想.

环节三:寻求规律,严格论证.

某长方形纸张,长为 a、宽为 $b(0<b<a<2b)$,用字母 a,b 表示沿长边对折所得长方形的长与宽的比值(用分式表示),并论证猜想.

表三

原纸张	长	宽	长:宽
	a	b	
第一次对开			
第二次对开			
第三次对开			
第四次对开			
……			
第奇数次对开	/	/	
第偶数次对开	/	/	

思考:能否做到每次将纸张对开后,长与宽的比值都相等? 如果可以,这个定值等于多少? 请写出完整的证明过程. 这样的纸张有何优点?

(五)教学手段开放

在教学中,利用信息技术可以创设丰富的教学情境,可以帮助学生自主探究和解决问题,可以将一些抽象的教学内容通过信息技术处理和演示变得更加直观可视. 开放式教学鼓励教师在教学过程中,既考虑学科内容的特点,又考虑信息技术的特点与局限性,将两者有机结合,充分利用直观教具、教学软件、计算器、计算机、大数据平台和互联网的优势,将教学内容深度整合进信息技术,帮助学生理解和掌握知识,增强学习兴趣,改善学习方式.

以数学学科为例,信息技术在教学中的优势主要表现在:快捷的计算功能、丰富的图形呈现与制作功能、大量数据的处理功能、提供交互式的学习和研究环境等方面.《普通高中数学课程标准(2017年版2020年修订)》明确建议借助计算器或计算机进行函数概念、指数函数、对数函数、三角函数、统计、立体几何初步、曲线与方程等内容的教学.[43]

例如,在函数部分的教学中,教师可以利用计算器、计算机画出函数的图象,让学生直观感知探索它们的变化规律,研究它们的性质,求方程的近似解等.在指数函数性质的教学中,可以借助信息技术呈现指数函数 $y=a^x$ 的图象,在观察过程中,引导学生发现当 a 变化时,指数函数图象呈菊花状的动态变化过程,但不论 a 怎样变化,所有的图象都经过点 $(0,1)$,并且当 $a\neq1$ 时,函数的变化状态发生改变;当 $a>1$ 时,指数函数单调递增;当 $0<a<1$ 时,指数函数单调递减.类似地,在对数函数性质的教学中,教师先用计算器或计算机呈现对数函数 $y=\log_a x$ 的图象,在图象随着 a 的变化而变化的过程中,引导学生得出:不论 a 怎样变化,所有的图象都经过点 $(1,0)$,并且当 $a\neq1$ 时,函数的变化状态发生改变;当 $a>1$ 时,对数函数单调递增;当 $0<a<1$ 时,对数函数单调递减.

再如,在立体几何初步的教学中,教师可以运用现代信息技术丰富的图形呈现与制作功能这一技术优势,提供大量的、丰富的几何图形,并且可以通过制作功能,帮助学生从不同角度观察它们,通过多次的观察、思考,去认识和理解这些几何体的结构特征,建立空间观念,培养空间想象能力.

又如,在进行统计教学中,计算器和计算机对大量数据的处理功能就凸显出来了,教师可以通过对实际问题的解决,或恰当的案例,指导学生运用计算器或计算机,通过自己的操作、观察、思考、比较、分析给出判断,充分利用计算器和计算机快捷的计算功能提高学习效率.

目前,大部分有条件的学校都采用网上阅卷的方式,进行单元小测及作业的批改.教师可以合理使用阅卷及作业批改结果产生的大数据,改进教学方式,实施有针对性的讲评以及导优辅差工作.同时,教师还可以鼓励学生充分利用校内外的教育资源,通过网络搜索一些与当前学习有关的资料.这不仅有助于学生丰富自己的学习方式,而且有助于学生体验如何合理地使用信息技术.

需要注意的是,当教师使用信息技术等手段进行开放式教学时,也应该意识到现代信息技术并不能替代艰苦的学习和人脑精密的思考,它只是作为达到目的的一种手段、一种重要的工具.比如,随着立体几何学习的深入,教师就要引导学生逐步摆脱信息技术提供的图形去建立空间观念,形成空间想象能力.也就是说,虽然信息技术丰富的图形呈现与制作功能有它的优势,能起到传统教学手段难以起到或起不到的作用,但它也只是学生建立空间观念和形成空间想象能力的一种辅助手段,而不是最终目的.[43]

(六)教学评价开放

教学评价是依据教学目标对教学过程及结果进行价值判断并为教学决策服务的活动,是对教学活动现实的或潜在的价值做出判断的过程.教学评价一般包括对教学过程中教师、学生、教学内容、教学方法手段、教学环境、教学管理诸因素的评价,但主要是对学生学习效果的评价和教师教学工作过程的评价.教学评价给出的信息可以使师生知道自己的教和学的情况,教师和学生可以根据反馈信息修订计划,调整教学的行为,以达到所规定的目标.

美国心理学家马斯洛指出:"每个人在出色完成一件事后,都渴望得到别人对他的肯定和表扬,这种表扬就是激励人的上进心,唤起人的高涨情绪的根本原因."传统的教学评价过分强调甄别与选拔功能,忽视改进激励功能;过分关注对结果的评价,忽视过程的评价;评价内容过于注重成绩,忽视了对综合素质和全面发展的评价.开放式教学通过评价激发学生学习数学的兴趣,使他们更加积极主动地参与到课堂学习中去,培养学生主动探索知识的意识和能力.开放式教学要求教师转变评价观念,改变以往单一的评价方法,实施开放性评价,既关注学生知识、技能的理解和掌握,更关注他们情感、态度、价值观的形成和发展;既关注学生数学学习的结果,更关注他们在学习过程中的变化和发展.把评价重点放在纵向评价上,强调学生个体过去与现在的比较,着重于学生成绩和素质的增值,而不是简单地分等排序.要让学生在自评和他评的过程中学会有条理地表述自己的观点和想法,学会认真倾听、理解他人,学会相互接纳、与人合作、赞赏与互助,并不断对自己和别人的看法进行批评和反思.评价形式也要多样化,可以教师评价,也可以学生自评、学生互评,还可以采用家长评价、第三方评价等,多种评价方式结合,在评价别人的同时接受他人的评价,帮助学生认识自己的学习能力、学习水平和学习习惯,树立学好数学的自信心,使学生感受到学习的愉悦和成功,从而激发其内在的学习动力.

作为开放式教学的重要环节,教学评价应从以下三个方面着手:

首先,开放评价主体.传统的评价主体为教师,而在开放式教学中,评价既可以是学生之间的评价、学生的自我评价,也可以是教师对学习小组的评价、家长对学生的评价,以及引进第三方评价等多种形式.教师应在不同教学情境中灵活运用不同的评价方式,着眼于学生的学习进步和动态发展,着眼于教师的教学改进和能力提高,开放评价主体,这样才能充分尊重学生的个性发展,确立学生的主体地位,以调动师生的积极性,提高教学质量.开放评价主体有利于保证评价的客观性和发展性,特别是测量的标准、方法以及评价者所持有的态度都符合客观实际.

其次,开放评价内容.以往的教学评价仅仅依靠学生的考试成绩作为评价依据,从而导致重分数轻能力、重结果轻过程的不良评价效果的产生.所以,开放式教学中的评价以过程评价为主,发挥评价的激励和促进作用,既要评价学生的知识掌握水平,又要关注学生学习能力和学习状态;既要评价学生的学习结果,又要关注学生的学习过程,用发展的眼光对学生做出综合性评价.开放评价内容要遵循整体性原则,对组成教学活动的各方面做多角度、全方位的评价,而不能以点代面、一概而论.由于教学系统的复杂性和教学任务的多样化,教学质量往往从不同的侧面反映出来,表现为一个由多因素组成的综合体.因此,为了反映真实的教学效果,必须把定性评价和定量评价综合起来,使其相互参照,以求全面准确地判断评价客体的实际效果.

最后,运用开放评价方式.在开放式教学中,教师应将评价贯穿于学科教学的全过程之中,采取课堂观察、作业分析、课后谈心、调查活动等方式.评价应以激励性为主,不能就事论事,而是要把评价和指导结合起来,要对评价的结果进行认真分析,从不同的角度找出因果关系,确认产生的原因,并通过及时的、具体的启发性的信息反馈,尊重学生独立思维的结果,树立学生学习数学的信心,促进学生全面发展.同时,要从教与学相统一的角度出发,以教学目标体系为依据,确定合理的、统一的评价标准,认真编制、预试、修订评价工具;在此基础上,使用先进的测量手段和统计方法,依据科学的评价程序和方法,对获得的各种数据进行严格的处理,而不是依靠经验和直觉进行主观判断.

总之,在开放性教学中,教师要转变评价观念,树立正确的素质教育评价观,肯定学生的努力,保持和激励学生的一切创造欲望.

四、中学数学开放式教学

中学数学开放式教学基于人本主义的教学模式,强调以学生为本,关注学生在极具数学特征的情境中,在开放的教学思想指引下,基于建构主义的教学模式,以开放的教学内容、开放的教学形式、开放的教学手段、开放的教学评价等,引导学生积极、主动地参与教学全过程,最终达成开放的教学目标,培养学生的辩证思维能力、创新能力和创新精神,提高学生的数学学科素养.

(一)中学数学开放式教学的学科特征及意义

中学数学开放式教学除具备开放式教学的开放性、以学生为本、创新性和有效性等诸多特征外,还具备数学学科的显著特征.数学开放式教学设定符合数学学科课程标准和学生实际的教学目标,通过创设蕴含数学思想、数学方法和数学学科知识的问题情境,引导学生或以动手实验,或以小组合作学习,或走出教室,借助数学软件(如几何画板)等信息技术教学手段展开新知识的学习,教师在学生学习过程中结合具体的教学情境灵活使用教学评价,激发学生学习数学的兴趣,全过程参与教学,建构数学学科新知识.数学开放式教学聚焦提高学生发现和提出问题、分析和解决问题的能力,努力促使学生养成会用数学的思维思考世界、会用数学的语言表达世界、会用数学的眼光看待世界,提升数学学科核心素养.

中学数学开放式教学在以下几个方面对中学数学教育教学有重要意义:第一,有利于培养学生思维的灵活性、发散性和创造性;第二,通过学生自主积极参与,主动构建的教学过程,有助于培养学生的探索开拓精神和创造力;第三,全体学生主动参与开放式教学的全过程,有利于实现教学的民主性和合作性;第四,开放式教学有利于学生体验成功,树立自信心,产生学习数学的兴趣;第五,中学数学开放式教学有助于提高中学生发现和提出问题、分析解决问题的能力.

(二)中学数学开放式教学与中学数学开放题

和开放式教学一致,中学数学开放式教学涵盖教学思想开放、教学目标开放、教学内容开放、教学形式开放、教学手段开放和教学评价开放等诸多内容.显然,前文所述的中学数学开放题,仅是中学数学开放式教学的一个具体内容而已.

因此,在中学数学开放教学中,特别是在教学内容开放上,可以有机借鉴中学数学开放题的研究成果,同时要与时俱进,选择并改进相关研究成果,使之更加符合现行课程标准的要求和学生实际.对之前中学数学开放题的教学研究中,所采取的优秀教学模式、得当的教学策略和中肯的教学评价等,经过遴选改良后,可以应用于中学数学开放式教学实践.总之,中学数学开放式教学可以充分借鉴中学数学开放题教学与研究的优秀成果,但不局限于此,应着眼于教学思想、教学目标、教学内容、教学形式、教学手段和教学评价等诸多方面展开实证研究,为新时代中学数学教学贡献智慧.

(三)中学数学开放式教学对教师的要求

由于中学数学开放式教学确立了学生的主体地位,因此对教师提出了更高的要求.虽然在中学数学开放式教学中,教师仍是教学的主导,从设计教案到课堂小结仍然由教师主持.但学生在讨论研究时,有许多问题是出乎意料的,这就要求教师具备较高的教学设计能力和教学应变能力,同时,也要求教师具有高度的责任感、教学灵活性和民主精神.具体地说,中学数学教师必须做好以下几个方面的要求.

1.努力实现学科知识体系的建构

中学数学开放式教学使教师由知识的传授者、灌输者和课堂的主宰者,转变为学生主动建构意义的帮助者、促进者,课堂教学的组织者、引导者.因此,教师要有终身学习的理念,具备开放性教学对教师知识和能力的要求,具备开放性问题的创设和教学设计能力,有较强的学科问题解决能力,有较强的课堂教学应变能力.教师必须不断地充实自己,更新知识结构,更好地实现教师自我知识体系的建构,以满足中学数学开放式教学的需要.

2.树立以生为本的教学理念

在中学数学开放式教学中,教师角色发生根本性的转变,在教学过程中偏重于引导学生探索未知领域,寻找解决问题的方法.教师应正确对待每个学生的个性,并善于针对学生的不同情况给予不同疏导.教师要善于创设和谐、宽松的教学情境,调动学生的主观能动性,使之积极参与教学过程,促使学生敢疑、善疑,要鼓励学生标新立异,探寻具有创新意义的新方法.教师在教学中应尽量借助直观教具,或采用现代教学技术手段,充分展示知识发生、发展和形成的过程.

这就要求教师更新教学理念,将关注学生的发展作为首要目标,学习先进的教育教学理论,端正教育思想,不断提升自我教学能力,并以此来推动整个学校的教学改革,提高教学质量.教师应当在教学过程中体现新的教育思想,运用新的教学模式、新的教学方法,彻底摒弃以教师为中心,强调知识传授,把学生当作知识灌输对象的传统教学模式,在反思基础上积极探索教学设计的策略,提高教学能力,从而以学科教学为主渠道推进以创新精神和实际能力为核心的全面的素质教育.

3.切实提高自我教研能力

具有一定的教育科研能力是教师必须具备的一项重要素质.教师必须提高自己的教研能力,使教研更好地为教学服务.由于中学数学开放式教学在教学思想、教学组织形式、教材使用、教学评价等方面,与传统教学模式存在比较大的差异,因此在实行中学数学开放式教学过程中,教师将遇到诸多无法预测的、传统教学模式下根本不可能出现的新问题.如何科学、合理地解决开放式教学过程中产生的新问题,确保开放式教学真正有效实施,是摆在中学数学教师面前无法回避的、必须正视并解决的课题.在中学数学开放式教学过程中,及时发现和提出问题,认真分析和解决问题等,都要求教师具备比较强的教科研能力.同时,教科研能力的培养必须结合教师自身的教育教学活动来进行.做科研型教师就要边教学边教研,在教学中发现问题,通过教研解决问题,形成教学和教研相互促进、共同提高的教学新模式.

[参考文献]

[1]徐晓放,夏春德.论开放式教学模式的基本框架[J].继续教育研究,2011(11):158-160.

[2]高文,徐斌艳,吴刚.建构主义教育研究[M].北京:教育科学出版社,2008.

[3]郑毓信.开放题与开放式教学[J].中学数学教学参考,2001(3):1-3.

[4]STEVENSON H,STINGLER J. The learning gsp—Why our school are failing and what we can learn from Japanese and Chinese education [M]. New York:Simon & Schuster, 1992.

[5]郑毓信.数学教学的有效性与开放性[J].课程.教材.教法,2007(7):28-32.

[6]马斯洛.动机与人格[M].许金声,等译.北京:华夏出版社,1987.

[7]朱艳新,张日.罗杰斯的人本主义思想与人格理论[J].社会科学论坛,2003(5):29-30.

[8]戴维·霍瑟萨尔.心理学史[M].郭本禹,等译.北京:人民邮电出版社,2011.

[9]卡巴尼斯.心理动力学疗法[M].徐玥,等译.北京:中国轻工业出版社,2012.

[10]郭念锋.国家职业资格培训教程心理咨询师(三级)[M].北京:民族出版社,2005.

[11]车文博.人本主义心理学[M].杭州:浙江教育出版社,2003.

[12]叶浩生.21世纪高校心理学教材西方心理学理论与流派[M].广州:广东高等教育出版社,2004:300.

[13]唐爱民.当代西方教育思潮[M].济南:山东人民出版社,2010.

[14]钟毅平,叶茂林.认知心理学高级教程[M].合肥:安徽人民出版社,2010.

[15]李娜,罗茜,王伟.大学生自主学习课程教学模式的探讨[J].大学教育,2013(21):143-144.

[16]王向旭,杨孝堂.国际视野下的开放教育理念与实践[J].中国远程教育,2020(11):28-38,46.

[17]李鹏.搞好电视教学发展开放教育——祝贺"中国教育电视"正式开播[J].电视大学,1986(11):3.

[18]谢丽娟.开放教育大有可为(代创刊词)[J].开放教育研究,1995(1):1.

[19]面向21世纪教育振兴行动计划(摘要)[J].中国高等教育,1999(6):3-7.

[20]王向旭.高等教育变革与开放大学可持续发展——来自欧洲四国开放大学的启示[J].终身教育研究,2019,30(2):57-63.

[21]宋国利,盖功琪,苏冬妹.开放式实验教学模式的研究与实践[J].实验室研究与探索,2010,29(2):91-93,132.

[22]李薇.合作型开放大学质量保证体系比较研究[J].终身教育研究,2019,30(3):41-48.

[23]武高辉,杨韬,赵希文,等.本科生创新精神与实践能力培养体系的构建[J].高等工程教育研究,2002(3):21-23.

[24]王义遒.在21世纪人才培养中实验教学的地位与作用[J].实验室研究与探索,1998(2):1-4.

[25]戴再平.一组数学开放型题的试验与分析[J].数学教育学报,1993(2):15-21.

[26]胡林瑞.国外数学题的一次测试所见[J].数学教学,1990(03):29-31.

[27]赵雄辉.让开放性问题进入数学课堂[J].湖南教育,2000(10):36-38.

[28]张奠宙,戴再平.中国数学教学中的"双基"和开放题问题解决[J].数学教育学报,2005(4):5-12.

[29]黄邦杰.中学数学开放式教学模式初探[J].课程教材教学研究(中教研究),2004(Z6):10-12.

[30]俞求是.中学数学教科书中的开放题[J].中学数学教学参考,1999(4):2-4.

[31]戴再平.高中数学开放题集[M].上海:上海教育出版社,2000.

[32]徐斌艳.基于开放式问题的数学教学模式研究[J].外国教育资料,2000(6):18-22,17.

[33]过增元.提倡参与式教学强化创新意识[J].中国高等教育,2000(6):21-22,45.

[34]郑毓信.再论开放题与开放式教学[J].中学数学教学参考,2002(6):1-2.

[35]郑毓信."开放的数学教学"新探[J].中学数学月刊,2007(7):1-4.

[36]郑毓信.文化视角下的中国数学教育[J].课程·教材·教法,2002(10):44-50.

[37]刘伟.关于高中数学开放式教学模式的有益探索[J].中国校外教育,2012(35):139.

[38]王庆明.小学数学开放式教学法的探索研究[J].中国教育学刊,2007(8):64-68.

[39]范蔚.三类教学目标的实践意义及实现策略[J].教育科学研究,2009(1):49-52.

[40]赵迎春.数学开放性教学的探究与实践[J].中学数学研究,2004(4):8-10.

[41]黄雄.初中数学"综合与实践"课程教学改革研究[M].2版.厦门:厦门大学出版社,2020.

[42]阿尔文·托夫勒.第三次浪潮[M].黄明坚,等译.北京:中信出版社,2006.

[43]史宁中,王尚志.普通高中数学课程标准(2017年版2020年修订)解读[M].北京:高考教育出版社,2020:243.

第二章　教学内容开放教学实践探究

为了在教学内容开放上不唯教材而又注重教材,在实现课程教学目标的前提下,根据学生的认知水平、学科基础等实际情况,通过教材内容知识的条件、结论的开放,培养学生的发散性思维,多角度、多途径、多方位拓展学生解题思路和方法,提高学习效率;通过情境、思维的开放,真正体现教师在教学实施过程中的组织者、引导者的角色和作用,充分调动学生的学习积极性,营造生动活泼、丰富多彩、联系实际、蕴含知识的教学和学习环境,增强学生对现实生活与数学知识紧密相关的认识与理解,激发学习的主动性;通过综合、专题的开放,提升学生解决综合性、复杂性数学问题的能力,拓宽学习新知识、新方法、新思想的渠道和途径.

本章笔者特精心设计 15 个教学实践范例,以帮助一线教师突破教材篇幅受限所带来的教学上的各种束缚,更加灵活地使用教材教学,通过科学调整教学顺序、合理重组教学单元、恰当整合教学知识,使学科知识更贴近生活、贴近学生,也使学生在多样化的知识材料中更易于理解知识的产生、形成和发展过程,更利于掌握所授知识,更利于拓展思维方法,更利于提升学科综合素质,最大限度地发挥教材在教学过程中的作用和效益.

第一节　情境、思维内容开放实践
教学设计实践范例

案例1　平方差公式

一、教材原文

人教版,数学八年级(上册),2013 年 6 月第 1 版,pp. 107-108.

14.2.1　平方差公式

探究

计算下列多项式的积,你能发现什么规律?

(1) $(x+1)(x-1)=$ _____;　(2) $(m+2)(m-2)=$ _____;

(3) $(2x+1)(2x-1)=$ _____.

上面的几个运算都是形如 $a+b$ 的多项式与形如 $a-b$ 的多项式相乘. 由于

$$(a+b)(a-b)=a^2-ab+ab-b^2$$
$$=a^2-b^2,$$

所以, 对于具有与此相同形式的多项式相乘, 我们可以直接写出运算结果, 即

$$\boxed{(a+b)(a-b)=a^2-b^2.}$$

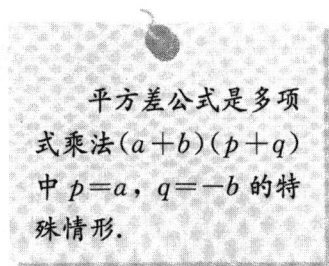

平方差公式是多项式乘法 $(a+b)(p+q)$ 中 $p=a$, $q=-b$ 的特殊情形.

也就是说, 两个数的和与这两个数的差的积, 等于这两个数的平方差.

这个公式叫做（乘法的）平方差公式（formula for the difference of squares）.

思考

你能根据图 14.2-1 中图形的面积说明平方差公式吗?

图 14.2-1

例1 运用平方差公式计算:

(1) $(3x+2)(3x-2)$;   (2) $(-x+2y)(-x-2y)$.

分析: 在(1)中, 可以把 $3x$ 看成 a, 2 看成 b, 即

$$(3x+2)(3x-2)=(3x)^2-2^2.$$

$$(a+b)(a-b)=a^2-b^2$$

解: (1) $(3x+2)(3x-2)$
$$=(3x)^2-2^2$$
$$=9x^2-4;$$

(2) $(-x+2y)(-x-2y)$
$$=(-x)^2-(2y)^2$$
$$=x^2-4y^2.$$

你还有其他的计算方法吗?

例2 计算:

(1) $(y+2)(y-2)-(y-1)(y+5)$;

(2) 102×98.

解:(1) $(y+2)(y-2)-(y-1)(y+5)$

$$=y^2-2^2-(y^2+4y-5)$$

$$=y^2-4-y^2-4y+5$$

$$=-4y+1;$$

(2) $102\times98=(100+2)(100-2)$

$$=100^2-2^2=10\,000-4$$

$$=9\,996.$$

> 只有符合公式条件的乘法,才能运用公式简化运算,其余的运算仍按乘法法则进行.

二、教学目标

(1)知识与技能:经历平方差公式的探索及推导过程,掌握平方差公式的结构特征.

(2)过程与方法:让学生经历探索、讨论、交流的过程,能运用公式进行简单的运算,进一步发展学生的符号感和推理能力、归纳能力.

(3)情感态度价值观:让学生经历"特殊——一般—特殊"这一数学活动过程,积累数学活动的经验,同时体会数学的简洁美和数形结合的思想方法,培养学生的合情推理和归纳的能力以及在解决问题过程中与他人合作交流的意识.

三、学情分析

学生已熟练掌握了幂的运算和整式乘法,但在进行多项式乘法运算时常常会固定错某些项符号及漏项等问题.学生学习平方差公式的困难在于对公式的结构特征以及公式中字母的广泛含义的理解.因此,教学中教师应注意引导学生分析公式的结构特征,并运用变式训练揭示公式的本质特征,以加深学生对公式的理解.

四、教学过程

(一)复习引入

[问题1]请计算以下几组计算题,并观察它们有什么共同点.

$$\begin{cases}8\times8=? \\ 7\times9=?\end{cases} \quad \begin{cases}5\times5=? \\ 4\times6=?\end{cases} \quad \begin{cases}12\times12=? \\ 11\times13=?\end{cases}$$

学生独立计算,并观察各组计算题的特点.

教师提问:如果 $25\times25=625$,那么 24×26 等于多少? 请快速回答.

学生快速回答: $24\times26=624$.

教师追问:既然同学们能够快速给出答案,那么一定有所发现,请口述你们的发现.

学生列举并发现:如"每组计算题两个因式的积差1""每组计算题各小题的因数和相等"等.

教师追问:根据你们的发现,你能列举出更多的例证吗? 计算并验证其是否支持你们的发现.

学生根据以上的发现和讨论,列举出更多组与问题1中题目有共同特点的计算题.

教师追问:既然有更多的例证佐证了你们的发现,那么能否用一个数学表达式将你们的发现表示出来呢?

学生大胆表达,发现:$(n+1)(n-1)=n^2-1$.

教师追问:你能否证明你发现的规律?

学生容易利用多项式乘以多项式进行证明.

[问题2]请再计算以下几组计算题,并观察它们有什么共同点.

$$\begin{cases} 8\times 8=? \\ 6\times 10=? \end{cases} \qquad \begin{cases} 5\times 5=? \\ 3\times 7=? \end{cases} \qquad \begin{cases} 12\times 12=? \\ 10\times 14=? \end{cases}$$

类比刚才的问题1,你发现了什么? 根据你们的发现,你能否列举出更多的例证? 计算并验证其结果是否支持你们的发现.

学生大胆表达,发现:$(n+2)(n-2)=n^2-4$.

教师提问:依次类推,大家可以得出什么猜想? 如何证明?

$(n+m)(n-m)=n^2-m^2$.

学生尝试独立完成证明.

(二)讲授新课

[问题3]刚才的 m 和 n 一定是数吗? 可以是式子吗? 如果是式子,那么这个等式仍然成立吗?

(1)$(x+1)(x-2)$;   (2)$(2x-y)(x+2y)$;

(3)$(x-1)(x+1)$;   (4)$(x-3y)(x+3y)$;

(5)$(3c+d)(3c-d)$;   (6)$(x+5y)(x-5y)$.

发现:从数到式子,仍然成立.

$(a+b)(a-b)=\underline{a^2}-\underline{b^2}$.

即:两个数的<u>和</u>与这两个数的<u>差</u>的积,等于这两个数的<u>平方差</u>.

这个公式叫做(乘法的)平方差公式.

思考讨论1:图2-1中长方形的面积与图2-2中空白部分的面积有什么关系,通过对两个图形面积的计算能验证平方差公式吗?

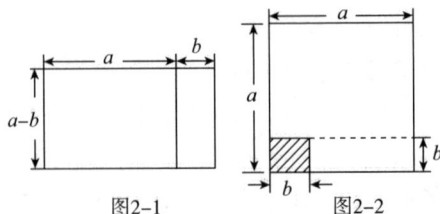

图2-1　　　　图2-2

学生观察图形,先独立思考,代表发言:两个图形空白部分的面积相等.师生共同评价分析.

　　具体原因:两个图形只是摆放位置不同,因此两个图形空白部分的面积相等.

　　教师总结:从图形证法也能得到平方差公式.

$$(a+b)(a-b)=a^2-b^2$$

(三)例题讲解

　　思考讨论 2:下列各式能利用平方差公式计算吗? 若能,请说出哪一项相当于公式中的 a 或 b? 若不能,请说明理由.

　　(1)$(3+2a)(-3+2a)$;　　　　(2)$(3-2a)(-3-2a)$;　　　　(3)$(3+2a)(-3-2a)$.

　　总结规律:能利用平方差公式计算的式子:符号相同的部分相当于公式中的 a,符号不同的部分相当于公式中的 b.

(四)课堂练习

　　1.下面各式的计算对不对? 如果不对,请改正.

　　(1)$(x+2)(x-2)=x^2-2$;　　　　　(2)$(3a+2)(3a-2)=3a^2-4$.

　　2.下列能直接利用平方差公式计算的是(　　　).

　　A.$(2m-n)(2m-n)$　　　　　　　B.$(x+3)(x-2)$

　　C.$(2m-n)(-n+2m)$　　　　　　D.$(-2m-n)(2m-n)$

　　3.利用平方差公式计算:

　　(1)$(3+4m)(-3+4m)$;　　　　　(2)$(-2x-3)(2x-3)$;

　　(3)$(-x+y)(-x-y)-(y-1)(y-2)$;　　(4)$2011^2-2010\times2012$.

　　4.观察图 2-3 中图形的变化过程,计算其中空白图形的面积能验证的公式是_____.

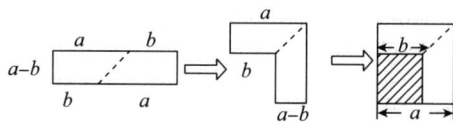

图2-3

(五)归纳小结

　　(1)通过本节课的学习,你知道了什么? 会做什么?

　　(2)平方差公式的结构特征是什么?

　　参考解答:两个数(或式子)的和与这两个数(或式子)的差的积,等于这两个数(或式子)的平方差.

　　(3)应用平方差公式时要注意什么?

　　参考解答:只有符合公式条件的乘法,才能运用公式简化运算.

五、注　析

　　本节课教材的设计是给出几个具有相同结构特征的多项式乘以多项式让学生计算、观察、猜想和验证,在此基础上得出平方差公式.而笔者是先给出具体的数的计算,然后让学生从数抽象出一般式子,再应用数和式进一步验证,同时结合图形验证平方差公式.通过学生熟悉的数字计算导入平方差公式的学习,有利于降低学习难度,培养学生从熟悉的事物背后发现隐含规律的能力和数学学科素养;教学中还采用数形结合的方式证明公式,有利于学生理解数学知识.因此,笔者的教学设计虽然与教材有差异,但都同样达到(或更好地达到)教学目的,起到殊途同归的功效.

案例 2　椭圆及其标准方程

一、教材原文

人教 A 版,高中数学选择性必修一,2020 年 5 月第 1 版,pp.105-109.

3.1.1　椭圆及其标准方程

> **探究**
>
> 取一条定长的细绳,把它的两端都固定在图板的同一点,套上铅笔,拉紧绳子,移动笔尖,这时笔尖(动点)画出的轨迹是一个圆.如果把细绳的两端拉开一段距离,分别固定在图板的两点 F_1, F_2(图 3.1-1),套上铅笔,拉紧绳子,移动笔尖,画出的轨迹是什么曲线?
>
> 在这一过程中,移动的笔尖(动点)满足的几何条件是什么?

图 3.1-1

把细绳的两端拉开一段距离,笔尖移动的过程中,细绳的长度保持不变,即笔尖到两个定点的距离的和等于常数.

我们把平面内与两个定点 F_1, F_2 的距离的和等于常数(大于 $|F_1F_2|$)的点的轨迹叫做椭圆(ellipse).这两个定点叫做椭圆的焦点(focus),两焦点间的距离叫做椭圆的焦距(focus distance),焦距的一半称为半焦距.

由椭圆的定义可知,上述移动的笔尖(动点)画出的轨迹是椭圆.

下面我们根据椭圆的几何特征,选择适当的坐标系,建立椭圆的方程.

> **思考**
>
> 观察椭圆的形状,你认为怎样建立坐标系可能使所得的椭圆方程形式简单?

观察我们画出的图形，可以发现椭圆具有对称性，而且过两个焦点的直线是它的对称轴，所以我们以经过椭圆两焦点 F_1，F_2 的直线为 x 轴，线段 F_1F_2 的垂直平分线为 y 轴，建立平面直角坐标系 Oxy，如图 3.1-2 所示.

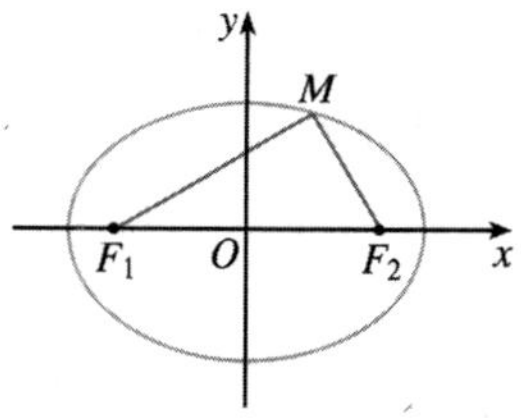

图 3.1-2

设 $M(x，y)$ 是椭圆上任意一点，椭圆的焦距为 $2c(c>0)$，那么焦点 F_1，F_2 的坐标分别为 $(-c，0)$，$(c，0)$. 根据椭圆的定义，设点 M 与焦点 F_1，F_2 的距离的和等于 $2a$.

由椭圆的定义可知，椭圆可看作点集

$$P=\{M\mid |MF_1|+|MF_2|=2a\}.$$

因为

$$|MF_1|=\sqrt{(x+c)^2+y^2}，|MF_2|=\sqrt{(x-c)^2+y^2}，$$

所以

设为 $2a$ 能为问题的研究带来方便.

$$\sqrt{(x+c)^2+y^2}+\sqrt{(x-c)^2+y^2}=2a. \qquad ①$$

为了化简方程①，我们将其左边的一个根式移到右边，得

$$\sqrt{(x+c)^2+y^2}=2a-\sqrt{(x-c)^2+y^2}. \qquad ②$$

对方程②两边平方，得

$$(x+c)^2+y^2=4a^2-4a\sqrt{(x-c)^2+y^2}+(x-c)^2+y^2.$$

整理，得

$$a^2-cx=a\sqrt{(x-c)^2+y^2}. \qquad ③$$

对方程③两边平方，得

$$a^4-2a^2cx+c^2x^2=a^2x^2-2a^2cx+a^2c^2+a^2y^2.$$

整理，得

$$(a^2-c^2)x^2+a^2y^2=a^2(a^2-c^2). \qquad ④$$

将方程④两边同除以 $a^2(a^2-c^2)$，得

$$\frac{x^2}{a^2}+\frac{y^2}{a^2-c^2}=1. \qquad ⑤$$

由椭圆的定义可知，$2a>2c>0$，即 $a>c>0$，所以 $a^2-c^2>0$.

? 思考

观察图 3.1-3，你能从中找出表示 a，c，$\sqrt{a^2-c^2}$ 的线段吗？

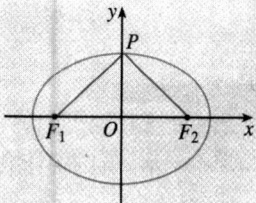

图 3.1-3

由图 3.1-3 可知，$|PF_1|=|PF_2|=a$，$|OF_1|=|OF_2|=c$，$|PO|=\sqrt{a^2-c^2}$. 令 $b=|PO|=\sqrt{a^2-c^2}$，那么方程 ⑤ 就是

$$\frac{x^2}{a^2}+\frac{y^2}{b^2}=1 \quad (a>b>0). \qquad\qquad ⑥$$

由于方程②③的两边都是非负实数，因此方程①到方程⑥的变形都是同解变形. 这样，椭圆上任意一点的坐标 $(x，y)$ 都满足方程⑥；反之，以方程⑥的解为坐标的点 $(x，y)$ 与椭圆的两个焦点 $(c，0)$，$(-c，0)$ 的距离之和为 $2a$，即以方程⑥的解为坐标的点都在椭圆上. 我们称方程⑥是椭圆的方程，这个方程叫做椭圆的标准方程. 它表示焦点在 x 轴上，两个焦点分别是 $F_1(-c，0)$，$F_2(c，0)$ 的椭圆，这里 $c^2=a^2-b^2$.

? 思考

如图 3.1-4，如果焦点 F_1，F_2 在 y 轴上，且 F_1，F_2 的坐标分别为 $(0，-c)$，$(0，c)$，a，b 的意义同上，那么椭圆的方程是什么？

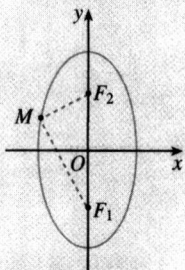

图 3.1-4

容易知道，此时椭圆的方程是

$$\frac{y^2}{a^2}+\frac{x^2}{b^2}=1 \quad (a>b>0),$$

这个方程也是椭圆的标准方程.

例 1 已知椭圆的两个焦点坐标分别是 $(-2，0)$，$(2，0)$，并且经过点 $\left(\dfrac{5}{2}，-\dfrac{3}{2}\right)$，求它的标准方程.

解：由于椭圆的焦点在 x 轴上，所以设它的标准方程为 $\dfrac{x^2}{a^2}+\dfrac{y^2}{b^2}=1$ $(a>b>0)$.

由椭圆的定义知 $c=2$，

$$2a=\sqrt{\left(\frac{5}{2}+2\right)^2+\left(-\frac{3}{2}\right)^2}+\sqrt{\left(\frac{5}{2}-2\right)^2+\left(-\frac{3}{2}\right)^2}=2\sqrt{10},$$

所以 $a=\sqrt{10}$.

所以 $b^2=a^2-c^2=10-4=6$.

所以，所求椭圆的标准方程为

$$\frac{x^2}{10}+\frac{y^2}{6}=1.$$

> 你还能用其他方法求它的标准方程吗？试比较不同方法的特点.

例2　如图 3.1-5，在圆 $x^2+y^2=4$ 上任取一点 P，过点 P 作 x 轴的垂线段 PD，D 为垂足．当点 P 在圆上运动时，线段 PD 的中点 M 的轨迹是什么？为什么？

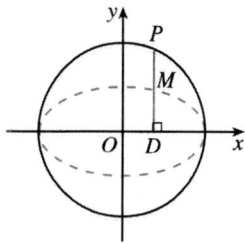

分析：点 P 在圆 $x^2+y^2=4$ 上运动，点 P 的运动引起点 M 运动．我们可以由 M 为线段 PD 的中点得到点 M 与点 P 坐标之间的关系式，并由点 P 的坐标满足圆的方程得到点 M 的坐标所满足的方程．

图 3.1-5

解：设点 M 的坐标为 (x, y)，点 P 的坐标为 (x_0, y_0)，则点 D 的坐标为 $(x_0, 0)$．由点 M 是线段 PD 的中点，得

$$x=x_0, \quad y=\frac{y_0}{2}.$$

因为点 $P(x_0, y_0)$ 在圆 $x^2+y^2=4$ 上，所以

$$x_0{}^2+y_0{}^2=4. \qquad ①$$

把 $x_0=x$，$y_0=2y$ 代入方程①，得

$$x^2+4y^2=4,$$

即

$$\frac{x^2}{4}+y^2=1.$$

所以点 M 的轨迹是椭圆．

> 寻求点 M 的坐标 (x, y) 中 x，y 与 x_0，y_0 之间的关系，然后消去 x_0，y_0，得到点 M 的轨迹方程．这是解析几何中求点的轨迹方程常用的方法．
>
> 利用信息技术，可以更方便地探究点 M 的轨迹的形状．

? 思考

由例2我们发现，可以由圆通过"压缩"得到椭圆．你能由圆通过"拉伸"得到椭圆吗？如何"拉伸"？由此你能发现椭圆与圆之间的关系吗？

例3　如图 3.1-6，设 A，B 两点的坐标分别为 $(-5, 0)$，$(5, 0)$．直线 AM，BM 相交于点 M，且它们的斜率之积是 $-\dfrac{4}{9}$，求点 M 的轨迹方程．

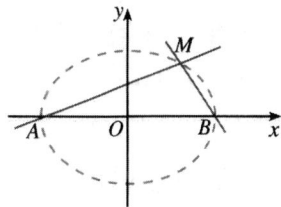

分析：设点 M 的坐标为 (x, y)，那么直线 AM，BM 的斜率就可用含 x，y 的关系式分别表示．由直线 AM，BM 的斜率之积是 $-\dfrac{4}{9}$，可得出 x，y 之间的关系式，进而得到点 M 的轨迹方程．

图 3.1-6

解：设点 M 的坐标为 (x, y)，因为点 A 的坐标是 $(-5, 0)$，所以直线 AM 的斜率

$$k_{AM}=\frac{y}{x+5}\ (x\neq-5).$$

同理，直线 BM 的斜率

$$k_{BM}=\frac{y}{x-5}\ (x\neq5).$$

由已知，有

$$\frac{y}{x+5}\times\frac{y}{x-5}=-\frac{4}{9}\ (x\neq\pm5),$$

化简，得点 M 的轨迹方程为

$$\frac{x^2}{25}+\frac{y^2}{\frac{100}{9}}=1\ (x\neq\pm5).$$

> 运用信息技术，可以探究点 M 的轨迹形状.

点 M 的轨迹是除去 $(-5，0)$，$(5，0)$ 两点的椭圆.

二、教学目标

(1)知识与技能:掌握椭圆的定义,能用数学语言准确描述椭圆的概念;能选择恰当的坐标系,推导出椭圆的标准方程;理解椭圆的标准方程中 a,b,c 的几何意义.

(2)过程与方法:通过研究旦德林双球模型发现椭圆的几何性质,培养数学抽象的核心素养;利用椭圆的几何性质提炼出椭圆的定义,培养直观想象的核心素养,体会数形结合的数学思想;通过推导椭圆的标准方程,培养数学运算的核心素养,掌握解析几何的研究方法.

(3)情感态度价值观:通过发现生活中的椭圆,体会数学与生活的紧密相连,感受到数学的有用;通过利用旦德林双球模型探究椭圆的定义,激发学生学习数学的积极性,培养学生的学习兴趣与创新意识;通过推导椭圆的标准方程,感受算法优化的重要性,从椭圆图形的对称性、方程的简洁性体会数学的美与简洁.

三、学情分析

在本节之前,学生已经学习过直线与圆的方程、曲线与方程的概念,对解析几何有初步认识,能用坐标法研究几何图形.学生对椭圆概念的形成及精准的数学语言描述的理解存在一定困难.而在推导椭圆标准方程时会遇到两个困难:一是建立合适的坐标系使椭圆方程最简单;二是化简方程.而学生已有的知识与能力不能完全胜任,需要教师做适当的引导.

四、教学过程

(一)情境引入

师:请同学们观察图 2-4 和图 2-5,光从侧面照射球形成的影子、行星轨道都是什么样的图形?

图 2-4

图 2-5

生:是椭圆.

师:是的,今天这节课我们就来研究椭圆.椭圆和圆的形状相似,回顾圆的性质,过圆外一点可以作圆的多少条切线?

生:2 条.

师:把圆拓展为球,过球外一点有多少条切线?这些切线长有什么关系?

生:无数条,切线长都相等.

(二)讲授新课

师:回到球在阳光下的影子这个例子,观察其数学模型(图 2-6),其中 P 点为球在阳光下的影子(椭圆)边沿上的一点,Q 点为过 P 点的光线与球面的切点,而 F 点为球与地面的接触点,那么 $|PE|$ 与 $|PF|$ 有什么关系?

生:恒为定值.

师:经过刚才的探究,我们发现椭圆(影子)上的一点到椭圆内的定点(球与地面的接触点)的距离可以转化为该点到圆柱上的一点(圆柱母线与球面的交点)的距离(图 2-6).能否利用这个等价关系寻求椭圆的定义?(提示:找到类似圆定义中的定点与定长.)

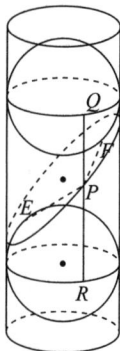

图 2-6

生:通过几何画板,把立体图形平面化(图 2-7),可以发现椭圆上的任一点 P 到两个定点 E,F 的距离之和为定值 $|QR|$.

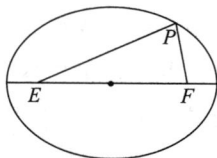

图 2-7

师:通过刚才的探究我们发现了椭圆的几何性质:到两定点(两球与横截面的切点)的距

离之和为定值.那么是否满足这个性质的都是椭圆呢?

生:不一定,还有可能是线段,因为距离之和要大于某个值.

师:请你结合椭圆的几何性质与反例,小组讨论椭圆的定义,并查阅书本上椭圆的定义.

生:(讨论并查看书本)平面内到两定点 F_1,F_2 的距离的和等于常数 $2a(2a>|F_1F_2|)$ 的点的轨迹叫做椭圆.这两个定点叫做椭圆的焦点,两个焦点的距离 $|F_1F_2|$ 叫做焦距.

师:如果 $2a=|F_1F_2|$,则动点 P 的轨迹是什么?如果 $2a<|F_1F_2|$ 呢?

生:如果 $2a=|F_1F_2|$,则动点 P 的轨迹是线段 F_1F_2;如果 $2a<|F_1F_2|$,则动点 P 的轨迹不存在.

(三)例题讲解

教:请你根据椭圆的定义求出其方程.

生:求椭圆的方程前应先建系.

师:如何才能合理地建系?建在哪个位置最合适?

生:椭圆与圆都具备轴对称与中心对称的性质,类比求圆的标准方程的建系方法,将坐标系原点建立在椭圆中心位置最合适.

师:根据同学们的建议,我们建好坐标系,找出动点到两定点间的关系式,确立方程,但写出的式子 $\sqrt{(x+c)^2+y^2}+\sqrt{(x-c)^2+y^2}=2a$ 如何化简?

生:移项,两边平方后再整理,化简得到式子 $\dfrac{x^2}{a^2}+\dfrac{y^2}{a^2-c^2}=1$.

师:如何处理式子中的 a^2-c^2 的这一部分?

生:令 $b^2=a^2-c^2$.

师:是的,这样我们就得到了椭圆的标准方程 $\dfrac{x^2}{a^2}+\dfrac{y^2}{b^2}=1$.

师:椭圆根据焦点在 x 轴、y 轴上分为两类.

生:两种标准方程的比较:

$(1)\dfrac{x^2}{a^2}+\dfrac{y^2}{b^2}=1(a>b>0)$ 表示焦点在 x 轴上的椭圆;

$(2)\dfrac{y^2}{a^2}+\dfrac{x^2}{b^2}=1(a>b>0)$ 表示焦点在 y 轴上的椭圆.

只需将(1)方程的 x,y 互换即可得到(2)方程.

师:在两种标准方程中,因为 $a^2>b^2$,所以可以根据分母的大小来判定焦点在哪一个坐标轴上.

(四)课堂练习

师:接下来同学们来看一个例题:平面内两定点的距离是 8,写出到这两定点的距离的和是 10 的点的轨迹方程.解决这道题的一般步骤是什么?

生:先根据题意判断轨迹,再建立直角坐标系,采用待定系数法得出轨迹方程.

生:这个轨迹是一个椭圆,两个定点是焦点,用 F_1,F_2 表示.取过点 F_1 和 F_2 的直线为 x 轴,线段 F_1F_2 的垂直平分线为 y 轴,建立直角坐标系.

$\because 2a=10$,$2c=8$,$\therefore a=5$,$c=4$,$b^2=a^2-c^2=25-16=9$.$\therefore b=3$.

因此,这个椭圆的标准方程是 $\dfrac{x^2}{5^2}+\dfrac{y^2}{3^2}=1$,即 $\dfrac{x^2}{25}+\dfrac{y^2}{9}=1$.

(五)归纳小结

师:本节课我们学习了椭圆的定义及标准方程.

生:椭圆是平面内与两定点 F_1,F_2 的距离的和等于常数(大于 $|F_1F_2|$)的点的轨迹.

标准方程:$\dfrac{x^2}{a^2}+\dfrac{y^2}{b^2}=1(a>b>0)$ 或 $\dfrac{y^2}{a^2}+\dfrac{x^2}{b^2}=1(a>b>0)$.

师:同学们要数形结合地理解记忆椭圆定义,也要注意两种椭圆图象(图 2-8)的区别与联系.

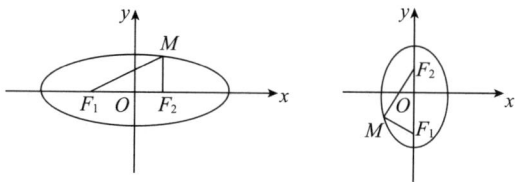

图 2-8

五、注　析

本节课的主要内容是研究椭圆的定义及其标准方程,属于概念性知识.从知识上,本节是在必修 2 直线与圆的方程的基础上,对曲线与方程概念的进一步实际应用,同时也是研究椭圆几何性质的基础;从方法上,本节内容的学习为进一步研究双曲线、抛物线提供了研究方法与理论基础.在研究椭圆定义与方程的过程中,渗透数学抽象、数学运算、直观想象、逻辑推理的数学核心素养.因此,本节内容起到承上启下的重要作用,是本章内容的基础.

本节课在设计上与教材编排的内容有差别,因此属于教学内容开放.教材上采用的是固定细绳两端,用铅笔画出椭圆的轨迹,进而猜测定义从而证明.本教学设计以生活中的实例贯穿本节课教学.以生活中的椭圆例子入手,基于学生已有的认知出发,让学生对椭圆有一个直观、生活上的认识,为严谨的数学定义做铺垫.

历史上最初对椭圆的认识是从圆柱、圆锥的斜截面轮廓线开始的,本节课的教学设计也是以此为起点.以"球在阳光下的影子"为情境引入椭圆,也以此模型作为起点探究椭圆的定义.回顾平面中圆的切线问题,类比探究空间中球的切线问题;类比平面中圆的切线问题得到空间中的切线问题,符合学生的最近发展区,也为下面得到椭圆的几何性质做铺垫.借助旦德林双球模型可以让学生发现椭圆的几何性质——椭圆上任一点到两定点距离之和为定值,从而通过对细节完善得到椭圆的定义.通过这个方式得到的椭圆定义符合知识的生成规律,也让定义来得更自然,能帮助学生加深对椭圆本身的理解.此外,在这个过程中,让学生经历直观感受→几何论证→提炼性质→完善概念的过程,培养学生直观想象、逻辑推理、数学抽象的数学核心素养.

任何一种建系方式都可以求出对应的椭圆方程,只是呈现的结果简繁程度不一.一方面给予学生充分的空间去尝试、比较、分析,另一方面通过类比让学生意识到可以利用图形的对称性建系,从而使得方程看起来也更为对称与简洁.相比教师直接给定坐标系,这样的方式更能充分调动学生的积极性,也能在教学过程中培养学生的数学思维.

案例3 数列的概念与简单表示法

一、教材原文

人教 A 版,高中数学选择性必修第二册,2020 年 5 月第 1 版,pp. 2-5.

4.1 数列的概念

在现实生活和数学学习中,我们经常需要根据问题的意义,通过对一些数据按特定顺序排列的方法来刻画研究对象. 例如:

1. 王芳从 1 岁到 17 岁,每年生日那天测量身高. 将这些身高数据(单位:cm)依次排成一列数:

$$75,\ 87,\ 96,\ 103,\ 110,\ 116,\ 120,\ 128,\ 138,$$
$$145,\ 153,\ 158,\ 160,\ 162,\ 163,\ 165,\ 168. \qquad ①$$

记王芳第 i 岁时的身高为 h_i,那么 $h_1=75$,$h_2=87$,…,$h_{17}=168$. 我们发现,h_i 中的 i 反映了身高按岁数从 1 到 17 的顺序排列时的确定位置,即 $h_1=75$ 是排在第 1 位的数,$h_2=87$ 是排在第 2 位的数……$h_{17}=168$ 是排在第 17 位的数,它们之间不能交换位置. 所以,①是具有确定顺序的一列数.

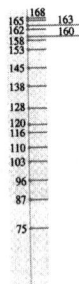

2. 在两河流域发掘的一块泥版(编号 K90,约产生于公元前 7 世纪)上,有一列依次表示一个月中从第 1 天到第 15 天每天月亮可见部分的数❶:

$$5,\ 10,\ 20,\ 40,\ 80,\ 96,\ 112,\ 128,$$
$$144,\ 160,\ 176,\ 192,\ 208,\ 224,\ 240. \quad ②$$

记第 i 天月亮可见部分的数为 s_i,那么 $s_1=5$,$s_2=10$,…,$s_{15}=240$. 这里,s_i 中的 i 反映了月亮可见部分的数按日期从 1 到 15 的顺序排列时的确定位置,即 $s_1=5$ 是排在第 1 位的数,$s_2=10$ 是排在第 2 位的数……$s_{15}=240$ 是排在第 15 位的数,它们之间不能交换位置. 所以,②也是具有确定顺序的一列数.

❶把满月分成 240 份,则从初一到十五每天月亮的可见部分可用一个代表份数的数来表示.

3. $-\dfrac{1}{2}$ 的 n 次幂按 1 次幂、2 次幂、3 次幂、4 次幂……依次排成一列数：

$$-\dfrac{1}{2},\ \dfrac{1}{4},\ -\dfrac{1}{8},\ \dfrac{1}{16},\ \cdots.\qquad\qquad ③$$

? 思考

你能仿照上面的叙述，说明③也是具有确定顺序的一列数吗？

归纳

上述例子的共同特征是什么？

　　一般地，我们把按照确定的顺序排列的一列数称为数列 (sequence of number)，数列中的每一个数叫做这个数列的项. 数列的第一个位置上的数叫做这个数列的第 1 项，常用符号 a_1 表示，第二个位置上的数叫做这个数列的第 2 项，用 a_2 表示……第 n 个位置上的数叫做这个数列的第 n 项，用 a_n 表示. 其中第 1 项也叫做首项. ①是按年龄从小到大的顺序排列的，②是按每月的日期从小到大的顺序排列的，③是按幂指数从小到大的顺序排列的，它们都是从第 1 项开始的.

> 项数有限的数列叫做有穷数列，项数无限的数列叫做无穷数列.

　　数列的一般形式是

$$a_1,\ a_2,\ \cdots,\ a_n,\ \cdots,$$

简记为 $\{a_n\}$.

　　由于数列 $\{a_n\}$ 中的每一项 a_n 与它的序号 n 有下面的对应关系：

序号	1	2	3	…	n	…
	↓	↓	↓		↓	
项	a_1	a_2	a_3	…	a_n	…

所以数列 $\{a_n\}$ 是从正整数集 $\mathbf{N}^*$（或它的有限子集 $\{1,2,\cdots,n\}$）到实数集 $\mathbf{R}$ 的函数，其自变量是序号 n，对应的函数值是数列的第 n 项 a_n，记为 $a_n=f(n)$. 也就是说，当自变量从 1 开始，按照从小到大的顺序依次取值时，对应的一列函数值 $f(1)$，$f(2)$，$\cdots$，$f(n)$，$\cdots$就是数列 $\{a_n\}$. 另一方面，对于函数 $y=f(x)$，如果 $f(n)$（$n\in\mathbf{N}^*$）有意义，那么

> 以前我们学过的函数的自变量通常是连续变化的，而数列是自变量为离散的数的函数.

$$f(1), \ f(2), \ \cdots, \ f(n), \ \cdots$$

构成了一个数列 $\{f(n)\}$.

与其他函数一样，数列也可以用表格和图象来表示．例如，数列①可以表示为表 4.1-1.

表 4.1-1

n	1	2	3	4	5	6	7	8	9	10	11	12	13	14	15	16	17
a_n	75	87	96	103	110	116	120	128	138	145	153	158	160	162	163	165	168

它的图象如图 4.1-1 所示.

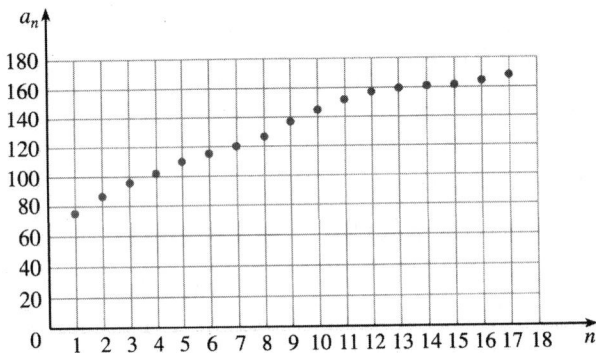

图 4.1-1

从表 4.1-1 和图 4.1-1 中，你能发现数列①中的项随序号的变化呈现出的特点吗？

与函数类似，我们可以定义数列的单调性．从第 2 项起，每一项都大于它的前一项的数列叫做递增数列；从第 2 项起，每一项都小于它的前一项的数列叫做递减数列．特别地，各项都相等的数列叫做常数列.

如果数列 $\{a_n\}$ 的第 n 项 a_n 与它的序号 n 之间的对应关系可以用一个式子来表示，那么这个式子叫做这个数列的通项公式．例如，数列③的通项公式为 $a_n = \left(-\dfrac{1}{2}\right)^n$. 显然，通项公式就是数列的函数解析式，根据通项公式可以写出数列的各项.

例 1 根据下列数列 $\{a_n\}$ 的通项公式，写出数列的前 5 项，并画出它们的图象.

(1) $a_n = \dfrac{n^2 + n}{2}$；　　(2) $a_n = \cos \dfrac{(n-1)\pi}{2}$.

解：(1) 当通项公式中的 $n = 1, 2, 3, 4, 5$ 时，数列 $\{a_n\}$ 的前 5 项依次为

$$1, \ 3, \ 6, \ 10, \ 15.$$

图象如图 4.1-2(1) 所示.

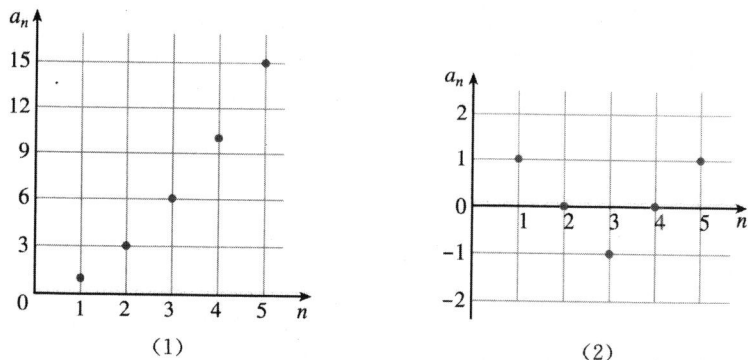

图 4.1-2

(2) 当通项公式中的 $n=1$，2，3，4，5 时，数列 $\{a_n\}$ 的前 5 项依次为

$$1, 0, -1, 0, 1.$$

图象如图 4.1-2(2) 所示.

例 2　根据下列数列的前 4 项，写出数列的一个通项公式：

(1) $1, -\dfrac{1}{2}, \dfrac{1}{3}, -\dfrac{1}{4}, \cdots$；

(2) $2, 0, 2, 0, \cdots$.

解：(1) 这个数列的前 4 项的绝对值都是序号的倒数，并且奇数项为正，偶数项为负，所以它的一个通项公式为

$$a_n = \frac{(-1)^{n+1}}{n}❶.$$

(2) 这个数列前 4 项的奇数项是 2，偶数项是 0，所以它的一个通项公式为

$$a_n = (-1)^{n+1} + 1.$$

> ❶ $(-1)^n$ 或 $(-1)^{n+1}$ 常常用来表示正负相间的变化规律.

二、教学目标

(1)知识与技能:了解数列是一种特殊函数,并能通过函数思想研究数列的性质,理解数列的前 n 项和,并能用数列的前 n 项和求出数列的通项公式.

(2)过程与方法:理解数列通项公式的意义,了解数列的递推公式,了解通项公式和递推公式是给出数列的两种方式,并明确它们的异同.

(3)情感态度价值观:通过日常生活和数学中的实例,了解数列的概念、表示方法(列表、图象、通项公式)以及数列的分类.

三、学情分析

学生学习了集合、函数的概念和性质等基本知识,初步掌握了函数的研究方法,在观察、抽象、概括等学习策略与学习能力方面,有了一定的基础.况且,数列概念的学习并不需要很多的知识基础,可以说学习数列的概念并无知识上的困难.这些都是数列概念教学的有利条

件.刚开始高中数学学习的学生,自己主动地建构概念的意识还不够强,能力还不够高.同时,在建立概念的过程中,学生辨别各种刺激模式,抽象出观察对象或事物的共同本质特征,概括形成概念,并且用数学语言(符号)表达等方面,会表现出不同的水平,从而影响整体的教学.

四、教学过程

(一)情境引入

师:学习数学是为了探索宇宙的奥秘.如果说语言反映和揭示了造物主的心声,那么数学就反映和揭示了造物主的智慧.在印度有一个古老的传说:舍罕王打算奖赏国际象棋的发明人——宰相达依尔.国王问他想要什么,他对国王说:"陛下,请您在这张棋盘的第 1 个小格里,赏给我 1 粒麦子,在第 2 个小格里给 2 粒,第 3 小格给 4 粒,以后每一小格都比前一小格加一倍.请您把这样摆满棋盘上所有的 64 格的麦粒,都赏给您的仆人吧!"你们觉得这位宰相想要的赏赐是不是太少了?

生:(议论)不是的.

师:那你们可比国王聪明多了.国王觉得这要求太容易满足了,就决定赏赐达依尔这些麦粒.当人们把一袋一袋的麦子搬来开始计数时,国王才发现:就是把全印度甚至全世界的麦粒全拿来,也满足不了那位宰相的要求.为什么会有这样的情况出现呢?

生:这组数递增非常快!

师:是的.国王吃惊地发现必须给达依尔 $1+2+4+8+16+32+64+\cdots=18446744073709551615$ 粒麦子.即使是拿出全印度的粮食,国王也兑现不了他对达依尔许下的诺言,因为这个数目相当于全世界 2019 年所生产的全部小麦.

(二)讲授新课

师:其实生活中关于类似数的例子也有很多.

[实例1]请大家一起看我手上的这支粉笔,假设它的长度是1,我现在把它当中折断,看我左手的粉笔,长度是多少?再把它当中折断,看我左手的粉笔,长度又是多少?再折,长度呢?再折,长度?依此类推,每次折断剩下的粉笔长度依次构成一列数.

生:(1) $\frac{1}{2}, \frac{1}{4}, \frac{1}{8}, \frac{1}{16}, \cdots$.

[实例2]请大家和我一起玩一个折纸游戏,请拿起手上的纸,对折一下,看手上纸的折痕是几条?再对折,共是几条折痕?再对折呢?依此类推,又得到一列数.

生:(2)1,3,7,15,…….

[实例3]在前不久举行的校运会上,体育老师为了保证我校 40 个班级广播操比赛各班之间能等距离站队,比赛之前做了一个准备工作:在第一行各班领队站立的横线上用粘胶纸标注站立点,从起点开始(标注为0),每隔 2 米标注一个站立点,由近及远各标注点与起点的距离排成怎样的一列数,这列数具体应该怎么计量呢?

生:(3)0,2,4,6,…,78.

师:请大家仔细回味上述实例,想想看:我们在举例时各组数有什么共同特点?

生:它们均是一列数,而且有一定次序.

师:很好!像这样按一定次序排成的一列数我们就把它叫做数列.想一想,我们平时会经常听到一些分期付款问题、银行存款的利息问题等,这都是与数列有关的问题.下面我们对照已知的数列一起来学习数列的基本概念.

师:(数列的基本概念)数列中的每一个数都叫做这个数列的项,各项依次叫做这个数列的第1项(或首项),第2项,第3项,…,第 n 项,….我们通常用 a_1 表示第1项,a_2 表示第2项,依此类推,就得到了数列的一般形式 $a_1,a_2,a_3,\cdots,a_n,\cdots$,其中 a_n 是数列的第 n 项.数列可简记作 $\{a_n\}$.要提醒大家一点这不是集合,只是一个记号,用它来表示数列.

师:(数列分类)根据数列项数的有限和无限,我们可以把数列分为有穷数列和无穷数列.

(三)例题讲解

师:现在我们再回头看这3个数列,想想看:数列 $\{a_n\}$ 的第 n 项 a_n 与序号 n 之间有一定的关系吗?

生:有,数列(1)可以用式子 $a_n=\dfrac{1}{2^n}$ 表示;数列(2)可以用式子 $a_n=2^n-1$ 表示;数列(3)可以用式子 $a_n=2n-2(n\leqslant 40,n\in \mathbf{N}^*)$ 表示.

师:a_n 与 n 之间的关系都可以用一个公式来表示吗?

生:不可以,如果是没有一定规律的一列数就不可以.比如,$2,\ln 3,\sin 4,e$ 找不出这组数的规律.

师:很好!n 不指明范围意指 $n\in\mathbf{N}^*$,有穷数列需要指明 $n\leqslant M$.根据上述数列的分析,如果数列 $\{a_n\}$ 的第 n 项 a_n 与 n 之间的关系可以用一个公式来表示,那么这个公式就叫做这个数列的通项公式.

师:请大家观察这些对应关系,这是我们学过的什么关系?
生:函数关系.

师:很好!数列的通项公式实际上就是一个以 n 为自变量、项为函数值的函数关系,即 $a_n=f(n)$.

师:(数列和函数之间的关系)从函数的观点看,数列可以看作一个定义域为正整数集 $\mathbf{N}^*$(或它的有限子集 $\{1,2,\cdots,n\}$)的函数,当自变量从小到大依次取值时对应的一列函数值,而数列的通项公式也就是相应函数的解析式.

师:(数列的图象表示)函数关系可以用图象来表示,数列是一种特殊函数的一列函数值,当然也可以用图象来表示.如图 2-9 所示,这就是数列 $0,2,4,6,\cdots,78$ 的图象表示.从图 2-9 上看,它们是一群孤立的点,它们的坐标依次是 $(1,0),(2,2),(3,4),(4,6),\cdots,(40,78)$.

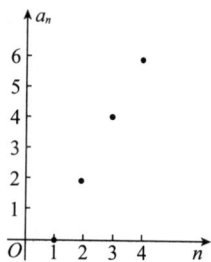

图 2-9

要理解数列的概念,大家还应注意以下几点:

(1)"一定次序",这些数必须按次序排列起来,这有别于数集中元素的无序性.例如,在集合中,$\{1,2,3\}$ 等同于 $\{3,2,1\}$;而在数列中,数列 $1,2,3$ 与数列 $3,2,1$ 是不相同的两个数列.

(2)数列中的数(或者说项)可以有相同的,如常数列:$a,a,\cdots,a,\cdots$,这又有别于集合中元素的互异性.

(3) $\{a_n\}$ 和 a_n 是有区别的,$\{a_n\}$ 表示整个数列,而 a_n 表示该数列的第 n 项.

(四)巩固练习

下面我们再一起来看几个练习.

[练习1]数列 $\{a_n\}$ 的通项公式为 $a_n=(-1)^n n$,请写出它的前 5 项.

生:前 5 项是 $-1,2,-3,4,-5$.

[练习2]根据数列的通项公式 $a_n=(-1)^{n+1}\cdot(n^2-3n)$,写出它的第 7 项和第 10 项.

生:第 7 项和第 10 项分别是 $a_7=28,a_{10}=-70$.

从这两个例题我们可以看到,当数列的通项公式知道以后,要求其中的任意一项,只要代入数字就可以了.所以我们想要了解一个数列,知道它的通项公式是最关键的.

[练习3]写出下列数列的一个通项公式,使它的前几项分别是下列各数.

(1)$1,3,5,7,\cdots$;(2)$-1,1,-1,1,\cdots$

生:(1)$a_n=2n-1$;(2)$a_n=(-1)^n$ 或 $a_n=\begin{cases}-1,n=2k-1,k\in\mathbf{N}^*\\1,n=2k,k\in\mathbf{N}^*\end{cases}$.

师:通过练习 3,我们知道数列的通项公式有时并不是唯一的.

(五)归纳小结

师:通过本节课的探索与思考,构建通项公式的概念.我们一起来完成表 2-1,完成函数与数列的比较.

表 2-1

项　目	函　数	数列(特殊的函数)
定义域	R 或 R 的子集	$\mathbf{N}^*$ 或它的有限子集 $\{1,2,\cdots,n\}$
解析式	$y=f(x)$	$a_n=f(n)$
图象	点的集合	一些散点的集合

【设计意图】通过对数列的序号与项之间的类比分析,得出数列与函数之间的关系,进而由函数的解析式引入数列的通项公式,从而化解难点.

五、注　析

本节课属于教学内容开放.本课是在学习映射、函数知识基础上研究数列,既为进一步理解数列,又为今后研究等差、等比数列打下基础,起着承前启后的重要作用.与教材一开始便给出几组数据进行观察比较得出数列的定义不同,本教学设计优化了这一环节的引入和探究部分,以棋盘上的麦子这一鲜活的实例入手,学生通过倾听这个故事来认识数列,对数列的项和每一项的数值都有初步认知.接着,采用三个生活中的实例:折断粉笔、折纸游戏、位置标记等说明每一组数列的规律,培养学生观察、思考的能力,让学生由感性认识上升到理性认识,培养学生由特殊到一般的归纳能力.

数列在整个中学数学教学内容中,处于一个知识汇合点的地位,很多知识都与数列有着密切联系,过去学过的数、式、方程、函数、简易逻辑等知识在这一章均得到了较为充分的应用,而学习数列又为后面学习数列与函数的极限等内容做了铺垫.应该说:新课标采取将代数、几何打通的混编体系的主要目的是强化数学知识的内在联系,数列在沟通各知识点方面发挥了重要作用.

　　最后,不少关系恒等变形、解方程(组)以及一些带有综合性的数学问题都与等差数列、等比数列有关,从而有助于培养学生综合运用知识解决问题的能力.因此,本节内容起到一个巩固旧知、熟练方法、拓展新知的承接作用.教学过程较多地采用提问(包括设问)方式,在教学材料呈现上以多媒体形式给出.例题的配备由浅入深,渗透了思维活动组织上由此及彼的类比推理概括的方法,贯彻"教师为引导、学生为主体、探究为主线、思维为主攻"的教学思想.

案例4　"杨辉三角"与二项式系数的性质

一、教材原文

人教 A 版(旧教材),高中数学选修 2-3,2009 年 4 月第 3 版,pp.35-36.

====="杨辉三角"中的一些秘密=====

　　前面借助杨辉三角讨论了二项展开式的一些性质.实际上,杨辉三角本身包含了许多有趣的性质.下面就来探索一下这些性质.

第 0 行　　　　　　　　　　　1
第 1 行　　　　　　　　　　1　1
第 2 行　　　　　　　　　1　2　1
第 3 行　　　　　　　1　3　3　1
第 4 行　　　_____
第 5 行　　　_____
第 6 行　・　_____
　⋮　　　　　　　　　⋮
第 $n-1$ 行　　1　C_{n-1}^1　C_{n-1}^2　⋯　C_{n-1}^{r-1}　C_{n-1}^r　⋯　C_{n-1}^{n-2}　1
第 n 行　　　_____
　⋮　　　　　　　　　⋮

1. 观察图形,你能发现每一行的数字规律吗? 将你的发现填写在空格上.

从上述图形可以看到,杨辉三角的第 n 行就是 $(a+b)^n$ 展开式的系数,即

$$(a+b)^n = C_n^0 a^n + C_n^1 a^{n-1}b + \cdots + C_n^r a^{n-r}b^r + \cdots + C_n^n b^n.$$

2. 观察杨辉三角图形,你能发现组成它的相邻两行的数有什么关系吗?

可以发现，这个三角形的两条腰都是由数字1组成的，其余的数都等于它肩上的两个数相加.

3. 如图1，从连线上的数字你能发现什么规律？自己再连一些数字试试.

根据你发现的规律，猜想下列数列的前若干项的和：

$$1+2+3+\cdots+C_{n-1}^1 = \underline{\hspace{2cm}},$$

$$1+3+6+\cdots+C_{n-1}^2 = \underline{\hspace{2cm}},$$

$$1+4+10+\cdots+C_{n-1}^3 = \underline{\hspace{2cm}},$$

$$\cdots\cdots$$

一般地，

$$C_r^r+C_{r+1}^r+C_{r+2}^r+\cdots+C_{n-1}^r = \underline{\hspace{2cm}} \quad (n>r).$$

实际上，上述等式可以用数学归纳法来证明.

4. 如图2的斜行中，杨辉三角图形中位于前几条斜行上的数字的和已经在斜行末标出，请你在"?"处标出其余各行的和，仔细观察这些和，你有什么发现？

除了这几个数的排列规律，你还能再找出其他一些数的排列规律吗？与同学交流一下！

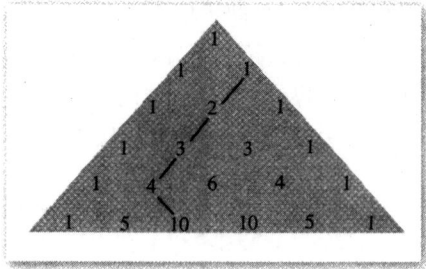

图1

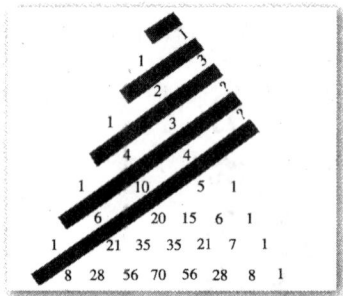

图2

二、教学目标

(1)知识与技能：了解杨辉三角形的构成方式、历史背景和数字特征；使学生通过"杨辉三角"观察并掌握二项式系数之间的规律；能运用函数观点分析处理二项式系数的性质，理解和掌握二项式系数的性质，并会简单应用.

(2)过程与方法：通过体验"发现规律、寻找联系、探究证明、性质运用"的学习过程，学生体会应用由特殊到一般进行归纳、由一般到特殊进行赋值等重要数学思想方法解决问题的"再创造"过程.

(3)情感态度价值观：通过学习探究活动，培养敏锐的观察力和知识的迁移能力，让学生感受我国古代数学成就及其数学美，激发民族自豪感，激发学生探索、研究我国古代数学的热情.

三、学情分析

"'杨辉三角'与二项式系数的性质"是人教 A 版高中数学选修 2-3 的内容，其主要思想是如何灵活运用二项展开式、通项公式、二项式系数的性质解题. 通过前面二项式定理的学习，学生已初步了解了二项式系数的简单性质，发现二项式系数组成的数列就是一个离散函数，从而引导学生从函数的角度研究二项式系数的性质，这样便于建立知识的前后联系. 高二的学生对常见的数学思想方法,如数形结合、转化与化归、分类讨论、函数思想等有所接触,这为本节课的学习奠定了基础.本节课的教学内容属于事实性知识,其特点是易懂却难以上升到理性的解释.

四、教学过程

(一)情境引入

师:生活处处有奥秘,生活处处有数学.李师傅是一位出租车司机,每天在整齐规划的城市里穿梭,城市的街区排列成整齐的矩形.这天,李师傅要从 A 地出发,到达位于它以东 4 个街区、以南 4 个街区的十字路口 B 地.那么李师傅从 A 地到 B 地一共有多少种最短路线呢?带着这个问题,我们一起来开启今天的数学探索之旅.

(二)讲授新课

生:(观看城市道路地图开始分组讨论路线数)可以用标注法来画出每条路线图?

师:如何来用标注法?

生:不妨将城市看成网格,中间的格子是整齐划分的街区,网格的线是道路,而网格的交叉点则是十字路口.假设出租车从 A 地出发,到达与它相邻的两个路口都仅有一种走法;更显然地,到达与它同一行或同一列的每个路口都只有一种走法,因此我们在图中同行或同列的交叉点处标了 1.

师:在第一个点的同一行或同一列标上 1.接下来里面的格点如何标记?

生:因为终点 B 地在东南方向,所以每当你要到达网格上的点时,需要先向右再向南走,或是先向南再向东走,这样到达距离 A 地最近的这个十字路口,就有两种路线.于是我们就在这个交叉点标上 2,表示到达这一十字路口有两种路线.

师:那更远的点呢?

生:接下来我们再来看更远的这两个十字路口,到达其中某一个可以从它的北侧或者西侧驶入,假设到达蓝色点表示的十字路口,那么它有三种路线.这是因为,在上一个十字路口我们已经画出来两种路线,再加上从西侧驶入的一条路线,于是就有 3 条.

师:按照这样的标注法,细心的你发现每一层数字间的规律了吗?

生:从 A 地到任何一个交叉点的最短路线数,实际上就是到达它北侧那个交叉点或者西侧那个交叉点的路线数的总和.于是下一层的交叉口的路线数我们也能轻易地画出来.由于我们已经写出到达上一层蓝色点有 3 种路线,那么到达这个橘色十字路口就是从它西侧驶入的 3 种路线和北侧驶入的 1 种,共 4 种.

师:是的,根据这样的规律,我们可以写出到达这一层路口的路线,依次是 1,4,6,4,1;更外一层就是 5,10,10,5,接着下一层就是 15,20,15;再往外一层就是 35,35.那么李师傅从 A 地到达 B 地有几种路线?

生:最后一个点是 $35+35=70$,一共是 70 种(图 2-10).

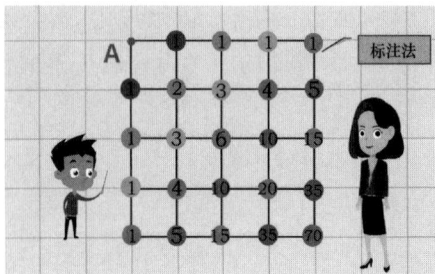

图 2-10

(三)例题讲解

师:那如果目的地距离很远,难道我们也需要这样标到成千上万为止吗? 更有甚者,我们想知道目的地在当前位置以东 m 个街区、以南 n 个街区的最短路线走法,还能用"标注法"解决吗? 观察网格的交叉点,我们是怎样得到数值的呢?

生:中间的每个交叉点的数值等于该点上一层两个点的数值之和!

师:我们不妨将这个 4×4 的网格数字旋转一下,当它顺时针旋转 $45°$ 时,数字组合成的形状变成了一个三角形.这个三角形的每一层数与我国古代哪个很有名的图形数一样?

生:杨辉三角.

师:同学们了解过哪些关于杨辉三角的事例?

生:"杨辉三角"最早可追溯至北宋数学家贾宪绘制的"古法七乘方图",这个图被南宋数学家杨辉收录于他的著作《详解九章算法》中.因此,后人一般将这个奇特的三角形称为"杨辉三角"(图 2-11).

图 2-11

师:杨辉,是我国南宋的数学家,他在总结民间乘除捷算法、"垛积术"、纵横图以及数学教育方面,均做出了重大的贡献.他是世界上第一个排出丰富的纵横图和讨论其构成规律的数学家.直到 1623 年后,法国数学家帕斯卡才发现这个三角形蕴含的规律,因此在欧洲,它也称作"帕斯卡三角".同学们再来观察一下杨辉三角,最外层依次向内有没有什么规律?

生:比如,杨辉三角从外往内第二层是自然数,第三层是三角形数,第四层则是四面体数.三角形数可以将小球以等边三角形的形式构成平面图形,而四面体数则是每一层摞起来形成三维立体图形.

师：是的，我们接着来观察这个三角形，它的左右最外层都是“1”，而中间数字是上一层左右两个数字之和，这不正是杨辉三角吗！其实在我们生活中经常见到的“出租车问题”就是古时候的“杨辉三角纵横路线图问题”。

师：我们不妨把杨辉三角拉宽，对比出租车问题的网格，可以发现：杨辉三角每个位置都恰好对应着网格中的每一点．李师傅到达的 B 点位置，恰好位于杨辉三角第 9 行 70 的位置，因此到达 B 点共有 70 条路线．

(四)课堂练习

师：我们再选取一个更远的位置，比如，李师傅要达到它以东 5 个街区、以南 4 个街区的 C 点，此时共有几种走法？

生：126 种．

师：如何得到的？

生：对照杨辉三角可知，到达 C 点有 126 种走法．

师：这样一来，对于网格中任意一个目的地，我们都可以通过杨辉三角快速地找出其路线数．这其实并不偶然，因为杨辉三角就是二项式系数的一种几何排列．我们在左侧区域写出二项式 $(x+y)$ 之和的 n 次方，并将其展开，展开式中的二项式系数就是组合数，这恰好揭示了李师傅行车时的路径数(图 2-12)．

$$(x+y)^n=C_n^0x^0y^n+C_n^1x^1y^{n-1}+\cdots+C_n^{n-1}x^{n-1}y^1+C_n^nx^ny^0$$

第1行：$(x+y)^0=1$　　1

第2行：$(x+y)^1=1x+1y$　　1　1

第3行：$(x+y)^2=1x^2+2xy+1y^2$　　1　2　1

第4行：$(x+y)^3=1x^3+3xy^2+3x^2y+1y^3$　　1　3　3　1

1　4　6　4　1

1　5　10　10　5　1

图 2-12

(五)归纳小结

师：杨辉三角是我国古代数学的一块瑰宝，这个古老阵列在今天依然充满青春的活力与应用价值，同学们可以在课后继续探究这个阵列，也许下一个发现新奥秘的人就是你．

五、注　析

本节课选取人教 A 版教材的选修 2-3 课本 1.1.3 节《二项式定理》的“探究与发现杨辉三角中的一些奥秘”．教学对象是已学完二项式定理的高二学生．他们刚学完杨辉三角与二项式系数的性质，本节为开放式探究课，利用数形结合探究杨辉三角的纵横路线图，使学生体会“数”的规律、“形”的美感，进而契合新课标中的数学核心素养：逻辑推理、数学抽象等．

本节课的探究思路是：提出问题—观察思考—大胆猜测—小心求证—引出阵列—解决问题．在教学过程中按照以下流程：

(1)创设情境，提出问题．开篇创设生活情境，以出租车司机李师傅寻找目的地的最优路径入手，提出本节课探究的问题：“李师傅从 A 地到 B 地，有多少种最短路线走法”，引导学生带着这一问题开启数学探索之旅．

（2）探究问题,得出纵横.本节课的定位是探究性课程,探究的问题是出租车路线数问题,从而引出杨辉三角的纵横路线图,同时启发学生用已学过的二项式定理与杨辉三角结合起来,多种方法共同解决该问题.以问题为驱动,以方法为导向,师生进行一系列互动探究,层层深入挖掘杨辉三角纵横路线图的本质.

（3）介绍阵列,利用规律.

①杨辉三角的数学史:杨辉三角是我国古代数学的卓越成就,它在西方也称为"帕斯卡三角".以中西方的数学史渗透本节课,学生既了解到数学史的渊源,又体会到数学的独特美感.

②杨辉三角的生成规律:以出租车网格探究得到的规律,再次强化杨辉三角生成的一般规律.

③利用杨辉三角与二项式定理的联系再次解决出租车问题:在此过程中,引导学生全方位、多角度观察杨辉三角.将杨辉三角拉宽与网格重合,杨辉三角每个位置都恰好对应着网格中的每一点,选取两个网格中的点观察验证.这其实并非偶然,介绍说明杨辉三角是二项式系数的一种几何排列,并结合已学过的二项式定理,引导学生用组合数的观点解决出租车问题.此为利用杨辉三角（二项式系数）解决出租车问题的第二种方法.

（4）拓展延伸,启发思考.千百年来,杨辉三角无论是"数"的规律,还是"形"的美感,都引发着后人不断探索.在拓展部分,教师数形结合,从部分到整体,先讲解杨辉三角每一斜行的规律;再整体分析,迭代出一个美丽的分形三角——谢尔宾斯基三角.

本节课有以下创新开放亮点:

（1）"以出租车问题"这一生活化情境引入探究,巧妙过渡.

当代的"出租车问题"是我们生活中常见的问题,同时它在城市规划、道路建设中仍具有重要意义（"出租车问题"也叫"曼哈顿距离",在现实中真实存在,是以美国纽约曼哈顿为模型研究）."出租车问题"的本质就是杨辉三角的纵横路线图,以当代的"出租车问题"引入,追本溯源,引出"杨辉三角的纵横路线图",突出杨辉三角这个古老阵列在今天依旧焕发青春的活力与价值.

（2）数学文化贯穿本节课,充分利用数学史.

高中数学课标指出"数学文化""数学探究""数学建模"等学习活动,为学生形成积极主动的、多样的学习方式进一步创造有利的条件.本节课以数学文化"杨辉三角"为背景设置了一节古今结合的开放型探究课,整个过程既让学生领会数形结合的数学之美,又激发了学生的思维画面灵感度,体会到了学习数学文化的乐趣.

（3）教学过程动态直观,体现交互性.

本节课主要围绕"出租车最短路线数"这一问题探究,教学对象是已学完"'杨辉三角'与二项式系数的性质"的高二学生.我们的设计从简单到复杂,从一般到特殊,先用"标注法"解答问题,进而引出杨辉三角,其后用"杨辉三角与二项式系数"的联系,以组合数的观点解答问题.教学形式上,第一种"标注法"属于作图解答,第二种"杨辉三角与二项式系数"的联系是探索后得到的思路.本节课采用师生情境互动,如在探究到达网格每一点的路线数时,是由教师先示例几个点,用箭头表示出来,启发学生思考探究得到规律.同时,这个规律也是杨辉三角的生成规律.

第二节　条件、结论内容开放实践
教学设计实践范例

案例1　一元一次方程的应用——行程问题

一、教材原文

人教版,数学七年级(上册),2012年6月第1版,pp.94-95.

例2　一艘船从甲码头到乙码头顺流而行,用了2 h;从乙码头返回甲码头逆流而行,用了2.5 h. 已知水流的速度是3 km/h,求船在静水中的平均速度.

分析：一般情况下可以认为这艘船往返的路程相等,由此填空：

顺流速度＿＿＿顺流时间＿＿＿逆流速度＿＿＿逆流时间.

解：设船在静水中的平均速度为 x km/h,则顺流速度为 $(x+3)$ km/h,逆流速度为 $(x-3)$ km/h.

根据往返路程相等,列得

$$2(x+3)=2.5(x-3).$$

去括号,得

$$2x+6=2.5x-7.5.$$

移项及合并同类项,得

$$0.5x=13.5.$$

系数化为1,得

$$x=27.$$

答：船在静水中的平均速度为27 km/h.

二、教学目标

(1)知识与技能：掌握行程问题中有关量的基本关系,能充分分析题意,寻求等量关系,较为熟练地列出一元一次方程解应用题.

(2)过程与方法：利用列表和画线段图的方法析题,对行程问题的相关量进行分析,寻找合适的等量关系.经历将实际问题转化为数学问题的过程,进一步体会方程是刻画现实世界的一个有效数学模型,增强数学建模的意识.

(3)情感态度价值观:在活动过程中,促进学生自主思考能力,培养学生多角度思考、多种方法分析问题的能力,体会数学的应用价值,增强用数学的意识.

三、学情分析

学生在小学阶段学习中,已经学习了相关行程问题的内容,基本掌握了速度、时间、路程这三个行程问题的量之间的联系.学生之前处理行程问题大都采用算术方法,极少接触过行程问题中的一元一次方程的问题,思维局限性较大,并未理解设元本质.学生对于简单的行程问题尚且可以应付解决等量关系,但对于复杂问题往往无法下手.

四、教学过程

(一)复习引入

教师提问:在初一年级学习涉及方程的行程问题时,我们主要关注行程问题中的几个量? 分别是什么? 这几个量之间有什么关系?

学生通过对行程问题中三个量(路程、速度、时间)的回顾,能得到表示三个量关系的公式及公式变形:$s=vt,v=\dfrac{s}{t},t=\dfrac{s}{v}$,并且在教师点拨下,能够明白这三个量是知二求一的关系.

【设计意图】复习回顾的主要目的是为接下来的行程问题的探究及等量关系的寻找做铺垫.从三个公式中提炼出知二求一,是为了减轻学生记忆负担.

(二)讲授新课

[例题]A,B 两地相距 64 千米,甲从 A 地出发,速度为 14 千米/小时,乙从 B 地出发,速度为 18 千米/小时,若两人同时出发相向而行,则相遇时甲乙两人行驶的路程各是多少?

提问1:数据很多,如何快速梳理题目中的数据? 可以采用什么方法?

学生预设:画线段图分析、罗列关键词、表格法.

提问2:如何假设未知数,寻找本题中的等量关系? 有几种方法解决?

思考:(1)你是如何假设未知数的,为什么这么假设?

(2)对于问题的研究都是依据什么等量关系列出的方程?

(3)你能否寻找到其他等量关系呢?

预设:学生一般按照求什么、设什么的思路,直接假设路程(此时教师引导,假设时间,从路程关系入手去寻求等量关系).

预设:学生从路程入手,假设路程,寻求时间的关系.

法一:直接假设.

解:设甲行驶的路程为 x,则乙行驶的路程为$(64-x)$.

	路程	速度	时间
甲	x	14	$\dfrac{x}{14}$
乙	$64-x$	18	$\dfrac{64-x}{18}$

根据时间相等,可列出方程:

$$\frac{x}{14}=\frac{64-x}{18},$$

解得 $x=28$.

答:相遇时甲行驶 28 千米,乙行驶 36 千米.

法二:间接假设.

解:设 x 小时后相遇,此时甲乙所用的时间相同,均为 x.

	路程	速度	时间
甲	$14x$	14	x
乙	$18x$	18	x

根据 $S_甲+S_乙=64$,可以列出方程:$14x+18x=64$.

解得 $x=2$,也可得上述答案.

【设计意图】对比两种方法,体会直接假设和间接假设的区别,能够归纳出寻找等量关系与假设未知数之间的关系:如假设的是时间,则去寻找路程的关系;如假设的是路程,则去寻找时间的关系.

(三)例题讲解

[变式1]A,B 两地相距 64 千米,甲从 A 地出发,速度为 14 千米/小时,乙从 B 地出发,速度为 18 千米/小时,若两人同时出发相向而行,则需几小时两人相距 16 千米?

追问1:本题与例题在题目上有什么不一样的地方? 变在哪里?

追问2:运动速度变了吗? 方向变了吗? 属于相遇问题吗?

追问3:你能否按照原来列表格的方式和画线段图分析的方法将相对应的量分析出来,并列出方程呢?

预设:学生可能只考虑一种情况:相遇前的相距 16 km,而忽略了第二种情况,相遇后的相距 16 km.

(教师引导画线段图分析两种情况.)

第一种情况:

解:设需要 x 小时使得相遇前两人相距 16 km.

	路程	速度	时间
甲	$14x$	14	x
乙	$18x$	18	x

根据路程关系,可列方程:

$14x+18x+16=64$.

第二种情况:

解:设需要 x 小时使得相遇后两人相距 16 km.

	路程	速度	时间
甲	$14x$	14	x
乙	$18x$	18	x

根据路程关系,可列方程:

$14x+18x-16=64$.

【设计意图】变式 1 根据例题进行改编,将原题中的结论进行变式,化相遇问题为相距问题,条件不变,难度稍微大一些,需要进行分类,涉及相遇问题,理解分析问题的本质,掌握分析问题的方法,渗透建模寻找等量关系的思想.

[变式 2]A,B 两地相距 64 千米,甲从 A 地出发,速度为 14 千米/小时,乙从 B 地出发,速度为 18 千米/小时,若甲在前,乙在后,两人同时同向而行,则几小时后乙追上甲?

追问 1:本题与例题在题目上有什么不一样的地方? 变在哪里?

追问 2:运动速度变了吗? 方向变了吗? 还是属于相遇问题?

【设计意图】变式 2 是保持速度不变,但是运动方向改变,变成了同向追及问题,引导学生体会在行程问题中,方向是个很重要的因素,决定了路程之间的数量关系.

[变式 3]甲从 A 地出发,速度为 14 千米/小时,乙也从 A 地出发,速度为 18 千米/小时,若甲比乙提前 1 个小时出发,当乙追上甲的时候同时到达 B 地,求 A,B 两地的距离.

追问 1:本题与例题在题目上有什么不一样的地方? 变在哪里?

追问 2:运动速度变了吗? 方向变了吗? 属于相遇问题吗?

【设计意图】变式 3 是将条件和结论都进行了变化,知道时间的关系,要求路程,学生在理解了前两者后,对于变式 3 的解决入手方向更多.

问题总结:

教师提问:在这道例题过程中,我们学习到了什么样的方法来分析问题? 在分析应用题过程中,最重要的事是什么?

学生自主讨论,教师引导.

这节课对于应用题的探究进行分析,突出强调要总结出列表方式,分析清楚题意,得到相关问题的等量关系.

(四)课堂练习

题干:已知甲乙两辆汽车,同时在一条相距 80 km 的公路 AB 上行驶,已知甲车的速度比乙车的速度快 20 km/h.

思考:可以添加什么适当的条件? 提出什么样的问题? 并且用方程解决(小组活动).

教师引导:可以从课堂例题的变式中得到启发,需要添加的条件和结论可以是时间关系、路程关系、运动方向等.

【设计意图】通过开放性的问题,让学生自主添加条件和结论,进一步明确在行程问题中的几个要素:运动方向、运动路程对于整个运动状态的影响,培养学生的编题能力.

(五)归纳小结

本节课的收获是在行程问题中,一定要牢牢抓住路程、时间和速度三个量之间的关系.当题意确定一个量为定量时,我们可以分别从另外两个变量中寻找等量关系,平时应养成表格分析题意的良好习惯,根据表格呈现的数据和等量关系,可以方便地列出方程解题.同时需要关注运动方向、运动路程对于整个运动状态的影响,保证正确求解.

五、注　析

教材没有设计专门的行程问题课时,仅安排一道例题放在一元一次方程的解法中渗透,这显然是不够的,尤其是学生在初学用方程解决问题中,经常会出现设元困难的问题.本节课通过一个比较简单的例题背景,引出直接设元和间接设元两种方法的比较,同时渗透表格分析法的优势,解决了比较常见的相遇问题的分析方法.接着,设计了三个变式,这三道变式来源于母题例题1,速度的数据不变,但是有意识地进行了条件和所要求的结论的变化,通过对两者的运动方向的变化,对所求的问题变式,让学生体会到,条件的改变对于方程的假设,问题的解决影响不同,在三个变式环节中,也渗透追及问题,这样基本上就把七年级学生对于行程问题的两大类解决清楚了.这样设计变式的好处在于,一方面增强学生审题能力,观察到题目哪里发生了变化,这样的变化会对整道题目产生什么样的影响;另一方面也让学生对于行程问题中的几个重要因素有更深刻的认识——运动的速度,运动的方向,运动的时刻.在经历了三个变式后,学生体会到了一些改变题目条件和结论的技巧,因此在课堂练习中,打破以往的给题练习模式,只给了一个题干,其余的条件和所要求的结论由学生进行自主添加,编制成一道完整的题目.这种教学模式,很好地锻炼了学生对于问题的条件完整性的认识,同时提升了学习兴趣,充分发挥学生的主动性,增强自我挑战的意识,提升自我成就感.通过本节课的教学,不仅达到教材的教学目的,同时还提升了学生发现和提出问题、分析和解决问题的能力,培养了创新意识和创新能力.

案例 2　一道几何题的多种解法

一、教材原文

人教版,数学八年级(上册),2013 年 6 月第 1 版,p.14.

思考

我们知道,如果一个三角形是直角三角形,那么这个三角形有两个角互余.反过来,有两个角互余的三角形是直角三角形吗?请你说说理由.

由三角形内角和定理可得:

有两个角互余的三角形是直角三角形.

练习

1. 如图，∠ACB＝90°，CD⊥AB，垂足为D．∠ACD与∠B有什么关系？为什么？

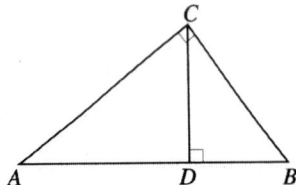

（第1题）

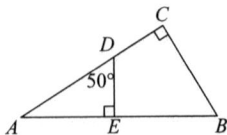

（第2题）

2. 如图，∠C＝90°，∠1＝∠2，△ADE是直角三角形吗？为什么？

二、教学目标

（1）知识与技能：学生能体会证明的必要性与优越性，能清楚地感受到三角形内角和定理的应用思路与方法．

（2）过程与方法：能感受数学思维的合理性与必然性，有优化自身思维方法与学习方法的意识．

（3）情感态度价值观：能享受探究与发现的乐趣，有愉悦的心理体验．

三、学情分析

学生在小学就已经学过三角形及其相关概念（如高与底），知道三角形具有稳定性，并对三角形的一些性质（如内角和为180°，两边之和大于第三边）、三角形分类等有初步的了解；在学习本课之前又较系统地学习了三角形的边、高、中线、角平分线等相关知识．学生有测量、拼图等几何学习经验，但对几何论证、对实验几何如何向论证几何过渡与发展十分陌生．他们由于逻辑思维水平仍处于比较低的水平，因此对借助辅助线证明几何题比较弱．另外，他们普遍存在重结论、轻过程，重知其然、轻知其所以然等问题，这对数学学习、对他们的长远发展极为不利，同时，也对本节开放式教学带来一定困扰．

四、教学过程

（一）讲授新课

请同学们应用三角形这章的知识，解决以下问题．

已知：如图2-13所示，在Rt△ABC中，∠ACB＝90°，D为AC上一点，DE⊥AB于点E，∠ADE＝50°，求∠B的度数．

师：这个问题哪位同学能给大家讲一讲？（由于问题相对简单，这时几乎全班同学都举起了手．）

图2-13

解法一：A 同学的解法：我是应用三角形的内角和定理解决问题的. 在 Rt△ADE 中，因为 ∠ADE＝50°，由三角形内角和为 180°，所以 ∠A＝180°－90°－50°＝40°，在 Rt△ABC 中，由三角形内角和为 180°，所以 ∠B＝180°－90°－40°＝50°.

师：非常好，哪位同学有不同解法？

解法二：B 同学的解法：我是应用四边形的内角和来解决问题的. 因为 ∠ADE＝50°，∠CDE＝130°，由四边形内角和为 360°，∠ACB＝90°，∠DEB＝90°，∠B＝360°－90°－90°－130°＝50°.

师：不错，哪位同学还有不同解法？

解法三：C 同学的解法：我作了辅助线，应用三角形的外角性质来做这道题. 如图 2-14 所示，延长 AB，由于 ∠A＝40°已求，∠1 是△ABC 的外角，∠1＝∠A＋∠C＝90°＋40°＝130°（三角形的一个外角等于和它不相邻的两个内角的和），从而 ∠CBA＝50°.

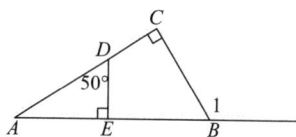

图 2-14

（同学们受他的启发，又分别作了与 ∠A，∠C 相邻的外角，都得出了答案.）

师：在这三种作法中，作哪个外角最简单？

生：作顶点 C 处的外角最简单.

师：这道题还有什么解法？（同学们尝试添加各种辅助线.）

解法四：D 同学的解法：我也作了辅助线，如图 2-15 所示，过点 C 作 CF⊥AB 于点 F. 因为 DE⊥AB，则 DE∥CF，∠ACF＝50°，∠BCF＝40°，则 ∠B＝90°－40°＝50°.

师：这个同学其实是作了 DE 的平行线，在三角形内还可以作怎样的辅助线？

解法五：E 同学的解法：我作了 AB 的平行线. 如图 2-16 所示，过点 D 做 DF∥AB，交 BC 于 F. 所以，∠FDE＝∠DEA＝90°，从而 ∠CDF＝180°－50°－90°＝40°，所以 ∠B＝∠CFD＝90°－40°＝50°.

解法六：如图 2-17 所示，类似地 F 同学作了过点 E 的 AC 的平行线. 解题略.

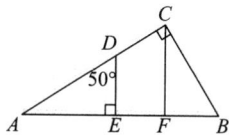
图 2-15

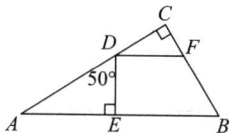
图 2-16

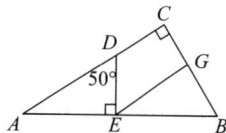
图 2-17

解法七：如图 2-18 所示，G 同学作了 ED，BC 的延长线，得 ∠H＝∠A＝40°，所以在△HEB 中，∠B＝90°－40°＝50°.

解法八：H 同学还想出了这样的辅助线，如图 2-19 所示，过点 A 作 AB 的垂线，过点 C 作 AB 的平行线，交于点 I，则 ∠IAB＝∠I＝90°，∠ICA＝∠CAB＝90°－50°＝40°. 则 ∠ICB＝130°，在四边形 ICBA 中，利用四边形内角和为 360°，∠B＝360°－90°－90°－130°＝50°.

M 同学：不用四边形内角和，直接用平行线特征"两直线平行，同旁内角互补"即可.

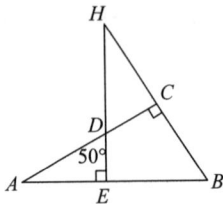

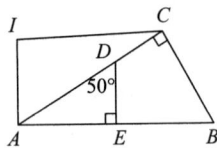

图 2-18　　　　　　　　图 2-19

接下来,同学们探讨了很多种辅助线作法,连结 CE 分割四边形 $CDEB$;过 B 点作 AC 的平行线,使用了证明三角形内角和为 $180°$ 的常用方法,等等.

师:同学们的作法都非常好,你们的基础知识都掌握得很扎实.其实,这道题从所得的结果看 $\angle B$ 与 $\angle ADE$ 大小关系是怎样的?

N 同学:$\angle B$ 与 $\angle A$ 互余,$\angle ADE$ 与 $\angle A$ 互余,根据"同角的余角相等",可得 $\angle B = \angle ADE = 50°$.

学生一看恍然大悟,原来最简单的做法是这样的.

(二)归纳小结

这道小题的求解,我们不仅得到了多种解题方法,同时也复习了三角形内角和定理、外角性质定理、多边形内角和,构造了多种辅助线,延长射线、作三条边的平行线等.一个问题可能有多种解法,我们要学会从多角度来思考问题、分析问题、解决问题,做到融会贯通.

课后作业:把题目的条件"D 为 AC 上一点"改为"D 与 C 重合",再重新探讨,会有什么结论?

五、注　析

本题是八年级平面几何"三角形的内角"的一道课外习题.本题可以采取解题的多样性,即解题的策略开放,综合运用平面几何点、线、形的初步知识,使不同的学生都能在已有的认知结构基础上有所发展.

这类题给了学生最大的思维空间,使学生从不同的角度分析问题,探究数量间的相互关系,并能从不同的解法中找出最简捷的方法,提高学生初步的逻辑思维能力,从而培养学生思维的广阔性和灵活性.

开放题是非常规的数学问题,要求学生善于选择题目所提供的信息,及时调整思维角度改变原来的思维过程,不固执己见,不拘泥于陈旧的方法,并善于由题目的已知条件提出新的设想和解决问题的方案,有利于培养思维的灵活性.

案例3　一元二次方程应用中"利润问题"

一、教材原文

人教版,数学九年级(上册),2014 年 3 月第 1 版,pp.19-20.

探究2

　　两年前生产1 t甲种药品的成本是5 000元，生产1 t乙种药品的成本是6 000元．随着生产技术的进步，现在生产1 t甲种药品的成本是3 000元，生产1 t乙种药品的成本是3 600元．哪种药品成本的年平均下降率较大？

　　分析：容易求出，甲种药品成本的年平均下降额为（5 000－3 000）÷2＝1 000（元），乙种药品成本的年平均下降额为（6 000－3 600）÷2＝1 200（元）．显然，乙种药品成本的年平均下降额较大．但是，年平均下降额（元）不等同于年平均下降率（百分数）．

　　设甲种药品成本的年平均下降率为 x，则一年后甲种药品成本为 $5\,000(1-x)$ 元，两年后甲种药品成本为 $5\,000(1-x)^2$ 元，于是有

$$5\,000(1-x)^2=3\,000.$$

　　解方程，得

$$x_1\approx0.225,\quad x_2\approx1.775.$$

　　根据问题的实际意义，甲种药品成本的年平均下降率约为22.5%．

　　乙种药品成本的年平均下降率是多少？请比较两种药品成本的年平均下降率．

> 为什么选择22.5%作为答案？

思考

　　经过计算，你能得出什么结论？成本下降额大的药品，它的成本下降率一定也大吗？应怎样全面地比较几个对象的变化状况？

二、教学目标

　　(1)知识与技能：以一元二次方程解决的实际问题为载体，使学生初步掌握数学建模的基本方法．

　　(2)过程与方法：通过对一元二次方程应用问题的学习和研究，让学生体验数学建模的过程，从而学会发现、提出日常生活、生产或其他学科中可以利用一元二次方程来解决的实际问题，并正确地用语言表述问题及其解决过程．

　　(3)情感态度价值观：通过自主探索、合作交流，使学生经历动手实践、展示讲解、探究讨论等活动，发展学生数学思维，培养学生合作学习意识，动手、动脑习惯，激发学生学习热情．

三、学情分析

大量事实表明,学生解应用题最大的难点是不会将实际问题提炼为数学问题.对于初中学生来说他们比较缺乏社会生活经历,收集信息、处理信息的能力较弱,而本节课涉及的数量关系较多,学生在思考时可能会有一定难度,这就构成了本节课的难点.教学时,在审清题意的前提下,应注重解题思路的分析.

四、教学过程

(一)复习引入

[提问1]以前我们学习了列什么样的方程解应用题?

(1)列一元二次方程解应用题.

(2)列二元一次方程组解应用题.

(3)列分式方程解应用题.

[提问2]列方程解应用题的基本步骤怎样?

(1)审(审题).

(2)找(找出题中的量,分清有哪些已知量、未知量,哪些是要求的未知量和所涉及的基本数量关系).

(3)设(设元,包括设直接未知数和间接未知数).

(4)表(用含所设未知数的代数式表示其他的相关量).

(5)列(列方程).

(6)解(解方程).

(7)检验(注意根的准确性及是否符合实际意义).

(二)讲授新课

[例题]新华商场销售某种冰箱,每台进货价为 2500 元,调查发现,当销售价为 2900 元时,平均每天能售出 8 台,而当售价每降低 50 元时,平均每天就能多售出 4 台,商场要想使这种冰箱的利润平均每天达到 5000 元,那么每台冰箱的定价应为多少元?

请同学们寻找等量关系.

生1:等量关系有以下四个:

(1)利润＝每台利润×台数.

(2)每台利润＝定价－进价.

(3)台数＝原来售出的台数＋增加台数.

(4)增加台数＝(2900－定价)÷50×4.

师:怎么列方程呢?

生2:设每台冰箱的定价为 x 元,则有:

$(x-2500)[8+(2900-x)\div50\times4]=5000$.

这里 $(x-2500)$ 表示每台的利润,$(2900-x)\div50\times4$ 表示新增加的销量,$[8+(2900-x)\div50\times4]$ 表示总销量,每台的利润乘以总销量就等于总利润.

师:那怎么解这个方程呢?

让学生尝试解方程.一段时间内,没有人给出答案.

生 3:设每台冰箱降价 x 元,则有:

$(2900-x-2500)(8+x÷50×4)=5000.$

学生惊叹:这个方程比刚才的方程好解!

整理得,$(400-x)(100+x)=62500$,

$x^2-300x+22500=0.$

解之得,$x_1=x_2=150$,$2900-150=2750$,所以每台冰箱的定价应为 2750 元.

又有一人举手.

生 4:设每台冰箱降了 $50a$ 元,则$(2900-50a-2500)(8+4a)=5000$,解之得,$a_1=a_2=3.2900-3×50=2750$ 元.

学生议论:这个方程更好解!

教师提问:为什么未知数设每台冰箱降了 $50a$ 元?

生 4:老师,前面的方程之所以难解,就是因为出现了分母 50,我设降价为 $50a$ 元,正好跟分母中的 50 约分,自然化为整系数方程,降低了解方程的难度.

教师提问:如果条件改为"售价每降低 100 元时,平均每天就能多售出 8 台",怎么设未知数?

生 4:我设降价为 $100a$ 元!

由此可见,学生基本掌握这类题型设未知数的技巧.

(三)例题讲解

教师提问:在商品交易过程中商家最关心的是什么?

生:"赚钱""利润""最大利润".

[变式]新华商场销售某种冰箱,每台进货价为 2500 元,调查发现,当销售价为 2900 元时,平均每天能售出 8 台,而当售价每降低 50 元时,平均每天就能多售出 4 台,你能运用已有的知识和经验找出商场销售这种冰箱平均每天的最高利润吗?

生 5:设利润为 y 元,定价为 x 元,如果列出 y 与 x 之间的函数关系,利用一次函数的性质也许能找出最大利润.

师:利润和定价是两个变量,想着用函数来表示它们的关系是可以的,但它们之间不是一次函数的关系,你再思考一下.

生 6:老师,最大利润是 5000 元.

让学生把过程在黑板上写出来:

售价/元	2900	2850	2800	2750	2700	2650	2600
台数	8	12	16	20	24	28	32
每台利润	400	350	300	250	200	150	100
总利润	3200	4200	4800	5000	4800	4200	3200

生 6:根据列表计算的结果,随着降价幅度的增大,总利润先增加,再减少,表格中每一个总利润数值,换掉例题中的 5000 元利润,就是一道新的应用题.例题给出的就是最大利润,商家最关心的当然是最大利润!

师：这位同学思路很清晰，那能不能列出 y 与 x 的函数关系式？

生7：设利润为 y 元，售价降了 $50x$ 元．

$$y = (2900 - 50x - 2500)(8 + 4x)$$
$$= (400 - 50x)(8 + 4x)$$
$$= -200(x^2 - 6x - 16)$$
$$= -200(x^2 - 6x + 9 - 25)$$
$$= -200(x - 3)^2 + 5000.$$

$\because (x - 3)^2 \geqslant 0, \therefore -200(x - 3)^2 \leqslant 0.$

要想使 y 最大，即 $-200(x - 3)^2 + 5000$ 最大，$-200(x - 3)^2 = 0$ 即可，此时 $x = 3$，

$\therefore$ 降价 150 元时，即定价 2750 元时，利润最大为 5000 元．

师：很好，大家能从函数的观点出发，运用学过的知识解决了这个未知的问题．

（四）课堂练习

某商店经销一种销售成本每千克 40 元的水产品，据市场分析，若每千克 50 元销售，一个月能售出 500 kg，销售单价每涨 1 元，月销售量就减少 10 kg，针对这种水产品情况，请解答以下问题：

（1）当销售单价定为每千克 55 元时，求月销售利润．

（2）设销售单价为每千克 x 元，月销售利润为 y 元，求 y 与 x 的函数关系．

（3）商店想在月销售成本不超过 10000 元的情况下，使得月销售利润达到 8000 元，销售单价应定为多少？

解：（1）销售量：$500 - 5 \times 10 = 450$(kg)；销售利润是 $(55 - 40) \times 450 = 6750$(元)．

（2）$y = (x - 40)[500 - 10(x - 50)]$，化简为：$y = -10x^2 + 1400x - 40000$．

（3）定价为 x 元，则 $-10x^2 + 1400x - 40000 = 8000$，

解得 $x_1 = 60, x_2 = 80$．

当 $x_1 = 60$ 时，进货 $500 - 10(60 - 50) = 400 > 250$(舍)，当 $x_1 = 80$ 时，进货 $500 - 10(80 - 50) = 200 < 250$，满足题意．

（五）归纳小结

本节课应该掌握什么？

（1）对于这种"每⋯⋯每⋯⋯"型的利润问题，要抓住：五个量，两个等量关系和一个关键句子．

（2）要善于将实际问题转化为数学问题，要深刻理解题意中的已知条件，严格审题，注意解方程中的巧算和方程两根的取舍问题．

五、注　析

从不同角度，用不同策略解决实际问题．这种开放教学策略，给予了学生无限发展的可能，给孩子们搭建更为广阔的发展平台．

（1）让学生充分经历问题解决的过程．

第一个问题，通过列一元二次方程来解决，学生花费了近 20 分钟时间才寻找到最简单的方法，这是不是在浪费时间？相信定会有部分老师直接告知第三种方法，然后总结出一般

规律,类似问题让学生直接套规律.这样做确实节省时间,但笔者认为不能剥夺学生经历解决问题过程的权利.

（2）给学有余力的学生"开一扇天窗".

在本节课解决问题的过程中,学生分别构建了方程模型和函数模型,更是想出六种解决问题的方式.

方式一:用语言描述定价、销售台数、利润.

方式二:用代数式表示定价、销售台数、利润.

方式三:列表格给出定价、销售台数与相对应的利润.

方式四:列方程求解每台冰箱的定价为多少元时,销售利润达到 5000 元.

方式五:列出函数关系式,用配方法求出最大利润.

方式六:以定价为横坐标、利润为纵坐标在坐标系内描点,直观给出定价与利润的变化情况.

在本节课中,教师引导学生进行积极思考,不断尝试寻找问题解决的途径和方法,培养学生多角度、多策略解决问题的能力.

案例 4　实际问题与二次函数——面积最值专题

一、教材原文

人教版,数学九年级（上册）,2014 年 3 月第 1 版,pp.49-50.

探究1

用总长为 60 m 的篱笆围成矩形场地,矩形面积 S 随矩形一边长 l 的变化而变化. 当 l 是多少米时,场地的面积 S 最大?

分析：先写出 S 关于 l 的函数解析式,再求出使 S 最大的 l 值.

矩形场地的周长是 60 m,一边长为 l m,所以另一边长为 $\left(\dfrac{60}{2}-l\right)$ m. 场地的面积

$$S=l(30-l),$$

即

$$S=-l^2+30l \quad (0<l<30).$$

因此,当 $l=-\dfrac{b}{2a}=-\dfrac{30}{2\times(-1)}=15$ 时, S 有最大值 $\dfrac{4ac-b^2}{4a}=\dfrac{-30^2}{4\times(-1)}=225$.

也就是说,当 l 是 15 m 时,场地的面积 S 最大.

二、教学目标

(1)知识与技能:综合应用二次函数的图象与性质解决实际生活中面积最值专题.

(2)过程与方法:亲历问题解决的过程,掌握解决面积最值问题的一般方法.

(3)情感态度价值观:体会函数思想、函数模型在解决实际问题中的广泛应用价值;培养学生的合作交流意识和探索精神,以及创造性思维意识;体验数学来源于生活及应用于生活的意识,更好地激发学习兴趣.

三、学情分析

学生已经学习了二次函数的定义、图象和性质,学习了列方程、不等式和函数解决实际问题,这为本节课的学习奠定了基础.但运用二次函数的知识解决实际问题要求学生能选取适当的用来描述变量之间关系的函数分析问题和解决问题,对学生来说,要完成这一过程难度较大.另外,要注意自变量的取值范围对函数最值的影响,这对学生也是不小的挑战.

四、教学过程

(一)复习引入

[问题1]已知二次函数 $y=x^2+2x-3$,

(1)当 x 为任意实数时,何时取到最小值或最大值?

当 $x=$ _____ 时,y 有最小值;当 $x=$ _____ 时,y 有最大值.

(2)当 $-3\leqslant x\leqslant 0$ 时,求 y 的取值范围?

当 $x=$ _____ 时,y 有最小值;当 $x=$ _____ 时,y 有最大值.

(3)当 $-5\leqslant x\leqslant -4$ 时,求 y 的取值范围?

当 $x=$ _____ 时,y 有最小值;当 $x=$ _____ 时,y 有最大值.

解答:

(1)当 $x=$ __-1__ 时,y 有最小值;y 无最大值.

(2)当 $x=$ __-1__ 时,y 有最小值;当 $x=$ __-3__ 时,y 有最大值.

(3)当 $x=$ __-4__ 时,y 有最小值;当 $x=$ __-5__ 时,y 有最大值.

【设计意图】复习二次函数不同的取值范围求函数最值,承前启后,既复习之前所学,又可以为本节课二次函数在几何最值问题中的应用做好准备,培养学生分析问题、类比解决问题的能力,培养学生探究意识,渗透从特殊到一般的数学思想方法.

(二)例题讲解

[例题]如图2-19所示,为了改善小区环境,某小区决定要在一块足够大的空地上,用长 60 m 的栅栏围成一个矩形.

(1)请你设计一种方案,并计算这个矩形的面积?

(2)围成矩形的面积最大是多少?

解题着重分析:文字语言转化为符号语言;

图 2-19

（面积最大是多少→求 y 的最大值）

符号语言转化为图形语言.

（求 y 的最大值→求图象最高点的纵坐标）

解：设一边长为 x m，矩形的面积为 y m²，

则 $y = x \dfrac{(60-2x)}{2} = -x^2 + 30x = -(x-15)^2 + 225 (0 < x < 30)$.

∵ $-1 < 0$，开口向下，$0 < x < 30$，

∴当 $x = 15$ 时，y 取到最大值 225.

答：当一边长为 15 米时，围成的矩形面积最大，为 225 平方米.

(三)课堂练习

[变式1]如图 2-20 所示，在足够大的空地上有一段长为 35 米的旧墙 MN，修建一个矩形绿化带 $ABCD$，绿化带一边靠墙，另三边用总长为 60 m 的栅栏围住，其中 $AD \leqslant MN$. 若设绿化带的 BC 边长为 x m，绿化带的面积为 y m².

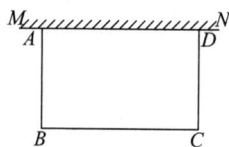

图 2-20

(1)求 y 与 x 之间的函数关系式，并求出自变量 x 的取值范围.

(2)当 BC 为何值时，满足条件的绿化带的面积最大？最大面积是多少？

师生分析如下：

(1)与例题相比，变式 1 变在哪里？

某小区决定要在一块足够大的空地上，用长 60 m 的栅栏围成一个矩形(例题 1).

⬇

在足够大的空地上有一段长为 35 米的旧墙 MN，修建一个矩形绿化带 $ABCD$，绿化带一边靠墙，另三边用总长为 60 m 的栅栏围住，其中 $AD \leqslant MN$（变式 1）.

简言之，条件变化，由空地上变为一边靠墙.

(2)条件变化引起函数关系式的变化，变在哪里？

$y = x \dfrac{(60-2x)}{2} (0 < x < 30)$

⬇

$y = x \dfrac{(60-x)}{2} (0 < x \leqslant 35)$

解：$y = x \dfrac{(60-x)}{2} = -\dfrac{1}{2}(x-30)^2 + 450 (0 < x \leqslant 35)$.

∵ $-\dfrac{1}{2} < 0$，开口向下，$0 < x \leqslant 35$，

∴当 $x = 30$ 时，y 取到最大值 450.

答：当 BC 为 30 米时，满足条件的绿化带的面积最大，最大面积是 450 平方米.

【设计意图】通过条件变化，将空地变为一边靠墙，师生一起分析探究. 在变式 1 得以顺利解决的过程中，培养学生分析问题、解决实际问题的能力，渗透建模意识；培养学生探究意识，注意化归思想以及数形结合的思想.

[变式2]如图 2-21 所示,在足够大的空地上有一段长为 20 米的旧墙 MN,修建一个矩形绿化带 $ABCD$,绿化带一边靠墙,另三边用总长为 60 m 的栅栏围住,其中 $AD \leqslant MN$,若设绿化带的 BC 边长为 x m,绿化带的面积为 y m^2. 当 BC 为何值时,满足条件的绿化带的面积最大?最大面积是多少?

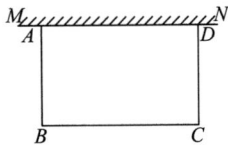

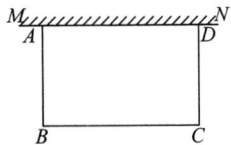

图 2-21

师生分析如下:

(1)与变式 1 相比,变式 2 变在哪里?

有一段长为 35 米的旧墙 MN(变式 1)

⬇

有一段长为 20 米的旧墙 MN(变式 2)

简言之,条件变化,一边靠墙的墙长发生变化.

(2)条件变化引起函数关系式取值范围的变化,变在哪里?

$$y = x \frac{(60-x)}{2}(0 < x \leqslant 35)$$

⬇

$$y = x \frac{(60-x)}{2}(0 < x \leqslant 20)$$

(3)取值范围的变化导致取值范围与对称轴的相对位置发生变化,变在哪里?
其中,对称轴为直线 $x = 30$ 不变.

30 在 x 的取值范围 $0 < x \leqslant 35$ 内,可取到(变式 1)

⬇

30 不在 x 的取值范围 $0 < x \leqslant 20$ 内,不可取到(变式 2)

解:$y = x \frac{(60-x)}{2} = -\frac{1}{2}x^2 + 30x = -\frac{1}{2}(x-30)^2 + 450(0 < x \leqslant 20)$.

$\because -\frac{1}{2} < 0$,开口向下,$0 < x \leqslant 20$,$y$ 随着 x 的增大而增大,

$\therefore$ 当 $x = 20$ 时,y 取到最大值 400.

答:当 BC 为 20 米时,满足条件的绿化带的面积最大,最大面积是 400 平方米.

[变式3](2018 年福建省中考 A 卷第 23 题改编)如图 2-22 所示,在足够大的空地上有一段长为 a 米的旧墙 MN,修建一个矩形绿化带 $ABCD$,绿化带一边靠墙,另三边用总长为 60 m 的栅栏围住,其中 $AD \leqslant MN$,若设绿化带的 BC 边长为 x m,绿化带的面积为 y m^2. 当 BC 为何值时,满足条件的绿化带的面积最大?最大面积是多少?

图 2-22

师生分析如下:

(1)与变式 2 相比,变式 3 变在哪里?

有一段长为 20 米的旧墙 MN(变式 2)

⬇

有一段长为 a 米的旧墙 MN(变式 3)

简言之,条件变化,一边靠墙的墙长发生变化.

(2)条件变化引起函数关系式取值范围的变化,变在哪里?

$$y=x\frac{(60-x)}{2}(0<x\leqslant 20)$$

⬇

$$y=x\frac{(60-x)}{2}(0<x\leqslant a)$$

(3)取值范围的变化导致取值范围与对称轴的相对位置发生变化,变在哪里?

其中,对称轴为直线 $x=30$ 不变.

30 不在 x 的取值范围 $0<x\leqslant 20$ 内,不可取到(变式 2)

⬇

30 在不在 x 的取值范围 $0<x\leqslant a$ 内未知(变式 3),要分类讨论

解:$y=x\frac{(60-x)}{2}=-\frac{1}{2}(x-30)^2+450(0<x\leqslant a)$.

$\because -\frac{1}{2}<0$,开口向下,

当 $a\geqslant 30$ 时,则当 $x=30$ 时,y 的最大值为 450;

当 $0<a<30$ 时,由于 $0<x<a$ 时,y 随 x 的增大而增大,

则当 $x=a$ 时,y 的最大值为 $-\frac{1}{2}a^2+30a$.

综上所述,当 $a\geqslant 30$ 时,BC 为 30 米时,满足条件的绿化带面积最大,面积为 450 平方米;

当 $0<a<30$ 时,BC 为 a 米时,满足条件的绿化带面积最大,面积为 $\left(30a-\frac{1}{2}a^2\right)$ 平方米.

【设计意图】关注从数字到字母、从特殊到一般的思维方法,培养分类思想.

(四)归纳小结

面积最值专题要结合实际情境建立二次函数关系式,并注意题目条件所给自变量的取值范围变化,再结合对称轴与函数自变量取值范围的相对位置求出最值.

五、注　析

本案例属教学内容开放,从多个角度深入探究面积最值专题.教材内容仅为探究 1,而本案例教学内容基于教材探究 1,更换题目背景形成例题,拓展变式,具体如下:

例题→变式 1,通过改变条件(一边靠墙),从而导致函数关系式发生变化;

变式 1→变式 2,通过改变条件(墙长变化),从而导致自变量取值范围发生变化;

变式 2→变式 3,通过改变条件(墙长由确定的数字改为不确定的字母),考虑由分类讨论求最值,渗透从特殊到一般的思维方法,培养分类讨论的思想.

本案例由课本一道探究题出发,通过不断开放教学内容,变式教学,深入探究二次函数在实际面积问题中的应用,结合函数图象求最值,结合数形结合思想,通过实际问题转化成数学问题,培养数学建模素养;对出现的字母进行讨论,培养分类意识,有利于学生对面积最

值问题有更深入的理解和领悟,提高思维能力.

案例5　圆周角定理习题课

一、教材原文

人教版,数学九年级(上册),2014 年 3 月第 1 版,p.87.

例4　如图 24.1-14,⊙O 的直径 AB 为 10 cm,弦 AC 为 6 cm,∠ACB 的平分线交⊙O 于点 D,求 BC,AD,BD 的长.

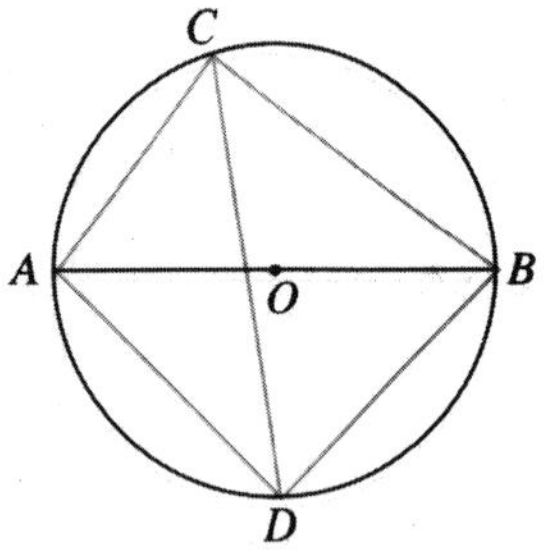

解:如图 24.1-15,连接 OD.

∵　AB 是直径,

∴　∠ACB=∠ADB=90°.

在 Rt△ABC 中,

$$BC=\sqrt{AB^2-AC^2}=\sqrt{10^2-6^2}=8(\text{cm}).$$

∵　CD 平分∠ACB,

∴　∠ACD=∠BCD,

∴　∠AOD=∠BOD.

∴　AD=BD.

又　在 Rt△ABD 中,

$$AD^2+BD^2=AB^2,$$

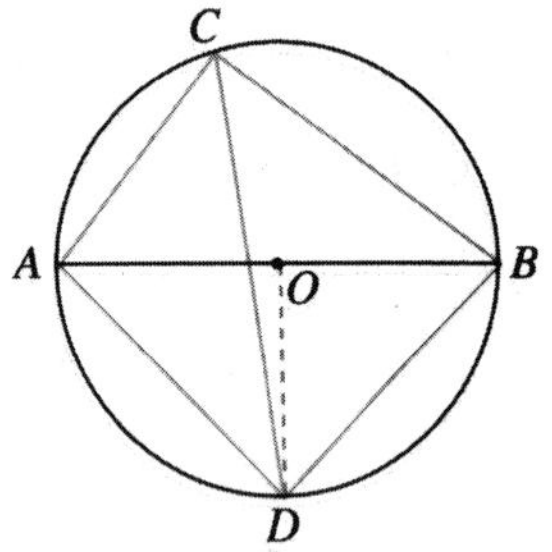

∴　$AD=BD=\dfrac{\sqrt{2}}{2}AB=\dfrac{\sqrt{2}}{2}\times10=5\sqrt{2}(\text{cm}).$

图 24.1-14

图 24.1-15

二、教学目标

(1)知识与技能:掌握圆周角定理及推论的内容;会熟练运用圆周角定理与推论进行计算与证明,解决问题.

(2)过程与方法:在学生自主应用推论的过程中,引导学生从形象思维向理性思维过渡,有意识地强化学生的推理能力,培养学生的观察分析能力与理解问题能力;培养学生以严谨求实的态度思考问题;在分组讨论的过程中,体会与他人合作交流的重要性.

(3)情感态度价值观:在探索解决问题方法的过程中,锻炼意志,增强自信心,获得成功的体验.

三、学情分析

学生在八年级已经学习了全等三角形和四边形的相关知识,在九年级学习了圆周角定理的有关证明之后,已经具备了研究与圆有关的线段长度的预备知识,但由于学生以往对线段长度的研究都是限于直线形(三角形、四边形)当中,缺少将与三角形、四边形的边角关系有关的知识融合在圆中进行分析的能力,因而遇到研究圆内线段的长度问题时会无从下手.解决这一问题,教师要注意引导学生将有关三角形、四边形的线段和角的问题与圆中弦、圆周角或圆心角的问题联系起来,以圆周角、弧作为中介,从而转化到利用圆周角定理解决.

四、教学过程

(一)复习引入

主要复习回顾圆周角定理及推论.

(1)一条弧所对的圆周角等于它所对的圆心角的一半.

(2)同弧或等弧所对的圆周角相等.

(3)半圆(或直径)所对的圆周角是直角.90°的圆周角所对的弦是直径.

(4)圆内接四边形的对角互补.

(二)讲授新课

[问题探究]如图 2-23 所示,⊙O 的直径 AB 为 10 cm,弦 AC 为 6 cm,∠ACB 的平分线交⊙O 于点 D.

(1)求 BC 的长.

(2)求 AD,BD 的长.

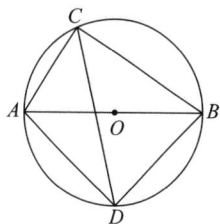

图 2-23

解:∵AB 为直径,

∴∠$ACB=90°$.

∵在 Rt△ACB 中,$AB=10$,$AC=6$,

∴$BC=\sqrt{AB^2-AC^2}=\sqrt{100-36}=8$(cm)

∵CD 平分∠ACB,

∴∠$ACD=$∠$BCD=45°$.

∵$\overset{\frown}{BD}=\overset{\frown}{BD}$,$\overset{\frown}{AD}=\overset{\frown}{AD}$,

∴∠$BAD=$∠$BCD=45°$,∠$ABD=$∠$ACD=45°$.

∵在 Rt△ABD 中,$AB=10$,

∴$AD=BD=\sqrt{\dfrac{1}{2}AB^2}=\sqrt{100\times\dfrac{1}{2}}=\sqrt{50}=5\sqrt{2}$(cm).

[变式1]补充追问:(3)求 CD 的长.

解法一:如图 2-24 所示,过点 A 作 $AE\perp CD$ 于点 E,过点 B 作 $BF\perp CD$ 于点 F.

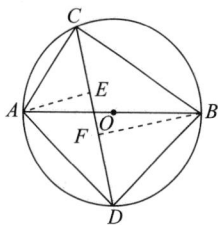

图 2-24

在等腰 Rt△ACE 中,由勾股定理求得 $CE=3\sqrt{2}$(cm).

在等腰 Rt△BCF 中,由勾股定理求得 $BF=4\sqrt{2}$(cm).

∵∠ADC+∠BDC=90°,∠FBD+∠BDC=90°,

∴∠ADC=∠FBD.

又∵∠AED=∠DFB,AD=DB

∴△ADE≌△DBF(AAS),

∴DE=BF=$4\sqrt{2}$(cm),

∴CD=CE+DE=$7\sqrt{2}$(cm).

解法二:如图 2-25 所示,延长 CB 至点 E,使得 BE=AC,连接 DE,

∵四边形 ACBD 内接于⊙O,

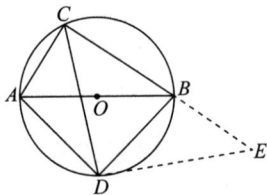

图 2-25

∴∠CAD+∠DBC=180°,

∵∠DBE+∠DBC=180°,

∴∠CAD=∠DBE,

∵BE=AC,AD=BD,

∴△ACD≌△BED(SAS),

∴∠ADC=∠BDE,

∵∠ADC+∠CDB=90°,

∴∠BDE+∠CDB=90°,

∴DE=CD,∠CDE=90°,CE=BC+BE=BC+AC=6+8=14,

等腰 Rt△CDE 中由勾股定理求得 CD=$7\sqrt{2}$ cm.

【设计意图】与问题探究相比,变式 1 变在哪里?

求直角三角形中的线段长度(问题探究)

⬇(构造与 CD 有关的直角三角形)

求图中任意线段 CD 的长度(变式 1)

圆内求线段长度的方法一:勾股定理.

关注几何问题的深度思考,辅助线的构建、类比应用勾股定理、截长补短等方法的引导.

[变式 2]点 A,B,D 在⊙O 上,∠ADB=90°,AD=BD,点 C 为⊙O 上任意一点(不与 A,B,D 重合),请写出 CD,AD,BD 所满足的数量关系.

分析:要解答此题,学生要考虑点 C 的不同位置,⊙O 上已有的这些端点 A,B,D 与点 C 的相对位置构成的不同图形(点 C 运动中),先分类作图,再分类作答.

解:(1)若点 C 不在弧 ADB 上,如图 2-26 所示.

由变式 1 的证明过程可得,CD=$\frac{\sqrt{2}}{2}$(AC+BC).

(2)若点 C 在弧 AD 上,如图 2-27 所示,在 BC 上截取点 E,使得 BE=AC,则可证△DCA≌△DEB(SAS),可得 CD=ED,∠CDE=90°,则 CD=$\frac{\sqrt{2}}{2}$CE,则 CD=$\frac{\sqrt{2}}{2}$(BC-AC).

(3)若点 C 在弧 BD 上,如图 2-28 所示,在 AC 上截取点 E,使得 AE=BC,则可证△DAE≌△DBC(SAS),得 CD=ED,∠CDE=90°,则 CD=$\frac{\sqrt{2}}{2}$CE,则 CD=$\frac{\sqrt{2}}{2}$(AC-BC).

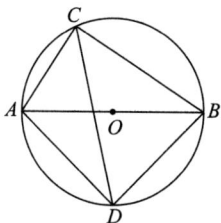

图 2-26   图 2-27   图 2-28

【设计意图】与变式 1 相比,变式 2 变在哪里?

点 C 不在弧 ADB 上(变式 1)

(点 C 的位置变化,要分类讨论)

点 C 为⊙O 上任意一点(不与 A,B,D 重合)(变式 2)

学生分析变式 1 与变式 2 的区别,发现点 C 的位置不同,教师将变式 1 中的静态提升转为变式 2 中的动态问题.学生发现点 C 的不同位置引发不同的图形,结论不同.

教师引导关注条件与结论,学生发现变式 1、2 都属于三条线段之间的关系问题.同时发现构造的全等三角形都是以点 D 为公共顶点的旋转型,为什么选择点 D 为公共顶点呢?原来点 D 是圆内相等线段的公共顶点,即可以推广结论:以圆内相等线段的公共顶点构造旋转型的全等,可以将要研究的共顶点的三条线段放在同一直线上.

[变式 3]如图 2-29 所示,已知 A,B,C,D 是⊙O 上的四点,$\overset{\frown}{CD}=\overset{\frown}{BD}$,$AC$ 是四边形 AB-CD 的对角线,过点 D 作 $DE\perp AC$,垂足为 E,若 $AC=7$,$AB=5$,求线段 AE 的长度.

解法一:如图 2-30 所示,在 AC 上截取 $CF=AB$,连结 DF,BD.

∵$AC=7$,$AB=5$,

∴$AF=AC-AB=7-5=2$.

∵$\overset{\frown}{CD}=\overset{\frown}{BD}$,∴$CD=BD$.

∵$\overset{\frown}{AD}=\overset{\frown}{AD}$,

∴$\angle ACD=\angle ABD$.

∵$CF=BA$,

∴$\triangle DCF\cong\triangle DBA$,

∴$DF=DA$.

∵$DE\perp AC$,∴$AE=\dfrac{1}{2}AF=1$.

解法二:如图 2-31 所示,延长 BA,过点 D 作 $DF\perp BA$ 延长线于点 F,连结 BD.

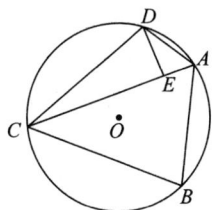   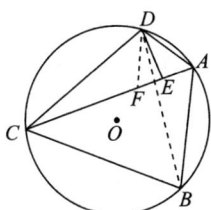   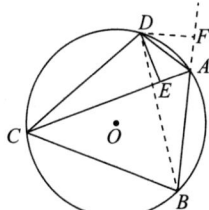

图 2-29   图 2-30   图 2-31

∵$\overset{\frown}{CD}=\overset{\frown}{BD}$,∴$CD=BD$,$\angle CAD=\angle BCD$.

∵$\angle BCD+\angle BAD=180°$,$\angle DAF+\angle BAD=180°$,

∴$\angle BCD=\angle DAF$,∴$\angle CAD=\angle DAF$.

∵$DE\perp AC$,$DF\perp AB$,

∴$\angle AED=\angle AFD=90°$.

∵$AD=AD$,∴$\triangle DAE\cong\triangle DAF$,

∴$AE=AF$.

∵$CD=BD$,

又∵$\angle ACD=\angle ABD$,$\angle CED=\angle BFD=90°$,

∴$\triangle CDE\cong\triangle BDF$,

∴$CE=BF$,∴$AC-AE=AB+AE$.

∵$AC=7$,$AB=5$,∴$AE=1$.

【设计意图】与变式1相比,变式3变在哪里?(条件不同)

等腰 Rt$\triangle ABD$(变式1)

等腰$\triangle BCD$,$CD=BD$(变式3)

解题重点分析:寻找圆内共顶点的相等线段,归纳提升旋转型全等三角形.

圆内求线段长度的方法二:全等三角形.

(三)归纳小结

圆内求线段长度有哪些思考角度?

角度1:基本图形的应用,圆内共顶点的等腰三角形的旋转型全等.

角度2:知二得一的线段长度,可以考虑线段的平方和即勾股定理,也可以考虑线段和差,即考虑截长补短.

五、注 析

本课例属教学内容开放,从多个角度深入探究圆内的等腰三角形结合的线段长度.

问题探究→变式1,改变问题,由求圆内直角三角形的边长转为求圆内任意线段长度.

变式1→变式2,改变条件,由点C的确定位置转为点C的位置变化,考虑分类作图解析.

变式1→变式3,改变条件,由求等腰直角三角形的相关长度转而求任意等腰三角形,并结合垂直,考虑三线合一定理.

本案例由课本一道例题,通过不断开放教学内容,实施一题多变的变式教学,深入理解圆周角定理的应用,通过不同的图形背景,由问题探究到变式1、2、3,从点C的确定位置到点C的位置变化,从等腰直角三角形再到任意等腰三角形的探究,渗透了从特殊到一般的研究方法,归纳发现圆内与等腰三角形相关的线段长度通过旋转型的全等三角形推导而得,进一步考虑勾股定理或者截长补短,深入解析图形特征,助力学生几何图形直观、思维品质的提升.

第三节　综合、专题内容开放实践

案例 1　线段的中点专题课

一、教学目标

（1）知识与技能：经历几何图形中关于中点条件的相关归纳，体验基本图形的应用归纳.

（2）过程与方法：体验类比、迁移、逆向思维的数学学习方法，经历有步骤、有合作的实践活动，了解所学知识之间的联系，发展推理能力与几何直观.

（3）情感态度价值观：培养严谨的数学思维和几何直观、分析问题解决问题的能力，学会数学思考，感悟理性精神.

二、学情分析

学生已经学过诸多与中点有关的几何定理，比如等腰三角形的三线合一定理、直角三角形的斜边中线、三角形的中位线定理等，单一的定理应用并不难，但是遇到中点该选择哪一个定理解决问题就是学生面临的困难. 因此，在八年级平行四边形这一章学习之后，安排一节中点专题课，有利于学生体会基本图形在几何综合题中的提炼、归纳与应用，培养学生的推理能力、几何直观.

三、教学过程

（一）复习引入

关于线段中点的模型归纳有：

（1）题目条件中有两个及两个以上线段中点，可以考虑中位线定理，如图 2-32 所示.

（2）①题目条件中有等腰三角形的底边中点，可以考虑等腰三角形的三线合一定理，如图 2-33 所示.

②题目条件中有直角三角形的斜边中点，可以考虑直角三角形的斜边中线定理，如图 2-34 所示.

③题目条件中有任意三角形的一边中点，可以考虑倍长中线，如图 2-35 所示.

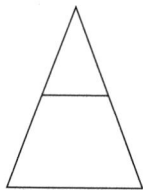 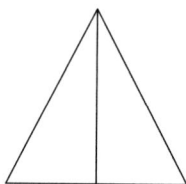 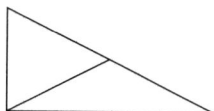 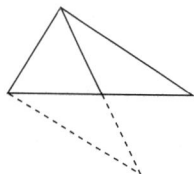

图 2-32　　　　　图 2-33　　　　　　图 2-34　　　　　图 2-35

(二)例题讲解

[例题1]

(1)如图 2-36 所示,在 $\square ABCD$ 中,$AD=8$,点 E,F 分别是 BD,CD 的中点,则 EF = _____.

(2)如图 2-37 所示,$\square ABCD$ 中,E 是 BC 的中点,连结 AE 并延长交 DC 的延长线于点 F,点 C 是 DF 的中点吗? 请说明理由.

(3)如图 2-38 所示,$\square ABCD$ 中,对角线 AC,BD 相交于点 O,点 E 在 BD 的延长线上,若 $AE=CE=5$,$AC=6$,求 OE 的长.

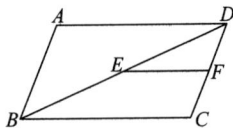
图 2-36

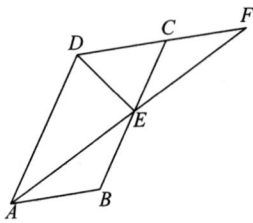
图 2-37

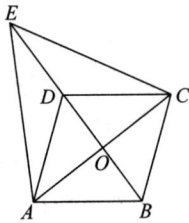
图 2-38

分析:

(1)中题目条件有两个线段中点,考虑三角形的中位线定理.

(2)中题目条件有任意三角形的中点,又有平行条件,考虑三角形全等的证明.

(3)中题目条件有等腰三角形的中点,考虑三线合一的应用.

解答:

(1)$\because \square ABCD$,$AD=8$,

$\therefore BC=AD=8$.

$\because$ 点 E,F 分别是 BD,CD 的中点,

$\therefore EF=\dfrac{1}{2}BC=\dfrac{1}{2}\times 8=4$.

(2)$\because \square ABCD$,

$\therefore AB /\!/ CD$,$AB=CD$.

$\therefore \angle F=\angle BAF$,$\angle B=\angle BCF$.

$\because E$ 是 BC 的中点,

$\therefore BE=CE$,

$\therefore \triangle ABE \cong \triangle FCE$.

$\therefore AB=FC$,

$\therefore CD=FC$,

$\therefore$ 点 C 是 DF 的中点.

(3)$\because \square ABCD$,$AC=6$,

$\therefore OA=OC=\dfrac{1}{2}AC=3$.

$\because AE=CE$,

$\therefore OE \perp AC$,

$\therefore$ 在 $\mathrm{Rt}\triangle AOE$ 中,$AE=5$,$OA=3$,

$\therefore OE = \sqrt{AE^2 - OA^2} = \sqrt{25-9} = 4$.

【设计意图】例题 1 中三个问题是比较单一的中点问题,学生能够很快完成作答,有利于学生思考中点的价值,发现关于中点的基本图形,得到解决中点问题的一般思路,培养学生初步的几何直观、分析问题解决问题的能力.课堂由简单题目入手,培养学生的识图画图能力.

[例题 2]已知:如图 2-39 所示,在四边形 $ABCD$ 中,$AD=BC$,P 是对角线 BD 的中点,M 是 DC 的中点,N 是 AB 的中点.求证:$\angle PMN = \angle PNM$.

解:$\because P$ 是 BD 的中点,M 是 CD 的中点,

$\therefore PM = \dfrac{1}{2}BC$.

$\because P$ 是 BD 的中点,N 是 AB 的中点,

$\therefore PN = \dfrac{1}{2}AD$.

$\because AD = BC$,

$\therefore PM = PN$,

$\therefore \angle PMN = \angle PNM$.

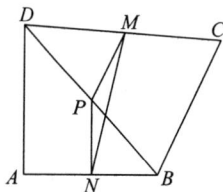

图 2-39

[变式 1]如图 2-40 所示,四边形 $ABDC$ 中 $AC=BD$,点 M,N,P,Q 分别为 AB,CD,AD,MN 的中点,

求证:$PQ \perp MN$.

分析:

(1)与例题 2 相比,变式 1 变在哪里?

增加了条件:点 Q 是线段 MN 的中点.

(2)条件变化引起基本图形的变化,变在哪里?

增加了等腰三角形 PMN 的三线合一图形.

解:连接 PM,PN.

$\because$ 点 M,P 分别为 AB,AD 的中点,

点 N,P 分别为 CD,AD 的中点,

$\therefore PM = \dfrac{1}{2}BD$,$PN = \dfrac{1}{2}AC$.

$\because AC = BD$,

$\therefore PM = PN$.

$\because$ 点 Q 是 MN 的中点,

$\therefore PQ \perp MN$.

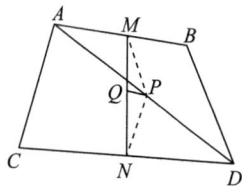

图 2-40

【设计意图】培养学生探究意识.学生的困难在于:一是对于复杂图形有畏难情绪;二是不懂得对复杂图形的分解,提炼出基本图形.教师引导结合题目条件结论与图形猜想思路,培养学生的图形直观能力.

[变式2]如图2-41所示,已知△ABC是锐角三角形,分别以AB,AC为边向外侧作两个等边△ABM和△ACN,D,E,F分别是MB,BC,CN的中点,连结DE,FE,求证:DE=EF.

分析:

(1)与变式1相比,变式2变在哪里?

条件背景复杂,多了两个等边三角形.

(2)从条件中的两个等边三角形能联想到什么?

三角形的手拉手模型.

解:连结CM,BN.

∵△ABM和△ACN为等边三角形,

∴AM=AB,AC=AN,∠MAB=∠NAC=60°,

∴∠MAC=∠BAN,

∴△MAC≌△BAN,

∴MC=BN.

∵D,E分别是MB,BC的中点,

E,F分别是BC,CN的中点,

∴$DE=\dfrac{1}{2}CM$,$EF=\dfrac{1}{2}BN$,

∴DE=EF.

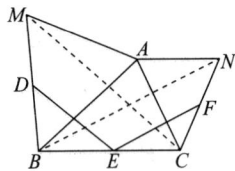

图2-41

【设计意图】将中线问题拓展到利用手拉手模型,扩大学生解题视野和思路.

[变式3]如图2-42所示,以△ABC的AB,AC边为斜边向外作Rt△ABD和Rt△ACE,且使∠ABD=∠ACE,M是BC的中点,求证:DM=ME.

分析:与变式2相比,变式3变在哪里?可以结合哪种基本图形?

两个等边三角形变为两个直角三角形,与中点结合,可考虑斜边中线的定理.

解:取AB中点P,AC中点Q,连结DP,EQ,PM,QM.

∵在Rt△ABD中,点P是AB的中点,

∴$DP=\dfrac{1}{2}AB$.

∵M是BC的中点,Q是AC的中点,

∴$MQ=\dfrac{1}{2}AB$.

∴DP=MQ,同理,EQ=MP.

∵∠ABD=∠ACE,

∴∠BPD=∠CQE.

∵MP∥AC,MQ∥AB,

∴∠BPM=∠PMQ=∠CQM,

∴∠DPM=∠MQE,∴△DPM≌△MQE,

∴DM=ME.

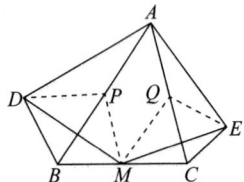

图2-42

【设计意图】课堂中将复杂图形中抽出几个基本图形,既有Rt△ABD和Rt△ACE中的斜边中线定理,又有△ABC中的中位线定理,直观明了.教师时刻关注变式与原题的区别、联系,引导学生关注条件的不同导致不同基本图形的应用,思路的不同.通过变式与原题的不断对比、分析异同点,培养学生类比、归纳的能力.

(三)归纳小结

本节课的学习后,收获是什么?

(1)几何证明题中分解图形,找出蕴含的基本图形是关键.

(2)题目中中点条件与等腰三角形、直角三角形、任意三角形等条件结合的解题思路.

四、注　析

本案例属于教学内容开放,教材中并没有专门的一节课时安排.教材中关于线段中点的性质的内容有八年级上册等腰三角形的三线合一,八年级下册三角形的中位线与直角三角形的斜边中线,安排在不同的章节.关于线段中点的几何综合题层出不穷,但当学生遇到线段中点的题目时,教材中并没有专门的章节指导他们怎样糅合所学过的所有与中点有关的定理,怎样思考分析.因此,本案例的授课就显得刻不容缓了.

例题 1 是单一图形,感受几个定理的简单应用,熟悉基本图形.

例题 2 是组合图形,有三个中点,可以构建两组三角形的中位线.

变式 1 在例题 2 的基础上隐去两条中位线,既需要添加两条辅助线,又补充了三角形的三线合一性质,也就是中位线定理与等腰三角形的三线合一定理的综合题.

变式 2 增加了旋转型图形的手拉手模型,与两个三角形的中位线定理相结合.

变式 3 结合了两个直角三角形的斜边中线与两个三角形的中位线定理,最后再应用三角形的全等.

本案例为开放内容,以常见的线段中点问题为载体整合习题,先由单一知识点归纳关于中点相关的基本图形,再由几个知识点叠加的顺序变式练习,难度拾级而上,层层深入,引导学生分解基本图形结构,提高学生分析解决几何问题的能力;变式练习类比归纳,提升学生的直观想象与逻辑推理等数学核心素养.

案例 2　平行四边形的性质与判定综合

一、教学目标

(1)知识与技能:理解掌握平行四边形的性质与判定的相关知识,并能通过平行四边形的性质和判定证明线段相等或角相等.

(2)过程与方法:经历对条件和结论开放的例题探索及对题型的变式过程,在运用平行四边形的性质与判定方法解决问题的过程中,进一步培养和发展学生的逻辑思维能力和推理论证的表达能力;通过对平行四边形性质和判定方法的探究,提高学生解决问题的能力.

(3)情感态度价值观:经历不断联想转化、选择试解的过程,培养学生不畏艰险,勇于探索的意志品质;培养学生合作交流和团队意识及培养学生有理有据的科学态度.

二、学情分析

八年级的学生已经有了平行线与相交线、全等三角形、等腰三角形等几何基础知识,也具备了一定的几何基础知识及说理、推理能力,同时,在学习数学的过程中也经历了自主、合作的学习过程,具有了一定的学习经验,具备了一定的合作和交流能力.但是,学生对于平行四边形的性质和判定,因为方法比较多,命题比较相似,所以很容易将两者混淆,在应用上不那么灵活.因此,教师可以设置一些开放性问题,发散学生的思维,尽可能多地将平行四边形的判定理清楚,这也为后续探究特殊的平行四边形做了铺垫和方法的指导.

三、教学过程

(一)复习引入

师:请同学们用文字语言在表 2-2 中梳理平行四边形的定义、性质定理和判定定理.

学生归纳:

表 2-2

定义		两组对边分别平行的四边形叫做平行四边形
性质	边	平行四边形的对边相等
	角	平行四边形的对角相等
	对角线	平行四边形的对角线互相平分
判定	边	两组对边分别相等的四边形是平行四边形
	角	两组对角分别相等的四边形是平行四边形
	对角线	对角线互相平分的四边形是平行四边形

教师提示:请同学们结合图 2-43,用符号语言在表 2-3 中进行书写归纳.

学生归纳:

表 2-3

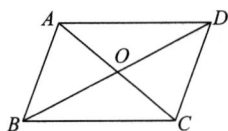

图 2-43

定义		$\because AB /\!/ CD, AD /\!/ BC$　$\therefore$ 四边形 $ABCD$ 是平行四边形
性质	边	$\because$ 四边形 $ABCD$ 是平行四边形 $\therefore AB = CD, AD = BC$
	角	$\because$ 四边形 $ABCD$ 是平行四边形 $\therefore \angle ABC = \angle ADC, \angle BAD = \angle BCD$
	对角线	$\because$ 四边形 $ABCD$ 是平行四边形 $\therefore AO = OC, BO = OD$
判定	边	$\because AB = CD, AD = BC$ $\therefore$ 四边形 $ABCD$ 是平行四边形
	角	$\because \angle ABC = \angle ADC, \angle BAD = \angle BCD$ $\therefore$ 四边形 $ABCD$ 是平行四边形
	对角线	$\because AO = OC, BO = OD$ $\therefore$ 四边形 $ABCD$ 是平行四边形

追问:能否将平行四边形的性质和判定整理成比较容易记的知识结构呢? 试一试.

教师根据学生分享的梳理结果,进行针对性的总结和点评,同时引导学生对平行四边形性质与判定的知识系统整理成知识结构.

【设计意图】通过一个前置任务的布置,让学生能够自主梳理平行四边形的性质和判定,巩固文字语言、图形语言和符号语言的书写,同时加强学生之间的交流,为本节课的综合小结做铺垫.通过表格,将知识进行梳理,一方面让整个平行四边形的知识点结构清晰,研究角度分明;另一方面提升学生的整理归纳能力,有助于后续特殊平行四边形的归纳和整理.

(二)讲授新课

[例题1]如图 2-44 所示,在□$ABCD$ 中,E,F 是边 AD,BC 上的点,请添加一个条件,使得四边形 $BFDE$ 为平行四边形.

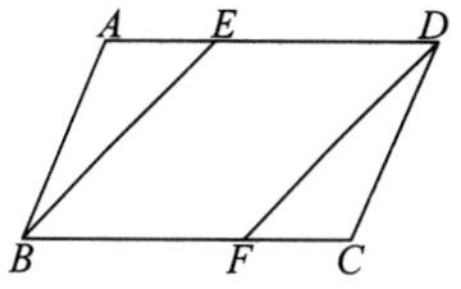

学生先自主完成,后四人小组进行讨论.

教师给足时间,巡视学生的完成情况,收集学生的完成资源进行展示,全班一起尽可能完善所有情况.

图 2-44

教师引导:

(1)从边考虑:

①两组对边分别平行:可添加 $BE /\!/ DF$.

②两组对边分别相等:可添加 $AE = CF$.

③一组对边平行且相等:可添加 $DE = BF$ 或 $AE = CF$.

(2)从角考虑:

$\angle DFC = \angle EBC$,$\angle FDE = \angle BEA$,$\angle ABE = \angle CDF$,BE 和 DF 平分 $\angle ABC$ 和 $\angle CDA$ 等.

(3)从对角线考虑,可添加条件:$OE = OF$ 等.

【设计意图】本题设置为条件开放性问题,通过多样性的添加方法,巩固平行四边形的判定方法,多角度思考.

(三)例题讲解

[例题2]如图 2-45 所示,在平行四边形 $ABCD$ 中,$AE = CF$,EF 与 BD 交于点 H,由图形可以得到许多结论,如 $AB = CD$,$\angle A = \angle C$,$\triangle ADB \cong \triangle CBD$,$S_{梯形AEFB} = S_{梯形CFED}$.你还能得到哪些结论? 并说明理由.

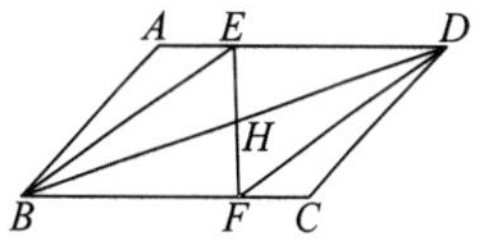

图 2-45

教师巡视,根据学生的完成情况进行引导,做一些提示:比如角度关系,边之间的关系,周长的关系,面积关系等.对于个别学生满足于一步推导出的结论,鼓励其尝试用两步推理,甚至三步或四步推理得出一些结论.

预设:

(1)若直接由平行四边形得出结论,则有 $AB /\!/ CD$,$AD /\!/ BC$,$AD = BC$,$\angle ABC = \angle ADC$ 等.

(2)若需写出两步推理得出结论,则有:

平行四边形 $ABCD \Rightarrow \begin{cases} AB=DC \\ AE=CF \end{cases} \Rightarrow BE=DF$ 等.

（3）若需写出三、四步推理得出结论,则有:

平行四边形 $ABCD \Rightarrow AB$ 平行且等于 CD

$AE=CF$

AB 平行 $CD \Rightarrow \begin{cases} \angle EBD = \angle FDB \\ \angle BEH = \angle DFH \end{cases}$

$\Rightarrow BE=DF$

$\Rightarrow \triangle BEH \cong \triangle DFH.$

这样可以得到的结论还有 $EH=FH,BH=DH$ 等.

【设计意图】本题的开放性较大,为结论开放性问题,学生的入手可能比较多,教学过程中注意收集各个层次学生的资源,同时注重学生的分享和表达,进一步巩固平行四边形的性质和判定.

（四）课堂练习

如图 2-46 所示,在平行四边形 $ABCD$ 中,E,F 为 AD,BC 上的点,$AE=\dfrac{2}{3}AD,CF=\dfrac{2}{3}BC,BE$ 交 AF 于点 G,EC 交 DF 于点 H,试说明四边形 $EGFH$ 是平行四边形.

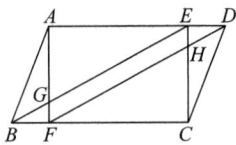

图 2-46

学生独立完成以下证明过程,并对比条件与前两题的不同.

证明:∵ 四边形 $ABCD$ 是平行四边形,

∴ $AD /\!/ BC,AD=BC.$

又 ∵ $AE=\dfrac{2}{3}AD,CF=\dfrac{2}{3}BC,$

∴ $AE /\!/ FC,AE=FC,$

∴ 四边形 $AFCE$ 是平行四边形,

∴ $GF /\!/ EH.$

同理可证 $GE /\!/ FH,$

∴ 四边形 $GFHE$ 是平行四边形.

【设计意图】本题设置是前面两个例题的条件的变式,条件变化,从中点到三等分点,再到一般形式,让学生初步感受到在变化中的不变关系,证明方法和思路均相同.

[变式]如图 2-47 所示,在平行四边形 $ABCD$ 中,E,F 为 AD,BC 上的点,$AE=\dfrac{n}{m}AD;CF=\dfrac{n}{m}BC(m,n$ 为正整数,且 $n<m)BE$ 交 AF 于点 G,EC 交 DF 于点 H,试说明四边形 $EGFH$ 是平行四边形.

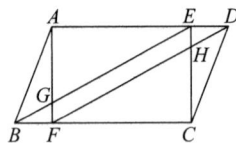

图 2-47

分析:与前面例题的证明思路相同,综合利用平行四边形的性质和判定,分别证明 $GF /\!/ EH,GE /\!/ FH$ 即可.

（五）归纳小结

本节课从条件开放性问题入手,分别从边、角和对角线的角度巩固平行四边形的判定方法,借助结论开放性问题,引导学生多方向思考可能推导出的结果,养成多角度思考的良好习惯.同时在一题多变的过程中,以小组合作交流的形式,灵活使用平行四边形的性质定理和判定定理解题,掌握系统的方法,获得成功.

【设计意图】梳理课堂收获,有助于学生理解知识的联系,内化研究解决问题的思想方法,总结应用策略.

四、注　析

教材中没有专门的性质和判定综合课时,设置本节课的目的是对平行四边形的性质和判定进一步地巩固和加深.学生在刚开始学习平行四边形的性质和判定时,对于性质和判定的条件和结论比较容易混淆,因此在复习之前布置了一个前置任务,让学生通过小组合作的方式,以表格或思维导图方式对平行四边形的性质和判定进行一个系统的梳理,在课上进行展示,同时设置不同的练习进行巩固.学生之所以在学习几何过程中,容易混淆几何体的性质和判定,是因为学生对于这两种命题的条件和结论不够清晰.因此,本节课的主要目的是通过题目使学生进一步理解条件和结论的寻找.与以往的综合课不太一样,仅仅只是通过一些零散的题目进行反复操练和巩固,而是通过设置一个基本图形为背景,一系列的相对开放性的问题进行发散性思维的拓展,尽可能通过一道题目,可以联想到各种性质和各种判定方法.通过两种类型,条件开放、结论开放问题,逐步加大开放性,对于学生思维的提升有一定的帮助.同时在这个过程中,加强学生识图、读图的几何直观.特别是对于结论开放和条件结论都开放的问题,对于各个层次的学生都有帮助,层次稍高一些的学生可以引导他们更多可能地发散思维,添加合理的条件,得出合理的结论;层次稍微薄弱一些的学生,可以引导他们挑选简单的条件,得出比较容易得到的结论.在这个过程中,每个学生都有所学,有所得.从开放性问题的解决中,学生的逻辑思维能力和推理论证的表达能力提升了,几何推理中选择简便性方法的能力也提升了.同时也为后续的特殊四边形的梳理做了很好的铺垫和示范.

案例3　45°角在解题中的应用

一、教学目标

(1)知识与技能:掌握"一线三等角""角平分线相似""半角旋转"等模型的应用.
(2)过程与方法:通过一道含45°特殊角的题目,培养学生分析问题、解决问题的能力.
(3)情感态度价值观:提高学生的模型意识在解题中的应用.

二、学情分析

在学习本节课之前,学生已经学习了等腰直角三角形的相关知识和一些常见的"一线三等角""角平分线""半角旋转"等模型,但综合运用相关知识解决问题的能力有待提高.

三、教学过程

(一)复习引入

师:给出一个45°的角,我们会想到45°角和常用的90°角有怎样的关系?
生:45°角是90°角的一半.

师:很好,进而可以联想到哪种特殊三角形?

生:等腰直角三角形.

师:分别从边的视角、角的视角看等腰直角三角形,具备什么特征?

生:两底角相等,都为 $45°$,两直角边相等,斜边是直角边的 $\sqrt{2}$ 倍.

师:基于以上思考,我们可以想到几何中的哪些常见模型?

生:"角平分线模型""半角旋转模型"等.

【设计意图】基于 $45°$ 特殊角,引发学生的数学思考,联想三角形边角之间的关系,引出相关的基本模型.教师引出课题《$45°$ 角在解题中的应用》(教师板书如图 2-48 所示).

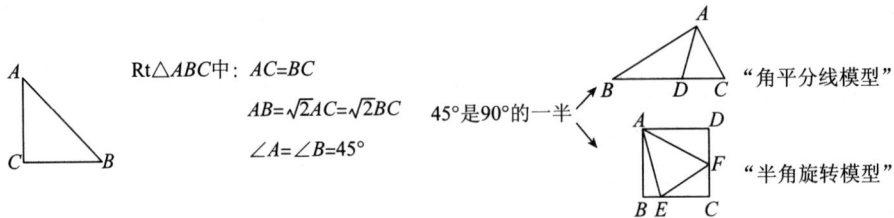

图 2-48

(二)例题讲解

[**例题**]如图 2-49 所示,在平面直角坐标系 xOy 中,直线 $y=-x+m$ 分别交 x 轴,y 轴于 A,B 两点,已知点 $C(2,0)$,P 为线段 OB 的中点,连结 PA,PC,若 $\angle CPA=45°$,则 m 的值是_____.

1.构造"角平分线模型",利用角平分线的性质

预备知识:如图 2-50 所示,在 $\triangle ABC$ 中,AD 是角平分线,则有 $\dfrac{AB}{AC}=\dfrac{BD}{CD}$.

证明:$\because \dfrac{S_{\triangle ABC}}{S_{\triangle ACD}}=\dfrac{\frac{1}{2}AB\cdot h}{\frac{1}{2}AC\cdot h}=\dfrac{AB}{AC}$,$\dfrac{S_{\triangle ABC}}{S_{\triangle ACD}}=\dfrac{\frac{1}{2}BD\cdot h}{\frac{1}{2}CD\cdot h}=\dfrac{BD}{CD}$,

$\therefore \dfrac{AB}{AC}=\dfrac{BD}{CD}$.

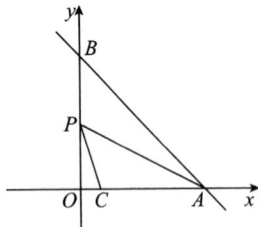

图 2-49

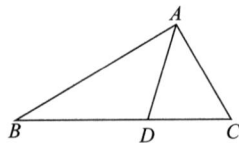

图 2-50

分析:由于 $45°$ 是 $90°$ 的一半,想到构造角平分线模型,恰好可以利用三角形内角平分线的基本性质.

解决 $45°$ 角的相关问题时,补全直角是一种常见的手段.

解法一:如图 2-51 所示,过点 P 作 $PD\perp PA$.

∵∠CPA＝45°,∴CP 为△APD 的角平分线,

∴$\dfrac{PD}{PA}=\dfrac{CD}{AC}$(角平分线的性质).

∵$\tan\angle PAO=\dfrac{PO}{OA}=\dfrac{1}{2}$,∴$\tan\angle PAO=\dfrac{PD}{PA}=\dfrac{1}{2}$,

∴$\tan\angle OPD=\dfrac{OD}{OP}=\dfrac{1}{2}$,∴D 的坐标$\left(-\dfrac{m}{4},0\right)$,

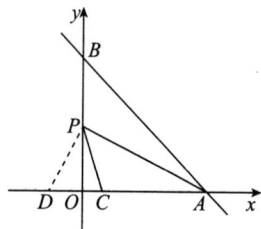

图 2-51

可得$\dfrac{1}{2}=\dfrac{2+\dfrac{m}{4}}{m-2}$,解得 $m=12$.

2. 构造"半角旋转模型",利用正方形

预备知识:如图 2-52 所示,正方形 $ABCD$,点 E,F 分别在 BC 和 CD 上,且∠EAF＝45°,则 $BE+DF=EF$.

证明:延长 CB 至 H,使 $BH=DF$,可证得△ABH≌△ADF,△AEH≌△AEF,∴$BE+DF=EF$.

分析:因为∠CPA＝45°,想到可在 P 处构造正方形,"半角模型"是一种常见的基本图形,这类问题一般利用旋转完成,可以得到全等三角形,进而得到线段之间的关系.

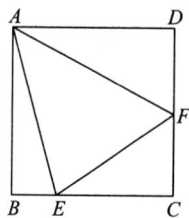

图 2-52

解法二:如图 2-53 所示,过点 P 构造正方形 $OPDE$. $EN=\dfrac{m}{4}$,$OC=2$.

根据预备知识得到 $CN=\dfrac{m}{4}+2$.

又∵$CE=\dfrac{m}{2}-2$,在△CEN 中有$\left(\dfrac{m}{2}-2\right)^2+\left(\dfrac{m}{4}\right)^2=\left(\dfrac{m}{4}+2\right)^2$,

解得 $m=12$.

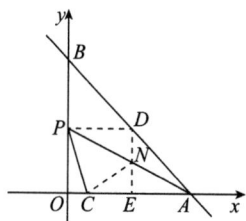

图 2-53

3. 构造"三角形的高",利用勾股定理

分析:遇到直角问题,有时要回归到勾股定理,利用勾股定理能够列出方程.尤其在折叠问题中,我们经常会利用勾股定理构造方程.本题中依靠∠CPA＝45°构造等腰直角三角形,同时得到△POA∽△CDA,一箭双雕.

解法三:如图 2-54 所示,作 $CD\perp AP$,可知△PCD 为等腰直角三角形.

由 $PO:AO=CD:AD=1:2$,$AC=m-2$.

易得 $CD=\dfrac{\sqrt{5}}{5}(m-2)$,$PC=\dfrac{\sqrt{10}}{5}(m-2)$.

在 Rt△POC 中,利用勾股定理,得

$\left(\dfrac{m}{2}\right)^2+2^2=\left[\dfrac{\sqrt{10}}{5}(m-2)\right]^2$,解得 $m=12$.

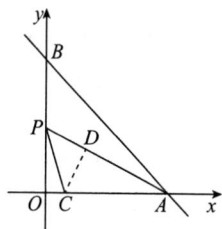

图 2-54

4. 构造"一线三直角"模型,利用全等三角形

分析:看到 45°角可以构造等腰直角三角形,形成"一线三直角"模型,进而找到全等的三角形,得到线段之间的关系,再利用平行线分线段成比例解决问题.

解法四:如图 2-55 所示,过点 C 作 $CD \perp CP$,交 AP 于点 D,再作 $DE \perp x$ 轴,易得 $\triangle OPC \cong \triangle ECD$,

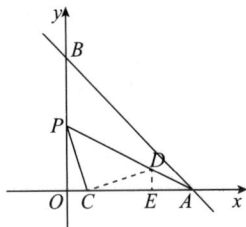

$\therefore DE = OC = 2$,$CE = OP = \dfrac{m}{2}$,$AE = OA - OC - CE = \dfrac{m}{2} - 2$.

$\because DE /\!/ OP$,$\therefore \dfrac{DE}{OP} = \dfrac{AE}{AO}$,

列出方程:$2 : \dfrac{m}{2} = \left(\dfrac{m}{2} - 2\right) : m$,解得 $m = 12$.

图 2-55

5. 构造"一线三等角",利用相似三角形

分析:$\angle B = \angle CPA = 45°$,所以想到再构造一个 $45°$ 的角,形成"一线三等角"的基本模型,再利用相似三角形的基本性质列出方程."一线三等角"是一种常见的建立三角形相似的方法.

解法五:如图 2-56 所示,在 y 轴截取 $OD = OC$,此时 $\angle PDC = 45°$,

可以证得 $\triangle ABP \backsim \triangle PDC$,$\dfrac{BP}{DC} = \dfrac{BA}{DP}$.

可得到方程:$\dfrac{m}{2} : 2\sqrt{2} = \sqrt{2}m : \left(\dfrac{m}{2} + 2\right)$,解得 $m = 12$.

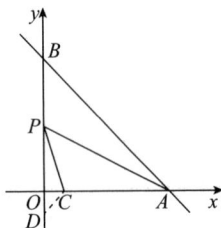

(三)归纳小结

本节课,我们通过对一道例题,多角度地进行思考,通过构造角平分线模型、半角旋转模型、三角形的高、一线三等角等方式,利用角平分线的性质、正方形、勾股定理、全等三角形和相似三角形等知识,灵活地处理 $45°$ 在解题中的应用.通过学习,同学们要养成综合应用所学知识,熟练地使用数形结合的数学思想,挖掘题目中的隐含条件,开放性地解决问题.

图 2-56

四、注 析

(一)明确解题方向,确定解题途径

本节例题是一道以 $45°$ 为载体的几何问题,从不同角度、不同方向激发学生的思考,以上的解法都充分利用了数形结合,把题中的"形"转化为代数运算,达到"化形为数"的目的,这是解决问题的关键所在,也是基本思路.有了这些基本思路就有了解决问题的方向.在解决函数背景的几何问题时,一定要充分利用几何的基本性质,抓住问题表象中的隐含条件,利用几何性质的同时结合平面直角坐标系展开计算,达到几何与代数的完美结合.上述解法中的勾股定理和三角形的相似与全等、等腰直角三角形的性质的运用,既在意料之外,又在情理之中,顺其自然,水到渠成.

(二)活用解题模型,呈现多样解法

基本图形是解决综合性几何问题的一个很好的突破口,从复杂的图形中抽出简单的图形,利用基本图形的性质往往可以化难为易,顺利得解,过程看似开放,但有方法可循.我们要通过解题教学,达到"学会思考"这一核心的教学理念,注重解题的方法,加强知识之间的迁移,从而提高解题能力.

一、教学目标

(1)知识与技能:进一步巩固扇形等常见图形的面积公式,加深对不规则图形面积转化方法的理解.

(2)过程与方法:通过弓形、弯角等面积的计算,培养学生观察、探索、解决问题的能力,体会把不规则图形转化为规则图形的思想方法;通过计算组合图形中阴影部分的面积,培养学生迅速正确计算的能力.

(3)情感态度价值观:通过一题多解,培养学生的发散思维;一题多变,利用割补法求面积,培养学生的灵活转换思维,提高学生数学学习的积极性.

二、学情分析

初三的学生已经学了圆的相关知识,会计算扇形的面积,其他规则几何图形的面积计算也有基础,只是学生还不能熟练将不规则图形转化为规则图形进行面积计算,所以需要安排一次专门训练,让学生体会求不规则图形面积的一般思路.

三、教学过程

(一)复习引入

(1)圆的面积计算公式是什么? $S_{圆} = \pi r^2$.

(2)正方形和三角形的面积计算公式分别是什么?

$S_{正方形} = a^2(a$ 是正方形的边长);

$S_{三角形} = \dfrac{1}{2}ah(a$ 是三角形的一边,h 是该边上的高).

(3)扇形面积公式有几个,分别是什么?

$S_{扇形} = \dfrac{1}{2}lr(l$ 是弧长,r 是半径).

$S_{扇形} = \dfrac{n}{360}\pi r^2(n$ 是圆心角的度数,r 是半径).

(二)讲授新课

1."弓形""弯角"等基本图形的认识

幻灯片展示题目:

[例题]如图 2-57 所示,正方形的边长为 a,求图中阴影部分的面积.

如图 2-57 所示,阴影部分的图形形状像弓箭,我们称之为"弓形",右上角空白部分的图形,根据它的形状,我们称之为"弯角".

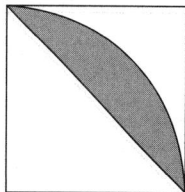

图 2-57

2.阴影部分面积的计算

问:如何求图 2-57 中"弓形"的面积呢?

解：$S_{弓} = S_{扇} - S_{\triangle} = \dfrac{1}{4}S_{圆} - S_{\triangle} = \dfrac{\pi}{4}a^2 - \dfrac{1}{2}a^2$.

问：如何求图 2-57 中"弯角"的面积呢？

法一：$S_{弯角} = S_{\triangle} - S_{弓}$.

法二：$S_{弯角} = S_{\square} - S_{扇}$.

[变式 1]如图 2-58 所示，正方形的边长为 a，求图中阴影部分（谷形）的面积.

请同学们仔细观察图形，思考如何求阴影部分的面积，小组内可以相互讨论、交流看法：

法一：在例题的基础上，很容易想到：$S_{谷} = 2S_{弓}$.

法二：谷形的面积可以看成是两个 90° 的扇形重叠部分的面积，那么：

$S_{谷} = 2S_{扇} - S_{正}$.

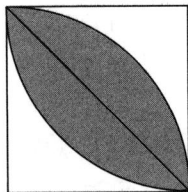

图 2-58

法三：可以将图 2-58 所示图形进行翻折，使得左右两侧的图象互相重合，得到图 2-59，那么谷形的面积等于半圆面积减去等腰直角三角形面积，即：

$$S_{谷} = \dfrac{1}{2}S_{圆} - S_{\triangle}$$

$$= \dfrac{1}{2}\pi a^2 - a^2.$$

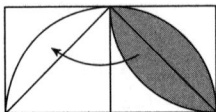

图 2-59

[变式 2]如图 2-60 所示，正方形的边长为 a，求图中阴影部分的面积.

法一：在变式 1 的基础上，$S_{阴} = 4S_{谷} = 8S_{弓}$.

法二：受变式 1 解法二的启发，阴影部分的面积即 4 个半圆重叠部分的面积，

$$S_{阴} = 4S_{半圆} - S_{正} = 2S_{圆} - S_{正} = \dfrac{\pi}{2}a^2 - a^2.$$

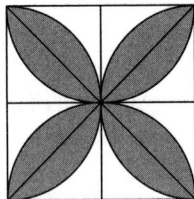

图 2-60

【设计意图】例题之后的两个变式由浅入深，从例题到变式 2，弓形的个数由 1 个变为 2 个，2 个变成 8 个，图形逐渐变复杂，题目不断变化，难度逐渐加大，但是，我们求弓形面积的基本思想方法是不变的. 在一题多变的过程中，我们也渗透一题多解的思想，如变式 1 中，求谷形的面积，我们采用了三种方法来求解，这样能够锻炼学生的发散思维.

[练习 1]如图 2-61 所示，正方形的边长为 a，求图中阴影部分的面积.

解：$S_{阴} = 4S_{谷} = 8S_{弓} = 8(S_{扇} - S_{\triangle})$

$$= 8\left(\dfrac{1}{4}S_{圆} - S_{\triangle}\right)$$

$$= 8\left[\dfrac{\pi}{4}\left(\dfrac{a}{2}\right)^2 - \dfrac{1}{2}\left(\dfrac{a}{2}\right)^2\right]$$

$$= \dfrac{\pi}{2}a^2 - a^2.$$

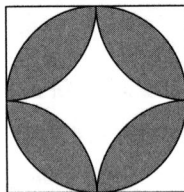

图 2-61

[练习2]如图 2-62 所示,正方形的边长为 10,求图中阴影部分的面积.

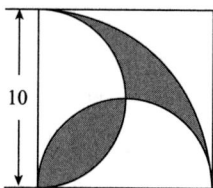

图 2-62

解:如图 2-63 所示,连对角线,通过割补,

$$S_{阴}=S_{大弓}=S_{扇}-S_{\triangle}$$

$$=\frac{1}{4}S_{圆}-S_{\triangle}$$

$$=\frac{\pi}{4}\times 10^2-\frac{1}{2}\times 10^2$$

$$=25\pi-50.$$

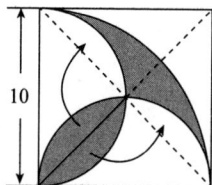

图 2-63

[练习3]如图 2-64 所示,两个半圆的直径均为 20,求图中阴影部分的面积.

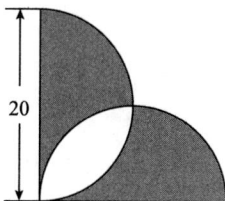

图 2-64

解:如图 2-65 所示,连对角线,通过割补,

$$S_{阴}=S_{\triangle}$$

$$=\frac{1}{2}\times 20^2$$

$$=200.$$

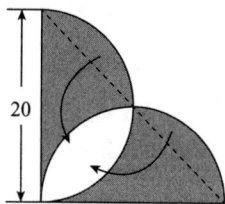

图 2-65

【设计意图】练习 1 中的阴影部分的面积也是由四个谷形构成的,因此这道题中阴影部分的面积跟变式 2 中阴影部分的面积是一样的.对于练习 2 和练习 3 中阴影部分的面积,通过割补法能够使计算更简便,练习 2 中的阴影部分的面积实际上就转化为一个大弓形的面积,练习 3 中阴影部分的面积转化为一个等腰直角三角形的面积.其中对于练习 3,图中空白部分的形状是一个谷形,如果想不到添加辅助线方法,可以用一个半圆的面积减去空白的谷形的面积,然后所得的差的两倍即为练习 3 中阴影部分的面积.

(三)归纳小结

(1)认识"弓形""弯角""谷形"等图形.

(2)割补法求阴影部分的面积.

①解题思路:不规则阴影面积常常由三角形、四边形、弓形、扇形和圆、圆弧等基本图形组合而成,在解此类问题时,要注意观察和分析图形,会分解和组合图形.

②求阴影部分面积的方法:割补法.

四、注 析

课堂是以学生为主体的,开放式教学更注重学生的参与度.对于求阴影部分的面积,每个学生观察图形的角度是不同的,对图形的认识也是不同的,所以会有不同的求解方法:有直接求的,有添加辅助线的,也有利用割补法求与扇形有关的面积的.对于利用扇形公式解决实际问题,学生在思考问题时可能比较片面,可让学生进行讨论,集思广益,学生在讨论交流中逐渐明晰解题思路.课堂上学生大胆发表自己的意见,也是提高数学素养的表现.

案例 5 函数中的放缩与赋值策略

一、教学目标

(1)知识与技能:理解和掌握超越函数的放缩和赋值策略,会解决函数与导数中的综合性问题.

(2)过程与方法:通过具体问题的分析和总结,培养学生根据实际问题情境分析问题的能力,并进一步培养学生选择合适策略解决问题的能力,发展学生的数学运算能力,培养高阶思维能力.

(3)情感态度价值观:在解决综合性问题的过程中,培养学生严谨的科学精神、数学逻辑思维和不畏艰难的毅力.

二、学情分析

函数赋值问题涉及函数领域的方方面面:讨论函数零点的个数(包括零点的存在性、唯一性),求含参函数的极值或最值,证明一类超越不等式,求解某些特殊的超越方程或超越不等式以及各种题型中的参数取值范围等.其背景知识基本可以追溯到几类不同增长速度的函数模型,也就是指数爆炸、直线上升和对数增长.用高等数学的观点看,其核心就是泰勒展开,然而,受制于学生的认知结构和认识水平,高中阶段只能用初等的手段解决这类问题.本节课的授课班级为理科实验班,学生的思维敏捷,反应较快,具有较好的数学基础和比较扎实的基本功,能够解决函数导数的基本问题,但对于一些难度较大的问题,在处理细节时还存在方向不明、思路不清、逻辑不严等问题.所谓一人智短三人智长,解决这类问题,既需要教师的引导为学生提供方向,更需要学生的积极探索和深度思考,让学生在思考中提出方案,在比较中优化方案,在追问中深化理解提升素养.因此,采用开放探究式教学,让学生变成课堂的主人,变成思维的主体,深度思考,深度学习,提高课堂效率.

三、教学过程

(一)复习引入

[问题 1]已知函数 $f(x)=e^x-a(x+2)$ 有两个零点,求 a 的取值范围.

分析:若 $f(x)$ 有两个零点,即 $e^x-a(x+2)=0$ 有两个解.

从方程可知,$x=-2$ 不成立,即 $a=\dfrac{e^x}{x+2}$ 有两个解.

令 $h(x)=\dfrac{e^x}{x+2}(x\neq-2)$,则有 $h'(x)=\dfrac{e^x(x+2)-e^x}{(x+2)^2}=\dfrac{e^x(x+1)}{(x+2)^2}.$

由此可知,当 $(x+1)>0$,即 $x>-1$ 时,$h'(x)>0$;当 $x<-1$ 且 $x\neq-2$ 时,$h'(x)<0$.

所以函数 $h(x)$ 在 $(-\infty,-2)$ 和 $(-2,-1)$ 上单调递减,在 $(-1,+\infty)$ 上单调递增,

且当 $x<-2$ 时,$h(x)<0$.

而 $x\to-2^+$ 时,$h(x)\to+\infty$,当 $x\to+\infty$ 时,$h(x)\to+\infty$,

所以当 $a=\dfrac{e^x}{x+2}$ 有两个解时,有 $a>h(-1)=\dfrac{1}{e}$,

所以满足条件的 a 的取值范围是 $\left(\dfrac{1}{e},+\infty\right)$.

师生活动:上述解法中使用了极限:当 $x\to+\infty$ 时,$h(x)\to+\infty$,这已经超出了高中阶段的教学要求,是不严谨的.解决函数零点个数问题,除了这种不太严谨的方法,我们能否找到更为严谨可靠的解法呢?

【设计意图】复习函数零点问题的解法,展示其中一个不严谨的解法,引导学生寻找更严谨的解法,激起学生的探究兴趣,同时,本题的解法开放,引导学生寻找新的方向,探索新的解法.

(二)讲授新课

[问题2]如果不用参变量分离的思路,能否解决这个问题,请尝试,看看会遇到什么样的困惑.详解:$f'(x)=e^x-a$.

(1)当 $a\leqslant0$ 时,$f'(x)>0$,$f(x)$ 单调递增,则至多一个零点,舍去.

(2)当 $a>0$ 时,$f'(x)=e^x-a=0$,得 $x=\ln a$.

$x\in(-\infty,\ln a)$,$f'(x)<0$,$f(x)$ 单调递减;

$x\in(\ln a,+\infty)$,$f'(x)>0$,$f(x)$ 单调递增.

①$f(\ln a)=a-a(\ln a+2)=-a(\ln a+1)\geqslant0$,即 $0<a\leqslant\dfrac{1}{e}$ 时,至多一个零点,舍去.

②$f(\ln a)=-a(\ln a+1)<0$,即 $a>\dfrac{1}{e}$ 时,函数可能有两个零点.

追问1:此时一定能保证函数有两个零点吗?

师生活动:引导学生反思函数的性质,未必能保证两个零点,比如在函数有渐近线的时候.

追问2:如何保证只有两个单调区间的函数一定有两个零点?

师生活动:由零点存在性定理,此时的关键是在 $\ln a$ 左右两侧各找到能使函数值大于 0 的点,从而利用零点存在定理证明有两个零点.

当 $a>\dfrac{1}{e}$ 时,①在 -2 左边两者都大于 0,因此 $\ln a$ 左侧取 -2 即可;

②当 $x>0$ 时,e^x 起决定性作用,$-a(x+2)$ 起反作用,这时候的放缩目标是:$e^x-a(x+2)>0$.这时候有两个放缩方向,一是将决定项 e^x 缩小一点,但依然比一次的增长速度快,这

样结果还是大于 0；二是将反作用项 $-a(x+2)$ 缩小（即更负）一点，但依然比指数增长速度慢，这样结果也依然大于 0. 比如，我们可以利用 $e^x \geqslant \dfrac{e^2}{4}x^2$ 进行放缩：

$$f(x) \geqslant \dfrac{e^2}{4}x^2 - ax - 2a = 0, 解得 \ x = \dfrac{a + \sqrt{a^2 + 2ae^2}}{2 \cdot \dfrac{e^2}{4}}.$$

问题能够解决，但是表达不够简洁，结论没有美感，而且不好与 $\ln a$ 比大小，因此这是一个不太理想的放缩，请大家结合刚才的分析进一步思考，寻找更好的放缩策略.

生 1：利用 $e^x \geqslant x^2$ 进行放缩：

$$f(x) > x^2 - ax - 2a = 0, 解得 \ x = \dfrac{a + \sqrt{a^2 + 8a}}{2} > \dfrac{a + a}{2} > \ln a.$$

师：非常好，还是保证把 e^x 放缩为二次多项式，但是调整了系数，使得不等式更好解，符合我们的预期，也很容易与 $\ln a$ 比大小，当然可以进一步放缩使得这个数更简洁一些.

生 2：还可以利用 $e^{\frac{x}{2}} \geqslant \dfrac{x}{2} + 1$ 进行放缩：

$$f(x) \geqslant \left(\dfrac{x}{2} + 1\right)^2 - a(x+2) = \dfrac{1}{4}(x+2)^2 - a(x+2) = (x+2)\left[\dfrac{1}{4}(x+2) - a\right] = 0, 故取$$
$x = 4a$ 即可.

生 3：利用泰勒展开的 $e^x > 1 + x + \dfrac{1}{2}x^2 > x + \dfrac{1}{2}x^2$ 进行放缩：

$$f(x) > x + \dfrac{1}{2}x^2 - a(x+2) = \left(\dfrac{1}{2}x - a\right)(x+2) > 0, 故取 \ x = 2a \ 即可.$$

师：非常好，大家思考得非常积极，也都很有成效. 生 1 优化了老师的解法，调整了二次项的系数，并在结论中再次使用了放缩策略，使得结论美观并容易与 $\ln a$ 比大小. 而生 2 和生 3 之所以能取出更好的点，其实是抓住了原式在形式上的特点，即有 $x+2$ 这样的项，因此在选择多项式的时候选择了二次当中系数比为 1:2 的不等式，才会构造出可解且好解的点.

（三）例题讲解

[例题]函数 $f(x) = \ln x - a(x-1)e^x \left(0 < a < \dfrac{1}{e}\right)$. 证明 $f(x)$ 恰有两个零点.

师生活动：先共同完成基础部分的解答：

首先，观察发现 $f(1) = 0$，又 $f'(x) = \dfrac{1 - ax^2 e^x}{x}$，令 $g(x) = 1 - ax^2 e^x$，

由 $0 < a < \dfrac{1}{e}$ 可知，$g(x)$ 在 $(0, +\infty)$ 内单调递减.

又 $g(1) = 1 - ae > 0$，且 $g\left(\ln \dfrac{1}{a}\right) = 1 - a\left(\ln \dfrac{1}{a}\right)^2 \dfrac{1}{a} = 1 - \left(\ln \dfrac{1}{a}\right)^2 < 0$，

故 $g(x) = 0$ 在 $(0, +\infty)$ 内有唯一解，从而 $f'(x) = 0$ 在 $(0, +\infty)$ 内有唯一解.

追问 1：此零点可解吗？如果不可解，其范围可知吗？

师生活动：显然零点不可解，不妨设为 x_0，则 $1 < x_0 < \ln \dfrac{1}{a}$.

当 $x\in(0,x_0)$ 时，$f'(x)=\dfrac{g(x)}{x}>\dfrac{g(x_0)}{x}=0$，

所以 $f(x)$ 在 $(0,x_0)$ 内单调递增；

当 $x\in(x_0,+\infty)$ 时，$f'(x)=\dfrac{g(x)}{x}<\dfrac{g(x_0)}{x}=0$，

所以 $f(x)$ 在 $(x_0,+\infty)$ 内单调递减.

因此，x_0 是 $f(x)$ 的唯一极值点.

追问 2：要保证函数有两个零点，则 $f(x_0)$ 应该满足什么样的条件？

师生活动：结合函数图象和性质易知 $f(x_0)>0$，而这一点可由 $f(x_0)>f(1)=0$ 保证，从而问题转化为在 $(x_0,+\infty)$ 寻找一点使得函数值小于 0.

追问 3：此时的决定项和反作用项分别是哪项？ 如何放缩比较合适？

师生活动：此时的决定项是 $a(x-1)\mathrm{e}^x$，反作用项是 $\ln x$，都是超越函数，因此都有可能被放缩. 请学生思考、尝试后给出方向.

生 4：可以先放缩 e^x，再放缩 $\ln x$，利用 $\mathrm{e}^x>\mathrm{e}$，可得 $-a(x-1)\mathrm{e}^x<-a\mathrm{e}(x-1)$，再利用 $\ln x=2\ln\sqrt{x}<2(\sqrt{x}-1)$，有 $f(x)<2(\sqrt{x}-1)-a\mathrm{e}(x-1)$，

令 $2(\sqrt{x}-1)-a\mathrm{e}(x-1)=0$，解得 $x_1=\left(\dfrac{2}{a\mathrm{e}}-1\right)^2$，则 $f(x_1)<0$.

又因为 $f(x_0)>f(1)=0$，所以 $f(x)$ 在 $(x_0,+\infty)$ 内有唯一零点.

又 $f(x)$ 在 $(0,x_0)$ 内有唯一零点 1，从而 $f(x)$ 在 $(0,+\infty)$ 内恰有两个零点.

生 5：可以直接用 $\ln x<x-1$ 放缩：

$$f\left(\ln\dfrac{1}{a}\right)=\ln\ln\dfrac{1}{a}-a\left(\ln\dfrac{1}{a}-1\right)\mathrm{e}^{\ln\frac{1}{a}}=\ln\ln\dfrac{1}{a}-\ln\dfrac{1}{a}+1=h\left(\ln\dfrac{1}{a}\right)<0,$$

又因为 $f(x_0)>f(1)=0$，所以 $f(x)$ 在 $(x_0,+\infty)$ 内有唯一零点.

又 $f(x)$ 在 $(0,x_0)$ 内有唯一零点 1，从而，$f(x)$ 在 $(0,+\infty)$ 内恰有两个零点.

【设计意图】在指数函数为背景的基础上，引入对数函数，让学生在之前探究的基础上思考对数函数的放缩策略和方向，完善学生对常见超越函数的代数化思路，此处还用到了不等式的基本性质，可以给学生更全面的启迪.

（四）课堂练习

（2018 年全国Ⅰ卷文 21）已知函数 $f(x)=a\mathrm{e}^x-\ln x-1$.

（1）设 $x=2$ 是 $f(x)$ 的极值点，求 a，并求 $f(x)$ 的单调区间.

（2）证明：当 $a\geqslant\dfrac{1}{\mathrm{e}}$ 时，$f(x)\geqslant 0$.

分析：（1）$f(x)$ 的定义域为 $(0,+\infty)$，$f'(x)=a\mathrm{e}^x-\dfrac{1}{x}$.

由题设知，$f'(2)=0$，所以 $a=\dfrac{1}{2\mathrm{e}^2}$，

从而 $f(x)=\dfrac{1}{2\mathrm{e}^2}\mathrm{e}^x-\ln x-1$，$f'(x)=\dfrac{1}{2\mathrm{e}^2}\mathrm{e}^x-\dfrac{1}{x}$.

当 $0<x<2$ 时，$f'(x)<0$；当 $x>2$ 时，$f'(x)>0$.

所以 $f(x)$ 在 $(0,2)$ 单调递减,在 $(2,+\infty)$ 单调递增.

(2)当 $a \geqslant \dfrac{1}{e}$ 时,$f(x) \geqslant \dfrac{e^x}{e} - \ln x - 1$.

设 $g(x) = \dfrac{e^x}{e} - \ln x - 1$,则 $g'(x) = \dfrac{e^x}{e} - \dfrac{1}{x}$.

当 $0 < x < 1$ 时,$g'(x) < 0$;当 $x > 1$ 时,$g'(x) > 0$.所以 $x=1$ 是 $g(x)$ 的最小值点.

故当 $x > 0$ 时,$g(x) \geqslant g(1) = 0$.

因此,当 $a \geqslant \dfrac{1}{e}$ 时,$f(x) \geqslant 0$.

(五)归纳小结

根据以上所讲,你能否总结出解决这类问题的一般策略和步骤?

师生活动:学生总结,教师点评和完善,得出基本经验和结论.

(1)直观放缩:先直观尝试,后放缩证明,其特点是见效快,但可能多次尝试并且有时证明困难.

(2)放缩求解:先适度放缩,然后通过解不等式或方程求出赋值点,其特点是稳妥、可靠,但有时,目标放缩有点难.

从放缩的特点上来讲,又可以分为:

①无条件放缩(定义域不加限制):如 $e^x \geqslant x+1$,$\ln x \leqslant x-1$ 等.此时一般采用超越函数代数化的策略,当然个别问题中也可能反其道而行之,这取决于函数本身的基本结构,也就是如果函数中超越是主流的话,那么就把非主流的代数函数超越化.

②有条件放缩(定义域有一定范围):$x \leqslant 0$ 时,$e^x \leqslant 1$;$x < 1$ 时,$e^x \left(= \dfrac{1}{e^{-x}} \right) < \dfrac{1}{1-x}$ 等.此时,一般可以考虑用函数在局部的值域来放缩,但是这种放缩有时候尺度过大,因此还需要根据题目的前后逻辑联系发现合适的放缩方向.

③泰勒展开式:$e^x = 1 + x + \dfrac{x^2}{2!} + \dfrac{x^3}{3!} + \cdots + \dfrac{x^n}{n!} + \cdots$;

$\ln(x+1) = x - \dfrac{x^2}{2} + \dfrac{x^3}{3} - \dfrac{x^4}{4} + \cdots + \dfrac{(-1)^{n+1} x^n}{n} + \cdots$.

四、注 析

(一)厚积薄发,从理性的角度发展学生的实践经验

函数零点的问题是函数中的核心问题,数学中经常遇到零点不可求的问题,解决这类问题的基本方向是利用零点存在性定理,结合函数的单调性解决零点的存在性和个数问题,进而采用先猜想后证明或者设而不求整体代换的思路加以解决.这其中使用零点存在性定理时必须保证函数取到两个异号的函数值,这是一个很难的问题,也是一个广泛存在和被应用的问题.学生在函数学习的过程中总是会遇到这样的问题,已经有了很多经验,但是都比较零散.本节课就是要把这些零散的经验通过梳理系统化、理性化,使得学生能够掌握解决这类问题的一般方法.

(二)合作探究,启迪学生灵活和多向思考

学生是学习的主人,是课堂的主体,对学生而言,只有让学生的思维动起来、活起来,学生才能真正成为课堂的主人.对于这种难度较大且方案不一的问题,老师的讲解永远都不可能穷尽所有的可能,只有让学生在合作中探究,在碰撞中启迪,学生的思维才会更灵活,思考的方向才会更丰富.

(三)开放追问,让深度学习和深度思考落地

最适合发展高阶思维的教学,是以思维为基础的问答策略的设计.开放性的、挑战性的、没有标准答案的、需要学生运用他们的思维深度思考才能够回答的问题,才是激发学生高级思维技能的好问题.尤其是面对有高等数学背景的初等数学问题时,一般没有现成的固定的套路可用,思维的起点和终点都是开放的,在学生思考的基础上不断追问,完善过程、寻找关联、发现意外之喜,就是深度学习的有效落地途径.

案例6　利用导数研究极值点偏移问题

一、教学目标

(1)知识与技能:理解极值点的含义;会利用导数判断函数的单调性,并结合不等式研究函数的极值点偏移问题.

(2)过程与方法:①通过对不同极值点相关题型的求解分析,体会极值点知识的内涵和外延,感悟数学抽象、逻辑推理等数学思想的应用,通过对类型题的辩证分析,体会导数的工具性特征,增强对数学思维方法的理解;②通过对极值点偏移问题的求解,总结常见的问题题型,体会导数在解决函数极值点问题中的作用和基本步骤.

(3)情感态度价值观:通过对极值点偏移问题的研究,总结函数与导数一轮复习的方法,感受数学的魅力,激发学习兴趣,培养勇于探索、挑战困难的勇气和品质.

二、学情分析

本课时属于"函数"主题"一元函数导数及其应用"单元下的一个课时,在此之前,学生已经会用导数研究函数的单调性、极值和最值,而零点的概念在必修模块的函数主题已经学习,因此学生的知识储备已经比较完善.

本节课之前学生已经学习了零点存在性定理、导数的基本概念及其常见应用,但学生对导数的理解还只停留在利用导数求解单调性、极值、最值的基础层面,如何灵活运用导数研究极值点两侧的变化快慢问题还是处于懵懂状态,要实现这种认识的跃迁,对学生有一定的难度.在解答题中,如何根据时机构造合适的函数对于学生是极大的障碍,导数在这个过程中所发挥的作用不容忽视.如何构造合适的函数、选择合适的时机、运用恰当的手段放缩等更是值得研究.因此,本课时的教学难点是如何合理构造函数,将极值点偏移问题转化为函数的恒成立问题.为克服以上教学难点,教学中不要简单地告诉学生答案,再加以证明,而应注意引导学生积极参与条件寻找的探索过程,通过分析、尝试甚至试错,带领学生去思考、发

现函数构造方法,挖掘不同的解题策略,也可以利用信息技术工具等具体形象的教学手段进行直观阐释、辨析,帮助学生理解题目条件的意图,引导学生参与观察、思考、归纳、类比、交流等数学活动,经历从具体到抽象、从特殊到一般的思维过程,并从中反思知识获得过程中数学思考的方式与方法.

三、教学过程

(一)复习引入

所谓极值点偏移问题,是指对于单极值函数,由于函数极值点左右的增减速度不同,使得函数图象没有对称性.若函数 $f(x)$ 在 $x=x_0$ 处取得极值,且函数 $y=f(x)$ 与直线 $y=b$ 交于 $A(x_1,b)$,$B(x_2,b)$ 两点,则 AB 的中点为 $M\left(\dfrac{x_1+x_2}{2},b\right)$,而往往 $x_0\neq\dfrac{x_1+x_2}{2}$,如图 2-66 所示.

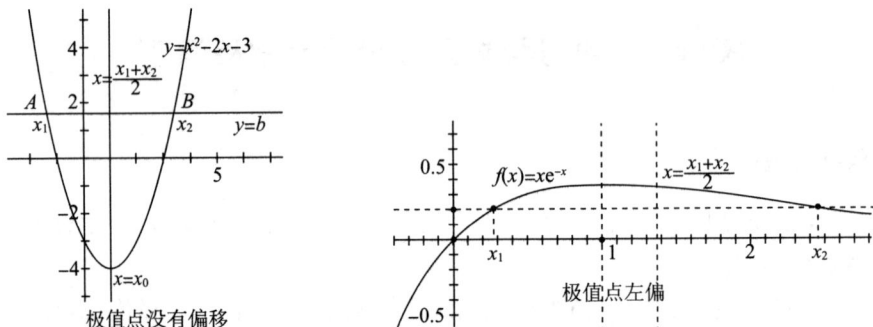

图 2-66

此类问题在近几年高考及各种模考中,作为热点以压轴题的形式给出,很多学生对待此类问题经常是束手无策,而且此类问题变化多样,有些题型是不含参数的,而更多的题型又是含有参数的.不含参数的如何解决? 含参数的又该如何解决? 参数如何来处理? 是否有更方便的方法来解决? 其实,处理的手段有很多,方法也就有很多,我们先来看看此类问题的基本特征,再从几个典型问题来逐一探索!

问题特征:

极值点左偏:如图 2-67 所示,$x_1+x_2>2x_0$,$x=\dfrac{x_1+x_2}{2}$ 处切线与 x 轴不平行:

若 $f(x)$ 上凸 $[f'(x)$ 递减$]$,则 $f'\left(\dfrac{x_1+x_2}{2}\right)<f'(x_0)=0$;若 $f(x)$ 下凸 $[f'(x)$ 递减$]$,则 $f'\left(\dfrac{x_1+x_2}{2}\right)>f'(x_0)=0.$

极值点右偏:如图 2-68 所示,$x_1+x_2<2x_0$,$x=\dfrac{x_1+x_2}{2}$ 处切线与 x 轴不平行:

若 $f(x)$ 上凸 $[f'(x)$ 递减$]$,则 $f'\left(\dfrac{x_1+x_2}{2}\right)>f'(x_0)=0$;若 $f(x)$ 下凸 $[f'(x)$ 递减$]$,则 $f'\left(\dfrac{x_1+x_2}{2}\right)<f'(x_0)=0.$

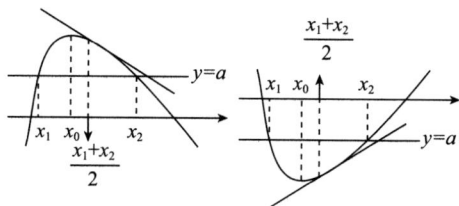 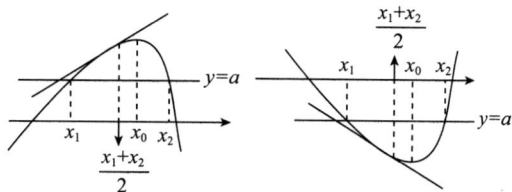

极值点左偏　　　　　　　　　　　　　　极值点右偏

图 2-67　　　　　　　　　　　　　　　　图 2-68

(二)讲授新课

类型一:不含参数的问题处理策略.

[例题 1](2010 天津理改编)已知函数 $f(x)=x\mathrm{e}^{-x}(x\in\mathbf{R})$,

(1)作出函数 $f(x)$ 的草图.

(2)如果 $x_1\neq x_2$,且 $f(x_1)=f(x_2)$,证明: $x_1+x_2>2$.

教师活动:引导学生审题,分析题目条件,利用导数作出函数 $f(x)$ 的大概图象,发现 $0<x_1<1<x_2$,但 x_1,x_2 无法求解迫使我们需要将问题进行转化.一种直观的思路是将目标不等式移项得 $x_2>2-x_1$,由 $0<x_1<1<x_2$,故 $2-x_1,x_2\in(1,+\infty)$.又因为 $f(x)$ 在 $(1,+\infty)$ 上单调递减,故只需证 $f(x_2)<f(2-x_1)$.又因为 $f(x_1)=f(x_2)$,故即证 $f(x_1)<f(2-x_1)$,构造函数 $H(x)=f(x)-f(2-x),x\in(0,1)$,则等价于证明 $H(x)<0$ 对 $x\in(0,1)$ 恒成立,这样原来问题就转化为熟悉的最值问题.

学生活动:根据教师分析,求出函数 $f(x)$ 的导函数,作出草图(图 2-69),发现满足条件的 x_1,x_2 的大概位置,并在老师的引导下将问题转化为 $H(x)<0$ 对 $x\in(0,1)$ 恒成立问题.

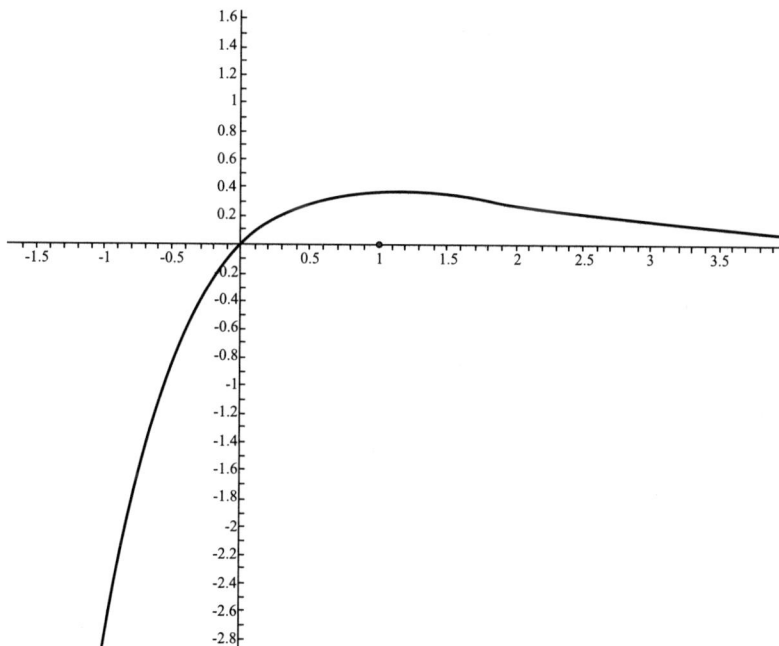

图 2-69

最后师生一起得出如下解法一：

欲证 $x_1+x_2>2$，即证 $x_2>2-x_1$，由图 2-69 可知 $0<x_1<1<x_2$，故 $2-x_1,x_2\in(1,+\infty)$．又因为 $f(x)$ 在 $(1,+\infty)$ 上单调递减，故只需证 $f(x_2)<f(2-x_1)$，又因为 $f(x_1)=f(x_2)$，故只需证 $f(x_1)<f(2-x_1)$，构造函数 $H(x)=f(x)-f(2-x),x\in(0,1)$，则原命题等价于证明 $H(x)<0$ 对 $x\in(0,1)$ 恒成立．

由 $H'(x)=f'(x)+f'(2-x)=\dfrac{1-x}{e^x}(1-e^{2x-2})>0$，则 $H(x)$ 在 $x\in(0,1)$ 上单调递增，所以 $H(x)<H(1)=0$，即已证明 $H(x)<0$ 对 $x\in(0,1)$ 恒成立，故原不等式 $x_1+x_2>2$ 亦成立．

教师活动：由题目可知，$f(x_1)=f(x_2)$ 是得到目标不等式的关键条件，也是建立 x_1,x_2 联系纽带的核心要素，从方程的角度思考，我们是否可以由此式对 x_1,x_2 的关系进行转化？从条件 $f(x_1)=f(x_2)$ 易得 $x_1e^{-x_1}=x_2e^{-x_2}$，化简得 $e^{x_2-x_1}=\dfrac{x_2}{x_1}$，为了让式子更加简洁明了，若我们将 x_2-x_1 看成参数 t，那么我们能否通过消参将 x_1,x_2 转化为 t，从而将问题转化为单参数问题解答呢？

学生活动：思考教师的问题，尝试动笔解答，令 $t=x_2-x_1$，则 $x_2=t+x_1$，代入 $e^{x_2-x_1}=\dfrac{x_2}{x_1}$，得 $e^t=\dfrac{t+x_1}{x_1}$，反解出 $x_1=\dfrac{t}{e^t-1}$，则 $x_1+x_2=2x_1+t=\dfrac{2t}{e^t-1}+t$，故要证：$x_1+x_2>2$，即证：$\dfrac{2t}{e^t-1}+t>2$，又因为 $e^t-1>0$，等价于证明：$2t+(t-2)(e^t-1)>0$，最后转化为函数的最值问题．

师生继续将探索结果总结梳理得到如下解法二：

由 $f(x_1)=f(x_2)$，得 $x_1e^{-x_1}=x_2e^{-x_2}$，化简得 $e^{x_2-x_1}=\dfrac{x_2}{x_1}$……①，

不妨设 $x_2>x_1$，由法一知，$0<x_1<1<x_2$．令 $t=x_2-x_1$，则 $t>0,x_2=t+x_1$，代入①式，得 $e^t=\dfrac{t+x_1}{x_1}$，反解出 $x_1=\dfrac{t}{e^t-1}$，则 $x_1+x_2=2x_1+t=\dfrac{2t}{e^t-1}+t$，故要证：$x_1+x_2>2$，即证：$\dfrac{2t}{e^t-1}+t>2$，又因为 $e^t-1>0$，等价于证明：$2t+(t-2)(e^t-1)>0$……②，

构造函数 $G(t)=2t+(t-2)(e^t-1)(t>0)$，则 $G'(t)=(t-1)e^t+1,G''(t)=te^t>0$，故 $G'(t)$ 在 $t\in(0,+\infty)$ 上单调递增，$G'(t)>G'(0)=0$，从而 $G(t)$ 也在 $t\in(0,+\infty)$ 上单调递增，$G(t)>G(0)=0$，即证②式成立，也即原不等式 $x_1+x_2>2$ 成立．

教师活动：在肯定解法二精妙的同时，继续引导学生思考：解法二的关键操作步骤即 $t=x_2-x_1$，那么如果将 $\dfrac{x_2}{x_1}$ 看成 t，是否也能得到类似解答呢？请同学们动笔试试．

学生活动：思考教师提出的问题，类比解法二，尝试令 $\dfrac{x_2}{x_1}=t,x_2=tx_1$ 代入 $e^{x_2-x_1}=\dfrac{x_2}{x_1}$，得 $e^{x_1-x_1}=t>0$，两边取对数反解出 $x_1=\dfrac{\ln t}{t-1}$，则 $x_1+x_2=x_1+tx_1=\dfrac{(t+1)\ln t}{t-1}$，故要证：$x_1+$

$x_2 > \dfrac{1}{2}$,即证: $\dfrac{(t+1)\ln t}{t-1} > 1$,不妨设 $x_2 > x_1$,从而 $t > 1$,问题等价于证明: $\ln t - 2\left(\dfrac{t-1}{t+1}\right) > 0$,最后转化为函数的最值问题.

最后师生一起总结得出解法三(过程略).

教师活动:在一定条件下,指对数是可以相互转化的,同学们思考一下,是否可以将本题转化为对数问题,再进行求解呢?

学生活动:根据教师提示,将条件 $\mathrm{e}^{x_2-x_1} = \dfrac{x_2}{x_1}$ 两边取对数得到 $x_2 - x_1 = \ln\dfrac{x_2}{x_1} = \ln x_2 - \ln x_1$,从而考虑令 $x_2 - x_1 = t$,得到如下解法四:

由法二中①式,两边同时取以 e 为底的对数,得 $x_2 - x_1 = \ln\dfrac{x_2}{x_1} = \ln x_2 - \ln x_1$,也即

$$\dfrac{\ln x_2 - \ln x_1}{x_2 - x_1} = 1,\text{从而 } x_1 + x_2 = (x_1 + x_2)\dfrac{\ln x_2 - \ln x_1}{x_2 - x_1} = \dfrac{x_2 + x_1}{x_2 - x_1}\ln\dfrac{x_2}{x_1} = \dfrac{\dfrac{x_2}{x_1}+1}{\dfrac{x_2}{x_1}-1}\ln\dfrac{x_2}{x_1},$$

令 $t = \dfrac{x_2}{x_1}(t > 1)$,则欲证: $x_1 + x_2 > 2$,等价于证明: $\dfrac{t+1}{t-1}\ln t > 2$ $\cdots\cdots$③,

构造 $M(t) = \dfrac{(t+1)\ln t}{t-1} = \left(1 + \dfrac{2}{t-1}\right)\ln t\,(t > 1)$,则 $M'(t) = \dfrac{t^2 - 1 - 2t\ln t}{t\,(t-1)^2}$.

又令 $\varphi(t) = t^2 - 1 - 2t\ln t\,(t > 1)$,则 $\varphi'(t) = 2t - 2(\ln t + 1) = 2(t - 1 - \ln t)$,由于 $t - 1 > \ln t$ 对 $\forall t \in (1, +\infty)$ 恒成立,故 $\varphi'(t) > 0$,$\varphi(t)$ 在 $t \in (1, +\infty)$ 上单调递增,所以 $\varphi(t) > \varphi(1) = 0$,从而 $M'(t) > 0$,故 $M(t)$ 在 $t \in (1, +\infty)$ 上单调递增,由洛必达法则知: $\lim\limits_{x \to 1}M(t) = \lim\limits_{x \to 1}\dfrac{(t+1)\ln t}{t-1} = \lim\limits_{x \to 1}\dfrac{[(t+1)\ln t]'}{(t-1)'} = \lim\limits_{x \to 1}\left(\ln t + \dfrac{t+1}{t}\right) = 2$,即证 $M(t) > 2$,即证③式成立,也即原不等式 $x_1 + x_2 > 2$ 成立.

若令 $\dfrac{x_2}{x_1} = t$,可得解法五(过程略).

类型二:含参数的问题处理策略.

[例题2]已知函数 $f(x) = x - a\mathrm{e}^x$ 有两个不同的零点 x_1,x_2,求证: $x_1 + x_2 > 2$.

教师活动:引导学生思考,题目条件中有参数 a,但目标表达式没有参数 a,说明参数对结论的影响不大.那么我们是否可以通过参数分离,找到更加简洁的解题思路呢?

学生活动:在教师的引导下,发现函数 $f(x)$ 的两个零点,等价于方程 $x\mathrm{e}^{-x} = a$ 的两个实根,从而这一问题与例题1完全等价,例题1的5种方法全都可以用.

教师活动:既然存在参数,那么是否可以通过参数 a 这个媒介,通过适当的四则运算,将目标式子转化为含单参数的式子,将问题转化为恒成立问题,从而构造出新的函数解答.

学生活动:类比例题1,将条件代数式进行加减运算,等价变形为新的方程组求解,具体过程如下:

因为函数 $f(x)$ 有两个零点 x_1,x_2,

所以 $\begin{cases} x_1 = a\mathrm{e}^{x_1} \cdots\cdots(1) \\ x_2 = a\mathrm{e}^{x_2} \cdots\cdots(2) \end{cases}$,

由(1)+(2)得 $x_1+x_2=a(e^{x_1}+e^{x_2})$,

要证明 $x_1+x_2>2$,只要证明 $a(e^{x_1}+e^{x_2})>2$,

由(1)-(2)得:$x_1-x_2=a(e^{x_1}-e^{x_2})$,即 $a=\dfrac{x_1-x_2}{e^{x_1}-e^{x_2}}$,

即证:$(x_1-x_2)\dfrac{e^{x_1}+e^{x_2}}{e^{x_1}-e^{x_2}}>2\Leftrightarrow(x_1-x_2)\dfrac{e^{x_1-x_2}+1}{e^{x_1-x_2}-1}>2$,

不妨设 $x_1>x_2$,记 $t=x_1-x_2$,则 $t>0,e^t>1$,

因此只要证明:$t\cdot\dfrac{e^t+1}{e^t-1}>2\Leftrightarrow t-\dfrac{2(e^t-1)}{e^t+1}>0$,

再次换元令 $e^t=x>1,t=\ln x$,即证 $\ln x-\dfrac{2(x-1)}{x+1}>0,\forall x\in(1,+\infty)$.

构造新函数 $F(x)=\ln x-\dfrac{2(x-1)}{x+1},F(1)=0$,

求导 $F'(x)=\dfrac{1}{x}-\dfrac{4}{(x+1)^2}=\dfrac{(x-1)^2}{x(x+1)^2}>0$,得 $F(x)$ 在 $(1,+\infty)$ 上递增,

所以 $F(x)>0$,因此原不等式 $x_1+x_2>2$ 获证.

【点评】含参数的极值点偏移问题,在原有的两个变元 x_1,x_2 的基础上,又多了一个参数,故很自然地就会想到:想尽一切办法消去参数,从而转化成不含参数的问题去解决;或者以参数为媒介,构造出一个变元的新的函数.

(三)课堂练习

在例题2的条件下,求证:

(1)$f'\left(\dfrac{x_1+x_2}{2}\right)>0$;

(2)$f'\left(\sqrt{x_1x_2}\right)>0$.

(四)归纳小结

通过本节课学习:

(1)你对极值点偏移问题有何认识?(可提问若干学生)

(2)这类问题的基本解法是什么?

在极值点偏移问题中,不难发现一种可行的方法是:

先证关于极值点 x_0 对称的两个函数值 $f(x)$ 和 $f(2x_0-x)$ 的大小关系,解题可按如下步骤完成:

(1)构造一元差函数 $F(x)=f(x)-f(2x_0-x)$.

(2)对差函数 $F(x)$ 求导,判断导数符号,确定 $F(x)$ 的单调性.

(3)结合 $F(x_0)=0$ 判断 $F(x)$ 的符号,从而确定 $f(x)$ 和 $f(2x_0-x)$ 的大小关系.

(4)由 $f(x_1)=f(x_2)>$(或<)$f(2x_0-x_2)$ 得到 $f(x_1)>$(或<)$f(2x_0-x_2)$.

(5)结合 $f(x)$ 单调性得到 $x_1>$(或<)$2x_0-x_2$,从而 $x_1+x_2>$(或<)$2x_0$.

上述解题策略,直接构造一元的差函数 $F(x)=f(x)-f(2x_0-x)$,接着进行常规的导数应用,不需复杂的变形技巧,思路通行方便.其解题本质是比较 x_1 与 $2x_0-x_2$ 大小关系不方便时,转而通过比较它们的函数值 $f(x_1)$ 与 $f(2x_0-x_2)$ 的大小关系,再结合函数的单调

性得到 x_1 与 $2x_0 - x_2$ 的大小关系.

当然,例题 2 提供了另一种解题思路,通过将目标不等式变形为含多参数的函数不等式,再将零点应该满足的代数式进行适当代数运算,从而实现多参数问题转化为单参数的不等式问题,最后利用函数单调性知识解答,也不失为一种好策略.

附:板书设计

<table>
<tr><td colspan="3" align="center">利用导数研究极值点问题</td></tr>
<tr>
<td>一、极值点的概念
二、常见方法总结
1.不含参问题
2.含参问题</td>
<td>例题 1 不含参问题(真题展示)

例题 2 含参问题

解法一……

解法二……

变式拓展:</td>
<td align="center">多
媒
体
演
示</td>
</tr>
</table>

四、注　析

导数在揭示超越函数的单调性、极值、最值关系中有着非常广泛的应用,它在研究函数性质中的工具性特征非常明显,在某种意义上,导数是对函数单调性定义的继承与发展.利用导数研究函数的零点问题过程蕴含着丰富的数学思想,如转化思想、数形结合思想等.本节课的学习过程,特别是零点存在性定理的使用,能很好地体现用数学思维思考问题的方法:问题等价转化的充要性思维,既要考虑充分性,又要考虑必要性,问题分析过程中既要朝前走又要往回看,这有助于培养学生的数学抽象、逻辑推理、数学运算等严谨的数学学科核心素养.基于以上分析,可以确定本节课的教学重点:利用导数研究函数的极值点偏移问题题型的归纳及方法的探究.

函数是中学数学的核心内容,导数是研究函数的重要工具,因此函数与导数是历年高考的重点与热点.其常涉及的问题有:

(1)考查导数的几何意义,往往与图象、曲线相联系.

(2)利用导数求函数的单调区间,判断函数的单调性;已知函数的单调性求参数.

(3)利用导数求函数的最值(极值),解决生活中的优化问题.

(4)数形结合思想的应用等.

利用导数研究函数的解答题一般难度较大,学生未能充分挖掘隐含条件进行解题,对含参问题基本策略选择不当,加之条件转换方向较多,学生找不到解题入手点,要么解题前犹豫不决,难以动笔,要么解题过程半途而废.因此,本教学设计试图从一道例题入手,以极值点偏移问题为载体,通过构建特殊的不等式恒成立问题,开展一题多解的内容开放的教学.教师从学生可能抓住的众多解题入手点进行分析,引导学生思考、解决并掌握极值点偏移问题的解题策略——对称变换、消参减元、比(差)值换元等.通过这种开放式教学,学生可从教师引导的分析过程中找到解题的方向,体会化归转化思想的应用精髓,感受数学学习的乐趣,从而达到举一反三、触类旁通的效果.

第三章　教学手段开放教学实践探究

为了在教学手段开放上改变传统的利用粉笔、圆规、直尺教学工具辅助教学的落后局面,凸显先进的现代教育技术、信息技术、数据处理技术、图形制作技术在函数性质、图象生成、立体几何图形动态演示、各层面剖析、概率统计的大数据分析处理等方面的强大优势,通过引入神奇、激情的画面情境,激发学生的求知欲和好奇心,提高学生的学习兴趣.通过图形的直观演示,强化学生对函数图形、平面图形和立体图形的生成、演变的直观、内在的深刻知识,降低教学和学习难度,提高学生空间想象力;通过对大量原始数据的计算整理,帮助学生探索发现数学知识的特征和规律,减少烦琐、复杂和枯燥的运算,提高学生发现问题和分析问题的能力,增强创新意识和创新精神的培养,提高创新能力和解决问题的能力,提高学习效率,发挥传统教学难以起到或不能起到的教学与学习作用;通过数学实验手段开放,培养学生数学建模能力,提升解决实际问题的应用能力.

本章我们特精心设计 15 个教学实践范例,以帮助一线教师正确、科学、合理地使用现代教学手段实施课堂教学,有机地整合教学与学习、设备与人脑、技术与思维之间的关系,使教学手段开放更好地达到辅助教学、服务教学、服务学生的教学目的.

第一节　数据处理手段开放实践
教学设计实践范例

案例 1　奇偶性

一、教材原文

人教 A 版,高中数学必修第一册,2019 年 6 月第 1 版,pp. 82-85.

3.2.2　奇偶性

前面我们用符号语言精确地描述了函数图象在定义域的某个区间上"上升"（或"下降"）的性质. 下面继续研究函数的其他性质.

画出并观察函数 $f(x)=x^2$ 和 $g(x)=2-|x|$ 的图象（图 3.2-6），你能发现这两个函数图象有什么共同特征吗？

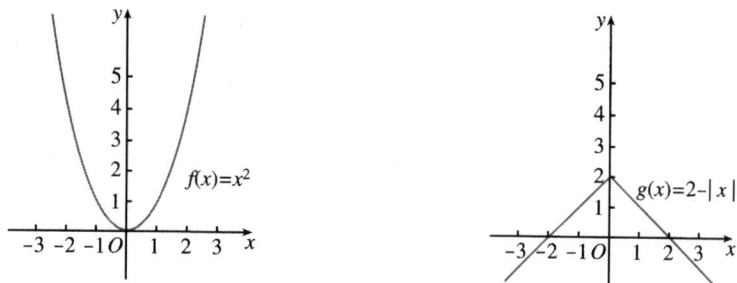

图 3.2-6

可以发现，这两个函数的图象都关于 y 轴对称.

> **探究**
>
> 　　类比函数单调性，你能用符号语言精确地描述"函数图象关于 y 轴对称"这一特征吗？

不妨取自变量的一些特殊值，观察相应函数值的情况，如表 3.2-1.

表 3.2-1

x	$\cdots$	-3	-2	-1	0	1	2	3	$\cdots$
$f(x)=x^2$	$\cdots$	9	4	1	0	1	4	9	$\cdots$
$g(x)=2-|x|$	$\cdots$	-1	0	1	2	1	0	-1	$\cdots$

可以发现，当自变量取一对相反数时，相应的两个函数值相等.

例如，对于函数 $f(x)=x^2$，有

$$f(-3)=9=f(3);$$
$$f(-2)=4=f(2);$$
$$f(-1)=1=f(1).$$

实际上，$\forall x\in\mathbf{R}$，都有 $f(-x)=(-x)^2=x^2=f(x)$，这时称函数 $f(x)=x^2$ 为偶函数.

> 请你仿照这个过程，说明函数 $g(x)=2-|x|$ 也是偶函数.

一般地，设函数 $f(x)$ 的定义域为 I，如果 $\forall x \in I$，都有 $-x \in I$，且 $f(-x)=f(x)$，那么函数 $f(x)$ 就叫做偶函数（even function）.

例如，函数 $f(x)=x^2+1$，$g(x)=\dfrac{2}{x^2+11}$ 都是偶函数，它们的图象分别如图 3.2-7（1）（2）所示.

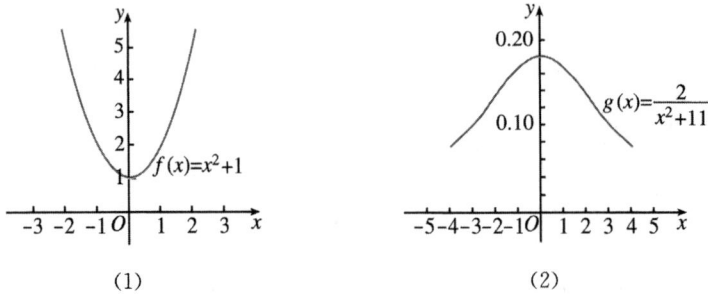

图 3.2-7

探究

观察函数 $f(x)=x$ 和 $g(x)=\dfrac{1}{x}$ 的图象（图 3.2-8），你能发现这两个函数图象有什么共同特征吗？你能用符号语言精确地描述这一特征吗？

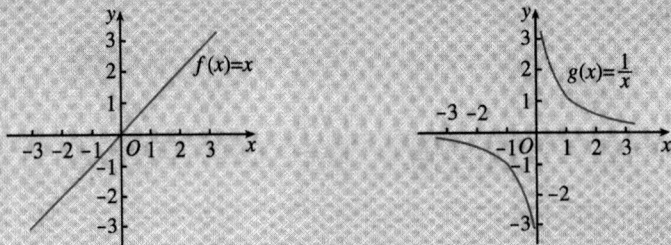

图 3.2-8

可以发现，两个函数的图象都关于原点成中心对称图形. 为了用符号语言描述这一特征，不妨取自变量的一些特殊值，看相应函数值的情况，请完成表 3.2-2.

表 3.2-2

x	$\cdots$	-3	-2	-1	0	1	2	3	$\cdots$
$f(x)=x$	$\cdots$								$\cdots$
$g(x)=\dfrac{1}{x}$	$\cdots$								$\cdots$

可以发现，当自变量 x 取一对相反数时，相应的函数值 $f(x)$ 也是一对相反数.

例如，对于函数 $f(x)=x$，有
$$f(-3)=-3=-f(3);$$
$$f(-2)=-2=-f(2);$$
$$f(-1)=-1=-f(1).$$

实际上，$\forall x \in \mathbf{R}$，都有 $f(-x)=-x=-f(x)$. 这时称函数 $f(x)=x$ 为奇函数.

一般地，设函数 $f(x)$ 的定义域为 I，如果 $\forall x \in I$，都有 $-x \in I$，且 $f(-x)=-f(x)$，那么函数 $f(x)$ 就叫做奇函数 (odd function).

> 请你仿照这个过程，说明函数 $g(x)=\dfrac{1}{x}$ 也是奇函数.

例6 判断下列函数的奇偶性：

(1) $f(x)=x^4$;   (2) $f(x)=x^5$;

(3) $f(x)=x+\dfrac{1}{x}$;   (4) $f(x)=\dfrac{1}{x^2}$.

> 奇偶性是函数在它的定义域上的整体性质，所以判断函数的奇偶性应先明确它的定义域.

解：(1) 函数 $f(x)=x^4$ 的定义域为 $\mathbf{R}$.

因为 $\forall x \in \mathbf{R}$，都有 $-x \in \mathbf{R}$，且
$$f(-x)=(-x)^4=x^4=f(x),$$
所以，函数 $f(x)=x^4$ 为偶函数.

(2) 函数 $f(x)=x^5$ 的定义域为 $\mathbf{R}$.

因为 $\forall x \in \mathbf{R}$，都有 $-x \in \mathbf{R}$，且
$$f(-x)=(-x)^5=-x^5=-f(x),$$
所以，函数 $f(x)=x^5$ 为奇函数.

(3) 函数 $f(x)=x+\dfrac{1}{x}$ 的定义域为 $\{x \mid x \neq 0\}$.

因为 $\forall x \in \{x \mid x \neq 0\}$，都有 $-x \in \{x \mid x \neq 0\}$，且
$$f(-x)=-x+\frac{1}{-x}=-\left(x+\frac{1}{x}\right)=-f(x),$$
所以，函数 $f(x)=x+\dfrac{1}{x}$ 为奇函数.

(4) 函数 $f(x)=\dfrac{1}{x^2}$ 的定义域为 $\{x \mid x \neq 0\}$.

因为 $\forall x \in \{x \mid x \neq 0\}$，都有 $-x \in \{x \mid x \neq 0\}$，且
$$f(-x)=\frac{1}{(-x)^2}=\frac{1}{x^2}=f(x),$$
所以，函数 $f(x)=\dfrac{1}{x^2}$ 为偶函数.

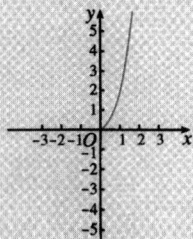

> **? 思考**
>
> (1) 判断函数 $f(x)=x^3+x$ 的奇偶性.
>
> (2) 图 3.2-9 是函数 $f(x)=x^3+x$ 图象的一部分,你能根据 $f(x)$ 的奇偶性画出它在 y 轴左边的图象吗?
>
> (3) 一般地,如果知道 $y=f(x)$ 为偶(奇)函数,那么我们可以怎样简化对它的研究?
>
> 图 3.2-9

二、教学目标

(1)知识与技能:了解函数的奇偶性的概念和几何意义;学会判断函数的奇偶性,运用奇偶性研究函数的图象.

(2)过程与方法:通过函数奇偶性概念的形成过程,培养学生观察、归纳、抽象的能力,渗透数形结合的思想.

(3)情感态度价值观:通过展示优美的函数图象,加强学生对数学美的体验.

三、学情分析

通过前面的学习,学生已经对函数有了基本认识,能够理解函数的性质就是在变化的函数中寻找不变性,也能够计算函数的定义域,了解函数的三种表示方法,能够通过三种表示法来表示函数.前面学习的单调性,让学生对函数的局部性质有了一定认识;而奇偶性是一种整体性质,在教学中要着重引导学生学会观察图象,通过图象归纳定义,也通过图象理解定义中自变量的任意性.

四、教学过程设计

(一)情景引入

师生活动:展示生活中的图片(图 3-1 和图 3-2),让学生感受生活中的对称图形,为下一步概念的理解做好铺垫,进而激发探究兴趣.

轴对称图形

图 3-1

中心对称图形

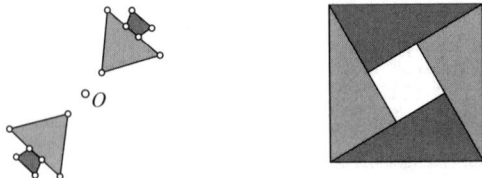

图 3-2

【设计意图】通过生活实例引入新课,让学生体会到对称美,进而引导学生回忆数学函数图象的对称美,激发学生学习的兴趣.

(二)探索新知

[问题1]利用图形计算器画出并观察函数 $f(x)=x^2$ 和 $g(x)=2-|x|$ 的图象,你能发现这两个函数有什么共同特征吗?

师生活动:教师讲解,学生动手实践,利用图形计算器画出函数图象(图3-3),并观察函数图象有何特征.学生很快能够通过图形发现,这两个函数图象都是关于 y 轴对称的.

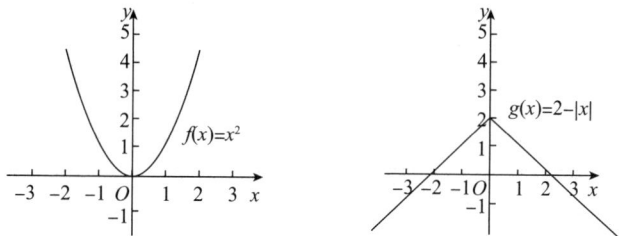

图 3-3

【设计意图】通过直观感知、动手实践让学生迅速准确地抓住本节课研究的函数性质是与图象的对称有关的.

[问题2]类比函数的单调性,你能用符号语言精确地描述"函数的图象关于 y 轴对称"这一特征吗? 请以小组为单位展开讨论.

师生活动:学生很明显地发现:当自变量取一对相反数时,相应的两个函数值相等.

观察一下表3-1你会发现自变量之间、函数值之间有着怎样的关系?

表 3-1

x	...	-3	-2	-1	0	1	2	3	...
$f(x)=x^2$	...	9	4	1	0	1	4	9	...
$g(x)=2-|x|$	...	-1	0	1	2	1	0	-1	...

当自变量取一对相反数时,函数值是相等的,即 $f(-x)=f(x)$.

[问题3]对于 $\forall x\in \mathbf{R}$,函数 $f(x)=x^2$ 是否满足 $f(-x)=f(x)$ 这种关系呢? 你能根据函数解析式做出判断吗? $f(-x)=(-x)^2=x^2=f(x)$.

[问题4]如果一个函数 $y=f(x)$ 的图象关于 y 轴对称,且定义域为 I,那么对于 $\forall x\in I$,函数 $y=f(x)$ 是否满足 $f(-x)=f(x)$ 这种关系吗?

借助图形计算器的演示,得出 $\forall x\in \mathbf{R}$, $f(-x)=f(x)$.学生依照这个过程,说明函数 $g(x)=2-|x|$ 也是偶函数.学生尝试写出偶函数的定义.

偶函数的定义:一般地,设函数的定义域为 I,如果 $\forall \in I$,都有 $-x\in I$,且 $f(-x)=f(x)$,那么函数 $f(x)$ 就叫做偶函数.

[问题5](1)利用图形计算器画出函数 $f(x)=x$ 和 $g(x)=\dfrac{1}{x}$ 的图象(图3-4)并观察、分析两个函数图象的共同特征.

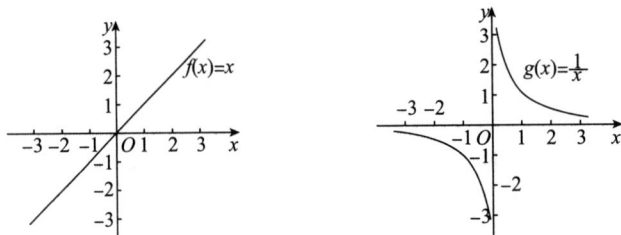

图 3-4

(2)填写表 3-2,并观察函数特征.

表 3-2

x	...	-3	-2	-1	0	1	2	3	...
$f(x)=x$									
$g(x)=\dfrac{1}{x}$									

(3)由此可得奇函数定义.

奇函数的定义:一般地,设函数的定义域为 I,如果 $\forall x \in I$,都有 $-x \in I$,且 $f(-x)=-f(x)$,那么函数 $f(x)$ 就叫做奇函数.

(4)例题讲解:

[例题]判断下列函数的奇偶性——定义法:

(1) $f(x)=x^4$;   (2) $f(x)=x^3$;   (3) $f(x)=\dfrac{1}{x-1}$;   (4) $f(x)=\dfrac{1}{x^2}$.

师生活动:教师讲解,学生归纳用定义判断奇偶性的步骤,最终教师给出简洁归纳:一看,二找,三判断.同时引导学生利用图形计算器进行验证函数图象是否具有对称性.

解:(1)定义域为 **R**,且 $f(-x)=f(x)$,偶函数.

(2)定义域为 **R**,且 $f(-x)=-f(x)$,奇函数.

(3)定义域为 $(-\infty,1)\bigcup(1+\infty)$,定义域不关于原点对称,非奇非偶函数.

(4)定义域为 $(-\infty,0)\bigcup(0,+\infty)$,且 $f(-x)=f(x)$,偶函数.

【设计意图】通过本例题,进一步补充拓展:按照奇偶性将函数分类为奇函数、偶函数、非奇非偶函数、既奇又偶函数.

(四)课堂练习

(1)判断函数 $f(x)=x^3+x$ 的奇偶性.

(2)图 3-5 所示是函数 $f(x)=x^3+x$ 图象的一部分,你能根据 $f(x)$ 的奇偶性画出它在 y 轴左边的图象吗?

一般地,如果知道 $y=f(x)$ 为偶(奇)函数,那么我们可以怎样简化对它的研究?

师生活动:教师带领学生阅读题目,建立数学模型,利用图形计算器将图形抽象出来,然后研究其特征,并对此做出归纳.

【设计意图】让学生学会借助奇偶函数图象的特点,补全函数的整体图象,并根据对称性简化研究.

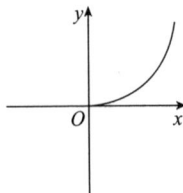

图 3-5

(五)归纳小结

通过今天的学习,我们学习了偶函数的定义及图象特征.一般地,设函数的定义域为 I,如果 $\forall \in I$,都有 $-x \in I$,且 $f(-x)=f(x)$,那么函数 $f(x)$ 就叫做偶函数;偶函数的函数图象关于 y 轴对称.同时,运用类比的方法我们得到了奇函数的定义,奇函数的函数图象关于坐标原点对称.判断函数奇偶性,可以利用定义法进行判断,也可以利用图象进行判断.利用定义法判断函数奇偶性首先需要判断函数的定义域是否关于原点对称,进而再判断自变量互为相反数时,函数值的关系,进而判断该函数是什么类型的函数.

五、注　析

函数性质的学习是高中数学学习中的重要内容,贯穿整个高中数学函数学习的始末.而奇偶性的研究是从图象的对称性展开的.通过观察实例,学生能够直观感知到数学对称的美,但无法将这种对称与函数图象的对称性很好地进行关联.通过利用图形计算器绘制函数图象,学生能直观准确地感受函数图象的对称也是在变化的函数中不变的性质.同时利用图形计算器,学生能直观感受对称的定义.学生自主动手探究学习,观察函数图象变化特征,能够深刻掌握概念,同时通过小组合作探究的模式,培养学生自主学习、合作学习能力,也让课堂更加生动有趣,有助于激发学习兴趣.同时学生通过自主观察、动手实践,能够培养数形结合能力,能够最终达到用代数关系来表示函数几何特征的目的.

案例 2　二分法求方程的近似解

一、教材原文

人教 A 版,高中数学必修 1,2019 年 6 月第 1 版,pp.144-146.

4.5.2　用二分法求方程的近似解

我们已经知道,函数 $f(x)=\ln x+2x-6$ 在区间 $(2,3)$ 内存在一个零点.进一步的问题是,如何求出这个零点呢?

一个直观的想法是:如果能将零点所在的范围尽量缩小,那么在一定精度的要求下,就可以得到符合要求的零点的近似值.为了方便,可以通过取区间中点的方法,逐步缩小零点所在的范围.

> 大多数方程都不能像一元二次方程那样用公式求出精确解.在实际问题中,往往只需求出满足一定精确度的近似解.

取区间 $(2,3)$ 的中点 2.5,用计算工具算得 $f(2.5) \approx -0.084$.因为 $f(2.5)f(3)<0$,所以零点在区间 $(2.5,3)$ 内.

> 一般地,称 $x=\dfrac{a+b}{2}$ 为区间 (a,b) 的中点.

再取区间$(2.5,3)$的中点2.75，用计算工具算得$f(2.75)\approx 0.512$. 因为$f(2.5)f(2.75)<0$，所以零点在区间$(2.5，2.75)$内.

由于 $(2,3) \supsetneqq (2.5,3) \supsetneqq (2.5,2.75)$，所以零点所在的范围变小了. 如果重复上述步骤，那么零点所在的范围会越来越小（如表 4.5-2 和图 4.5-3）. 这样，我们就可以通过有限次重复相同的步骤，将零点所在范围缩小到满足一定精确度的区间，区间内的任意一点都可以作为函数零点的近似值. 为了方便，我们把区间的一个端点作为零点的近似值.

表 4.5-2

零点所在区间	中点的值	中点函数近似值
$(2，3)$	2.5	-0.084
$(2.5，3)$	2.75	0.512
$(2.5，2.75)$	2.625	0.215
$(2.5，2.625)$	2.5625	0.066
$(2.5，2.5625)$	2.53125	-0.009
$(2.53125，2.5625)$	2.546875	0.029
$(2.53125，2.546875)$	2.5390625	0.010
$(2.53125，2.5390625)$	2.53515625	0.001

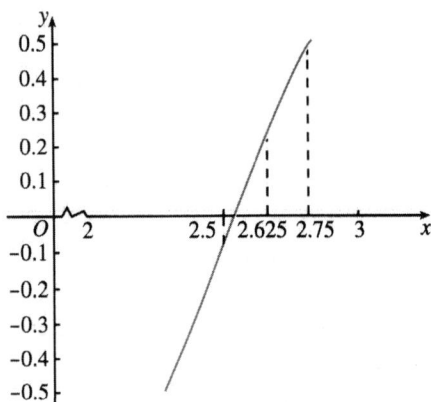

图 4.5-3

例如，当精确度为 0.01 时，因为 $|2.5390625-2.53125|=0.00781\,25<0.01$，所以区间$(2.53125，2.5390625)$内任意一点都可以作为零点的近似值，也可以将 $x=2.53125$ 作为函数 $f(x)=\ln x+2x-6$ 零点的近似值，也即方程 $\ln x+2x-6=0$ 的近似解.

对于在区间 $[a,b]$ 上图象连续不断且 $f(a)f(b)<0$ 的函数 $y=f(x)$，通过不断地把它的零点所在区间一分为二，使所得区间的两个端点逐步逼近零点，进而得到零点近似值的方法叫做**二分法**（bisection）.

给定精确度ε，用二分法求函数 $y=f(x)$ 零点 x_0 的近似值的一般步骤如下：

1. 确定零点 x_0 的初始区间 $[a,b]$，验证 $f(a)f(b)<0$.

2. 求区间 $(a，b)$ 的中点 c.

3. 计算 $f(c)$，并进一步确定零点所在的区间：

(1) 若 $f(c)=0$（此时 $x_0=c$)，则 c 就是函数的零点；

(2) 若 $f(a)f(c)<0$（此时 $x_0\in(a，c)$)，则令 $b=c$；

(3) 若 $f(c)f(b)<0$（此时 $x_0\in(c，b)$)，则令 $a=c$.

> 为了刻画与准确值的接近程度，这里给出了精确度ε，由 $|a-b|<\varepsilon$ 可知，区间 $[a,b]$ 中任意一个值都是零点 x_0 满足精确度ε 的近似值（想一想，为什么）.

4. 判断是否达到精确度ε：若 $|a-b|<\varepsilon$，则得到零点近似值 a（或 b)；否则重复步骤 2~4.

由函数零点与相应方程解的关系，我们可用二分法来求方程的近似解.

例 2　借助信息技术，用二分法求方程 $2^x+3x=7$ 的近似解（精确度为 0.1）.

解：原方程即 $2^x+3x-7=0$，令 $f(x)=2^x+3x-7$，用信息技术画出函数 $y=f(x)$ 的图象（图 4.5-4），并列出它的对应值表（表 4.5-3）.

表 4.5-3

x	0	1	2	3	4	5	6	7	8
y	−6	−2	3	10	21	40	75	142	273

观察图 4.5-4 或表 4.5-3，可知 $f(1)f(2)<0$，说明该函数在区间 $(1,2)$ 内存在零点 x_0.

取区间 $(1,2)$ 的中点 $x_1=1.5$，用信息技术算得 $f(1.5)\approx0.33$. 因为 $f(1)f(1.5)<0$，所以 $x_0\in(1,1.5)$.

再取区间 $(1,1.5)$ 的中点 $x_2=1.25$，用信息技术算得 $f(1.25)\approx-0.87$. 因为 $f(1.25)f(1.5)<0$，所以 $x_0\in(1.25,1.5)$.

同理可得，$x_0\in(1.375,1.5)$，$x_0\in(1.375,1.4375)$.

由于

$$|1.375-1.4375|=0.0625<0.1,$$

所以，原方程的近似解可取为 1.375.

由例 2 可见，用二分法求方程的近似解，计算量较大，而且是重复相同的步骤. 因此，可以通过设计一定的计算程序，借助信息技术完成计算. 图 4.5-5 就是表示二分法求方程近似解过程的程序框图. 有兴趣的同学，可以在此基础上用有关算法语言编写程序，利用信息技术求方程的近似解.

图 4.5-4

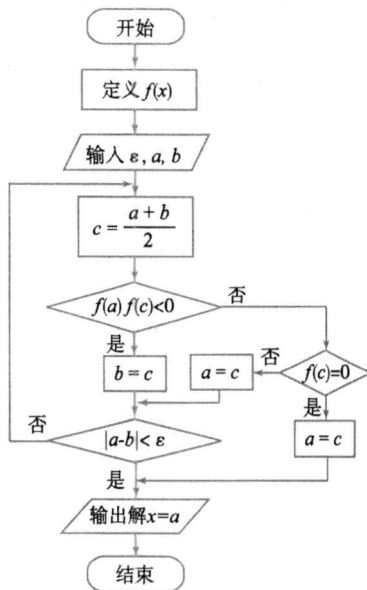

图 4.5-5

二、教学目标

(1)知识与技能：让学生学会用二分法求方程的近似解，知道二分法是科学的数学方法；了解用二分法求方程的近似解特点，学会用计算器或计算机求方程的近似解，初步了解算法思想；回顾解方程的数学史，了解人类解方程的进步历程，激发学习的热情和学习的兴趣.

(2)过程与方法：亲历问题解决的过程，掌握用二分法求近似解的一般方法.

(3)情感态度价值观：体会函数思想、函数模型在解决实际问题中的广泛应用价值；培养学生的合作交流意识和探索精神，以及创造性思维意识；体验数学来源于生活及应用于生活的意识，更好地激发学习兴趣.

三、学情分析

学生已经学习了零点存在定理,容易想到通过逐渐缩小函数零点所在区间的办法来求方程的近似解,对二分法的理解不存在困难.由于学生还没有系统掌握算法的基本思想,对于求近似值的问题也接触较少,因此在总结用二分法求函数零点近似值的一般步骤时,利用算法循环语句中的"令 $b=c$""令 $a=c$"和步骤(4)中的"若 $|a-b|<\varepsilon$,则得到零点的近似值为 a 或 b"可能会有较大困难.

四、教学过程

(一)情境引入

[问题1](教师手拿一款手机)目前这部手机售价在 3000～4000 元之间,如果让你来猜这件商品的价格,你如何猜?

生1:先初步估算一个价格,如果高了,再每隔10元降低报价;如果低了,再每隔10元提高报价.

生2:这样太慢了,先初步估算一个价格,如果高了每隔100元降低报价;如果低了,每50元上升;如果再高了,每隔20元降低报价;如果低了,每隔10元上升报价,以此类推,最终就可以得出准确价格.

生3:先初步估算一个价格,如果高了,再报一个价格;如果低了,就报两个价格和的一半;如果高了,再把报的低价与一半价相加再求其半,报出价格;如果低了,就把刚刚报出的价格与前面的价格结合起来取其和的半价,以此类推,最终就可以得出准确价格.

[问题2]在现实生活中,我们也常常遇到类似的问题.譬如某天,学校教学区与宿舍区的专用供电线路出了故障(相距大约1000米),电工该怎样检测线路比较合理呢?是按照生1那样每隔10米,或者按照生2那样每隔100米来检测,还是按照生3那样来检测呢?

生(众):按照生3那样来检测.

师:生3的回答,我们可以用一个动态过程来展示一下(展示多媒体课件,区间逼近法).

[问题3]有12个小球,质量均匀,只有一个球比别的球重,你用天平称几次可以找出这个球,要求次数越少越好.(让同学们自由发言,找出最好的办法.)

师:第一次,两端各放六个球,低的那一端一定有重球;第二次,将含重球的六个球平均放在天平的两端,低的那一端一定有重球;第三次,从含重球的三个球中,取出两个球分别放在天平的两端,如果平衡,剩下的就是重球,否则,低的就是重球.

其实这就是一种二分法的思想,那什么叫二分法呢?我们先来看以下这道例题.

(二)讲授新课

[例题1]试求函数 $f(x)=\ln x+2x-6$ 在区间 $(2,3)$ 内零点的近似值.

请同学们用计算器或计算机作出函数 $f(x)=\ln x+2x-6$ 的对应值表3-3.

表 3-3

x	1	2	3	4	5	6	7	8	9
$f(x)$									

由表可推测出零点所在区间 __(2,3)__ .

[问题 4]我们知道,函数 $f(x)=\ln x+2x-6$ 在区间 $(2,3)$ 内有零点.进一步的问题是,如何找出这个零点的近似值?

生 4:不断取中点压缩区间.

师:非常好!如果能够将零点所在的范围尽量缩小,那么在一定精确度的要求下,我们可以得到零点的近似值.为了方便,我们通过"取中点"的方法逐步缩小零点所在的范围.

["取中点",一般地,我们把 $x=\dfrac{a+b}{2}$ 称为区间 (a,b) 的中点.]

[问题 5]"取中点"后,怎样判断所在零点的区间?

生 5:零点存在性定理.

师:非常好!在区间 $(2,3)$ 的中点 2.5,用计算器算得 $f(2.5)<0$,因为 $f(2.5)\cdot f(3)<0$,所以零点在区间 $(2.5,3)$ 内.现在我们一起来利用函数零点存在定理来探索二分法的操作.

请同学们用计算器完成表 3-4,并用信息技术画出图 3-5 验证.

表 3-4

区间	中点的值	中点函数的近似值
$(2,3)$	2.5	
$(2.5,3)$	2.75	
$(2.5,2.75)$	2.625	
$(2.5,2.625)$	2.5625	
$(2.5,2.5625)$	2.53125	
$(2.53125,2.5625)$	2.546875	
$(2.53125,2.546875)$	2.5390625	
$(2.53125,2.5390625)$	2.53515625	

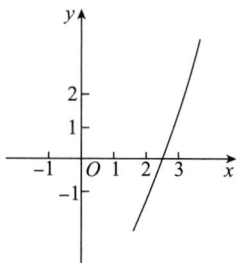

图 3-5

[问题 6]由以上结果我们可以得到什么结论?

学生回答,教师总结:

(1)由于 $(2,3)\supsetneqq(2.5,3)\supsetneqq(2.5,2.75)$,因此零点所在的范围确实越来越小了.

(2)如果重复上述步骤,那么零点所在的范围会越来越小(表 3-4).这样,在一定的精确度下,我们可以在有限次重复相同步骤后,将所得的零点所在区间内的任意一点作为函数零点的近似值.如果我们把精确度确定在 0.001,则可以将 $x=$ _____ 作为函数 $f(x)=\ln x+2x-6$ 零点的近似值.

我们把这样的一个方法叫做二分法,由此你能试着说说什么叫做二分法吗?

生6:对于在区间$[a,b]$上连续不断且 $f(a)\cdot f(b)<0$ 的函数 $y=f(x)$,通过不断地把函数的零点所在的区间一分为二,使区间的两个端点逐步逼近零点,进而得到零点近似值的方法叫二分法(bisection).

(学生回答,教师板书补充完整.)

结合上面的例题,总结用二分法求函数零点近似值的步骤,请同学在随堂作业本上写下操作步骤.

学生小组讨论,代表发言;

给定精度 ε,用二分法求函数 $f(x)$ 的零点近似值的步骤如下:

(1)确定区间$[a,b]$,验证 $f(a)\cdot f(b)<0$,给定精度 ε.

(2)求区间(a,b)的中点 $c=\dfrac{a+b}{2}$.

(3)计算 $f(c)$.

①若 $f(c)=0$,则 c 就是函数的零点.

②若 $f(a)\cdot f(c)<0$,则令 $b=c$[此时零点 $x_0\in(a,c)$].

③若 $f(c)\cdot f(b)<0$,则令 $a=c$[此时零点 $x_0\in(c,b)$].

(4)判断是否达到精度 ε:即若 $|a-b|<\varepsilon$,则得到零点值 a(或 b);否则重复步骤(2)~(4).

(学生发言,教师辅助完成板书.)

(三)课堂练习

[例题 2]借助信息技术,用二分法求方程 $2^x+3x=7$ 的近似解(精确度为 0.1).

(教师请学生说出解决问题的思路,并与学生一起完成.)

解:原方程即 $2^x+3x=7$,令 $f(x)=2^x+3x-7$,用信息技术画出函数 $y=f(x)$ 的图象(图 3-6),并列出它的对应值表(表 3-5).

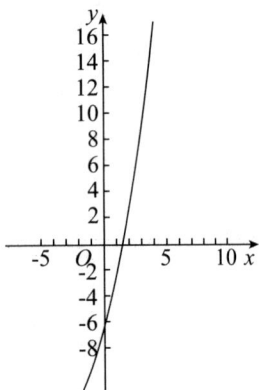

图 3-6

表 3-5

x	0	1	2	3	4	5	6	7	8
y	-6	-2	3	10	21	40	75	142	273

观察图 3-5 或表 3-5 可知 $f(1)\cdot f(2)<0$,说明该函数在区间 $(1,2)$ 内存在零点 x_0.

取区间$(1,2)$的中点 $x_1=1.5$,用信息技术算得 $f(1.25)\approx-0.87$,因为 $f(1.25)\cdot f(1.5)<0$,所以 $x_0\in(1,1.5)$.

再取区间$(1,1.5)$的中点 $x_2=1.25$,用信息技术算得 $f(1.5)\approx0.33$,因为 $f(1.25)\cdot f(1.5)<0$,所以 $x_0\in(1.25,1.5)$.

同理可得,$x_0\in(1.375,1.5)$,$x_0\in(1.375,1.4375)$.由于 $|1.375-1.4375|=0.0625<0.1$,所以原方程的近似解可取 1.375.

[问题 7]思考用二分法求函数零点近似值的特点.

生:(积极回答).

师:根据学生的回答,适当点评.

(四)归纳小结

由函数的零点与相应方程的关系,我们可用二分法来求方程的近似解.由于计算量较大,而且是重复相同的步骤,因此我们可以通过设计一定的计算程序,借助计算器或计算机完成计算.比如可以用图 3-7 的算法来完成其中较为繁杂的循环性操作.

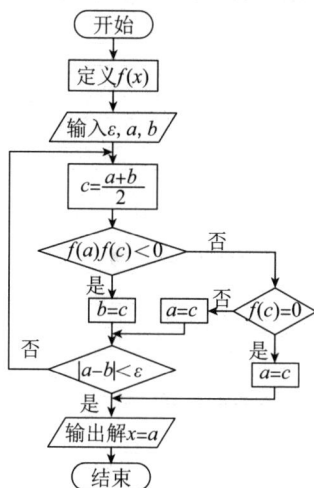

图 3-7

五、注 析

本案例属于教学手段开放模式.

本教学设计与原教材不同之处见表 3-6.

表 3-6

内容	原教材	本课程设计
课堂引入	通过函数图象观察引入	利用生活中的估价等常见案例引入,增加了实用性和趣味性
例 1	展示计算结果	由学生来计算,观察,最后得出结论

在教学前,要求每个学生准备一台计算器.在整个教学过程中,学生跟随教师节奏,随时计算相关函数值.比如例题 1,需要学生参与整个解题过程的计算,在吸引学生注意力的同时也培养了学生动手操作能力,提高了课堂的活跃度.

案例 3　总体百分位数的估计

一、教材原文

人教 A 版,高中数学必修二,2019 年 7 月第 1 版,pp.201-203.

9.2.2　总体百分位数的估计

前面我们用频率分布表、频率分布直方图描述了居民用户月均用水量的样本数据,通过对图表的观察与分析,得出了一些样本数据的频率分布规律,并由此推测了该市全体居民用户月均用水量的分布情况,得出了"大部分居民用户的月均用水量集中在一个较低值区域"等推断. 接下来的问题是,如何利用这些信息,为政府决策服务呢?下面我们对此进行讨论.

问题 2　如果该市政府希望使 80% 的居民用户生活用水费支出不受影响，根据 9.2.1 节中 100 户居民用户的月均用水量数据，你能给市政府提出确定居民用户月均用水量标准的建议吗？

首先要明确一下问题：根据市政府的要求确定居民用户月均用水量标准，就是要寻找一个数 a，使全市居民用户月均用水量中不超过 a 的占 80%，大于 a 的占 20%. 下面我们通过样本数据对 a 的值进行估计.

把 100 个样本数据按从小到大排序，得到第 80 个和第 81 个数据分别为 13.6 和 13.8. 可以发现，区间（13.6，13.8）内的任意一个数，都能把样本数据分成符合要求的两部分. 一般地，我们取这两个数的平均数 $\frac{13.6+13.8}{2}=$ 13.7，并称此数为这组数据的第 80 百分位数（percentile），或 80% 分位数.

根据样本数据的第 80 百分位数，我们可以估计总体数据的第 80 百分位数为 13.7 左右. 由于样本的取值规律与总体的取值规律之间会存在偏差，而在决策问题中，只要临界值近似为第 80 百分位数即可，因此为了实际中操作的方便，可以建议市政府把月均用水量标准定为 14 t，或者把年用水量标准定为 168 t.

一般地，一组数据的第 p 百分位数是这样一个值，它使得这组数据中至少有 $p\%$ 的数据小于或等于这个值，且至少有 $(100-p)\%$ 的数据大于或等于这个值.

可以通过下面的步骤计算一组 n 个数据的第 p 百分位数：

第 1 步，按从小到大排列原始数据.

第 2 步，计算 $i=n\times p\%$.

第 3 步，若 i 不是整数，而大于 i 的比邻整数为 j，则第 p 百分位数为第 j 项数据；若 i 是整数，则第 p 百分位数为第 i 项与第 $(i+1)$ 项数据的平均数.

我们在初中学过的中位数，相当于是第 50 百分位数. 在实际应用中，除了中位数外，常用的分位数还有第 25 百分位数，第 75 百分位数. 这三个分位数把一组由小到大排列后的数据分成四等份，因此称为四分位数. 其中第 25 百分位数也称为第一四分位数或下四分位数等，第 75 百分位数也称为第三四分位数或上四分位数等. 另外，像第 1 百分位数，第 5 百分位数，第 95 百分位数和第 99 百分位数在统计中也经常被使用.

你所在的地区是采用阶梯水价吗？标准是多少？

你认为 14 t 这个标准一定能够保证 80% 的居民用水不超标吗？如果不一定，那么哪些环节可能会导致结论的差别？

分位数的定义众多，我们取一种简单便于计算的.

例 2　根据 9.1.2 节问题 3 中女生的样本数据，估计树人中学高一年级女生的第 25，50，75 百分位数.

解： 把 27 名女生的样本数据按从小到大排序，可得

148.0　149.0　154.0　154.0　155.0　155.0　155.5　157.0　157.0
158.0　158.0　159.0　161.0　161.0　162.0　162.5　162.5　163.0
163.0　164.0　164.0　164.0　165.0　170.0　171.0　172.0　172.0

由 $25\% \times 27 = 6.75$，$50\% \times 27 = 13.5$，$75\% \times 27 = 20.25$，可知样本数据的第 25，50，75 百分位数为第 7，14，21 项数据，分别为 155.5，161，164. 据此可以估计树人中学高一年级女生的第 25，50，75 百分位数分别约为 155.5，161 和 164.

> 由于女生的样本量比较小，所以这里对总体的估计可能会存在比较大的误差.

例 3　根据表 9.2-1 或图 9.2-1，估计月均用水量的样本数据的 80% 和 95% 分位数.

分析： 在某些情况下，我们只能获得整理好的统计表或统计图，与原始数据相比，它们损失了一些信息. 例如由表 9.2-1，我们知道在 [16.2，19.2) 内有 5 个数据，但不知道这 5 个数据具体是多少. 此时，我们通常把它们看成均匀地分布在此区间上.

解： 由表 9.2-1 可知，月均用水量在 13.2 t 以下的居民用户所占比例为

$$23\% + 32\% + 13\% + 9\% = 77\%.$$

在 16.2 t 以下的居民用户所占的比例为

$$77\% + 9\% = 86\%.$$

因此，80% 分位数一定位于 [13.2，16.2) 内. 由

$$13.2 + 3 \times \frac{0.80 - 0.77}{0.86 - 0.77} = 14.2,$$

可以估计月均用水量的样本数据的 80% 分位数约为 14.2.

类似地，由

$$22.2 + 3 \times \frac{0.95 - 0.94}{0.98 - 0.94} = 22.95,$$

可以估计月均用水量的样本数据的 95% 分位数约为 22.95.

二、教学目标

(1) 知识与技能：结合实例，理解百分位数的定义，学会计算一组数据的第 p 百分位数，学会利用 Excel 软件计算百分位数的方法，体会信息技术是统计学习的有效辅助手段.

(2) 过程与方法：通过具体实例，体会百分位数在实际生活中的应用，感受实际生活对数学的需要，认识到数学知识源于生活并指导生活的事实，体会数学知识与现实世界的联系.

(3) 情感态度价值观：掌握用样本百分位数估计总体百分位数的方法，体会样本估计总体的统计思想，提高学生分析问题和解决问题的能力.

三、学情分析

(1)高一年级的学生接受新事物能力强,学生思维活跃,模仿能力强,对新知事物满怀探求的欲望,同时他们具备一定的学习能力和技术操作能力.

(2)学生具有良好的知识基础和较强的学习能力,在初中学习了中位数,通过本章前面的学习,学生已体会到样本估计总体的统计思想.

(3)经过长期训练,学生具备小组合作共同探究的能力,有较强的语言表达能力,具有一定的信息技术能力.

四、教学过程

(一)复习引入

师:前面我们用频率分布表、频率分布直方图描述了居民用户月均用水量的样本数据,通过对图表的观察与分析,得出了一些样本数据的频率分布规律,并由此推测了该市全体居民用户月均用水量的分布情况,得出了"大部分居民用户的月均水量集中在一个较低值区域"等推断,接下来的问题是,如何利用这些信息,为政府决策服务呢?下面我们对此进行讨论.

(二)讲授新课

师:(提出问题)如果该市政府希望使80%的居民用户生活用水费用支出不受影响,根据9.2.1节中100户居民用户的月均用水量数据,你能给市政府提出确定居民用户月均用水量标准的建议吗?

生:根据市政府的要求确定居民用户月均用水量标准,就是要寻找一个数a,使全市居民用户月均用水量中不超过a的占80%,大于a的占20%.

师:怎么去找这个位置参数呢?我们以前有学过哪些刻画位置的数?

生:中位数.

师:初中已学过中位数,中位数位于这组数最中间的位置.先将题目中的80%换成50%解决.如果该市政府希望使50%的居民用户生活用水费用支出不受影响,如何制定合理的月均用水量标准?

生:把得到的100个样本数据按从小到大排序,得到第50个和第51个数据分别为6.7和6.9,中位数为这两个数的平均数:6.8,则此时a取6.8.

师:(重识中位数)给定一组数据:80,82,83,85,90,90,95,96,97,98.

(思考1)一组数据中,小于中位数的比例与大于中位数的比例一定各占50%吗?

生:不是.

师:(思考2)一组数据中,小于等于中位数的比例与大于等于中位数的比例一定各占50%吗?

生:不是.

师:那我们可以如何修改该定义,完善中位数的定义?

生:一组数据中,至少有50%的数据小于等于中位数,且至少有50%的数据大于等于中位数.

师:(归纳第50百分位数的定义)至少有50%的数据小于或等于这个值,且至少有50%的数据大于或等于这个值.那大家能否类比推导第p百分位数的定义?

生:一般地,一组数据的第p百分位数是这样一个值,它使得这组数据中至少有$p\%$的数据小于或等于这个值,且至少有$(100-p)\%$的数据大于或等于这个值.

(三)例题讲解

师:我们来回顾计算百分位数的步骤,类比推导计算第p百分位数的步骤.

生:通过下面的步骤计算一组n个数据的第p百分位数:第1步,排序.按从小到大排列原始数据.第2步,定位置.计算$i=n\times p\%$.第3步,确定数.若i不是整数,而大于i的比邻整数为j,则第p百分位数为第j项数据;若i是整数,则第p百分位数为第i项与第$(i+1)$项数据的平均数.

生:是的,把得到的100个样本数据按从小到大排序,得到第80个和第81个数据分别为13.6和13.8.可以发现,区间(13.6,13.8)内的任意一个数,都能把样本数据分成符合要求的两部分.一般地,我们取这两个数的平均数$(13.6+13.8)/2=13.7$,并称此数为这组数据的第80百分位数,或80%分位数.根据样本数据的第80百分位数,我们可以估计总体数据的第80百分位数为13.7左右.由于样本的取值规律与总体的取值规律之间会存在偏差,而在决策问题中,只要临界值近似为第80百分位数即可,因此为了实际中操作的方便,可以建议市政府把月均用水量标准定为14 t,或者把年用水量标准定为168 t.

(四)课堂练习

师:在某些情况下,我们只能获得整理好的统计表或统计图,与原始数据相比,它们损失了一些信息.那么该如何根据样本的频率分布表或频率分布直方图估计总体的百分位数呢?

[例题]根据教材中的图表(表3-7和图3-8).估计月均用水量的样本数据的80%分位数.

表 3-7

分组	频数累计	频数	频率
[1.2,4.2)	正正正正下	23	0.23
[4.2,7.2)	正正正正正正丁	32	0.32
[7.2,10.2)	正正下	13	0.13
[10.2,13.2)	正正	9	0.09
[13.2,16.2)	正正	9	0.09
[16.2,19.2)	正	5	0.05
[19.2,22.2)	下	3	0.03
[22.2,25.2)	正	4	0.04
[25.2,28.2)	丁	2	0.02
合计		100	1.00

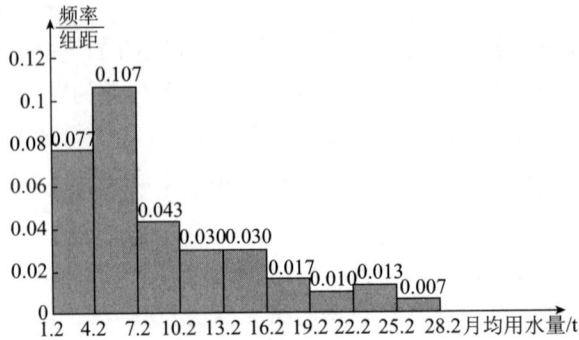

图 3-8

分析:统计表或统计图,与原始数据相比,它们损失了一些信息,例如由表 3-7 可以知道在 $[16.2,19.2)$ 内有 5 个数据,但不知道这 5 个数据具体是多少.此时,我们通常把它们看成均匀地分布在此区间上.

解:由表 3-7 可知,月均用水量在 13.2 t 以下的居民用户所占比例为 $23\% + 32\% + 13\% + 9\% = 77\%$.

在 16.2 t 以下的居民用户所占的比例为 $77\% + 9\% = 86\%$.

因此,80% 分位数一定位于 $[13.2,16.2)$ 内.

由 $13.2 + 3 \times \dfrac{0.80 - 0.77}{0.86 - 0.77} = 14.2$,可以估计月均用水量的样本数据的 80% 分位数约为 14.2.

(五)归纳小结

师:通过以上计算百分位数的步骤,发现通过对原始数据、频率分布表、频率分布直方图三种统计方式计算出的第 80 百分位数分别为 13.7,14.2,14.2.

师:都是第 80 百分位数,为什么这三个数算出来会不一样?哪个是正确的?

生:(答案说法不一.)

师:大家的回答各个情况都有,其实这几个数据都是正确的.为什么呢?

生:因为本身就是用样本估计总体,所以算出来的就是估值.

师:是的,同学们很快认识到了问题所在.这些数都是估值,因此都是正确的.

师:为进一步说明统计结果,我们在这边介绍用信息技术来计算第 80 百分位数,我们在 Excel 表格中引入百分位数函数.首先请打开电子表格.

生:(跟随教师操作.)

师:在电子表格中,函数"percentile(aray, k)"用于计算百分位数,其中 aray 定义相对位置的数组或数据区域,$0 \leqslant k \leqslant 1$.我们将对收集的 100 个数据,按从小到大排序.接着调取

"percentile 函数"计算,选中 A1:A100 这 100 个数据,输入"0.8"这个位置.

生:(按照教师说明,依次操作,计算这一组数据的第 80 百分位数得到:13.76.)

师:其整个函数可表示为 $F(x)=$ percentile. inc (A1:A100,0.8).

五、注　析

本节课属于教学手段开放.分位数的定义众多,计算百分位数有不同方式,课本中选取的是其中一种简便的方法,而本节课教学设计中采用了多种计算方法,最后运用了信息技术.第 80 百分位数结果不一的原因是:频率分布表、频率分布直方图中默认样本区间是均匀分布的,而软件中也有自己的计算程序.但是结果不一,并不代表某种计算错误.这恰恰体现了统计中的"用样本估计总体"思想,在误差允许的范围内,数据会不一样.

本节课通过探究栏目提出"居民生活用水定额管理问题",在制定水价问题中提出,总体百分位数的估计的概念,让学生尝试运用总体百分位数的估计来解决实际问题,体会总体百分位数估计的意义和作用.教学中要注重学生的主体地位,调动学生积极性,使数学教学成为数学活动的教学,从而发展学生的直观想象、逻辑推理、数学建模的核心素养.

本节课通过对原始数据、频率分布表、频率分布直方图、Excel 百分位数函数计算第 80 百分位数结果数据不一样,体现了统计中"用样本估计总体的思想".尤其是在本节课最后引入信息技术:电子表格软件、R 软件计算一组数据的百分位数的方法,拓宽了学生的知识面,演示了 Excel 电子表格计算百分位数函数的全过程,介绍 R 软件计算百分位数的方法,加强信息技术与统计内容的融合.运用这些信息技术工具,不仅可以实现快速、准确的数据处理,而且能使大量人工难以完成的数据处理变成可能,学会使用信息技术是统计学习的重要组成部分.在统计学习中,合理使用信息技术,可以把学生从机械、烦琐的数据处理中解放出来,把更多精力集中于统计概念和方法的理解上,体会统计方法的特点和合理性.

同时,本节课并没有偏离重点,以信息技术满堂灌的方式完成,而是先得出百分位数定义,用课本介绍的方法计算百分位数,最后再用信息技术辅助本节课内容,真正实现了信息技术辅助课堂教学.

案例 4　随机模拟

一、教材原文

人教 A 版,高一数学必修第二册,2019 年 7 月第 1 版,pp.255-257.

10.3.2　随机模拟

用频率估计概率，需要做大量的重复试验. 有没有其他方法可以替代试验呢?

我们知道，利用计算器或计算机软件可以产生随机数. 实际上，我们也可以根据不同的随机试验构建相应的随机数模拟试验，这样就可以快速地进行大量重复试验了.

例如，对于抛掷一枚质地均匀硬币的试验，我们可以让计算器或计算机产生取值于集合 $\{0, 1\}$ 的随机数，用 0 表示反面朝上，用 1 表示正面朝上. 这样不断产生 0，1 两个随机数，相当于不断地做抛掷硬币的试验.

又如，一个袋中装有 2 个红球和 3 个白球，这些球除颜色不同外没有其他差别. 对于从袋中摸出一个球的试验，我们可以让计算器或计算机产生取值于集合 $\{1, 2, 3, 4, 5\}$ 的随机数，用 1，2 表示红球，用 3，4，5 表示白球. 这样不断产生 1~5 之间的整数随机数，相当于不断地做从袋中摸球的试验.

> **随机数与伪随机数**
>
> 例如我们要产生 0~9 之间的随机整数，像彩票摇奖那样，把 10 个质地和大小相同的号码球放入摇奖器中，充分搅拌后摇出一个球，这个球上的号码就称为随机数. 计算器或计算机产生的随机数是按照确定的算法产生的数，具有周期性（周期很长），它们具有类似随机数的性质. 因此，计算器或计算机产生的随机数不是真正的随机数，我们称它们为伪随机数.

表 10.3-3 是用电子表格软件模拟上述摸球试验的结果，其中 n 为试验次数，n_A 为摸到红球的频数，$f_n(A)$ 为摸到红球的频率.

表 10.3-3

n	10	20	50	100	150	200	250	300
n_A	6	7	20	45	66	77	104	116
$f_n(A)$	0.6	0.35	0.4	0.45	0.44	0.385	0.416	0.39

画出频率折线图（图 10.3-2），从图中可以看出：随着试验次数的增加，摸到红球的频率稳定于概率 0.4.

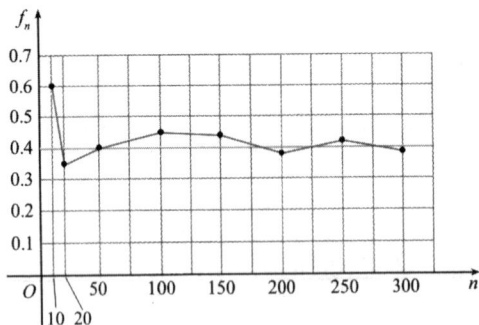

图 10.3-2

> 蒙特卡洛方法是在第二次世界大战期间兴起和发展起来的，它的奠基人是冯·诺依曼. 这种方法在应用物理、原子能、固体物理、化学、生物、生态学、社会学以及经济行为等领域中都得到了广泛的应用.

我们称利用随机模拟解决问题的方法为蒙特卡洛 (Monte Carlo) 方法.

例3 从你所在班级任意选出 6 名同学，调查他们的出生月份，假设出生在一月，二月……十二月是等可能的. 设事件 $A =$ "至少有两人出生月份相同"，设计一种试验方法，模拟 20 次，估计事件 A 发生的概率.

解：方法 1 根据假设，每个人的出生月份在 12 个月中是等可能的，而且相互之间没有影响，所以观察 6 个人的出生月份可以看成可重复试验.

因此，可以构建如下有放回摸球试验进行模拟：在袋子中装入编号为 1，2，…，12 的 12 个球，这些球除编号外没有什么差别. 有放回地随机从袋中摸 6 次球，得到 6 个数代表 6 个人的出生月份，这就完成了一次模拟试验. 如果这 6 个数中至少有 2 个相同，表示事件 A 发生了. 重复以上模拟试验 20 次，就可以统计出事件 A 发生的频率.

方法 2 利用电子表格软件模拟试验. 在 A1，B1，C1，D1，E1，F1 单元格分别输入 "=RANDBETWEEN（1，12）"，得到 6 个数，代表 6 个人的出生月份，完成一次模拟试验. 选中 A1，B1，C1，D1，E1，F1 单元格，将鼠标指向右下角的黑点，按住鼠标左键拖动到第 20 行，相当于做 20 次重复试验. 统计其中有相同数的频率，得到事件 A 的概率的估计值.

表 10.3-4 是 20 次模拟试验的结果. 事件 A 发生了 14 次，事件 A 的概率估计值为 0.70，与事件 A 的概率（约 0.78）相差不大.

表 10.3-4

	A	B	C	D	E	F	G	H	I	J
1	1	9	11	9	3	8				
2	10	12	1	9	4	12				
3	2	5	1	4	4	9				
4	9	8	10	1	2	12				
5	3	3	6	4	4	7				
6	7	1	2	5	3	10				
7	3	9	5	6	5	2				
8	1	9	9	10	8	7				
9	11	3	8	2	6	6				
10	2	3	8	6	7	8				
11	7	6	10	9	12	10				
12	10	2	11	3	3	5				
13	3	9	4	9	5	11				
14	6	4	5	8	1	7				
15	11	8	7	4	5	9				
16	4	9	8	4	6	9				
17	7	12	7	11	8	2				
18	12	12	1	2	4	5				
19	12	10	6	1	8	8				
20	8	7	10	2	9	5				
21										
22										

例4 在一次奥运会男子羽毛球单打比赛中，运动员甲和乙进入了决赛. 假设每局比赛甲获胜的概率为 0.6，乙获胜的概率为 0.4. 利用计算机模拟试验，估计甲获得冠军的概率.

分析：奥运会羽毛球比赛规则是 3 局 2 胜制，甲获得冠军的结果可能是 2：0 或 2：1. 显然，甲连胜 2 局或在前 2 局中赢一局输一局，并赢得第 3 局的概率，与打满 3 局，甲胜 2 局或 3 局的概率相同. 每局比赛甲可能胜，也可能负，3 局比赛所有可能结果有 8 种，但是每个结果不是等可能出现的，因此不是古典概型，可以用计算机模拟比赛结果.

解：设事件 $A =$ "甲获得冠军"，事件 $B =$ "单局比赛甲胜"，则 $P(B) = 0.6$. 用计算器或计算机产生 1~5 之间的随机数,当出现随机数1,2或3时,表示一局比赛甲获胜,其概率为 0.6. 由于要比赛 3 局,所以每 3 个随机数为一组. 例如,产生 20 组随机数:

<u>423</u> <u>123</u> <u>423</u> 344 <u>114</u> 453 525 <u>332</u> <u>152</u> <u>342</u>
534 443 <u>512</u> 541 <u>125</u> <u>432</u> <u>334</u> <u>151</u> <u>314</u> 354

相当于做了20次重复试验. 其中事件 A 发生了 13 次,对应的数组分别是 423,123,423,114,332,152,342,512,125,432,334,151,314,用频率估计事件 A 的概率的近似为 $\frac{13}{20} = 0.65$.

> 用随机模拟的方法得到的是 20 次试验中事件 A 发生的频率,它是概率的近似值. 事件 A 的概率的精确值为 0.648.

二、教学目标

(1)知识与技能:理解随机模拟试验出现的意义,利用随机模拟试验求概率.

(2)过程与方法:教师引导,学生动手验证,掌握蒙特卡洛方法.

(3)情感态度价值观:通过体会随机模拟实验培养学生的数学抽象思维,并在模拟实验过程中培养学生的数学运算能力,最后通过利用随机模拟实验解决生活问题,让学生感受数学来源于生活及应用于生活,更好地激发学习兴趣.

三、学情分析

通过初中阶段的学习,学生对频率稳定性已有初步的认识. 进入高中,在学习本节内容之前,学生已系统学习了样本点、有限样本空间、随机事件、古典概型以及随机事件概率的运算法则等概率初步知识,具备必要的概率认知基础. 频率的稳定性在概率论中具有重要的地位和作用,它是概率论的理论基础. 对频率的稳定性,直观描述有一定的难度,而严格的数学表达是大数定律的内容,超出了高中学生的认知水平. 本节课通过随机试验的教学,可以使学生能够对频率的稳定性有进一步深刻的理解.

四、教学过程

(一)复习引入

师:如果我们想用实验的方法估算扔一枚硬币正面朝上的概率,要怎么操作呢?

生:通过抛硬币实验,计算正面朝上频率,随着实验次数的增加,这个频率会逐步稳定在 $\frac{1}{2}$ 左右.

师:回答得非常好. 现在我们来看看数学家曾经为了验证这个概率值,付出了多大的代价. (展示图片图 3-9)

历史上数学家抛硬币试验情况

数学家	抛掷次数	正面朝上次数	正面朝上频率
摩根	4092	2048	0.5004887586
蒲丰	4040	2048	0.5069306931
费勒	10000	4979	0.4979

| 皮尔逊 | 24000 | 12012 | 0.5005 |
| 罗曼列夫斯基 | 80640 | 39699 | 0.4922991071 |

图 3-9

(二)讲授新课

师:如果让我们扔 8 万次硬币,同学们会扔吗?

生:笑.

师:但是大家都知道通过实验得到频率来估计概率,避不开做大量重复的实验,那么同学们有没有办法利用计算机帮数学家们避开索然无味的实验呢?

生:学生讨论.

师:我们来回顾下:通过实验的方法,用频率估计概率的前提是,每个实验的结果都是等可能的.如果我们用 1 表示正面朝上,0 表示反面朝上,1 和 0 不就是代表着实验的结果.接下去只要使得 1 和 0 能随机大量地出现,不就解决了大量重复实验这个难题了吗?

生:鼓掌.

[问题1]随机数是专门的实验产生的结果.如何利用计算机产生大量的随机数呢?

师:现场用随机数生成器生成 4 组随机数(图 3-10),班级按小组分成四组,验证正面朝上的频率,并汇报结果.

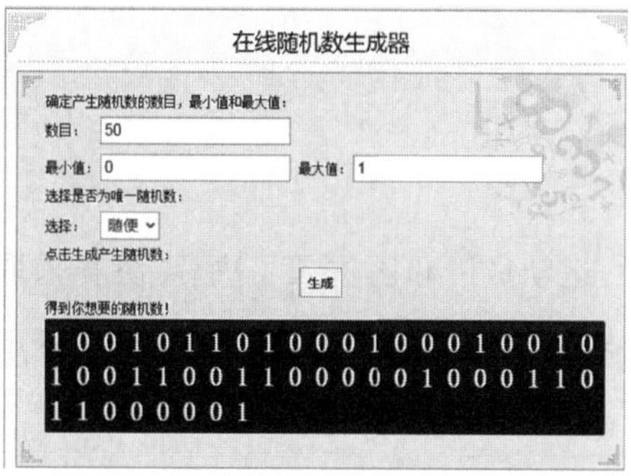

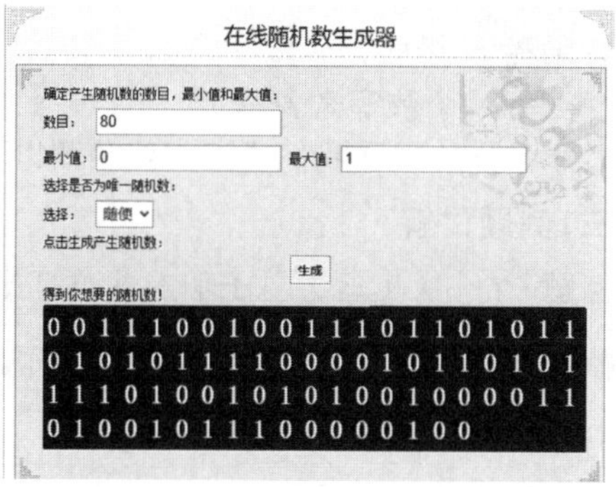

图 3-10

生:汇报数据.

师:通过这种方法确实能达到预期的结果,这样就可以利用这种随机模拟实验的方法代

149

替烦琐的重复实验了. 我们称利用随机模拟解决问题的方法为蒙特卡洛（Monte Carlo）方法.

[问题 2]如何用数字构建样本空间？

师：刚才我们对扔硬币的结果构建了样本空间，然后通过随机模拟得出实验结果，从而通过计算 1 出现的频率来估计正面朝上的概率. 那么如果我们知道了概率，能否从类似的方法用数字构建样本空间，通过随机模拟得到实验结果呢？比如甲获胜的概率为 $\frac{3}{5}$，我们如何用数字构建样本空间？

生 1：我们可以列举 5 个数字代表比赛结果，比如说 1,2,3,4,5. 指定比赛结果为 1,2,3 时，甲获胜.

生 2：我们也可以指定 1,3,5 为甲获胜.

生 3：……

师：非常好，大家都利用古典概型的思想，就抓住样本甲获胜的基本事件个数与总的基本事件个数比例来构建样本空间和甲获胜的基本事件. 每一局的结果用一个数字来表示，如果甲比赛两场，那么如何来表示比赛结果呢？

生 4：用两个数字来表示.

师：比赛三场呢？

生 5：用三个数字来表示.

师：比赛 N 场呢？

生 6：用 N 个数字来表示.

师：非常好！现在我们通过实践预测以下案例.

(三)例题讲解

[例题]在一次奥运会男子羽毛球单打比赛中，运动员甲和乙进入了决赛. 决赛采取三局两胜制，假设每局甲获胜的概率为 $\frac{3}{5}$，乙获胜的概率为 $\frac{2}{5}$，利用计算机模拟实验，估计甲获得冠军的概率.

生：上台操作.

师：及时引导三个数为一组.

师：刚才我们假设指定比赛结果为 1,2,3 时，甲获胜. 设甲获胜的概率为 P_1，请同学们利用图 3-11 计算甲获胜的概率.

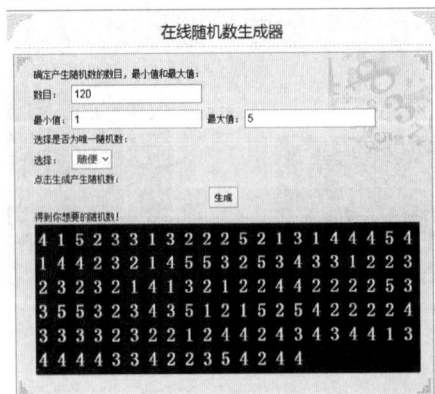

图 3-11

生 7:在 120 个随机数中,依序依次选取三个数为一组(共分为 40 组),在每组数中如果 1,2,3 这三个数出现两次或三次(允许重复出现),则表明甲胜.经统计可知 $P_1=\dfrac{5}{24}$.

师:如果我们假设结果为 1,3,5 时甲获胜,设甲获胜的概率为 P_1,请同学们计算甲获胜的概率.

生 8:在 120 个随机数中,依序依次选取三个数为一组(共分为 40 组),在每组数中如果 1,3,5 这三个数出现两次或三次(允许重复出现),则表明甲胜.经统计可知 $P_2=\dfrac{1}{6}$.

师:两次计算的概率不相等,那么哪一种假设是合理的?

生 9:都合理.

师:两次计算结果之间的误差是如何产生的?

生 10:样本空间不够大.

生 11:电脑程序生成的随机数可能不是随机数.

师:回答非常好.电脑产生的随机数是按照确定的算法产生的数,具有周期性(周期很长),它们具有类似随机数的性质,我们称之为伪随机数,会有些微小误差存在.所以我们可以通过改进电脑程序和扩大样本空间,让误差控制在我们能够接受的范围内.

(四)课堂练习

[练习]从你所在班级任意选出六名同学,调查他们的出生月份,假设出生在 1 月,2 月……12 月是等可能的.设事件 A="至少有两人出生月份相同",设计一种试验方法,模拟 20 次,估计事件 A 发生的概率.

学生操作,教师评价.

方法一:根据假设,每个人的出生月份在 12 个月中是等可能的,而且相互之间没有影响,所以观察六个人的出生月份可以看成可重复试验.

因此,可以构建六个 1~12 之间的随机数组,六个数字中若至少有两个数一样,则就属于事件 A 发生.

完成 20 组(图 3-12),同理计算事件 A 发生的概率.

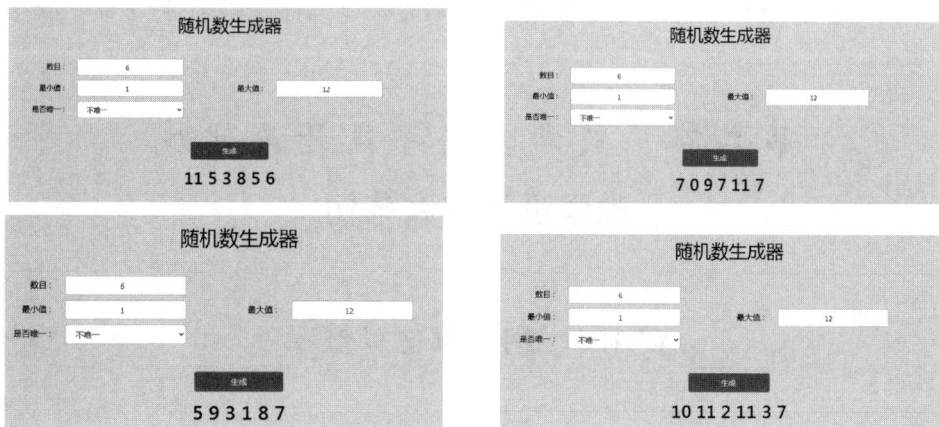

图 3-12

方法二:根据假设,每个人的出生月份在 12 个月中是等可能的,而且相互之间没有影响,所以观察六个人的出生月份可以看成可重复试验.

因此,可以构建如下有放回摸球试验进行模拟:在袋子中装入编号为 $1,2,\cdots,12$ 的 12 个球,这些球除编号外没有什么差别.有放回地随机从袋中摸六次球,得到六个数代表六个人的出生月份,这就完成了一次模拟试验.如果这六个数中至少有两个相同,表示事件 A 发生了,重复以上模拟试验 20 次,就可以统计出事件 A 发生的频率.

方法三:利用电子表格软件模拟试验,在 A1,B1,C1,D1,E1,F1 单元格分别输入"＝RANDBETWEEN(1,12)",得到六个数,代表六个人的出生月份,完成一次模拟试验.选中 A1,B1,C1,D1,E1,F1 单元格,将鼠标指向右下角的黑点,按住鼠标左键拖动到第 20 行,相当于做 20 次重复试验.统计其中有相同数的频率,得到事件 A 的概率的估计值.

(五)归纳小结

信息技术使大量重复试验成为可能.本节课充分发挥信息技术的优势,利用随机数生成器等产生随机数、有放回地摸球、Excel 软件等模拟重复试验,揭示频率既具有随机性,又具有稳定性,促使我们充分理解频率与概率的区别与联系.

五、注 析

本案例属于数据处理手段开放实践案例.

本教学设计与原教材不同之处见表 3-8.

表 3-8

内容	原教材	本课程设计
课堂引入	摸球实验	抛硬币实验,借助在线随机数生成软件辅助得到实验结果,大大增加实验次数和可信度
例 2	两种方法	增加了一种方法:用在线随机数生成器产生随机数来表示结果的方法

由重复实验的繁杂联想到用随机数字替代实验结果,让随机数生成器来模拟实验结果更容易被学生接受.本教学设计中,从一开始就借助于在线随机数生成软件,通过教师讲解,学生反复多次操作,从而感受到随机模拟方法的可行性、可信性和便捷性,进而提高学生学习的热情.

第二节 数学实验手段开放实践
教学设计实践范例

案例 1 用频率估计概率

一、教材原文

人教版,数学九年级(上册),2014 年 3 月第 1 版,pp.142-144.

25.3 用频率估计概率

用列举法可以求一些事件的概率. 实际上，我们还可以利用多次重复试验，通过统计试验结果估计概率.

我们从抛掷硬币这个简单问题说起. 抛掷一枚质地均匀的硬币时，"正面向上"和"反面向上"发生的可能性相等，这两个随机事件发生的概率都是 0.5. 这是否意味着抛掷一枚硬币 100 次时，就会有 50 次"正面向上"和 50 次"反面向上"呢？不妨用试验进行检验.

试验　把全班同学分成 10 组，每组同学抛掷一枚硬币 50 次，整理同学们获得的试验数据，并完成表 25-3.

第 1 组的数据填在第 1 列，第 1，2 组的数据之和填在第 2 列……10 个组的数据之和填在第 10 列. 如果在抛掷硬币 n 次时，出现 m 次"正面向上"，则称比值 $\dfrac{m}{n}$ 为"正面向上"的频率.

表 25-3

抛掷次数 n	50	100	150	200	250	300	350	400	450	500
"正面向上"的次数 m										
"正面向上"的频率 $\dfrac{m}{n}$										

根据上表中的数据，在图 25.3-1 中标注出对应的点.

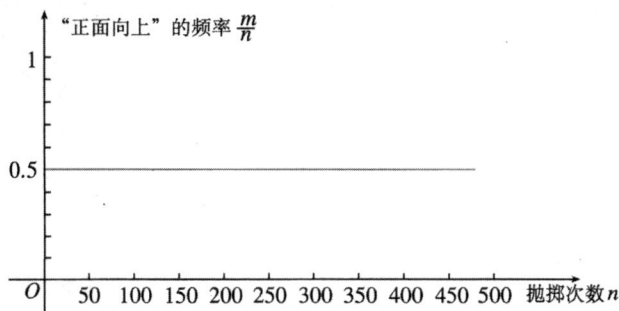

图 25.3-1

请同学们根据试验所得数据想一想："正面向上"的频率有什么规律？

历史上，有些人曾做过成千上万次抛掷硬币的试验，其中一些试验结果见表 25-4.

表 25-4

试验者	抛掷次数 n	"正面向上"的次数 m	"正面向上"的频率 $\frac{m}{n}$
棣莫弗	2 048	1 061	0.518 1
布丰	4 040	2 048	0.506 9
费勒	10 000	4 979	0.497 9
皮尔逊	12 000	6 019	0.501 6
皮尔逊	24 000	12 012	0.500 5

思考

随着抛掷次数的增加，"正面向上"的频率的变化趋势是什么？

可以发现，在重复抛掷一枚硬币时，"正面向上"的频率在 0.5 附近摆动. 一般地，随着抛掷次数的增加，频率呈现出一定的稳定性：在 0.5 附近摆动的幅度会越来越小. 这时，我们称"正面向上"的频率稳定于 0.5. 它与前面用列举法得出的"正面向上"的概率是同一个数值.

在抛掷一枚硬币时，结果不是"正面向上"，就是"反面向上". 因此，从上面的试验中也能得到相应的"反面向上"的频率. 当"正面向上"的频率稳定于 0.5 时，"反面向上"的频率也稳定于 0.5. 它也与前面用列举法得出的"反面向上"的概率是同一个数值.

实际上，从长期实践中，人们观察到，对一般的随机事件，在做大量重复试验时，随着试验次数的增加，一个事件出现的频率，总在一个固定数的附近摆动，显示出一定的稳定性. 因此，我们可以通过大量的重复试验，用一个随机事件发生的频率去估计它的概率.

雅各布·伯努利（1654—1705），概率论的先驱之一.

用频率估计概率，虽然不像列举法能确切地计算出随机事件的概率，但由于不受"各种结果出现的可能性相等"的条件限制，使得可求概率的随机事件的范围扩大.例如，抛掷一枚图钉或一枚质地不均匀的骰子，不能用列举法求"针尖朝上"或"出现6点"的概率，但可以通过大量重复试验估计出它们的概率.

从抛掷硬币的试验还可以发现，"正面向上"的概率是0.5，连续掷2次，结果不一定是"正面向上"和"反面向上"各1次；连续抛掷100次，结果也不一定是"正面向上"和"反面向上"各50次.也就是说，概率是0.5并不能保证掷$2n$次硬币一定恰好有n次"正面向上"，只是当n越来越大时，正面向上的频率会越来越稳定于0.5.可见，概率是针对大量重复试验而言的，大量重复试验反映的规律并非在每一次试验中都发生.

二、教学目标

(1)知识与技能:理解用频率估计概率的合理性,理解当试验次数较大时,试验频率稳定于概率;理解用频率估计概率相对列举法求概率更具一般性与普遍性;体会用频率估计概率在生活中的应用.

(2)过程与方法:通过实验及分析试验结果、收集整理数据、得出结论的试验过程,体验频率的随机性与规律性,了解用频率估计概率的合理性和必要性,培养随机观念,体会频率与概率的联系与区别,学习感受从特殊到一般的数学思想;根据频率的集中趋势估计概率的知识,发展学生应用数学知识解决问题的能力.

(3)情感态度价值观:通过动手试验解决实例,提升数学的应用意识,在活动中进一步发展合作交流的意识和能力,增加学习兴趣.

三、学情分析

在小学,学生对随机现象发生的可能性有一定的认识,通过八年级的学习也具备了初步数据统计分析的能力,这为本节课的研究学习提供了知识基础和方法基础.在前两节课,了解了概率的意义,能用列举法求等可能随机事件的概率,但对于不能用列举法求概率的稍微复杂的问题缺乏研究的方向,容易混淆频率和概率.因此,在设计用频率估计概率的试验时,就以古典概型为基础,组织学生开展相关试验,让学生感受到用频率估计概率的合理性.在经历用试验的方法探究概率的过程中,培养学生的动手能力、处理数据的能力,进一步增强统计意识、发展概率观念,让学生体会到随机事件中蕴含的客观规律——频率的稳定性.知道大量重复试验时,频率可作为事件概率的估计值.

四、教学过程

(一)复习引入

设置抽奖活动:组织 10 个学生抽奖,箱中放有红、白球各一个,抽到红球中奖,抽到白球没有奖,通过结果引出频数、总次数和频率,从而复习三者之间的关系.

教师提出问题,一个盒子中装有若干个红球和白球,除颜色外,形状大小完全相同. 在不能打开看,又不能全部拿出的情况下,问摸到哪种颜色球的概率大?(复习概率)

学生活动:参与抽奖活动,复习频数、总次数和频率的关系;思考问题,带着问题学习新知.

【设计意图】复习相关概念,引出新课. 利用抽奖小游戏,调动更多学生参与课堂,活跃课堂气氛.

(二)讲授新课

(1)实验 1:抛硬币实验.

[小游戏 1]如果抛一枚质地均匀的硬币,正面朝上,老师赢,反面朝上,同学们赢,你觉得谁赢的可能性大?

实验操作:老师与同学们各抛掷 20 次,请预测结果会如何?

思考 1:预测结果为何与实际结果不同?

收集数据:在数学问题中,动手实验是很好的研究方法,试着和你的同学们一起动手实验,记录下你实验的结果,看看与你的思考是否吻合?

要求:两人为一组,一人投硬币,一人记,至少投掷 50 次,并将小组的实验数据汇总给 10 人小组长,最后由数学科代表收集汇总至表 3-9.

表 3-9

分组	1	2	3	4	5
投掷总次数					
正面朝上次数					
频率					

分析数据,思考 2:结合数据你可以从中分析出什么?

①这里的数据和你预期的结果接近吗?

②对比老师所做的 20 次实验的结果你有什么感触?

(2)实验 2:掷骰子.

[小游戏 2]如果抛一个质地均匀的六面骰子,出现点数 1,3,5,老师赢,反之,同学们赢,你觉得谁赢的可能性大?

实验操作:老师与同学们各抛掷 20 次,请预测结果会如何?

思考 1:预测结果为何与实际结果不同?

收集数据:在数学问题中,动手实验是很好的研究方法,试着和你的同学们一起动手实验,记录下你们实验的结果,看看与你的思考是否吻合?

要求:两人为一组,一人掷骰子,一人记,至少投掷 50 次,并将小组的实验数据汇总给 10 人小组长,最后由数学科代表收集汇总至表 3-10.

表 3-10

分组	1	2	3	4	5
总次数					
出现 1,3,5 次数					
频率					

分析数据:思考 2:结合数据你可以从中分析出什么?

学生活动:学生动手实验,收集数据,描述数据,并尝试独立分析数据.感受随机性,感受数据变化中的稳定性,体会大量数据的必要性.

【设计意图】实验 1、2 设置的目的是从抛硬币和掷骰子两个小游戏入手,学生觉得容易操作,动手实验更能感受到数据的随机性.同时背后蕴含了概率内容的易错点——古典概型求解的前提,产生认知冲突,激发学生学习兴趣.此外,以动手实验为载体,从数据统计分析入手,初步感受概率的意义,有助于发展学生的数据分析观念.通过试验让学生感受用频率估计概率的合理性,让学生进一步体会用频率估计概率方法的适用范围.

(3)分析数据,研究新知.

教师提出问题:通过刚才的实验,你发现了什么? 用什么来刻画可能性?

预设:学生对实验 1 抛硬币可能会比较快答出 1/2,追问如何得出 1/2,感受到频率.教师借助 Excel 软件,将学生收集到的 10 人小组的数据输入表格中,生成散点折线图,再将全班 50 人汇总的数据输入表格中,生成第二个散点折线图,发现数据越多,实验次数越多,频率会在 $y = \dfrac{1}{2}$ 这条直线附近波动.同样,对于实验 2,掷骰子游戏,也可以通过收集数据在电子表格中生成散点折线图,让学生观察折线的趋势,引出频率估计概率的课题.

(4)介绍瑞士数学家雅各布·伯努利的简历,并总结.

总结:一般地,在大量重复试验中,如果事件 A 发生的频率 $\frac{n}{m}$ 会稳定在某个常数 p 附近,那么事件 A 发生的概率 $P(A)=p$.

【设计意图】让学生逐步感受大量反复试验中事件的发生频率稳定在事件的概率附近,并让学生再次感受频率与概率的联系与区别.

(5)得出结论.

利用频率估计概率:用列举法可以求一些事件的概率,我们还可以利用多次重复试验,通过统计实验结果去估计概率.

(三)例题讲解

一个不透明的口袋里装有只有颜色不同的黑、白两种颜色的球共20只,某学习小组做摸球实验,将球搅匀后从中随机摸出一个球记下颜色,再把它放回袋中,不断重复. 表 3-11 是活动进行中的一组统计数据.

表 3-11

摸球的次数 n	100	150	200	500	800	1000
摸到白球的次数 m	58	96	116	295	484	601
摸到白球的频率 $\frac{m}{n}$	0.58	0.64	0.58	0.59	0.605	0.601

(1)请估计:当 n 很大时,摸到白球的频率将会接近_____.

(2)试估算口袋中黑、白两种颜色的球各有多少只?

(3)假如你去摸一次,你摸到白球的概率是_____,摸到黑球的概率是_____.

根据表 3-11 的数据,不难知道摸到白球的频率稳定在 0.6 左右,因此可以大胆估计,当 n 很大时,摸到白球的频率将会接近 0.6.据此亦估算出口袋中黑色球和白色球的个数,故本题答案分别是:(1)0.6;(2)黑色球 8 只、白色球 12 只;(3)0.6,0.4.

(四)课堂练习

(1)一水塘里有鲤鱼、鲫鱼、鲢鱼共 1000 尾,一渔民通过多次捕获实验后发现:鲤鱼、鲫鱼出现的频率是 31% 和 42%,则这个水塘里约有鲤鱼_____尾,鲫鱼_____尾,鲢鱼_____尾.

(2)如图 3-13 所示,长方形内有一不规则区域,现在玩投掷游戏,如果随机掷中长方形的 300 次中,有 150 次是落在不规则图形内.

①你能估计出掷中不规则图形的概率吗?

②若该长方形的面积为 150 平方米,试估计不规则图形的面积.

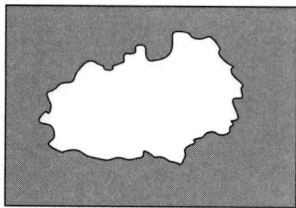

图 3-13

参考解答：

(1)由于鲤鱼、鲫鱼出现的频率是 31％和 42％,因此鲢鱼出现的频率是 27％.而水塘里共有 1000 尾鱼.所以这个水塘里约有鲤鱼 310 尾,鲫鱼 420 尾,鲢鱼 270 尾.

(2)由于随机掷中长方形的 300 次中,有 150 次是落在不规则图形内,因此掷中不规则图形的概率为 0.5,据此可估计不规则图形的面积为 75 平方米.

(五)归纳小结

通过本节课的学习,我们弄清了一种关系——频率与概率的关系;了解了一种方法——用多次试验频率估计概率;体会了一种思想——用样本估计总体,用频率估计概率.

【设计意图】引导学生思考用列举法求概率与用频率估计概率的区别,以及展示用频率估计概率在生活中的应用梳理课堂收获,有助于学生理解知识的联系,内化研究解决问题的思想方法,总结应用策略.

五、注　析

在教材中,课本只设置了一个抛硬币的小组实验,同时数据也已经通过折线图直接给出,这对于学生而言,减少了动手操作和分析数据的环节.笔者在设计这节课时的主导思想是充分开放课堂教学形式,通过小游戏和实验,全部由学生动手参与探究,自主实验,整理数据,并分析数据,提高学习兴趣,吸引学生积极主动学习.同时利用电子表格再次对数据进行绘图,方便学生观察整个趋势.笔者在课上设计了两个实验,吸引学生主动参与课堂,培养学生分析问题、解决问题的能力.在教学中,笔者主要采用实验探究、观察总结、应用提升的教学方法,让学生在问题情境中主动参与、自主探索、合作交流,从而解决问题.当然,笔者的教学设计虽然与教材有差异,但都同样会达到(或更好地达到)教学目的,起到殊途同归的功效.

案例 2　基本立体图形

一、教材原文

人教 A 版,高中数学必修(第二册),2019 年 7 月第 1 版,pp.97-100.

8.1 基本立体图形

在我们周围存在着各种各样的物体，它们都占据着空间的一部分．如果只考虑这些物体的形状和大小，而不考虑其他因素，那么由这些物体抽象出来的空间图形就叫做空间几何体（space geometry）．本节我们主要从几何体的组成元素及其相互关系的角度，认识几种最基本的空间几何体．

◉ 观察

如图 8.1-1，这些图片中的物体具有怎样的形状？在日常生活中，我们把这些物体的形状叫做什么？如何描述它们的形状？

| 纸杯 | 纸箱 | 腰鼓 | 金字塔 | 茶叶盒 |

| 水晶萤石 | 奶粉罐 | 篮球和足球 | 储物箱 | 铅锤 |

图 8.1-1

观察一个物体，将它抽象成空间几何体，并描述它的结构特征，应先从整体入手，想象围成物体的每个面的形状、面与面之间的关系，并注意利用平面图形的知识．

在图 8.1-1 中，可以发现纸箱、金字塔、茶叶盒、水晶萤石、储物箱等物体有相同的特点：围成它们的每个面都是平面图形，并且都是平面多边形；纸杯、腰鼓、奶粉罐、篮球和足球、铅锤等物体也有相同的特点：围成它们的面不全是平面图形，有些面是曲面．

一般地，由若干个平面多边形围成的几何体叫做**多面体**（polyhedron）（图 8.1-2）．围成多面体的各个多边形叫做多面体的面，如面 ABE，面 BAF；两个面的公共边叫做多面

> 在空间几何体中说某个面是多边形，一般也包括这个多边形内部的平面部分．

体的棱，如棱 AE，棱 EC；棱与棱的公共点叫做多面体的顶点，如顶点 E，顶点 C. 图 8.1-1 中的纸箱、金字塔、茶叶盒、储物箱等物体都具有多面体的形状.

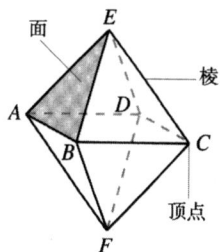

图 8.1-2　　　　　图 8.1-3

一条平面曲线（包括直线）绕它所在平面内的一条定直线旋转所形成的曲面叫做旋转面，封闭的旋转面围成的几何体叫做旋转体（rotating solid）. 这条定直线叫做旋转体的轴. 图 8.1-3 中的旋转体就是由平面曲线 $OAA'O'$ 绕轴 OO' 旋转形成的. 图 8.1-1 中的纸杯、奶粉罐、篮球和足球、铅锤等物体都具有旋转体的形状.

下面，我们从多面体和旋转体组成元素的形状、位置关系入手，进一步认识一些特殊的多面体和旋转体.

1. 棱柱

◎ 观察

观察图 8.1-4 中的长方体，它的每个面是什么样的多边形？不同的面之间有什么位置关系？

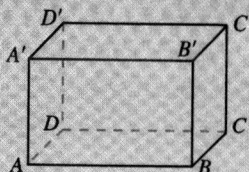

图 8.1-4

可以发现，长方体的每个面都是平行四边形（矩形），并且相对的两个面，如面 $ABCD$ 和面 $A'B'C'D'$，给我们以平行的形象，如同教室的地面和天花板一样.

如图 8.1-5，一般地，有两个面互相平行，其余各面都是四边形，并且相邻两个四边形的公共边都互相平行，由这些面所围成的多面体叫做棱柱（prism）. 图 8.1-1 中的茶叶盒所表示的多面体就是棱柱. 在棱柱中，两个互相平行的面叫做棱柱的底面，它们是全等的多边形；其余各面叫做棱柱的侧面，它们都是平行四边形；相邻侧面的公共边叫做棱柱的侧棱；侧面与底面的公共顶点叫做棱柱的顶点

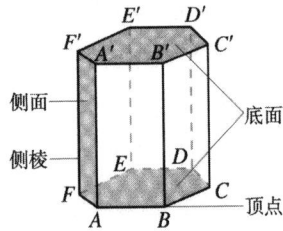

图 8.1-5

棱柱用表示底面各顶点的字母来表示,如图 8.1-5 中的棱柱记作棱柱 *ABCDEF-A′B′C′D′E′F′*. 棱柱的底面可以是三角形、四边形、五边形……,我们把这样的棱柱分别叫做三棱柱、四棱柱、五棱柱……

在图 8.1-4 中的长方体中,侧棱和底面给我们以垂直的形象,如同教室里相邻墙面的交线和地面的关系一样. 一般地,我们把侧棱垂直于底面的棱柱叫做直棱柱(图 8.1-6(1)(3)),侧棱不垂直于底面的棱柱叫做斜棱柱(图 8.1-6(2)(4)). 底面是正多边形的直棱柱叫做正棱柱(图 8.1-6(3)). 底面是平行四边形的四棱柱也叫做平行六面体(图 8.1-6(4)).

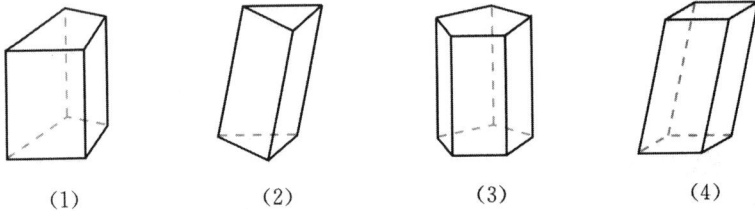

(1)　　　　(2)　　　　(3)　　　　(4)

图 8.1-6

2. 棱锥

像图 8.1-1 中金字塔这样的多面体,均由平面图形围成,其中一个面是多边形,其余各面都是三角形,并且这些三角形有一个公共顶点.

如图 8.1-7,一般地,有一个面是多边形,其余各面都是有一个公共顶点的三角形,由这些面所围成的多面体叫做棱锥(pyramid). 这个多边形面叫做棱锥的底面;有公共顶点的各个三角形面叫做棱锥的侧面;相邻侧面的公共边叫做棱锥的侧棱;各侧面的公共顶点叫做棱锥的顶点.

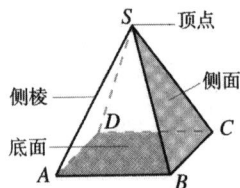

图 8.1-7

棱锥用表示顶点和底面各顶点的字母来表示，如图 8.1-7 中的棱锥记作棱锥 $S\text{-}ABCD$. 棱锥的底面可以是三角形、四边形、五边形……，我们把这样的棱锥分别叫做三棱锥、四棱锥、五棱锥……，其中三棱锥又叫四面体. 底面是正多边形，并且顶点与底面中心的连线垂直于底面的棱锥叫做正棱锥.

3. 棱台

如图 8.1-8，用一个平行于棱锥底面的平面去截棱锥，我们把底面和截面之间那部分多面体叫做棱台（frustum of a pyramid）. 图 8.1-1 中的储物箱就给我们以棱台的形象. 在棱台中，原棱锥的底面和截面分别叫做棱台的下底面和上底面. 类似于棱柱、棱锥，棱台也有侧面、侧棱、顶点.

> 请你仿照棱锥中侧面、侧棱、顶点的定义，给出棱台侧面、侧棱、顶点的定义，并在图 8.1-8 中标出它们.

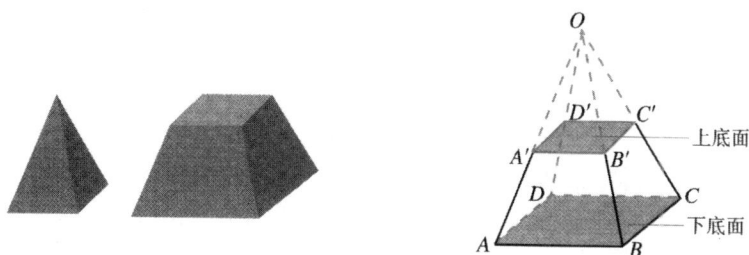

图 8.1-8

棱台用表示底面各顶点的字母来表示，如图 8.1-8 中的棱台记作棱台 $ABCD\text{-}A'B'C'D'$. 由三棱锥、四棱锥、五棱锥……截得的棱台分别叫做三棱台、四棱台、五棱台……

例1 将下列各类几何体之间的关系用 Venn 图表示出来：

多面体，长方体，棱柱，棱锥，棱台，直棱柱，四面体，平行六面体.

解：如图 8.1-9 所示.

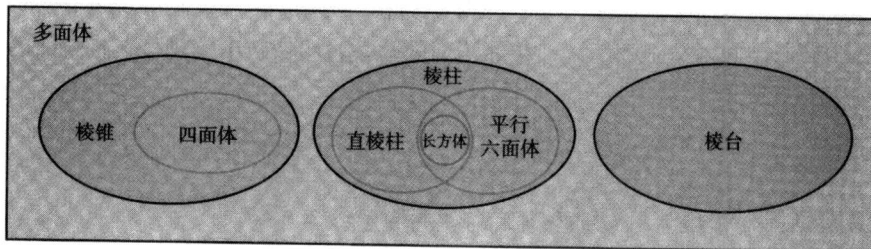

图 8.1-9

二、教学目标

(1)知识与技能:了解柱、锥、台的定义,掌握柱、锥、台的结构特征及其关系;从数学角度合理对空间几何体进行分类,准确描述各类几何体的结构特征,并能运用这些结构特征判断几何体的形状.

(2)过程与方法:通过观察大量实例,运用课堂活动和合作学习的方式,培养观察能力、空间想象能力、抽象思维能力、几何直观能力、合情推理能力和运用图形进行交流的能力;渗透分类讨论思想和特殊问题一般化的思想、数学建模的思想与方法和类比方法.

(3)情感态度价值观:在描述和判断几何体结构特征的过程中,逐步培养自主探究的学习习惯,学会换角度看问题,透过现象看本质.

三、学情分析

本节课的教学对象为示范性高中高一实验班学生,他们思维活跃,学习积极性强,学习兴趣浓厚,拥有良好的学习习惯,基本能做到课前预习、课后复习;有较强的课堂参与意识和思维能力,课堂上能积极思考,踊跃发言,具有较强的分析问题和解决问题的能力,抽象思维能力在不断增强.

学生在初中已经对空间图形进行直观认识,能在实物和抽象图形以及抽象图形和概念之间建立对应关系,对柱体、锥体和球有较为深刻的直观认识.细节上,学生已初步明确点、线、面、体等几何对象及其关系,且能够根据长方体等平面展开图描述基本几何体或其实物原型.本节课主要通过直观感知、操作确认来描述空间几何体的概念和基本特征,主要用到分类思想和类比方法,从思维的角度考虑.本节课是在形象思维的基础上发展抽象思维,学生在初中对几何图形的认识主要以直观感知为主,这与本节课的做法基本一致.同时,分类思想和类比方法在初中也有涉及,从非智力层面讲,学生在初中有对图形的直观认识经验,随着时间的推移,学生的认识结构不断完善,知识不断丰富,学生会更加渴望研究图形的局部性质和细节.结合现实世界中丰富多彩的图形和建筑,借助实物模型和计算机模拟,本节课的教学能给学生带来美的享受,善加引导,能够培养学生欣赏数学美、探索数学美,进而培养学生学好数学的积极学习心态.

四、教学过程

(一)复习引入

我们生活在一个由各种物体构成的世界里,大到时刻运转的天体,小到肉眼难见的原子分子,包括我们身边的各种建筑和包装,都有自己不同的形状,正是这些丰富多彩的形状给了我们美的享受,看看我们的校园(展示校园各种建筑的照片及其抽象图形).在数学中,我们把只考虑物体的形状和大小而抽象出来的空间图形称为空间几何体.

[问题1]观察校园中各种建筑的照片,结合展台的模型和你手中的图片,你觉得这些图片中的物体具有怎样的形状?这些物体的形状叫什么?

【设计意图】从现实世界的模型引入,通过对学生所处空间的分析,一方面激起学生学习兴趣,另一方面帮助学生建立对点线面位置关系的认识并形成对平行等位置关系的直观认识.

追问1:空间几何体由面构成,构成几何体的这些面有什么不同? 据此,可怎样对几何体进行分类？

师生活动：提出问题，观察、操作、回顾、尝试描述，思考空间几何体的分类标准.

【设计意图】通过对"面"的分析和展示，引导学生发现差异，形成初步的分类标准.

追问 2：曲面是怎样形成的？据此，你认为可对刚才的标准做怎样的调整？

师生活动：动画演示"矩形绕一边旋转形成圆柱"，引导学生思考曲面是旋转形成的，观察、思考、探索、比较，形成对空间几何体明确的分类标准.

数学活动 1：观察你手中的图片在构成上的特点，请按我们讨论的标准从其他同学的图片中找到和你类似的几何体？

活动小结：什么是多面体？什么是旋转体？

(1)由若干个平面多边形围成的几何体叫做多面体.

(2)一条平面曲线(包括直线)绕它所在平面内的一条定直线旋转所形成的曲面叫做旋转面，封闭的旋转面围成的几何体叫做旋转体.这条定直线叫做旋转体的轴.

数学活动 2：多面体和旋转体可以怎样进一步进行分类？我们已经把图中几何体分成了两大类.请大家再观察，看看围成这些几何体的平面(在形状和位置关系上)和曲面(由什么平面图形旋转得到)又有什么样的不同，可以怎样进一步分类？试试看，找到你的"类"，取个名字，分享你们的共同特征.

【设计意图】通过几何特征进行分类，一方面强化学生运用图形交流的能力，另一方面按照各自不同的特征自然而然地分组，在分组过程中培养学生的交流能力、合作意识.

(二)讲授新课

[问题 2]找出与图 3-14 具有相同结构特征的物体，并描述这些相同的结构特征.

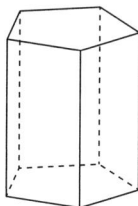

图 3-14

师生活动：引导学生进行发现、抽象和总结，并归纳为教材中棱柱的定义：一般地，有两个面互相平行，其余各面都是四边形，并且相邻两个四边形的公共边都互相平行，由这些面所围成的多面体叫做棱柱.在棱柱中，两个互相平行的面叫做棱柱的底面，它们是全等的多边形；其余各面叫做棱柱的侧面，它们都是平行四边形；相邻侧面的公共边叫做棱柱的侧棱；侧面与底面的公共顶点叫做棱柱的顶点.

追问 1：如图 3-15 所示，过长方体的一条棱 BC 截去长方体的一角，所得的几何体是不是棱柱？

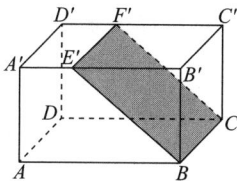

图 3-15

师生活动:集体讨论辨析,得出两个几何体都是棱柱,让学生明白棱柱底面与摆放位置无关.

追问2:观察图3-16的棱柱,共有多少对平行平面?能作为棱柱的底面有几对?由此,你能总结出棱柱的哪些性质?

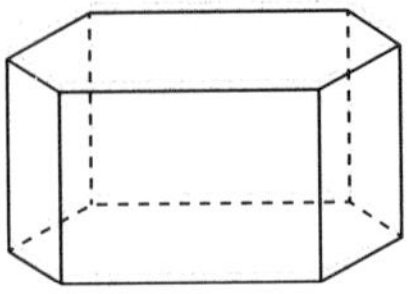

图 3-16

师生活动:棱柱的底面不唯一,并总结出基本性质:①底面互相平行;②侧面都是平行四边形;③侧棱互相平行.

追问3:棱柱概念能否进一步简化?有两个面互相平行,其余各面都是平行四边形,由这些面围成的几何体一定是棱柱吗?

师生活动:在初中棱柱直观印象的基础上,给出图3-17所示两个模型,让学生对照棱柱的概念逐一检查,得出数学概念的严谨性和精确性.需要注意的是,通常情况下,我们讲简单几何体是在凸多面体的范畴下,因此第二个模型并不是一个很好的反例.

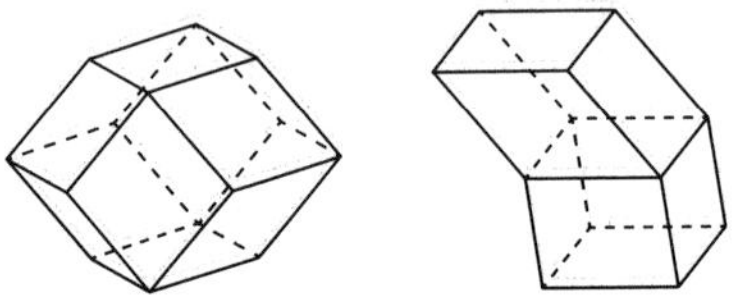

①   ②

图 3-17

【设计意图】此处是本节课的重点和难点之一,讨论清楚棱柱的相关概念和结构特征,则棱锥、棱台可依样画葫芦,借助大量棱柱模型和反例,让学生在讨论和质疑中形成对棱柱的准确认识,并建立基本的认知框架.通过学生的直观感知、操作确认,帮助学生树立透过现象看本质和实践是检验真理的唯一标准的哲学观,明确认识数学概念的"最简"特征.

追问4:各种各样的棱柱,主要有什么不同?怎么分类?

师生活动:可以从底面的形状分类:三棱柱、四棱柱等,也可以结合侧棱(侧面)与底面的位置关系分类,诸如直棱柱、正棱柱、斜棱柱等,把两种分类方式结合起来,就会有直三棱柱、正四棱柱等特殊的棱柱,请学生课后去查阅一些常见的特殊棱柱并明确它们的上下位关系.

追问5:研究棱柱的基本程序和方法是什么?

师生活动:回顾、思考,总结棱柱的研究方法:观察(一类图形)—抽象(共同特征)—描述(概念和结构特征)—理解.

[问题3]图3-18中的多面体除了棱柱还有哪些?参照棱柱的学习过程,请小组合作进行讨论,并描述其概念和结构特征.

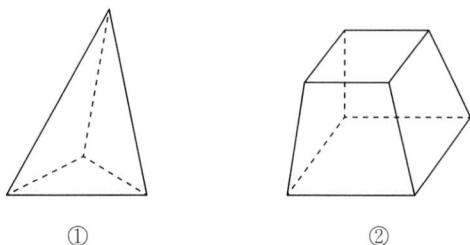

①　　　　　　　　②

图 3-18

师生活动:引导学生再次运用图形进行交流,发现共同特征并抽象总结.

棱锥:有一个面是多边形,其余各面都是有一个公共顶点的三角形,由这些面所围成的多面体叫做棱锥.这个多边形面叫做棱锥的底面,有公共顶点的各个三角形面叫做棱锥的侧面,相邻侧面的公共边叫做棱锥的侧棱,各侧面的公共顶点叫做棱锥的顶点.

棱台:用一个平行于棱锥底面的平面去截棱锥,我们把底面和截面之间那部分多面体叫做棱台.在棱台中,原棱锥的底面和截面分别叫做棱台的下底面和上底面.类似于棱柱、棱锥,棱台也有侧面、侧棱、顶点.

追问:这是我校校训"诚"的象征鼎(图 3-19),它是台状物,那它是我们数学中的棱台吗?如何验证?

图 3-19

【设计意图】从生活实物入手,强化棱台概念与棱锥概念的联系,突出棱台侧棱延长线交于一点这个细节和关键,体会数学是对现实的高度抽象和精确描述.

(三)归纳小结

问题:棱柱、棱锥、棱台都是多面体,它们在结构上有哪些不同? 又有什么样的关联?

棱柱是柱体,棱锥是锥体,棱台是台体,其中棱台可由平行于棱锥底面的平面截得.

师生活动:学生总结提升,老师进行引导和补充,借助动画演示棱柱、棱台和棱锥的动态变化,从运动变化的角度认识空间几何体.

五、注　析

(1)本节课以活动的形式展开,借助了心理和德育活动的一些做法,让学生在思考的过程中寻找具有同类结构特征的几何体,在进一步的思考和分析中进行调整,不断强化学生对几何体从整体到局部、从宏观到微观的认识,建立起"观察(一类图形)—抽象(共同特征)—描述(概念和结构特征)—理解"的研究思路,比起常规的教师讲授、学生接受的传统授课方式,学生的积极性更高、效果更好.

(2)本节课的教学首先为学生提供足够的图片和实物模型,通过启发性的问题引导学生观察、分析、总结,探索和理解空间几何体的概念和结构特征,遵循"数学学习的本质是主体

（学生）在头脑中建构和发展数学认知结构的过程，是主体的一种再创造行为"的理念，坚持"学生主体，教师主导"，在问题的提出、分析、探索和解决过程中充分发挥学生的创造性，从没有标准到模糊标准，最后到精确分类和准确定义，让学生在综合和创新的过程中发展高阶思维.

（3）教学不完全是课堂40分钟的事，教学的目的是激起学生的探究兴趣和学习动力，让他们在走出课堂的同时还能保有学习的热情. 本节课的所有实物图片均来自校园（表3-12），是学生抬头可见、触手可及的，同时，从实物抽象出模型的过程中经过了必要的数学化，两者不完全统一，让学生在课后进一步探索，体会数学源于生活、回归生活但不完全等同于生活的数学生活化理念，引导学生在生活中留意数学的应用，并适时用数学的观点解释生活，渗透数学应用的意识和能力，达到课内、课外的统一，实现数学的育人价值.

表 3-12

续表

17	18	19	20
21	22	23	24
25	26	27	28
29	30	31	32

分类	名称	图片编号	几何模型	结构特征	
				线	面

案例 3　祖暅原理与柱体、锥体的体积

一、教材原文

人教 A 版,高中数学必修(第二册),2019 年 7 月第 1 版,pp.121-123.

> 🔄 **探究与发现**
>
> #### 祖暅原理与柱体、锥体的体积
>
> **一、祖暅原理**
>
> 祖暅(gèng)(5 世纪—6 世纪),字景烁,祖冲之之子,范阳郡遒县(今河北省涞水县)人,南北朝时期的伟大科学家.祖暅在数学上做出了突出贡献,他在实践的基础上,于 5 世纪末提出了下面的体积计算原理:"幂势既同,则积不容异".这就是"祖暅原理"."势"即是高,"幂"是面积,祖暅原理用现代语言可以描述为:
>
> **夹在两个平行平面之间的两个几何体,被平行于这两个平面的任意平面所截,如果截得的两个截面的面积总相等,那么这两个几何体的体积相等.**
>
> 如图 1,夹在平行平面间的两个几何体(它们的形状可以不同),被平行于这两个平面的任何一个平面所截,如果截面(阴影部分)的面积都相等,那么这两个几何体的体积一定相等.
>
>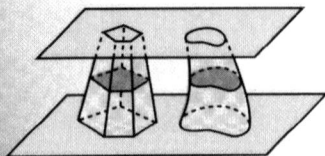
>
> 图 1
>
>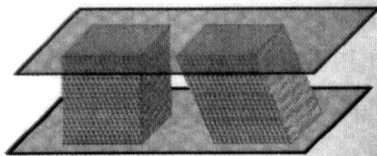
>
> 图 2

这个原理是非常浅显易懂的. 例如, 取一摞纸堆放在桌面上组成一个几何体 (图 2), 使它倾斜一个角度, 这时几何体的形状发生了改变, 得到了另一个几何体, 但两个几何体的高度没有改变, 每页纸的面积也没有改变, 因而两个几何体的体积相等. 利用这个原理和长方体体积公式, 我们能够求出柱体、锥体、台体和球体的体积.

祖暅给出上面的原理, 要比其他国家的数学家早一千多年. 在欧洲直到 17 世纪, 意大利数学家卡瓦列里 (Bonaventura Cavalieri, 1598—1647) 才给出上述结论.

二、柱体、锥体的体积

下面我们用祖暅原理推导柱体和锥体的体积公式.

设有底面积都等于 S, 高都等于 h 的任意一个棱柱、一个圆柱和一个长方体, 使它们的下底面在同一平面内 (图 3). 根据祖暅原理, 可知它们的体积相等. 由于长方体的体积等于它的底面积乘高, 于是我们得到柱体的体积公式

$$V_{柱体} = Sh.$$

其中 S 是柱体的底面积, h 是柱体的高.

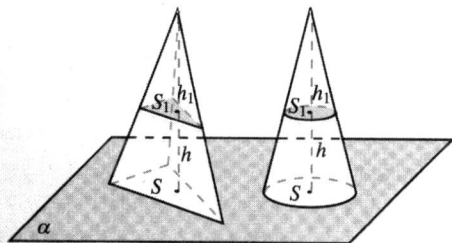

图 3

设有底面积都等于 S, 高都等于 h 的两个锥体 (例如一个棱锥和一个圆锥), 使它们的底面在同一平面内 (图 4). 根据祖暅原理, 可推导出它们的体积相等. 这就是说, 等底面积等高的两个锥体的体积相等.

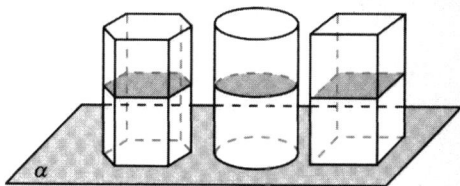

图 4

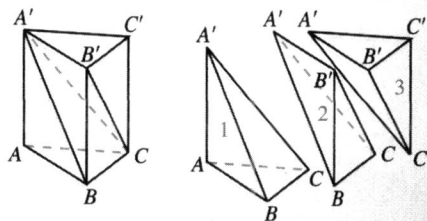

图 5

如图 5, 设三棱柱 $ABC\text{-}A'B'C'$ 的底面积 (即 $\triangle ABC$ 的面积) 为 S, 高 (即点 A' 到平面 ABC 的距离) 为 h, 则它的体积为 Sh. 沿平面 $A'BC$ 和平面 $A'B'C$, 将这个三棱柱分割为 3 个三棱锥. 其中三棱锥 1, 2 的底面积相等 ($S_{\triangle A'AB} = S_{\triangle A'B'B}$), 高也相等 (点 C 到平面 $ABB'A'$ 的距离), 三棱锥 2, 3 也有相等的底面积 ($S_{\triangle B'BC} = S_{\triangle B'C'C}$) 和相等的高 (点 A' 到平面 $BCC'B'$ 的距离). 因此, 这 3 个三棱锥的体积相等, 每个三棱锥的体积是 $\frac{1}{3}Sh$.

如果三棱锥 $A'\text{-}ABC$（即三棱锥 1）以 $\triangle ABC$ 为底，那么它的底面积是 S，高是 h，而它的体积是 $\frac{1}{3}Sh$. 这说明三棱锥的体积等于它的底面积乘高的积的三分之一.

事实上，对于一个任意的锥体，设它的底面积为 S，高为 h，那么它的体积应等于一个底面积为 S，高为 h 的三棱锥的体积，即这个锥体的体积为

$$V_{\text{锥体}} = \frac{1}{3}Sh.$$

这就是锥体的体积公式.

柱体和锥体是两种基本几何体，它们的体积公式有着广泛的应用.

二、教学目标

(1)知识与技能:借助实物模型、信息技术手段,分析抽象出图形中的基本元素之间的度量关系,得到祖暅原理并会用准确的数学语言表达,理解祖暅原理的含义.

(2)过程与方法:在发现祖暅原理的过程中,体会从"平面"到"空间"的转化思想;掌握利用祖暅原理计算几何体体积的方法,在推导棱柱体积公式的过程中,理解从特殊到一般的归纳推理和从一般到特殊的演绎推理在数学学习中的意义和价值,掌握棱柱、棱锥体积公式.

(3)情感态度价值观:通过介绍我国古代数学家对几何体体积研究的贡献,激发学生的民族自豪感,提高学生学习数学的兴趣.

三、学情分析

本节课是在学生已经初步学习了柱体、锥体的体积公式的基础之上对体积公式的进一步探究,主要内容为用祖暅原理推导柱体、锥体的体积公式;通过模型演示,利用祖暅原理,推广到柱体和锥体的体积计算,使学生形成较完整的简单几何体的体积的知识结构.教学班级为普通班学生,他们的数学基础属于中等和一般水平,但在同龄人中仍处于较高发展水平,而且与实验班学生比较,这部分学生对学习少了一些自我保护的心理,更愿意分享交流自己的思考结果,更愿意动手探索交流.

祖暅原理是通过感知、猜想、归纳、实验验证得到的,不做严格证明的要求,为有效感知祖暅原理,发现柱体与锥体体积的关系,帮助学生抽象概括出祖暅原理,本节课采用信息技术辅助和实物模型感知相结合的教学手段,让学生在直观感知和操作确认的基础上进行思维的培养和提升,发挥学生的主观能动性.

四、教学过程

(一)复习引入

[问题 1](1)拿出一支笔,沿不同路径从书的底边运动到书的顶端,思考:所得到的不同

的图形可以有哪些形状？它们的面积有什么关系？

（2）类似地，把平面图形拓展到空间几何体，能否得到类似的结论？

师生活动：学生在实际操作的基础上讨论后小结：得出的图形可以是矩形、长方形，也可以是不规则的图形，其面积都相等．在此基础上形成结论：夹在两条平行直线间的两个平面图形，用平行于这两条直线的直线去截，如果截得的线段长度总相等，则这两个图形的面积相等．拓展到空间，提出猜想：夹在两个平行平面间的两个几何体，用平行于这两个平面的平面去截，如果截得的截面面积总相等，则这两个几何体的体积相等．

【设计意图】从平面上的问题入手，用学生最容易得到的工具操作，让学生在直观感知的基础上进行操作确认和思辨论证，提出猜想，奠定思维基础．

（二）讲授新课

完成以下两个试验，并思考问题2.

［试验1］取一样的扑克牌各两幅，码在一起前后推动，且摆成两个不一样的柱体

［试验2］取两个一样的塑料玩具彩虹圈（图3-20），压紧并改变其形状观察所得

图 3-20

信息技术演示：用几何画板或者CAD画图软件（最好是使用CAD），在平面内做出面积相等的矩形、圆和五边形，制作动画面动成体，做出等高的直四棱柱、圆柱和直五棱柱，度量其体积．

［问题2］试验过程中，可以得到哪些不同的几何体？试验过程中，体积发生变化吗？与之前的猜想是否吻合？

师生活动：观察、发现、抽象、概括祖暅原理，发现试验过程中体积、高度（扑克牌和彩圈的厚度）和面积（扑克牌的大小、彩圈的大小）都没有变化，从而："幂势既同，则积不容异"，"势"即是"高"，"幂"指水平截面的面积．祖暅原理用现代语言可以描述为：夹在两个平行平面之间的几何体，被平行于这两个平面的任意平面所截，如果所得的两个截面的面积总相等，那么这两个几何体的体积相等（图3-21）.

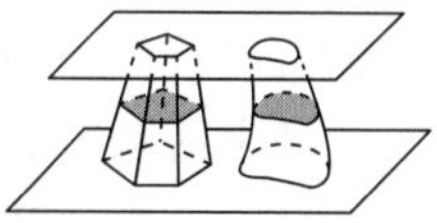

图 3-21

【设计意图】在直观感知的基础上进行操作确认，把实物与信息技术相结合，看得见、摸得着，也能做到度量求解，有效激发学生的探究热情，提升探究效果，进一步感知祖暅原理的正确性．

（三）例题讲解

［例题］（1）你能利用祖暅原理求用扑克牌得到的不同几何体的体积吗？

（2）能否利用棱柱和棱锥的关系证明 $V_{锥} = \dfrac{1}{3}V_{柱} = \dfrac{1}{3}Sh$？

师生活动：学生可能以为应用祖暅原理就可以求体积，但是探究后发现祖暅原理只能保证体积相等，具体计算还需要转化为特殊的几何体进行计算，这里需要满足：①等高；②截面

的面积总相等. 在此基础上引导学生思考棱柱和棱锥的关系, 教师使用信息技术进行演示并和学生一起进行思维层面的探索证明.

【设计意图】从确认原理正确, 到使用原理进行计算, 需要明确使用的关键和条件, 利用信息技术直观展示将三个三棱锥分开和合并的过程(图 3-22), 发现两组图象的共同特点: ①棱柱和棱锥等底等高; ②分开的三个棱锥两两等底等高. 根据祖暅原理: 等底等高的棱锥体积相同, 在此基础上得出棱柱体积与棱锥体积的三倍关系, 即 $V_{锥} = \frac{1}{3} V_{柱} = \frac{1}{3} Sh$.

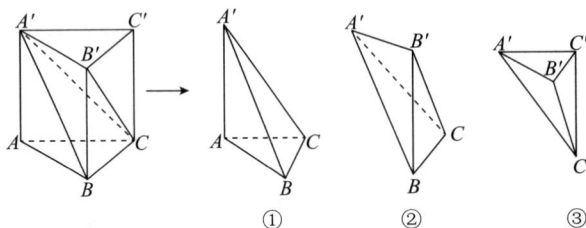

图 3-22

(四)课堂练习

[练习]基本图形除了柱体和锥体还有球, 在前面我们已经学习了球的体积公式, 你会用祖暅原理推导出球的体积公式吗?

师生活动: 学生可能会一时陷入迷茫, 此时, 老师要不断引导学生思考祖暅原理使用的条件, 让学生从思维层面得到提升.

追问 1: 可以转换为等底等高的柱体吗? 或者是等底等高的锥体?

师生活动: 答案显然是否定的, 再次陷入困境.

追问 2: 球有什么特征, 祖暅原理的使用需要满足什么条件?

师生活动: 根据对称性把球的体积计算问题转化为半球的体积, 同时再次明确祖暅原理的使用条件是: ①等高; ②截面的面积总相等.

追问 3: 要使用祖暅原理解决半球的体积计算问题, 就需要保证每一层截面积相等, 结合球的直观特征, 外圈不变, 内圈随高度变化的圆环, 叠加起来会是个什么几何体?

师生活动: 运用祖暅原理的关键是找到一个可以求出体积的几何体, 并且该几何体与球体被同一个截面截得的截面面积相等, 即先寻找等体积的组合体, 接着充分利用几何画板等媒体向学生展示与半球同底等高的圆柱、圆锥两种旋转体. 依据半球截面面积计算公式的特点, 以及认知结构中与之相符的圆环, 展示圆环的叠加过程, 得出合适的模型, 并用信息技术计算数据, 及时验证学生的猜想.

追问 4: 如图 3-23 所示, 一个半径为 R 的半球, 距球心距离为 l 的截面的面积是多少? 你能构造出什么样的几何体使得其截面面积总与这个半球的截面面积相等?

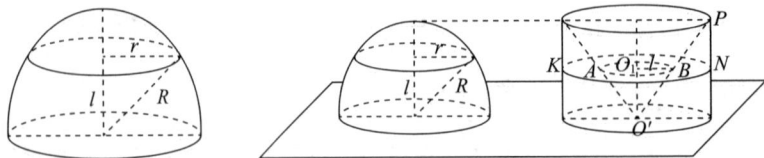

图 3-23

师生活动:设平行于大圆且与大圆的距离为 l 的平面截半球所得圆面的半径为 r,则 $r=\sqrt{R^2-l^2}$,于是截面面积 $S_1=\pi r^2=\pi(R^2-l^2)=\pi R^2-\pi l^2$,$S_1$ 可以看成是在半径为 R 的圆面上,挖去一个半径为 l 的同心圆所得圆环的面积. 为此,取一个底面半径和高均为 R 的圆柱,从圆柱中挖去一个以圆柱的上底面为底面、下底面圆心为顶点的圆锥,把所得的几何体与半球放在同一个水平面上,用任一个水平面去截这两个几何体,截面分别为圆面和圆环面. 如果截面与底面的距离为 l,注意到在 $\triangle O'O_1B$ 中,$O_1B=O_1O'=l$,由上述过程可知:圆环大圆半径为 R,小圆半径为 r,面积 $S_2=\pi R^2-\pi l^2$,所以 $S_1=S_2$.

由于水平截面的任意性,根据祖暅原理,这两个几何的体积相等,即 $\frac{1}{2}V_球=\pi R^2\cdot R-\frac{1}{3}\pi R^2\cdot R=\frac{2}{3}\pi R^3$,因此球的体积 $V_球=\frac{4}{3}\pi R^3$.

【设计意图】结合直观与理性,从直觉上感知半球截面圆的变化,辅之以代数计算,并结合信息技术的演示,摸索建立起适合的模型,充分实现信息技术手段与数学教学的深度融合与促进.

(五)归纳小结

(1)祖暅原理:幂势既同,则积不容异.
(2)祖暅原理的使用条件:①等高;②截面的面积总相等.
(3)祖暅原理的探索和应用:直观感知、操作确认、度量计算、推理论证.

五、注 析

(1)开放教学手段,提供操作平台.

立体几何教学的基本原则是直观感知、操作确认、思辨论证和度量计算,祖暅原理的教学也应该坚持这个原则,学生在直观感知的基础上通过实际操作加以确认. 本节课为学生提供了扑克牌和塑料彩圈两种实际的素材,学生也可以使用大小相同的一摞书进行操作和观察,概括出祖暅原理,培养学生的学习兴趣,为学生提供解决问题的动力和机会.

(2)融合信息技术,辅助数学思维.

利用信息技术直观展示面动成体的过程,增强学生对空间问题平面化的直观理解,同时,在动态演示的过程中始终保持面积相等,在直观的基础上适度度量计算,做到适度量化和精确,而对棱柱的切割与合并,能够让棱锥更真切地展示在学生面前,减少无关信息的干扰,更直接地展示祖暅原理的条件,为学生数学思维的发展提供有力的辅助和促进,发展学生的数学抽象和逻辑推理素养.

(3)落实核心素养,发展高阶思维.

祖暅原理是一个探究性问题,通过学生的实际操作并辅之以信息技术的演示,培养学生的类比、创新能力,让学生学会数学化,感悟数学文化,体悟数学语言,感知数学应用,既要控制好难度,引导学生解决遇到的困难,也要挖掘适宜的问题,使学生感受数学的博大精深和妙用. 同时,数学作为一种文化其传播媒介也至关重要,引导学生把握数学语言的重要性和精确性,并通过分析、探索得出柱体、锥体的体积公式,提高学生的综合和决策能力.

案例 4　随机事件的概率

一、教材原文

人教 A 版,高中数学 3(必修),2007 年 2 月第 2 版,pp.108-112.

3.1.1　随机事件的概率

　　日常生活中,有些问题是很难给予准确无误的回答的. 例如,你明天什么时间起床? 7:20 在某公共汽车站候车的人有多少? 12:10 在学校食堂用餐的人有多少? 你购买的本期福利彩票是否能中奖? 等等. 显然,这些问题的结果都是不确定的、偶然的,很难给予准确的回答.

　　客观世界中,有些事情的发生是偶然的,有些事情的发生是必然的,而且偶然与必然之间往往有某种内在联系. 例如,北京地区一年四季的变化有着确定的、必然的规律,但北京地区一年里哪一天最热,哪一天最冷,哪一天降雨量最大,哪一天降雪量最大等又是不确定的、偶然的. 又如,一方面,某种水稻种子发芽后,在一定的条件(温度、水分、土壤、阳光)下,一定会经历分蘖、生长、颖花、结穗、成熟等过程,这个生长规律是确定的;另一方面,在这个过程中,每一粒发芽种子的分蘖数是多少,结穗率是多少,茎秆高是多少,结穗实粒有多少,不实率是多少,粒重又是多少,这些却都是不确定的. 农业生产实践告诉我们,在一定的条件 S(温度、水分、土壤、阳光)下,发芽种子一定会分蘖. 像这种在一定的条件 S(温度、水分、土壤、阳光)下,必然会发生的事件(发芽种子的分蘖)称为必然事件. 但是,在一定的条件 S(温度、水分、土壤、阳光)下,一粒发芽种子会分多少蘖,是 1 支、2 支,还是 3 支……这些又是不确定的,像这种在条件 S 下,不能事先预测结果的事件称为随机事件. 另外,"发芽的种子不分蘖"这一事件一定不会发生,像这种在条件 S 下一定不会发生的事件称为不可能事件.

　　一般地,我们把在条件 S 下,一定会发生的事件,叫做相对于条件 S 的**必然事件**(certain event),简称必然事件;

　　在条件 S 下,一定不会发生的事件,叫做相对于条件 S 的**不可能事件**(impossible event),简称不可能事件;

　　必然事件与不可能事件统称为相对于条件 S 的**确定事件**,简称确定事件.

　　在条件 S 下可能发生也可能不发生的事件,叫做相对于条件 S 的**随机事件**(random event),简称随机事件.

　　确定事件和随机事件统称为事件,一般用大写字母 A,B,C……表示.

对于随机事件，知道它发生的可能性大小是非常重要的. 用概率（probability）度量随机事件发生的可能性大小能为我们的决策提供关键性的依据. 那么，如何才能获得随机事件发生的概率呢？最直接的方法就是试验（观察）.

物体的大小用质量多少、体积大小等来度量，随机事件发生可能性的大小用概率来度量. 概率是客观存在的.

下面我们来做抛掷一枚硬币的试验，观察它落地时哪一个面朝上.

第一步，全班每人各取一枚同样的硬币，做 10 次掷硬币的试验，每人记录下试验结果，填在下表中：

姓名	试验次数	正面朝上的次数	正面朝上的比例

与其他同学的试验结果比较，你的结果和他们一致吗？为什么会出现这样的情况？

第二步，每个小组把本组同学的试验结果统计一下，填入下表：

组次	试验总次数	正面朝上的总次数	正面朝上的比例

与其他小组的试验结果比较，各组的结果一致吗？为什么？

第三步，请一个同学把全班同学的试验结果统计一下，填入下表：

班级	试验总次数	正面朝上的总次数	正面朝上的比例

第四步，请把全班每个同学的试验中正面朝上的次数收集起来，并用条形图表示.

这个条形图有什么特点？

第五步，请同学们找出掷硬币时"正面朝上"这个事件发生的规律性.

如果同学们再重复一次上面的试验，全班的汇总结果还会和这次的汇总结果一致吗？如果不一致，你能说出原因吗？

在相同的条件 S 下重复 n 次试验，观察某一事件 A 是否出现，称 n 次试验中事件 A 出现的次数 n_A 为事件 A 出现的频数（frequency），称事件 A 出现的比例 $f_n(A)=\frac{n_A}{n}$ 为事件 A 出现的频率（relative frequency）.

频率的取值范围是什么？

必然事件出现的频率为 1，不可能事件出现的频率为 0.

可以用计算机模拟掷硬币试验，以下是一次计算机模拟掷硬币的试验.

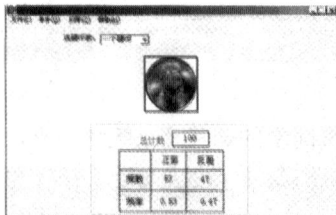

表 3-1　计算机模拟掷硬币的试验结果

试验次数	正面朝上的频数	正面朝上的频率
5	4	0.8
10	6	0.6
15	6	0.4
20	14	0.7
25	11	0.44
30	16	0.533 333
35	18	0.514 286
40	20	0.5
45	20	0.444 444
50	20	0.4
55	26	0.472 727
60	31	0.516 667
65	30	0.461 538
70	35	0.5
75	34	0.453 333
80	38	0.475
85	43	0.505 882
90	46	0.511 111
95	56	0.589 474
100	53	0.53

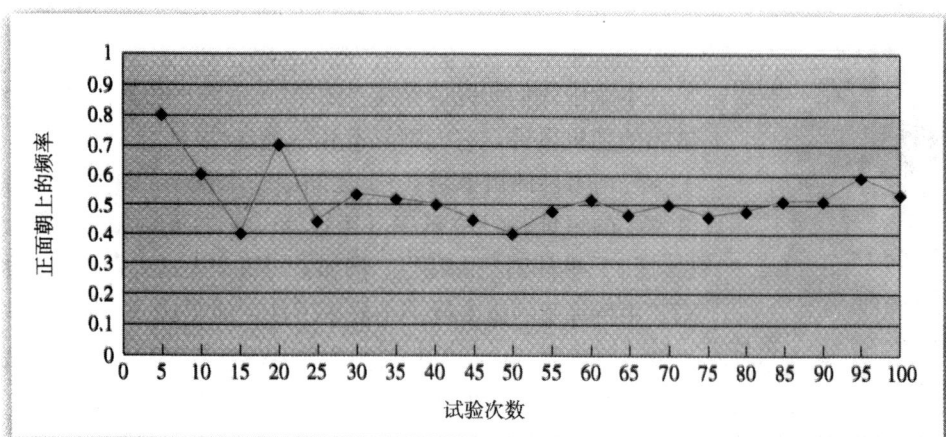

掷硬币的频率图

历史上有人曾经做过大量重复掷硬币的试验，结果如表 3-2 所示.

表 3-2　历史上一些掷硬币的试验结果

试验次数	正面朝上的频数	正面朝上的频率
2 048	1 061	0.518 1
4 040	2 048	0.506 9
12 000	6 019	0.501 6
24 000	12 012	0.500 5
30 000	14 984	0.499 5
72 088	36 124	0.501 1

我们看到，当试验次数很多时，出现正面的频率值在 0.5 附近摆动．一般来说，随机事件 A 在每次试验中是否发生是不能预知的，但是在大量重复试验后，随着试验次数的增加，事件 A 发生的频率会逐渐稳定在区间 $[0,1]$ 中的某个常数上．这个常数越接近于 1，表明事件 A 发生的频率越大，频数就越多，也就是它发生的可能性越大；反过来，事件发生的可能性越小，频数就越少，频率就越小，这个常数也就越小．因此，我们可以用这个常数来度量事件 A 发生的可能性的大小．

对于给定的随机事件 A，由于事件 A 发生的频率 $f_n(A)$ 随着试验次数的增加稳定于概率 $P(A)$，因此可以用频率 $f_n(A)$ 来估计概率 $P(A)$．

这样，抛掷一枚硬币，正面朝上的概率为 0.5，即

$$P(\text{正面朝上}) = 0.5.$$

思考？

事件 A 发生的频率 $f_n(A)$ 是不是不变的？事件 A 的概率 $P(A)$ 是不是不变的？它们之间有什么区别与联系？

雅各布·贝努利（Jacob Bernouli，1654—1705）瑞士数学家，被公认为概率理论的先驱．他给出了著名的大数定律．大数定律阐述了随着试验次数的增加，频率稳定在概率附近．

本章中我们研究的是那些在相同条件下可以进行大量重复试验的随机事件，它们都具有频率稳定性．

任何事件的概率是 0～1 之间的一个确定的数，它度量该事件发生的可能性．小概率（接近 0）事件很少发生，而大概率（接近 1）事件则经常发生．例如，对每个人来讲，他买一张体育彩票中特等奖的概率就是小概率事件，他买10 000张体育彩票至少有一张中奖（中几等奖都算中奖）的概率是很大的．知道随机事件的概率的大小有利于我们做出正确的决策．

二、教学目标

本节课作为起始课,不仅要学习随机事件的概率的概念,而且要初步感受概率的实际意义和思考方法,为今后继续学习概率知识打下正确的思维和心理基础.因此,本节课的教学目标定位为:

(1)知识与技能:了解随机事件、必然事件、不可能事件的概念,通过试验了解随机事件发生的不确定性和频率的稳定性.

(2)过程与方法:让学生经历数据的收集、整理和处理过程,归纳总结试验结果,体会随机事件发生的随机性和规律性;明确概率与频率的区别和联系.

(3)情感态度价值观:通过学生自己动手、动脑和亲身试验来理解知识,体会数学知识与现实世界的联系,并通过数学史实渗透,培育学生刻苦严谨的科学精神和敢于实践、乐于与人交流合作的良好个性品质.

三、学情分析

在初中,已对随机事件和概率进行了粗浅阐述,学生有了一定的认知基础,有较强的学习兴趣.但是初、高中教材中的表述并不完全相同,对比而言,高中教材的表述更加严谨,后续内容更加抽象,学生过去的学习、生活经验对这节课的学习有一定的负迁移作用.另外,高一学生虽然具备一定的计算机使用和实验操作、统计能力,但这节课的数学实验对每位学生的动手操作、合作交流能力将是一个挑战.

四、教学过程

(一)情景引入

[实例]"超级大乐透"第 09121 期某地一彩民中奖 7417 万.

教师展示大乐透开奖规则,学生任意写出五个在 01~35 内且不重复的号码,再写出两个在 01~12 内且不重复的号码,组成一注,等待开奖.接着教师播放第 09121 期摇奖视频(中奖号码为 05,22,08,11,04+02,10 号),在学生的翘首期盼中"当场开奖",看是否有人能成为这一大奖得主?

【设计意图】回到发生在学生身边的事情,让学生在游戏中体会学习随机事件及概率的原因和必要性.

[问题1]开奖前你有机会中奖吗?

从这个问题中,引出随机事件的概念.

[问题2]如果再来一次机会,能肯定自己一定中奖吗?

问题的解决过程中,在学生所举例子的基础上,通过变式手法,引导学生辨析,让学生知道事件的构成以及事件的种类,强化随机事件的概念.

【设计意图】以学生熟悉的彩票为背景引课,让他们亲身参与选号,调动学生的参与热情和学习新知识的积极性与主动性.

(二)新课讲授

【归纳共性,形成概念】

(1)从结果能够预知的角度看,能够发现以上事件的共同点吗? 在自己的身边,还能找到此类的事件吗?

【设计意图】在形成概念之前,通过主动思考,巩固学生对随机事件的思维基础,通过对比,明确事件分类的标准和概念之间的差异.

(2)超级竞猜,摸球游戏.如图 3-24 所示,有三个盒子编号为 1,2,3,里面分别放着 6 个红球、3 个蓝球和 3 个绿球、3 个红球和 3 个绿球.

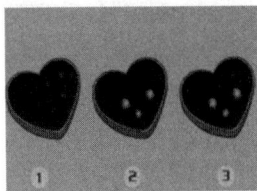

图 3-24

盖上盒子,分别选取各组学生代表上来随机摸球,其他同学猜测结果,最后打开盒子,展示盒子内部情况,同学回答以下问题:

(1)从几号盒中任摸一球,一定是红球?

(2)从几号盒中任摸一球,一定不是红球?

(3)从 3 号盒中任摸一球,会是什么颜色?

【设计意图】通过游戏,使学生对随机事件的规律性有初步的感性认识,并为挖掘这些感性认识的理性依据提供了思维铺垫,以这种方式激发学生对生活经验的反思和探究,同时帮助学生形成正确的世界观.

【探索实践,建构知识】

[问题 3]中国体育彩票"大乐透"仅四等奖单注奖金金额就为 200 元,而买一张彩票只需 2 元,难道国家就不怕亏本吗?

【设计意图】先让学生发表看法,然后引导学生统一认识,明确学习本章知识的必要性,以及本节课探究的目标.

[问题 4]足球比赛中是怎么决定谁先开球的? 学生自然会回答抛掷硬币,顺势提问:这种决定方法对比赛双方公平吗? 能否用试验来验证? 学生颇感怀疑,分三步完成数学实验一:

(1)分组试验.

实验前的准备:预习教材相关内容、组建实验小组、合理分工.(以相邻座位的 4~5 人组成一个实验小组共 12 个,确定小组长并做好分工.)

实验的实施:分小组进行抛掷硬币的试验,要求每个小组根据实验任务开展实验,在同等条件下至少抛掷 50 次,认真操作并做好记录(正面向上和反面向上的次数)、统计、绘图和分析.(附实验报告)

①教师用实物展台展示各小组的实验报告,选两小组发言人先后阐述实验情况与结果

分析.

②将各小组所得的数据输入电脑汇总并展示,便于对比分析.(附表一实验结果对比分析表)

③提问:与其他各组的试验结果比较,各组的结果一致吗? 再重复一次上面的实验,结果还会一致吗? 观察得到的数据表格和折线图,能够观察出什么规律,以帮助我们估计出事件发生的概率?

【设计意图】数学实验教学的实施,使数学实验的探索发现活动得以开展,充分体现新课标的教学理念:"动手操作、合作交流、自主探究".这一数学实验的结论不易直接推导,说明了进行试验的必要性,也更大地调动了学生参与的积极性.学生的亲身体验,更有利于概念的形成,以及对规律的认同.通过提问引导学生认识到随机事件的发生具有偶然性,同时发现在次数逐渐增大的情况下,频率数值渐趋稳定.

(2)模拟试验(师生共同完成).

①如图 3-25 所示,各组在自己电脑上输入次数,电脑很快抛掷硬币,得到正面朝上的频数和频率.

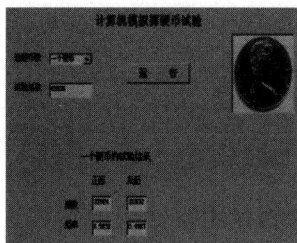

图 3-25

②各组把结果汇报并输入教师电脑电子表格中,同时自动计算出各组频率并绘制出折线图(图 3-26).

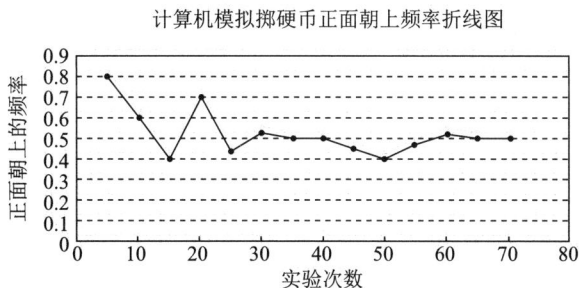

图 3-26

③提问:从数或形两个角度观察数据的频率是否体现出规律性? 此图表中体现出的规律性是否具有一般性?

【设计意图】这一环节是本课的难点,需要把对数据、图表的直观印象转化为抽象的概率定义.之所以可以用大量重复试验的频率来估计概率,是因为频率体现出了一定的"稳定性",即规律性,使得我们能够从图表中大致判断出事件概率的范围、具体大小.

（3）比较试验．

展示历史上几位著名的数学家做过这样的试验，比较今天抛掷的结果会与他们的一致吗？这个表让学生既了解到一些数学家的故事、感受到他们为追求真理而不惜时间的精神（比如：皮尔逊投了 24000 次，可想而知需要大量时间），又惊喜地看到：几位数学家的试验结果跟我们今天的试验结果大致相同——大量试验次数下频率数值稳定于 0.5．教师趁此鼓励：今天，你们就可以做出数学家做的事，那么明天，你们就是未来的数学家．历史上曾有人做过抛掷硬币的大量重复试验，结果见表 3-13．

表 3-13

抛掷次数（n）	正面向上的次数（频数 m）	频率（$\frac{m}{n}$）
2048	1061	0.5181
4040	2048	0.5069
12000	6019	0.5016
24000	12012	0.5005
30000	14984	0.4996
72088	36124	0.5011

【设计意图】通过数学史实渗透，培育学生刻苦严谨的科学精神和敢于实践的个性品质．

【概括概念，加深理解】

（1）你认为应该怎样定义"随机事件的概率"？

【设计意图】充分发挥学生的主体地位，让学生学会有条理地阐述自己的观点，并通过教师的补充使学生对概念更清晰、理解更透彻．

（2）提问：

概率的取值范围是什么？

判断下列说法是否正确（口答）

①随机事件的频率具有偶然性，其概率则是一个常数． （ ）

②不进行大量重复的随机试验，随机事件的概率就不存在． （ ）

③当试验次数增大到某一数字时，随机事件的频率会等于概率． （ ）

如果某种彩票中奖的概率为 $\frac{1}{1000}$，那么买 1000 张彩票一定能中奖． （ ）

给出关于满足 $A \subsetneqq B$ 的非空集合 A,B 的四个命题：

①若任取 $x \in A$，则 $x \in B$ 是必然事件；②若任取 $x \notin A$，则 $x \in B$ 是不可能事件；

③若任取 $x \in B$，则 $x \in A$ 是随机事件；④若任取 $x \notin B$，则 $x \notin A$ 是必然事件．

其中正确的命题是 （ ）

A.①③ B.①③④ C.①②④ D.①④

如何理解小概率和大概率事件？请举例说明．

【设计意图】本题组主要是为了检测学生对频率与概率的认识，让学生进一步体会频率和概率的关系，明确频率是概率的估计值，并据此理解求随机事件概率的必要性．

【解决问题,拓展提升】

完成数学实验 2,解决教材 113 页练习第 1 题:做同时掷两枚硬币的试验,观察试验结果回答以下问题:

(1)试验可能出现的结果有几种? 分别把它们表示出来.

(2)你能估计每种结果出现的概率吗?

【设计意图】大多同学感觉实验结果与平常直觉不一致,试验结果只有三种,两正、两反和一正一反,可求出的频率却不会接近 1/3,这是怎么回事? 通过实验的归纳和辨析对新问题的特性形成陈述性的理解,继而与原有的知识结构相互联系,帮助学生体会随机事件的随机性和规律性是不矛盾的,是辩证统一的,即随机事件在一次试验中体现出随机性,在大量重复试验中体现出规律性.

(三)归纳小结

(1)学生分组讨论,谈本节课的收获与疑问,学生之间相互补充,相互释疑.

(2)教师表扬课堂上参与积极、表现精彩的小组和个人.

(3)教师引导学生再一次理解概率的意义,揭示频率与概率的联系与区别.

【设计意图】回顾随机事件的概念和用频率估计概率的方法,在思考中师生共同完成本节课的小结,同时形成板书,突出概念与方法.

(四)布置作业

(1)你知道电脑键盘上哪个键最长? 你知道这样设计的原因吗? 请设计一个实验证明你的判断.(以下加框内容为备用资源,以便在课堂上灵活掌握时间.)

学生对计算机的键盘(图 3-27)可谓十分熟悉,但从来就没有意识到按键的长短设置也有学问. 学生的情绪从惊讶到兴奋,在兴趣的驱动下转向自觉思索. 这正是我们设计的目的之一.

图 3-27

对这一问题,如有学生回答"空格键最长,因为它是常用的",那就"正中下怀". 我们可以进一步问,常用到什么程度? 再引导学生亲自试验. 先研究随机事件 B"打一篇英文稿件要输入很多字符(含 26 个英文字母、标点符号和空格等),任意输入文章中的一个字符,是空格"发生的可能性大小.

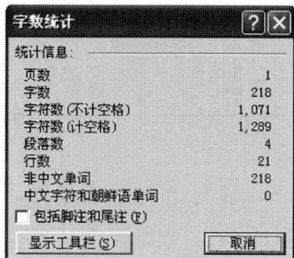

图 3-28

考虑到教学时间的宝贵,笔者事先将数百篇英文稿件放置在教学用机上,课堂上学生只需在自己的计算机上通过联网,用 Word 任意打开一至两篇文章,当成自己打出的稿件即可,留下的工作就是统计了.统计前先明确文章中的一个字符就表示试验了一次,一个空格就表示事件发生了一次.考虑到学生对数据统计的过程和软件使用的熟悉程度不同,笔者先演示一次.任意打开一篇文章后,单击"工具"菜单下的"字数统计",会弹出一个对话框(图 3-28),其中字符数(计空格)是指文章中的所有字符数,字符数(不计空格)是指不包含空格的其他字符数,两者的差就是文章的空格数.

接下来,将学生分为若干小组,要求各小组分工合作,从教师提供的素材中任意选取两篇文章,在规定的时间内完成统计工作,再派代表上报结果,填入事先设计好的Excel表格.在这里小组成员必须分工合作,发扬团结协作的精神,才能顺利完成任务.

设计 Excel 表格自动根据学生提供的两个数据,计算出空格数,并对各项数据进行处理,计算相应的频率值(对部分数据的统计情况见表 3-14).将统计表显示在大屏幕上,供所有学生探究.

表 3-14

	A	B	C	D	E	F
1	字符数(含空格)	字符数(不含空格)	空格数	总计空格数	总计字符数	
2	(个人统计数值)	(个人统计数值)	(个人统计数值)	事件发生次数	试验次数	频率
3	1289	1071	218	218	1289	0.169123351
4	5262	4251	1011	1229	6551	0.187604946
5	1875	1493	382	1611	8426	0.191193924
6	6600	5480	1120	2731	15026	0.181751631
7	4088	3302	786	3517	19114	0.184001256
8	6540	5382	1158	4675	25654	0.18223279

各小组数据汇总后,笔者再次要求学生分组讨论,将观察到的数据规律由小组代表做汇报.

到目前为止,学生对频率的统计规律已有所认识,为了强化学生得到的观点,笔者再举出课本中的两个素材,观察两个表中的数据得到频率具有同样的规律性.

(2)查阅网络资源.

①上网搜索并阅读有关姚明参加 NBA 以来罚球数据的统计,并根据你搜索到的数据,求出姚明在 NBA 比赛中罚球命中的概率.

②随机试验网址:http://4a.hep.edu.cn/ncourse/gltj/gltj_sjsy.htm.

③概率论发展简史网址:http://www.cas.ac.cn/html/dir/2002/03/14/1912.htm.

【设计意图】将课堂探究活动延伸到课外,有助于学生养成自觉探究的学习习惯.

(五)板书设计

电子白板	3.3.1 随机事件的概率
	一、事件的分类
	二、频数、频率
	三、概率
	四、频率与概率的联系和区别

五、注 析

本课时内容是高中阶段概率内容的起始课,是全章内容的理论基础,它指明了概率课程的研究方向,即研究随机事件的不确定性和规律性;其次本课的内容所涉及的其他数学知识不多,主要是通过数与形两方面揭示随机事件发生的规律性,但本课内容与生活联系十分紧密,通过这节课的学习可让学生充分体会到数学源于生活又服务于生活,这节课的学习体会和感受,将直接影响后续概率课程的学习.

教学设计中通过实例和实验让学生感受随机事件发生的规律性,以及"大量重复"这一呈现规律性的条件和"附近摆动"这一表现形式,具体"如何摆动"、是否"摆动越来越小"并不是本节课的重点,在此给学生留有一定的思考空间.因此,本节课的重点定位为了解随机事件发生的不确定性和频率的稳定性以及正确理解概率的意义.

对概率含义的正确理解和理解频率与概率的关系是本节课的难点.突破难点的最好办法就是给学生亲自动手操作的机会,使学生在实践过程中形成对随机事件的随机性以及随机性中表现出的规律性的直接感知.为此,本课特别强调利用学生熟悉的典型实例引入,通过数学实验,让学生在感性认识的基础上,借助综合、概括、比较、分析等思维活动,向科学概念发展,达到理性认识的飞跃.

本课时通过设置彩票开奖等学生熟悉的情境,激发学生学习概率的兴趣,再通过学生亲自动手试验,体会随机事件发生的随机性和随机性中的规律性,通过试验,观察随机事件发生的频率,可以发现随着试验次数的增加,频率稳定在某个常数附近,再通过对比试验加深对这种现象的理解,然后自然地给出概率的定义.在这个过程中,体现了试验、观察、探究、归纳和总结的思想方法,是新课程理念的具体实施.当然在教学中,笔者努力建立起学生、课本和教师三者之间的立体信息交互网络,从情境引入、实验操作等多方面采取调控措施,保证探究方向的正确性和探究过程的有效性.主要通过整合教材,精选素材,合理安排教学节奏,加强信息的针对性,并注意教师与学生、学生与学生以及人机之间的双向交流,开放的教学形式最终达成预期目标.值得总结的几点具体经验如下:

(1)注重过程探索,体现课程理念.

对概率意义的正确理解,是建立在学生通过大量重复试验(每组同学抛掷硬币至少50次,再用已经制作好的软件随机试验上千、上万次)之后,发现事件发生的频率可以刻画随机事件发生可能性的基础上.本节课结合学生认知规律与教材特点,以抛掷硬币为问题情境,引导学生亲身经历猜测试验—收集数据—分析结果的探索过程.这符合《新课标》"从学生已有生活经验出发,让学生亲身经历将实际问题抽象为数学模型并进行解释与应用的过程"的理念.

贴近生活现实的问题情境,不仅易于激发学生的求知欲与探索热情,而且会促进他们面对要解决的问题大胆猜想,主动试验,收集数据,分析结果,为寻求问题解决主动与他人交流合作.在知识的主动建构过程中,促进了教学目标的有效达成.更重要的是,主动参与数学活动的经历会使他们终身受益.

(2)搭建合理梯架,渗透数学思想.

随机现象是现实世界中普遍存在的,概率教学的一个很重要的目标就是培养学生的随机概念.为了实现这一目标,笔者在教学设计中让学生亲身经历彩票开奖、投掷硬币等对随机事件的探索过程,通过与他人合作,使学生自我主动修正错误经验,揭示频率与概率的关系,从而逐步建立正确的随机观念,也为以后进一步学习概率的有关知识打下基础.

(3)关注学生情感,体现人文关怀.

张奠宙教授曾在对"概率与统计"的教学建议中倡导"新课程应注意学生学习的参与性、实际性、探究性;注意学生在学习中的三维教学目标的有机结合".

在教学中,本课力求向学生提供从事数学活动的时间与空间,为学生的自主探索与同伴的合作交流提供保障,从而促进学生学习方式的转变,使之获得广泛的数学活动经验.教师在学习活动中是组织者、引导者与合作者,应注意评价学生在活动中的参与程度、自信心、是否愿意交流等,给学生以适时的引导与鼓励.

附录:

抛掷硬币实验报告

实验组别:＿＿＿＿＿＿＿　　成员:＿＿＿＿＿＿＿＿＿＿　　日期:＿＿＿＿＿＿＿

实验器材:质地均匀的硬币一枚

实验目的:通过试验,体验随机试验的不确定性和大量重复试验体现的规律性

实验要求:(1)同一条件下进行的实验;(2)至少抛掷硬币 50 次

1.实验记录

抛掷人:＿＿＿＿＿＿＿＿　　记录人:＿＿＿＿＿＿＿＿

正面向上的次数(画"正"):＿＿＿＿＿＿＿＿＿＿＿＿＿＿＿＿＿＿＿＿＿＿＿＿;

反面向上的次数(画"正"):＿＿＿＿＿＿＿＿＿＿＿＿＿＿＿＿＿＿＿＿＿＿＿＿.

总的实验次数:＿＿＿＿＿＿＿;正面向上的比例:＿＿＿＿＿＿＿.

2.实验结果比对分析(见总表)　汇总人:＿＿＿＿＿＿＿＿

3.试对实验结果做分析描述:分析人:＿＿＿＿＿＿＿＿

附表一(数据填完会自动生成折线图):

案例5　二项式定理

一、教材原文

人教 A 版,高中数学选择性必修第三册,2020 年 3 月第 1 版,pp.29-31.

6.3.1　二项式定理

◎探究

我们知道,
$$(a+b)^2 = a^2 + 2ab + b^2,$$
$$(a+b)^3 = a^3 + 3a^2b + 3ab^2 + b^3.$$

(1) 观察以上展开式,分析其运算过程,你能发现什么规律?

(2) 根据你发现的规律,你能写出 $(a+b)^4$ 的展开式吗?

(3) 进一步地,你能写出 $(a+b)^n$ 的展开式吗?

我们先来分析 $(a+b)^2$ 的展开过程. 根据多项式乘法法则,
$$\begin{aligned}
(a+b)^2 &= (a+b)(a+b) \\
&= a(a+b) + b(a+b) \\
&= a \times a + a \times b + b \times a + b \times b \\
&= a^2 + 2ab + b^2.
\end{aligned}$$

可以看到, $(a+b)^2$ 是 2 个 $(a+b)$ 相乘,只要从一个 $(a+b)$ 中选一项 (选 a 或 b),再从另一个 $(a+b)$ 中选一项 (选 a 或 b),就得到展开式的一项. 于是,由分步乘法计数原理,在合并同类项之前, $(a+b)^2$ 的展开式共有 $C_2^1 \times C_2^1 = 2^2$ 项,而且每一项都是 $a^{2-k}b^k$ ($k=0,1,2$) 的形式.

下面我们再来分析一下形如 $a^{2-k}b^k$ 的同类项的个数.

当 $k=0$ 时, $a^{2-k}b^k = a^2$,这是由 2 个 $(a+b)$ 中都不选 b 得到的. 因此, a^2 出现的次数相当于从 2 个 $(a+b)$ 中取 0 个 b (都取 a) 的组合数 C_2^0 ,即 a^2 只有 1 个.

当 $k=1$ 时, $a^{2-k}b^k = ab$,这是由 1 个 $(a+b)$ 中选 a ,另 1 个 $(a+b)$ 中选 b 得到的. 由于 b 选定后, a 的选法也随之确定,因此, ab 出现的次数相当于从 2 个 $(a+b)$ 中取 1 个 b 的组合数 C_2^1 ,即 ab 共有 2 个.

当 $k=2$ 时, $a^{2-k}b^k = b^2$,这是由 2 个 $(a+b)$ 中都选 b 得到的. 因此, b^2 出现的次数相当于从 2 个 $(a+b)$ 中取 2 个 b 的组合数 C_2^2 ,即 b^2 只有 1 个.

由上述分析可以得到
$$(a+b)^2 = C_2^0 a^2 + C_2^1 ab + C_2^2 b^2.$$

? 思考

仿照上述过程，你能利用计数原理，写出$(a+b)^3$，$(a+b)^4$的展开式吗？

从上述对具体问题的分析得到启发，对于任意正整数n，我们有如下猜想：

$$(a+b)^n = C_n^0 a^n + C_n^1 a^{n-1}b^1 + \cdots + C_n^k a^{n-k}b^k + \cdots + C_n^n b^n, \ n \in \mathbf{N}^*. \tag{1}$$

下面我们对上述猜想的正确性予以说明.

由于$(a+b)^n$是n个$(a+b)$相乘，每个$(a+b)$在相乘时有两种选择，选a或b，而且每个$(a+b)$中的a或b都选定后，才能得到展开式的一项. 因此，由分步乘法计数原理可知，在合并同类项之前，$(a+b)^n$的展开式共有2^n项，其中每一项都是$a^{n-k}b^k$（$k=0，1，\cdots，n$）的形式.

对于每个k（$k=0，1，2，\cdots，n$），对应的项$a^{n-k}b^k$是由$(n-k)$个$(a+b)$中选a，另外k个$(a+b)$中选b得到的. 由于b选定后，a的选法也随之确定，因此，$a^{n-k}b^k$出现的次数相当于从n个$(a+b)$中取k个b的组合数C_n^k. 这样，$(a+b)^n$的展开式中，$a^{n-k}b^k$共有C_n^k个，将它们合并同类项，就可以得到上述二项展开式.

公式（1）叫做**二项式定理**（binomial theorem），右边的多项式叫做$(a+b)^n$的**二项展开式**，其中各项的系数C_n^k($k=0，1，2，\cdots，n$)叫做**二项式系数**. 式中的$C_n^k a^{n-k}b^k$叫做二项展开式的**通项**，用T_{k+1}表示，即通项为展开式的第$k+1$项：

$$T_{k+1} = C_n^k a^{n-k}b^k.$$

在二项式定理中，若设$a=1$，$b=x$，则得到公式：

$$(1+x)^n = C_n^0 + C_n^1 x + C_n^2 x^2 + \cdots + C_n^k x^k + \cdots + C_n^n x^n.$$

例1 求$\left(x+\dfrac{1}{x}\right)^6$的展开式.

解：根据二项式定理，

$$\left(x+\frac{1}{x}\right)^6 = (x+x^{-1})^6$$

$$= C_6^0 x^6 + C_6^1 x^5 x^{-1} + C_6^2 x^4 x^{-2} + C_6^3 x^3 x^{-3} + C_6^4 x^2 x^{-4} + C_6^5 x^1 x^{-5} + C_6^6 x^{-6}$$

$$= x^6 + 6x^4 + 15x^2 + 20 + 15x^{-2} + 6x^{-4} + x^{-6}.$$

例2 （1）求$(1+2x)^7$的展开式的第4项的系数；

（2）求$\left(2\sqrt{x}-\dfrac{1}{\sqrt{x}}\right)^6$的展开式中$x^2$的系数.

解：（1）$(1+2x)^7$的展开式的第4项是

$$T_{3+1} = C_7^3 \times 1^{7-3} \times (2x)^3$$

> $(1+2x)^7$的展开式的第4项的二项式系数是$C_7^3 = 35$. 一个二项展开式的某一项的二项式系数与这一项的系数是两个不同的概念.

$$=C_7^3 \times 2^3 x^3 = 35 \times 8 \times x^3$$
$$=280x^3.$$

因此，展开式第 4 项的系数是 280.

(2) $\left(2\sqrt{x}-\dfrac{1}{\sqrt{x}}\right)^6$ 的展开式的通项是

$$C_6^k (2\sqrt{x})^{6-k}\left(-\dfrac{1}{\sqrt{x}}\right)^k = (-1)^k 2^{6-k} C_6^k x^{3-k}.$$

根据题意，得

$$3-k=2,$$
$$k=1.$$

因此，x^2 的系数是

$$(-1)\times 2^5 \times C_6^1 = -192.$$

二、教学目标

(1)知识与技能:掌握二项式定理及二项展开式的通项公式,并能熟练地进行二项式的展开及求解某些指定的项.

(2)过程与方法:通过教师指导下的探究活动,经历数学思维过程,熟悉理解"观察—归纳—猜想—证明"的思维方法,养成合作的意识,获得学习成功的体验.

(3)情感态度价值观:通过对二项式定理内容的研究,体验特殊到一般发现规律,一般到特殊指导实践的认识事物过程;通过对二项展开式结构特点的观察,体验数学公式的对称美、和谐美,培养数学运算的核心素养.

三、学情分析

学生初中已经接触过多项式乘法的变形,已经学会了 $(a+b)^2$、$(a+b)^3$ 的展开式,但不知道 $(a+b)^n(n>3,n$ 为整数)的展开式;在第一章的前两节也已经接触过组合数的学习,具有关于组合数的基础知识,能够利用组合数解决一些简单问题.

四、教学过程

(一)情景引入

[问题1]多媒体播放两位同学的对话场景,并从该场景中提炼出问题:今天是星期二,那么 8^3 天后是星期几呢? 9^2 天后呢?大家能否迅速地回答出 8^{2021} 天后是星期几呢?

分析:要想知道若干天后是星期几,只要能够知道是经过了几个 7 天后又多了几天就可以了,所以要能将这个天数和我们希望得到的周期 7 天进行联系,应该怎么办呢?

学生:可以把 8^3 和 9^2 分别表示为 $(1+7)^3$ 和 $(2+7)^2$,同样地,8^{2021} 也可以表示为 $(1+7)^{2021}$.

那么问题就变成了几天后是星期几的问题?但如何计算它的值呢?能否在不借助计算器的情况下,快速、准确地求出其近似值呢?这就得研究形如 $(a+b)^n$ 的展开式.

【设计意图】通过播放多媒体动画的视频,展现两位同学的对话场景,吸引学生的注意力,促使他们快速地进入新课学习.借助对话场景,引出本节课的研究问题,引发学生的认知冲突,提高学生学习新知识的热情.

(二)讲授新课

[问题 2] $(a+b)^2=(a+b)(a+b)$ 的展开式有多少项?每一项是什么呢?

学生:有三项,它们分别是: $a^2,2ab,b^2$.

[问题 3] $(a+b)^2=(a+b)(a+b)(a+b)$ 的展开式有多少项?你能把每一项都写出来吗?

学生:有四项,它们分别是: $a^3,3a^2b,3ab^2,b^3$.

通过观察 $(a+b)^2$、$(a+b)^3$ 的展开式,回答以下问题,你能有什么发现吗?

(1)你能否通过观察发现这两个展开式中的各项是按照什么顺序进行排列的呢?

(2)展开式的项数与二项式的次数之间有没有关系呢?

(3)项与项之间有无联系?

(4)仿照上述两个式子的展开式你能否将四次方展开式中各项的形式写出来呢?

四次方的展开式中应有下面形式的各项: a^4,a^3b,a^2b^2,ab^3,b^4.

【设计意图】在回顾 $(a+b)^2$、$(a+b)^3$ 展开式特点的基础上,引导学生思考相关展开式的项数与二项式的次数、项与项之间的联系,并进行合理的猜想,为讲授新课打下必要的知识基础.

[问题 4] $(a+b)^2$、$(a+b)^3$ 展开式中各项前面的系数是多少呢?能否通过对完全平方和完全立方的展开式进行分析后,类比得出四次方展开后的各项系数呢?

播放事先录制的微课视频:完全平方的展开式中之所以各项前面的系数分别是 1、2、1,从前面所学的组合知识,可以这么认为:将完全平方展开的过程看作从两个分别装有红球、绿球各一个的袋子中各取一球的过程,也就是可以从计数原理的角度来理解完全平方的展开. a^2 就是从两个袋子中都不取出绿球,有 C_2^0 种取法;ab 就是从两个袋子中取出一红一绿两个球,也就是 C_2^1 种取法;b^2 就是从两个袋子中都取出绿球,有 C_2^2 种取法.

【设计意图】如何从组合的角度认识展开式,是本节课的教学难点.为了帮助学生突破难点,树立学习信心,以上分析过程以播放事先录制的微课视频进行讲解.考虑到学生对此过程的理解是个渐近的过程,因此教师在录制微课视频过程中,要有意识地放慢语速,以期让学生在观看视频的过程中切实掌握其中的数学方法.对于个别还有理解困难的学生,在课后可以多次观看视频获得真正的理解.

请同学们类比以上思路,尝试从计数原理的角度对三次方展开式前面的系数进行实验探究.

结合以上过程,请你猜想$(a+b)^4=(a+b)(a+b)(a+b)(a+b)$的展开式.

【设计意图】在回顾$(a+b)^2$、$(a+b)^3$展开式特点的基础上,引导学生思考相关展开式的项数与二项式的次数、项与项之间的联系,并进行合理的猜想,发展学生的合情推理能力.

实验探究:4个袋子中各有红球a、白球b各一个,每次从四个袋子中各取一个球,有多少种取法? 各种取法有多少种?

教师在学生合作探究的过程中适当引导:为了遵守不重复、不遗漏的原则,我们可以根据选出来的b小球的数量进行分类,在四个袋子(括号)中:

(1)若每个袋子(括号)都不取b,只有一种方法得到a^4,取法即有C_4^0种.

(2)若只有一个袋子(括号)取b共有C_4^1种方法取到a^3b.

(3)若只有两个袋子(括号)取b共有C_4^2种方法取到a^2b^2.

(4)若只有三个袋子(括号)取b共有C_4^3种方法取到a^1b^3.

(5)若四个袋子(括号)都取b共有C_4^4种方法取到a^0b^4.

在学生得出正确结论后,启发他们类比思考$(a+b)^4$展开式中各项的系数.

从袋子中取出小球的方法和从括号中取出a,b是同样的道理,通过类比得到在上面四个括号中:

(1)不取b的情况有一种,即C_4^0种,所以a^4的系数是C_4^0.

(2)恰有一个取b的情况下有C_4^1种,所以a^3b的系数是C_4^1.

(3)恰有二个取b的情况下有C_4^2种,所以a^2b^2的系数是C_4^2.

(4)恰有三个取b的情况下有C_4^3种,所以ab^3的系数是C_4^3.

(5)四个都取b的情况下有C_4^4种,所以b^4的系数是C_4^4.

因此,$(a+b)^4=C_4^0a^4+C_4^1a^3b+C_4^2a^2b^2+C_4^3ab^3+C_4^4b^4$.

观察展开式,你能否对项数和每项的特征进行归纳吗?

学生可能归纳出来:①每一项中字母a,b的指数之间的和为4;②项的个数有5项.

因此,$(a+b)^4=(a+b)(a+b)(a+b)(a+b)=a^4+4a^3b^1+6a^2b^2+4a^1b^3+b^4$.

【设计意图】在观看微课视频的基础上,类比地进行立方和四次方展开式的推导,是本节课的教学重点.我们采用小组合作、实验探究的方式,让每个学生全过程地参与讨论,通过生生之间的充分地辨析与交流,最终达成共识,并具备举一反三的能力.

[问题5]$(a+b)^n=$? 展开式合并后的展开式中$a^{n-r}b^r$的二次项系数是多少? 有何理由?

这个问题等价于从n个装有一个a和一个b的袋子中抽出r个b球和$n-r$个a球,所以系数是$C_n^r a^{a-r}b^r$.

[问题 6]如何轻松清晰地将 $(a+b)^n$ 展开,请同学们归纳猜想?

在充分讨论的基础上,学生归纳、猜想 $(a+b)^n$ 的展开式:

$(a+b)^n = C_n^0 a^n + C_n^1 a^{n-1} b + C_n^2 a^{n-2} b^2 + \cdots + C_n^r a^{n-r} b^r + \cdots + C_n^n b^n (n \in \mathbf{N}^*)$.

[问题 7]如何求展开式中的第 $r+1$ 项的二次项系数呢?

因为展开式按照 a 的降幂排列,所以展开式中的第 $r+1$ 项就是从 n 个装有一个 a 和一个 b 的袋子中抽出 r 个 b 球和 $n-r$ 个 a 球,所以系数是 $C_n^r a^{n-r} b^r$.

展开式中的每一项,都可以从各项中 a,b 指数的含义出发,得到每一项的展开式系数.

【设计意图】从特殊到一般的研究方式,是学习和研究数学对象的一种重要方法.由于有前面几个问题的铺垫,在教师的引导下,学生水到渠成地归纳总结出二项式定理,并不困难.

[问题 8]除了从组合数的知识,从特殊到一般的方法不完全归纳出二项式定理,我们能不能运用数学归纳法证明二项式定理呢?

证明:(1)当 $n=1$ 时,左边 $=(a+b)^1 = a+b$,右边 $= C_1^0 a^1 + C_1^1 b^1 = a+b$,

左边 $=$ 右边,所以等式成立.

(2)假设 $n=k$ 时等式成立,即

$(a+b)^k = C_k^0 a^k + C_k^1 a^{k-1} b^1 + \cdots + C_k^r a^{k-r} b^r + \cdots + C_k^k b^k$.

那么,当 $n=k+1$ 时,

$(a+b)^{k+1} = (a+b)^k (a+b)$

$= (C_k^0 a^k + C_k^1 a^{k-1} b^1 + \cdots + C_k^r a^{k-r} b^r + \cdots + C_k^k b^k)(a+b)$

$= C_k^0 a^{k+1} + C_k^1 a^k b + \cdots + C_k^{r+1} a^{k-r} b^{r+1} + \cdots + C_k^k a b^k + C_k^0 a^k b + \cdots + C_k^r a^{k-r} b^{r+1} + \cdots + C_k^{k-1} a b^k + C_k^k b^{k+1}$

$= C_k^0 a^{k+1} + (C_k^1 + C_k^0) a^k b + \cdots + (C_k^{r+1} + C_k^r) a^{k-r} b^{r+1} + \cdots + (C_k^k + C_k^{k-1}) a b^k + C_k^k b^{k+1}$.

利用组合数的两个重要性质可得

$(a+b)^{k+1} = C_{k+1}^0 a^{k+1} + C_{k+1}^1 a^k b + \cdots + C_{k+1}^{r+1} a^{k-r} b^{r+1} + \cdots + C_{k+1}^k a b^k + C_{k+1}^{k+1} b^{k+1}$,

即 $n=k+1$ 时等式也成立.

由(1)和(2)可知,对于任意正整数 n,等式都成立.

(三)例题讲解

利用今天所学的知识,能否解决我们前面提出的问题呢?

解:(1)$8^3 = (1+7)^3 = 1 + 3 \cdot 7 + 3 \cdot 7^2 + 7^3$;$9^2 = (2+7)^2 = 2^2 + 2 \cdot 2 \cdot 7 + 7^2$.

因此,8^3 天后是星期三;9^2 天后是星期六.

②$8^{2021} = (1+7)^{2021} = C_{2021}^0 \cdot 1^{2021} \cdot 7^0 + C_{2021}^1 \cdot 1^{2020} \cdot 7^1 + \cdots + C_{2021}^r \cdot 1^{2021-r} \cdot 7^r + \cdots + C_{2021}^{2021} \cdot 1^0 \cdot 7^{2021}$.

由此可见,从第二项开始的每一项都是 7 的倍数,因此展开式除 7 之后的余数为 1,所以 8^{2021} 天后是星期三.

【设计意图】应用所学的数学知识,解决上课伊始提出的实际问题,有利于与引课呼应,提高学生学习的主动性和积极性,提高学生应用数学知识解决实际问题的能力.

(四)课堂练习

[练习]求$(\sqrt{2}x+\frac{1}{x})^8$的展开式中的常数项、第6项的系数及第6项的二项式系数.

解:展开式中的通项为$T_{r+1}=C_8^r\cdot(\sqrt{2}x)^{8-r}\cdot\left(\frac{1}{x}\right)^r=C_8^r\cdot2^{4-\frac{r}{2}}\cdot x^{8-2r}$.

令$8-2r=0$,得$r=4$,故展开式中的常数项为$C_8^4\cdot2^2=280$.

令$r=5$,故展开式中的第六项为$T_6=T_{5+1}=C_8^5\cdot2^{4-\frac{5}{2}}\cdot x^{8-2\times5}=\frac{112\sqrt{2}}{x^2}$.

故第6项的系数为$112\sqrt{2}$,第6项的二项式系数为$C_8^5=56$.

【设计意图】从具体的二项展开式中,让学生体会二次项系数和某项系数之间的不同,能够正确辨析两个相似概念.

(五)归纳小结

(1)学生的学习体会与感悟.

(2)教师强调:

①主要探究方法:从特殊到一般再回到特殊的思想方法.

②从特殊情况入手,"观察—归纳—猜想—证明"的思维方法,是人们发现事物规律的重要方法之一,要养成"大胆猜想,严谨论证"的良好习惯.

③二项式定理每一项中字母a,b的指数和为n,a的指数从n递减至0,同时b的指数由0递增至n,体现数学的对称美、和谐美.二项式系数还有哪些规律呢?希望同学们在课下继续研究,能够有新的发现.

【设计意图】在总结本节课所学知识的环节中,教师有意识地引导学生体验二项式定理中所蕴含的数学美,渗透数学文化教育,让学生在学习过程中体验数学学科的独特之美.

五、注　析

本节课先以多媒体动画的视频,展现两位同学的对话场景,其中设置了猜星期几的问题情境,一下子把全班学生的学习积极性都调动起来.当大家不知道老师葫芦里卖的什么药时,老师由浅入深地提问,直至学生无法通过现有知识解决问题,引发认知冲突,从而引出今天的课题:二项式定理.给学生设置这个悬念后,紧接着又进行一系列的问题教学,让学生在观看微课视频的基础上,自己发现结果,再从特殊到一般,最后通过合作交流归纳猜想出二项式定理的展开式,顺理成章地完成整个教学过程.反思本节课,我们仍然需要在归纳总结、引导学生、与学生互动的过程中多加思考,创造一些亮点,更好地完成课堂教学.

第三节　教育技术手段开放实践

教学设计实践范例

案例1　平面直角坐标系（第2课时）

一、教材原文

人教版，数学七年级（下册），2012年10月第1版，pp.65-68.

7.1.2　平面直角坐标系

图7.1-2是一条数轴，数轴上的点与实数是一一对应的．数轴上每个点都对应一个实数，这个实数叫做这个点在数轴上的坐标．例如，点 A 在数轴上的坐标为 -4，点 B 在数轴上的坐标为 2．反过来，知道数轴上一个点的坐标，这个点在数轴上的位置也就确定了．例如，数轴上坐标为 5 的点是点 C.

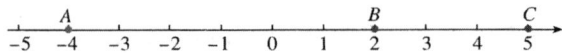

图 7.1-2

思考

类似于利用数轴确定直线上点的位置，能不能找到一种办法来确定平面内的点的位置呢（例如图7.1-3中 A，B，C，D 各点）？

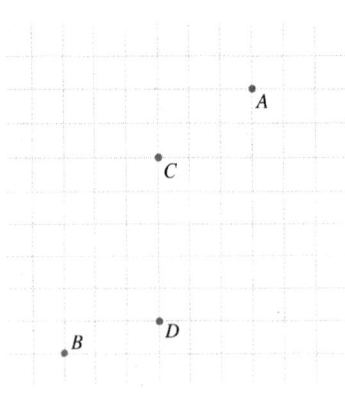

图 7.1-3

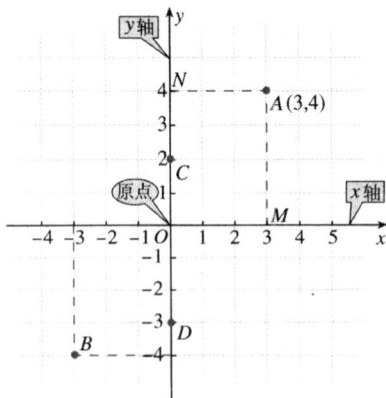

图 7.1-4

如图 7.1-4，我们可以在平面内画两条互相垂直、原点重合的数轴，组成 平面直角坐标系（rectangular coordinate system）．水平的数轴称为 x 轴（x-axis）或 横轴，习惯上取向右为正方向；竖直的数轴称为 y 轴（y-axis）或 纵轴，取向上方向为正方向；两坐标轴的交点为平面直角坐标系的 原点．

法国数学家笛卡儿（Descartes，1596—1650），最早引入坐标系，用代数方法研究几何图形.

有了平面直角坐标系，平面内的点就可以用一个有序数对来表示了．例如，如图 7.1-4，由点 A 分别向 x 轴和 y 轴作垂线，垂足 M 在 x 轴上的坐标是 3，垂足 N 在 y 轴上的坐标是 4，我们说点 A 的横坐标是 3，纵坐标是 4，有序数对（3，4）就叫做点 A 的 坐标（coordinate），记作 $A(3，4)$．类似地，请你写出点 $B，C，D$ 的坐标：$B(\_\_，\_\_)$，$C(\_\_，\_\_)$，$D(\_\_，\_\_)$．

思考

原点 O 的坐标是什么？x 轴和 y 轴上的点的坐标有什么特点？

可以看出，原点 O 的坐标为 $(0，0)$；x 轴上的点的纵坐标为 0，例如 $(1，0)$，$(-1，0)$，…；y 轴上的点的横坐标为 0，例如 $(0，1)$，$(0，-1)$，…．

建立了平面直角坐标系以后，坐标平面就被两条坐标轴分成 Ⅰ，Ⅱ，Ⅲ，Ⅳ 四个部分（图 7.1-5），每个部分称为 象限（quadrant），分别叫做第一象限、第二象限、第三象限和第四象限．坐标轴上的点不属于任何象限．

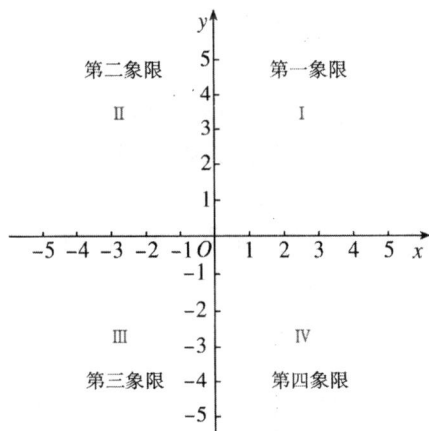

图 7.1-5

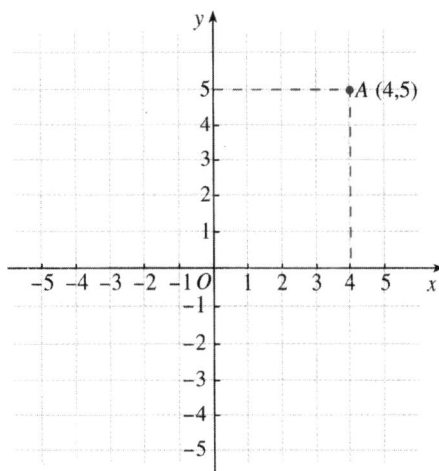

图 7.1-6

例　在平面直角坐标系(图7.1-6)中描出下列各点:

$A(4,5)$, $B(-2,3)$, $C(-4,-1)$, $D(2.5,-2)$, $E(0,-4)$.

解:如图7.1-6,先在 x 轴上找出表示 4 的点,再在 y 轴上找出表示 5 的点,过这两个点分别作 x 轴和 y 轴的垂线,垂线的交点就是点 A.

类似地,请你在图 7.1-6 上描出点 B, C, D, E.

我们知道,数轴上的点与实数是一一对应的. 我们还可以得出:对于坐标平面内任意一点 M,都有唯一的一对有序实数 (x,y)(即点 M 的坐标)和它对应;反过来,对于任意一对有序实数 (x,y),在坐标平面内都有唯一的一点 M(即坐标为 (x,y) 的点)和它对应. 也就是说,坐标平面内的点与有序实数对是一一对应的.

探究

如图 7.1-7,正方形 $ABCD$ 的边长为 6,如果以点 A 为原点,AB 所在直线为 x 轴,建立平面直角坐标系,那么 y 轴是哪条线?写出正方形的顶点 A, B, C, D 的坐标.

请另建立一个平面直角坐标系,这时正方形的顶点 A, B, C, D 的坐标又分别是什么?与同学们交流一下.

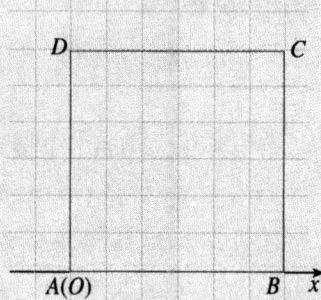

图 7.1-7

二、教学目标

(1)知识与技能:理解平面直角坐标系的相关概念;掌握平面直角坐标系内点与坐标是一一对应的;理解特殊位置的点的坐标特征及任意一个点的坐标与这个点到坐标轴距离之间的关系.

(2)过程与方法:体会数形结合、分类讨论、类比、从特殊到一般等思想方法的应用.

(3)情感态度价值观:培养学生几何直观、空间想象的数学核心素养.

三、学情分析

从教学手段上看,本节课采用平板教学,经过一段时间的教学实践积累,学生已能较熟练地利用平板参与整个教学过程.从知识储备上看,本节课是平面直角坐标系的第 2 课时,通过前面的学习,学生已经了解平面直角坐标系的产生过程,认识平面直角坐标系及其相关概念,会正确画出平面直角坐标系,在给定的平面直角坐标系中,能够根据坐标找到点的位置,根据点的位置写出对应的坐标.

四、教学过程

(一)复习引入

探究一:点坐标特征.

师:建立了平面直角坐标系后,x 轴是如何分割平面的?

教师开启平板教学界面进入课堂,点击"黑板"→"画笔",教师画出一条 x 轴.

生:上下两部分.

师:分割成的上下两部分点的坐标分别具有什么特征?

生:x 轴上部分点的纵坐标全是正数,x 轴下部分点的纵坐标全是负数

师:类比 x 轴,y 轴是如何分割平面的? 分割成的两部分点的坐标又分别具有什么特征呢?

生:y 轴将平面分成左右两部分,且 y 轴左部分点的横坐标全是负的,y 轴右部分点的横坐标全是正的.

师:如图 3-29 所示,坐标平面被两条坐标轴分成几个部分?

生:四部分.

师:分别叫做什么?

生:第一象限、第二象限、第三象限、第四象限.

师:每个象限内点的坐标有什么特征?

生:第一象限(+,+),第二象限(−,+),第三象限(−,−),第四象限(+,−).

师:写出 A,B,C,D 四个点的坐标.

生:$A(4,0),B(−4,0),C(0,3),D(0,−4)$.

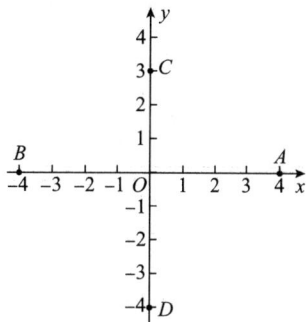

图 3-29

【设计意图】教师采用平板点击"随机抽答"→"授权"的方式,展开复习引入环节的教学.这种随机抽答的方式有助于提高学生兴趣,以积极的状态开始本节课的学习.通过提问的方式,既了解学生预习情况,又能巩固知识点.课上用平板可以实现:电脑屏幕、学生机同屏的操作,学生端和教师端同步,学生书写的答案直接投屏在电脑屏幕上等.同时,平板的授权功能可以节约时间,提高效率,且涉及学生范围广泛,可以充分了解每个学生的知识掌握情况.

小测反馈:

(1)点 $P(−2,3)$ 在　　　　　　　　　　　　　　　　　　(　)

A.第一象限　　　　　　　　　　　B.第二象限

C.第三象限　　　　　　　　　　　D.第四象限

(2)以下各点在第三象限的是　　　　　　　　　　　　　(　)

A.$(−3,2)$　　　　　　　　　　　B.$(2,−3)$

C.$(−2,−3)$　　　　　　　　　　D.$(2,3)$

(3)在平面直角坐标系中,点 $A(−3,0)$ 在　　　　　　(　)

A.第二象限　　　　　　　　　　　B.x 轴上

C.第四象限　　　　　　　　　　　D.y 轴上

(4)若点 $P(a,b-2)$ 在第四象限内,则 a,b 的取值范围是 （　　）

A. $a>0,b<2$　　　　　　　　　　　B. $a>0,b>2$

C. $a<0,b>2$　　　　　　　　　　　D. $a<0,b<2$

(5)已知点 $P(|m|-2,m-1)$ 在 y 轴上,则点 P 的坐标为_____.

【设计意图】为了学生能够更好地理解所学知识,实现一定意义上的"翻转",我们在课前已经布置了有关特殊位置的点坐标特征的微课及检测题,以便更好地了解学生学习困惑.教师点击平板界面的"互动"→"预习讲评",课前小测的完成情况将会自动生成相关数据(图3-30).该图真实地反映了学生完成题目的用时和准确率,教师通过该图可以直观把握易错点,感知学生的学习态度及质量.这样有利于教师采用针对性的措施,讲解错误率较高的题目,帮助学生扫清知识盲点,使后续数学课堂更具针对性、高效性,有利于实现精准教学.从这份数据来看,小测结果反映出学生对于一些基础知识已经初步了解,坐标轴上的点坐标特征是学生理解的难点.

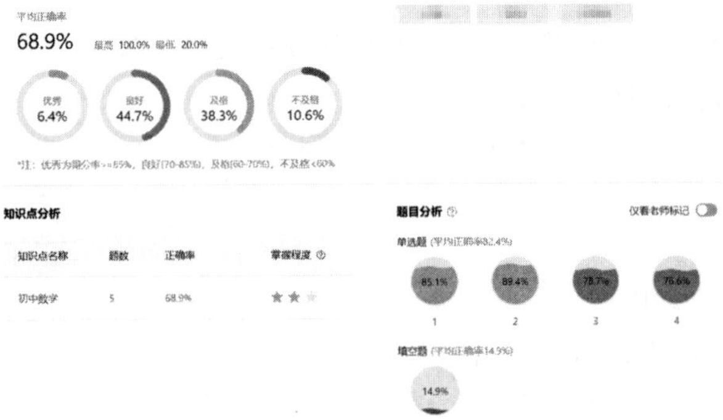

图 3-30

错题变式:

(1)如果点 $A(-2,y)$ 在第三象限,则点 $B(1,y-1)$ 在 （　　）

A. 第一象限　　　　　B. 第二象限　　　　　C. 第三象限　　　　　D. 第四象限

(2)点 $P(a^2-1,a-2)$ 在直角坐标系的 x 轴上,则点 P 的坐标为 （　　）

A. $(2,0)$　　　　　　　　　　　　　B. $(0,1)$

C. $(3,0)$　　　　　　　　　　　　　D. $(0,1)$ 或 $(0,-1)$

教师点击平板界面的"快速问答"→"选择题"→"四选一",学生直接作答.学生整体作答情况如图 3-31 所示.

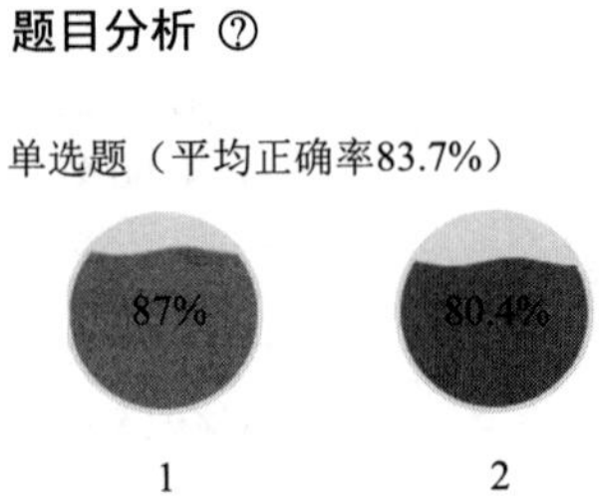

题目分析 ②

单选题（平均正确率83.7%）

图 3-31

【设计意图】根据再测部分错题变式,有利于进一步实现精准教学.

(二)讲授新课

探究二:点到坐标轴距离.(点击"资源"→"多媒体",边观看微课,边讲解.)

如图 3-32 所示,已知点 A,B,C,D 在平面直角坐标系中的位置,回答以下问题:

(1)点 $A(-2,3)$ 到 x 轴的距离为_____,到 y 轴的距离为_____.

(2)点 $B(2,-3)$ 到 x 轴的距离为_____,到 y 轴的距离为_____.

(3)点 $C(3,0)$ 到 x 轴的距离为_____,到 y 轴的距离为_____.

(4)点 $D(0,-3)$ 到 x 轴的距离为_____,到 y 轴的距离为_____.

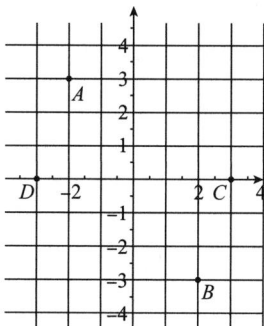

图 3-32

生:(1)3,2;(2)3,2;(3)0,3;(4)3,0.

归纳:点 (x,y) 到 x 轴的距离为 $|y|$,到 y 轴的距离为 $|x|$.

【设计意图】通过微课学习可丰富课堂形式,调动学生的积极性,有助学生克服学习难点.

(三)例题讲解

在平面直角坐标系中,已知点 A 的坐标为 $(2a+2,a)$,若点 A 到 x 轴的距离为 2,求点 A 的坐标.(点击"快速问答"→"主观题")

【设计意图】题目主要考查点到坐标轴的距离,涉及了分类讨论的思想.设计主观题的目的是每个学生拍照上传,可以清晰准确看见学生的作答,反映易错点,可以快速纠正,进行讲解.

(四)课堂练习

(1)在平面直角坐标系中,已知点 P 的坐标为 $(m-2,m)$,在第一象限,则 m 的取值范围是　　　　　　　　　　　　　　　　　　　　　　　　　　(　　)

A.$m>2$　　　　B.$m>0$　　　　C.$m<2$　　　　D.$0<m<2$

(2)在平面直角坐标系中,已知点 A 的坐标为 $(-3,4)$,则点 A 到 y 轴的距离是　(　　)

A.-3　　　　B.3　　　　C.4　　　　D.5

(3)点 A 在 x 轴上,距离原点 4 个单位长度,则点 A 的坐标是　　　　　　(　　)

A.$(0,-4)$　　　　　　　　B.$(4,0)$ 或 $(-4,0)$

C.$(4,0)$　　　　　　　　D.$(0,4)$ 或 $(0,-4)$

(4)若 $xy>0$,那么 $A(x,y)$ 在　　　　　　　　　　　　　　　　　　(　　)

A.第二象限　　　　　　　　B.第四象限

C.第一象限或第三象限　　　　D.第二象限或第四象限

教师点击"互动"→"课堂测试",直接从平板上推送测试给学生端,提交的情况和正确率会有数据显示和汇总(图 3-33),达到巩固概念、强化应用的目的.

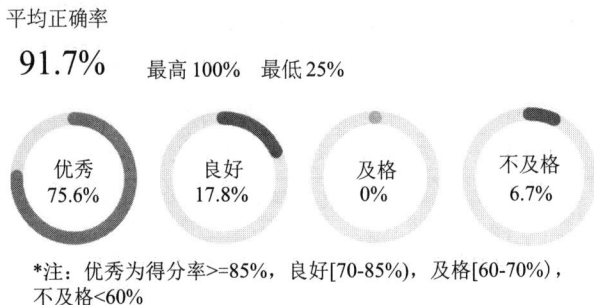

平均正确率

91.7%　　最高 100%　最低 25%

优秀　　　　　良好　　　　　及格　　　　　不及格
75.6%　　　　17.8%　　　　0%　　　　　　6.7%

*注:优秀为得分率>=85%,良好[70-85%),及格[60-70%),
不及格<60%

图 3-33

布置作业:

必做作业:校本 0702.

分层作业:①宝贝计划(乐课中基础题);②导优班(乐课中提高题).

【设计意图】通过作业来反馈知识掌握的效果.在同一班级设置了基础班和提高班,分层教学能让每个孩子在自己的能力范围内发挥到最大的优势,定时推送不同的任务,教师可在平板端直接进行批改语音批注或者是录制微课进行讲解,既节省时间,又能让学生反复地利用资源.

(五)归纳小结

本节课我们采用平板教学的方式.从平板反馈的数据来看,大家上课注意力集中,参与热情高,不同层次的同学在学习中都有不同的收获,学习效果好.同学们在很好地回顾了平面直角坐标系有关概念的基础上,掌握了平面直角坐标系上的点到 x 轴和 y 轴的距离:点 (x,y) 到 x 轴的距离为 $|y|$,到 y 轴的距离为 $|x|$.

五、注　析

本节课采用自育自学＋智慧课堂的形式,采用平板教学,形成课前、课中、课后三个环节的突破,通过课前微课预习、小测结果反馈,借助大数据的分析,直观迅速地用数据反映问题,能更好地了解学生学习重难点,师生学习和教学的目标更有针对性和侧重性,有利于实现课堂的精准教学.在教学过程中,教师不断渗透数形结合、分类讨论、类比、从特殊到一般等思想方法的应用.同时,信息技术融入课堂,也可以提高学生的学习兴趣.

案例 2　勾股定理

一、教材原文

人教版,数学八年级(下册),2013 年 9 月第 1 版,pp.22-24.

17.1 勾股定理

相传 2 500 多年前，毕达哥拉斯有一次在朋友
家作客时，发现朋友家用砖铺成的地面图案反映了
直角三角形三边的某种数量关系．我们也来观察一
下地面的图案（图 17.1-1），看看能从中发现什么
数量关系．

毕达哥拉斯（Pythagoras，约前
580—约前 500），古希腊著名的
哲学家、数学家、天文学家．

图 17.1-1

思考

图 17.1-2 中三个正方形的面积有什么关系？等腰直角三角形的三边
之间有什么关系？

图 17.1-2

可以发现，以等腰直角三角形两直角边为边长
的小正方形的面积的和，等于以斜边为边长的大正方
形的面积．即等腰直角三角形的三边之间有一种特殊
的关系：斜边的平方等于两直角边的平方和．

看似平淡无奇的
现象有时却蕴含着深
刻的道理．

203

探究

等腰直角三角形有上述性质，其他的直角三角形也有这个性质吗？图 17.1-3 中，每个小方格的面积均为 1，请分别算出图中正方形 A，B，C，A'，B'，C' 的面积，看看能得出什么结论.（提示：以斜边为边长的正方形的面积，等于某个正方形的面积减去 4 个直角三角形的面积.）

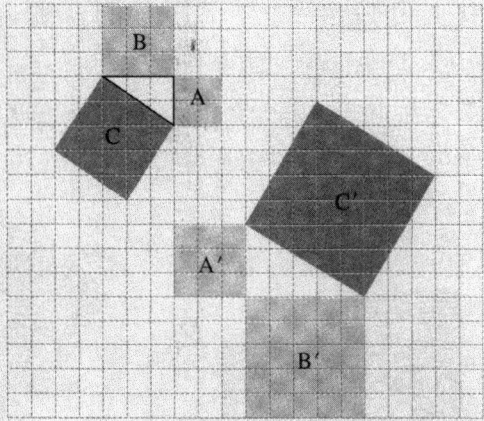

图 17.1-3

由上面的几个例子，我们猜想（图 17.1-4）：

命题 1 如果直角三角形的两条直角边长分别为 a，b，斜边长为 c，那么 $a^2 + b^2 = c^2$.

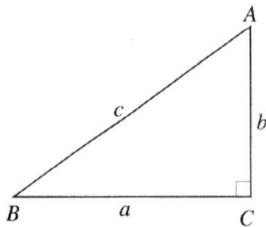

图 17.1-4

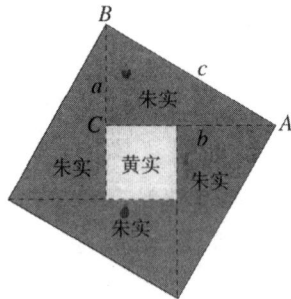

图 17.1-5

证明命题 1 的方法有很多，下面介绍我国古人赵爽的证法.

如图 17.1-5，这个图案是 3 世纪我国汉代的赵爽在注解《周髀算经》时给出的，人们称它为"赵爽弦图". 赵爽根据此图指出：四个全等的直角三角形（红色）可以如图围成一个大正方形，中空的部分是一个小正方形（黄色）.

赵爽利用弦图证明命题 1 的基本思路如下：如图 17.1-6(1)，把边长为 a，b 的两个正方形

赵爽指出：按弦图，又可以勾股相乘为朱实二，倍之为朱实四. 以勾股之差自相乘为中黄实. 加差实，亦成弦实.

连在一起,它的面积是 a^2+b^2;另一方面,这个图形可分割成四个全等的直角三角形(红色)和一个正方形(黄色).把图 17.1-6(1)中左、右两个三角形移到图 17.1-6(2)中所示的位置,就会形成一个以 c 为边长的正方形(图 17.1-6(3)).因为图 17.1-6(1)与图 17.1-6(3)都由四个全等的直角三角形(红色)和一个正方形(黄色)组成,所以它们的面积相等.因此,$a^2+b^2=c^2$.

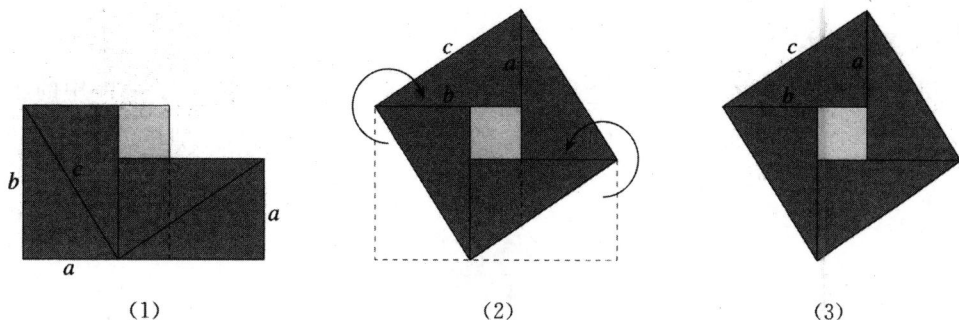

| (1) | (2) | (3) |

图 17.1-6

这样我们就证实了命题 1 的正确性,命题 1 与直角三角形的边有关,我国把它称为勾股定理(Pythagoras theorem).

"赵爽弦图"通过对图形的切割、拼接,巧妙地利用面积关系证明了勾股定理,它表现了我国古人对数学的钻研精神和聪明才智,是我国古代数学的骄傲.因此,这个图案(图 17.1-5)被选为2002 年在北京召开的国际数学家大会的会徽.

> 赵爽所用的这种方法是我国古代数学家常用的"出入相补法".在西方,人们称勾股定理为毕达哥拉斯定理.

二、教学目标

(1)知识与技能:了解勾股定理的发现过程,掌握勾股定理的内容,会用面积法证明勾股定理.

(2)过程与方法:培养在实际生活中发现问题、总结规律的意识和能力.

(3)情感态度价值观:介绍我国古代在勾股定理研究方面所取得的成就,激发学生的爱国热情,促其勤奋学习.

三、学情分析

八年级学生已初步具有几何图形的观察、几何证明的理论思维能力,他们希望老师创设便于他们进行观察的几何环境,给他们发表自己见解和表现自己才华的机会,希望老师满足他们的创造愿望,让他们实际操作,使他们获得施展自己创造才能的机会.在本节课的教学中,将几何画板作为动态黑板,能直观、形象地演示勾股定理的证明过程,而几何画板中的"度量"→"面积"功能也能直接计算出以直角三角形三边作为边长所作的正方形的面积之间特殊的数量关系.教师用几何画板作为动态黑板,可以节省作图时间,能留给学生更多的思考余地,同时学生在亲自参与和观察的过程中能更好地体会理论知识与实践的内在联系.

四、教学过程

(一)复习引入

从年代上来比较商高定理和毕达哥拉斯定理,引入课题:勾股定理.图 3-34 中的所有三角形都是全等的等腰直角形,以其中的一个三角形的三边作为边长,分别作正方形 A,B,C.思考:

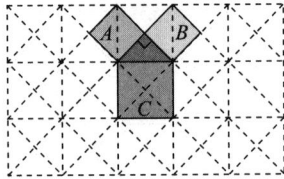

图 3-34

(1)S_A,S_B,S_C 之间存在怎样的数量关系?(从图中学生容易得出:$S_A+S_B=S_C$.)

(2)由此你能得出等腰直角三角形三边的数量关系吗? 学生不难总结得出:等腰直角三角形两直角边的平方和等于斜边的平方.

(3)那么一般的直角三角形是否也具有上述性质?

如图 3-35 所示,以直角三角形 M(M 是一般的直角三角形)的三边为边长分别作正方形 A,B,C,那么 $S_A+S_B=S_C$ 还成立吗?

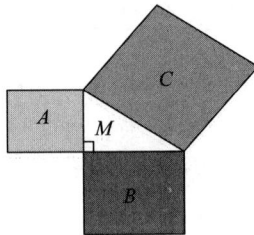

图 3-35

上述问题可转化为猜想:"命题 l:如果直角三角形的两直角边长分别为 a,b,斜边长为 c,那么 $a^2+b^2=c^2$"是否是真命题.

(二)讲授新课

(1)教学实验:教师把几何画板作为动态黑板,先用几何画板画出和命题 1 中相关的图形(图 3-36),再用几何画板的"度量"→"面积"功能分别计算出正方形 A,B,C 的面积,通过比较可以得到：$S_A + S_B = S_C$，即 $a^2 + b^2 = c^2$.

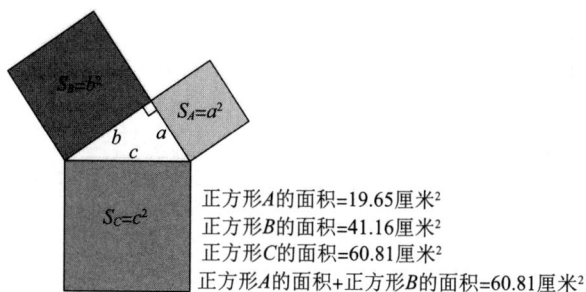

正方形A的面积=19.65厘米²
正方形B的面积=41.16厘米²
正方形C的面积=60.81厘米²
正方形A的面积+正方形B的面积=60.81厘米²

图 3-36

教师直接用几何画板的"度量"→"面积"功能计算正方形的面积的方法来说明本命题的正确性叫不完全归纳法，要想让学生完全理解该理论，还得用其他更有力的方法来证明才行．传统的证明勾股定理的方法主要有赵爽弦图法、总统证法、毕达哥拉斯证法等.

（2）用赵爽弦图证明.

教师用几何画板可以很快画出如图 3-37 所示图形，四个直角三角形是全等的，边长分别是 a, b, c，中间的四边形是个正方形，边长是 $(b-a)$.

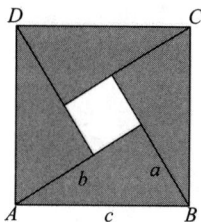

图 3-37

从图中可看出，$S_{大正方形} = S_{小正方形} + 4 S_{阴影直角三角形}$，即 $c^2 = (b-a)^2 + 4\left(\dfrac{1}{2}ab\right)$，化简得 $c^2 = a^2 + b^2$.

此处用到了整式的计算，顺便复习巩固了完全平方公式.

（3）有趣的总统证法.

简单介绍总统伽菲尔德，用几何画板画出图 3-28，教师提示：仍然用面积相等的方法证明，让学生自己试着证明.

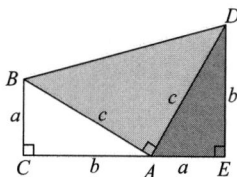

图 3-38

最后教师给出证明过程：

$$\because S_{\text{梯形}DBCE} = \frac{1}{2}(a+b)(a+b) = \frac{1}{2}(a^2+2ab+b^2),$$

$$S_{\text{梯形}DBCE} = S_{\triangle ABC} + S_{\triangle ABD} + S_{\triangle ADE} = \frac{1}{2}ab + \frac{1}{2}c^2 + \frac{1}{2}ab = \frac{1}{2}(2ab+c^2),$$

$$\therefore a^2 + b^2 = c^2.$$

得出结论,即勾股定理的内容:如果直角三角形的两直角边长分别为 a, b,斜边长为 c,那么 $a^2 + b^2 = c^2$.

(三)例题讲解

如图 3-39 所示,小明妈妈买了一部 29 英寸(74 厘米)的电视机,小明量了电视机的屏幕后,发现屏幕只有 58 厘米长和 46 厘米宽,他觉得一定是售货员搞错了.你同意他的想法吗?你能解释这是为什么吗?(电视大小为屏幕的对角线长度)

图 3-39

生活中除了小明可能还有其他人也会有这种看法,因为不懂得怎样计算电视的大小.事实上,售货员没有搞错,因为 $58^2 + 46^2 \approx 74^2$.

所以说,数学来源于生活,同时数学又应用于生活之中.

[例题]一个长方形零件(图 3-40),根据所给的尺寸(单位:mm),求两孔中心 A, B 之间的距离.

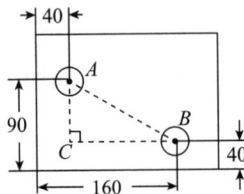

图 3-40

解:由图形知,$AC = 90 - 40 = 50(\text{mm})$,$BC = 160 - 40 = 120(\text{mm})$.

在 $\triangle ABC$ 中,$\angle ACB = 90°$,$AC = 50(\text{mm})$,$BC = 120(\text{mm})$,

由勾股定理得 $AB = \sqrt{50^2 + 120^2} = 130(\text{mm})$.

即两圆孔中心 A 和 B 的距离为 130 mm.

本题是运用勾股定理公式进行的一个计算,关键是要把直角三角形的直角边和斜边一一对应,再套用公式即可.

(四)课堂练习

放学以后,小红和小颖从学校分手,分别沿着正东方向和正南方向回家,若小红和小颖

行走的速度都是 40 米/分钟,小红用 15 分钟到家,小颖用 20 分钟到家,小红和小颖家的距离为 （　　）

A. 600 米　　　　　　　　　　B. 800 米

C. 1000 米　　　　　　　　　D. 不能确定

解:根据题意画出图形(图 3-41)

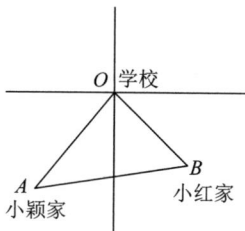

图 3-41

由题意得 $OA=40\times20=800$(米),

$OB=40\times15=600$(米),

∴在 Rt$\triangle OAB$ 中,$AB=\sqrt{OA^2+OB^2}=1000$(米),

故选 C.

【设计意图】本题中要让学生熟悉方向坐标,弄清正东方向和正南方向成直角,从而利用勾股定理解决问题.(在设计上用几何画板的"移动"功能,表现当选择错误时选项内容会自动返回原来的位置.)

(五)归纳小结

(1)勾股定理是几何中最重要的定理之一,它揭示了直角三角形三边之间的数量关系.

(2)勾股定理:如果直角三角形两直角边分别为 a,b,斜边为 c,那么 $a^2+b^2=c^2$.

(3)勾股定理的主要作用是在直角三角形中,已知任意两边求第三边的长.

五、注　析

心理学专家研究表明:运动的图形比静止的图形更能引起学生的注意力.在传统教学中,用笔、尺和圆规在纸上或黑板上画出的图形都是静止图形,同时图形一旦画出就被固定下来,也就失去了一般性,所以其中的数学规律也被掩盖了,呈现给学生的数学知识也只能停留在感性认识上.本节课笔者用几何画板作为动态黑板进行教学,为学生创设了生动、直观的现实情景,具有强烈的吸引力,能激发学生的学习欲望,真正体现了数学规律的应用价值,把呈现给学生的数学知识从感性认识提升到理性认识,从而实现一种质的飞跃.通过"观察"—"操作"—"交流"发现勾股定理,层层深入,逐步体会数学知识的产生、形成、发展与应用过程.通过引导学生在具体操作活动中进行独立思考,鼓励学生发表自己的见解,学生自主地发现问题、探索问题、获得结论的学习方式,有利于学生在活动中思考,在思考中活动.

案例3 一次函数的图象

一、教材原文

人教版，数学八年级（下册），2013年9月第1版，pp.91-93.

例2 画出函数 $y=-6x$ 与 $y=-6x+5$ 的图象.

解：函数 $y=-6x$ 与 $y=-6x+5$ 中，自变量 x 可以是任意实数. 列表表示几组对应值（计算并填写表19-9中空格）.

表 19-9

x	-2	-1	0	1	2
$y=-6x$			0	-6	
$y=-6x+5$			5	-1	

画出函数 $y=-6x$ 与 $y=-6x+5$ 的图象（图19.2-3）.

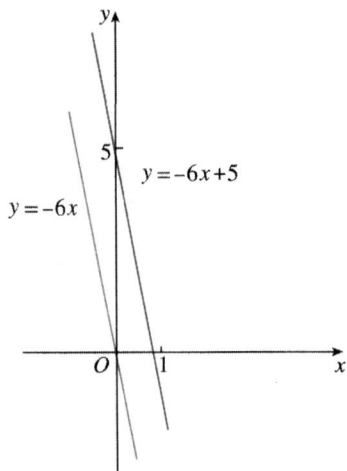

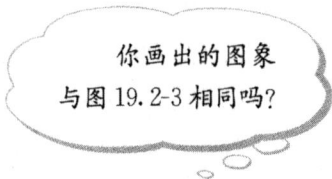

你画出的图象
与图19.2-3相同吗?

图 19.2-3

> ✖ **思考**
>
> 比较上面两个函数的图象的相同点与不同点，填出你的观察结果：
>
> 这两个函数的图象形状都是_____，并且倾斜程度_____. 函数 $y=-6x$ 的图象经过原点，函数 $y=-6x+5$ 的图象与 y 轴交于点_____，即它可以看作由直线 $y=-6x$ 向___平移___个单位长度而得到.

比较两个函数解析式，你能说出两个函数的图象有上述关系的道理吗？

联系上面结果，考虑一次函数 $y=kx+b$（$k\neq0$）的图象是什么形状，它与直线 $y=kx$（$k\neq0$）有什么关系.

比较一次函数 $y=kx+b$（$k\neq0$）与正比例函数 $y=kx$（$k\neq0$）的解析式，容易得出：

一次函数 $y=kx+b$（$k\neq0$）的图象可以由直线 $y=kx$ 平移 $|b|$ 个单位长度得到(当$b>0$ 时，向上平移；当$b<0$时，向下平移). 一次函数 $y=kx+b$（$k\neq0$）的图象也是一条直线，我们称它为直线 $y=kx+b$.

例3 画出函数 $y=2x-1$ 与 $y=-0.5x+1$ 的图象.

分析：由于一次函数的图象是直线，因此只要确定两个点就能画出它.

解：列表表示当 $x=0$，$x=1$ 时两个函数的对应值（表19-10）.

表 19-10

x	0	1
$y=2x-1$	-1	1
$y=-0.5x+1$	1	0.5

过点$(0，-1)$与点$(1，1)$画出直线 $y=2x-1$；过点$(0，1)$与点$(1，0.5)$画出直线 $y=-0.5x+1$.（图 19.2-4）

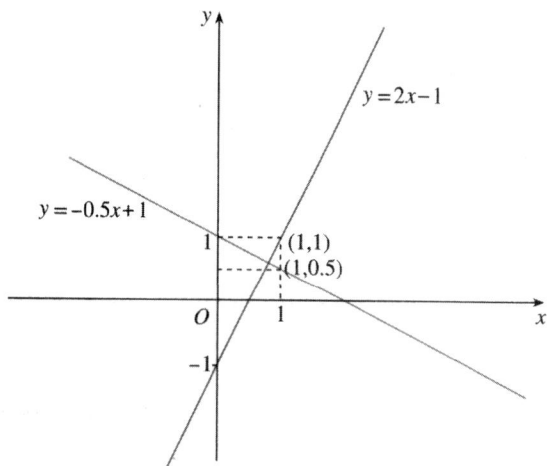

先画直线 $y=2x$ 与 $y=-0.5x$，再分别平移它们，也能得到直线 $y=2x-1$ 与 $y=-0.5x+1$.

图 19.2-4

探究

画出函数 $y=x+1$，$y=-x+1$，$y=2x+1$，$y=-2x+1$ 的图象. 由它们联想：一次函数解析式 $y=kx+b$（k，b 是常数，$k\neq0$）中，k 的正负对函数图象有什么影响？

观察前面一次函数的图象，可以发现规律：

当 $k>0$ 时，直线 $y=kx+b$ 从左向右上升；当 $k<0$ 时，直线 $y=kx+b$ 从左向右下降. 由此可知，一次函数 $y=kx+b$（k，b 是常数，$k\neq0$）具有如下性质：

当 $k>0$ 时，y 随 x 的增大而增大；

当 $k<0$ 时，y 随 x 的增大而减小.

我们先通过观察发现图象（形）的规律，再根据这些规律得出关于数值大小的性质，这种数形结合的研究方法在数学学习中很重要.

二、教学目标

(1)知识与技能：会用两点法作一次函数的图象，掌握一次函数图象的性质.

(2)过程与方法：探索并理解直线相互平行和相互垂直这两种情况下的 k 值和 b 值有什么关系.

(3)情感态度价值观：探求一次函数解析式的求法，发展学生的数学应用能力.

三、学情分析

初中学生虽然有一定的理解力，但在某种程度上特别是在平面几何问题上，学生还是依靠事物的具体直观形象，所以描绘出精准的图形并结合理论讲解就尤为重要. 在教学中发挥几何画板的直观、形象功能辅助演示，可激发学生的学习兴趣，学生在亲自参与和观察的过程中会发现其知识的内在联系，从而达到拓展学生的思维空间，培养学生用创造性思维学会学习的目的.

四、教学过程

(一)复习引入

(1)提问：一次函数的图象是什么？如何作一次函数的图象？

(2)几何画板演示"画一次函数 $y=2x-1$ 的图象"(所画图象如图 3-42 所示)的过程.

【设计意图】与传统教学相比较，用几何画板作图比用直尺、三角板作图更快捷、精准.

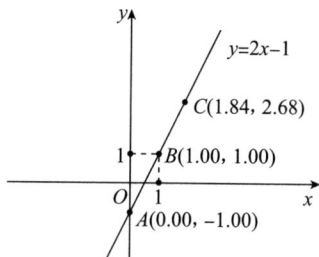

图 3-42

（3）从图中可以看出：一次函数 $y=2x-1$ 的图象是一条直线，用几何画板的描点工具在这条直线上随便描几个点，并用"数据"→"计算"功能计算出它们的横坐标和纵坐标，观察它们的横坐标和纵坐标，你发现了什么？

【设计意图】在这个问题上，用几何画板工具可以真正体现所描点的随意性．学生观察直观画面后，教师提出相关问题，让学生大胆猜想，激发学生学习兴趣，营造探索问题的氛围．

（二）讲授新课

（1）让学生用几何画板点击"绘图"→"绘制新函数"分别输入函数解析式，完成"在同一直角坐标系中画出一次函数 $y=2x+1$ 和 $y=-2x+5$ 的图象"．所作函数图象如图 3-43 所示．

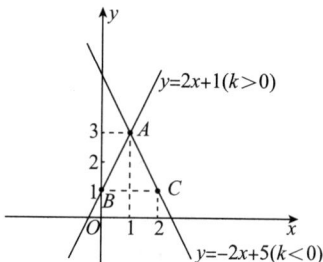

图 3-43

【设计意图】对比传统教学中用粉笔在黑板上作图，这样作图既快捷又精准．

（2）学生观察图象，看能得出什么结论．

（3）学生发表观点，教师归纳补充，并用几何画板演示得出该结论的过程：用几何画板的"构造→构造直线上的点"分别在直线 $y=2x+1$ 和 $y=-2x+5$ 上描一个点，并用"数据"→"计算"功能计算出这两个点和两条直线交点的坐标．用鼠标拖动两个动点，可以从坐标数值的变化发现规律：当 $k>0$ 时，y 随 x 的增大而增大；当 $k<0$ 时，y 随 x 的增大而减小．

【设计意图】由于选取的点是动点，可以在直线上的任意位置选取，相比传统教学方法，用几何画板在演示过程中发现规律更易让学生接受．

（三）例题讲解

[例题 1]在同一坐标系中画出下列函数的图象，并说说每小题中三个函数的图象有什么关系．

（1）$y=x-1$，$y=x$，$y=x+1$；　（2）$y=-2x-1$，$y=-2x$，$y=-2x+1$．

同样，用几何画板很快就在同一直角坐标系中画出了这些函数的图象（图 3-44）．由于图象精准，学生很快就得出了"每小题中三个函数的图象是三条相互平行的直线"这一结论．教师顺势提问："你发现相互平行的直线的解析式有什么特点？"学生很容易得出"它们的 k 值相同，b 值不同"这一结论．于是教师又可以再追加一个问题："如果两个函数的 k 值相同，b

值不同,那么它们的图象又有什么关系?"

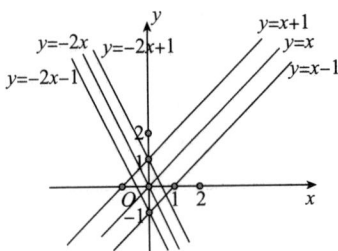

图 3-44

最后,师生一起归纳总结:如果两条直线的 k 值相同,b 值不同,那么它们相互平行;反之,如果两条直线相互平行,那么它们的 k 值相同,b 值不同.

[例题 2]在同一坐标系中画出下列函数的图象,并指出它们的共同之处.

(1) $y=\dfrac{x}{2}+1$; (2) $y=x+1$; (3) $y=-2x+1$; (4) $y=-x+1$.

同例题 1,用几何画板很快就在同一直角坐标系中画出了上述函数的图象,如图 3-45 所示.

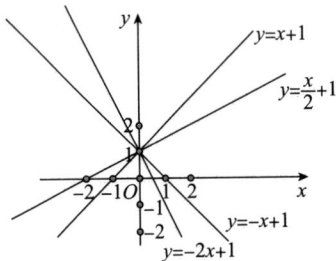

图 3-45

由于图象精准,学生很快就得出了"四条直线都经过点(0,1)且第一条和第三条直线相互垂直,第二条和第四条直线相互垂直"的两个结论.这时教师问:"四条直线都经过点(0,1)是因为什么? 你发现相互垂直的直线的解析式有什么特点?"经过上一个题的历练,学生很容易得出"四个函数的 b 值都是 1,所以四条直线都经过点(0,1),相互垂直的直线的 k 值的乘积为 -1,b 值相同"这样的结论.事实上,学生得出这样的结论并不奇怪,因为本题中恰好四个函数的 b 值相同.于是教师再次引导学生:"如果两个一次函数的 k 值相乘得 -1,但是 b 值不同,那么它们的图象还会是两条相互垂直的直线吗?"学生一时答不上来.教师马上用几何画板在同一直角坐标系中再作了两条直线 $y=2x+1$ 和 $y=-\dfrac{1}{2}x-3$,观察发现它们仍然相互垂直,为了让学生更加确信,还可以用"标记工具"标记出两条直线相交所成的角(或者是用"度量"→"角度"),确实是直角.这样学生就会明白:两条直线相互垂直只与 k 值有关,而与 b 值无关.当然,如果两个函数的 k 值相乘得 -1(或说它们互为倒数),那么它们的图象是两条相互垂直的直线.

最后,师生一起归纳总结:

(1)如果两条直线的 k 值相同,b 值不同,那么它们相互平行;反之,如果两条直线相互平行,那么它们的 k 值相同,b 值不同.

(2)如果两条直线的 k 值相乘得 -1,那么它们相互垂直;反之,如果两条直线相互垂直,那么它们的 k 值相乘得 -1.

（四）课堂练习

(1)已知直线 $y=kx+b$ 与直线 $y=2x+3$ 相互平行,且经过点$(0,-5)$,求 k 和 b 的值.

解:∵直线 $y=kx+b$ 与直线 $y=2x+3$ 平行,

∴$k=2$.

∵直线 $y=kx+b$ 过点$(0,-5)$,

∴$2\times0+b=-5$,∴$b=-5$,

∴此直线的解析式为 $y=2x-5$.

(2)已知直线 $y=kx+b$ 与直线 $y=\dfrac{1}{2}x+1$ 相互垂直,且它们的交点的横坐标是 4,求 k 和 b 的值.

解:∵直线 $y=kx+b$ 与直线 $y=\dfrac{1}{2}x+1$ 相互垂直,

∴$k=-2$.

把 $x=4$ 代入 $y=\dfrac{1}{2}x+1$,解得 $y=3$,

∴直线 $y=kx+b$ 过点$(4,3)$,

∴$-2\times4+b=3$,

∴$b=11$,

∴此直线的解析式为 $y=-2x+11$.

（五）归纳小结

(1)一次函数的图象的性质:当 $k>0$ 时,y 随 x 的增大而增大;当 $k<0$ 时,y 随 x 的增大而减小.

(2)如果两条直线的 k 值相同,b 值不同,那么它们相互平行;反之,如果两条直线相互平行,那么它们的 k 值相同,b 值不同.

(3)如果两条直线的 k 值相乘得-1,那么它们相互垂直;反之,如果两条直线相互垂直,那么它们的 k 值相乘得-1.

五、注　析

一节课的时间,学生要学会用两点法画一次函数的图象,又要探究、总结一次函数的性质,内容有点多,如果用传统的教学方式,时间上会显得十分仓促,即使能勉强完成教学任务,学习效果也会大打折扣.而这种开放式教学手段,在教学中应用几何画板,大大节省了画图时间,所以才有充分的时间让学生进行自主探究,这样大多数学生对一次函数的性质基本掌握了,只有极少数的学生对一次函数的性质没有完全掌握到位而不能顺利完成课后作业.针对出现的问题,笔者在作业评讲课上对一次函数的性质再次进行了总结,让新课教学中没有完全掌握的学生在这一知识点上进行了强化巩固.

案例4　正态分布

一、教材原文

人教 A 版,高中数学选择性必修第三册,2020 年 3 月第 1 版,pp.83-87.

7.5 正态分布

现实中，除了前面已经研究过的离散型随机变量外，还有大量问题中的随机变量不是离散型的，它们的取值往往充满某个区间甚至整个实轴，但取一点的概率为 0，我们称这类随机变量为 连续型随机变量（continuous random variable）。下面我们看一个具体问题.

问题　自动流水线包装的食盐，每袋标准质量为 400 g. 由于各种不可控制的因素，任意抽取一袋食盐，它的质量与标准质量之间或多或少会存在一定的误差(实际质量减去标准质量). 用 X 表示这种误差，则 X 是一个连续型随机变量. 检测人员在一次产品检验中，随机抽取了 100 袋食盐，获得误差 X(单位：g)的观测值如下：

−0.6	−1.4	−0.7	3.3	−2.9	−5.2	1.4	0.1	4.4	0.9
−2.6	−3.4	−0.7	−3.2	−1.7	2.9	0.6	1.7	2.9	1.2
0.5	−3.7	2.7	1.1	−3.0	−2.6	−1.9	1.7	2.6	0.4
2.6	−2.0	−0.2	1.8	−0.7	−1.3	−0.5	−1.3	0.2	−2.1
2.4	−1.5	−0.4	3.8	−0.1	1.5	0.3	−1.8	0.0	2.5
3.5	−4.2	−1.0	−0.2	0.1	0.9	1.1	2.2	0.9	−0.6
−4.4	−1.1	3.9	−1.0	−0.6	1.7	0.3	−2.4	−0.1	−1.7
−0.5	−0.8	1.7	1.4	4.4	1.2	−1.8	−3.1	−2.1	−1.6
2.2	0.3	4.8	−0.8	−3.5	−2.7	3.8	1.4	−3.5	−0.9
−2.2	−0.7	−1.3	1.5	−1.5	−2.2	1.0	1.3	1.7	−0.9

(1) 如何描述这 100 个样本误差数据的分布？

(2) 如何构建适当的概率模型刻画误差 X 的分布？

根据已学的统计知识，可用频率分布直方图描述这组误差数据的分布，如图 7.5-1 所示. 频率分布直方图中每个小矩形的面积表示误差落在相应区间内的频率，所有小矩形的面积之和为 1.

观察图形可知：误差观测值有正有负，并大致对称地分布在 $X=0$ 的两侧，而且小误差比大误差出现得更频繁.

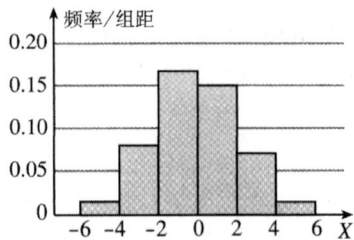

图 7.5-1

随着样本数据量越来越大，让分组越来越多，组距越来越小，由频率的稳定性可知，频率分布直方图的轮廓就越来越稳定，接近一条光滑的钟形曲线，如图 7.5-2 所示.

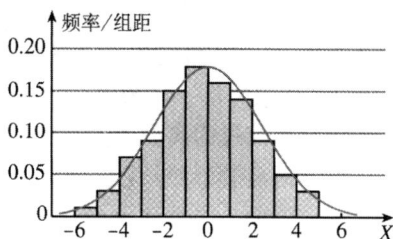

图 7.5-2

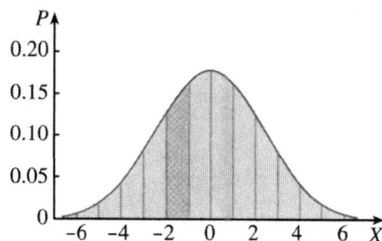

图 7.5-3

根据频率与概率的关系，可用图 7.5-3 中的钟形曲线（曲线与水平轴之间的面积为 1）来描述袋装食盐质量误差的概率分布. 例如，任意抽取一袋食盐，误差落在 $[-2,-1]$ 内的概率，可用图中黄色阴影部分的面积表示.

由函数知识可知，图 7.5-3 中的钟形曲线是一个函数. 那么，这个函数是否存在解析式呢？

答案是肯定的. 在数学家的不懈努力下，找到了以下刻画随机误差分布的解析式：

$$f(x)=\frac{1}{\sigma\sqrt{2\pi}}e^{-\frac{(x-\mu)^2}{2\sigma^2}},\ x\in\mathbf{R}.$$

其中 $\mu\in\mathbf{R}$，$\sigma>0$ 为参数.

显然，对任意的 $x\in\mathbf{R}$，$f(x)>0$，它的图象在 x 轴的上方. 可以证明 x 轴和曲线之间的区域的面积为 1. 我们称 $f(x)$ 为正态密度函数，称它的图象为正态密度曲线，简称正态曲线，如图 7.5-4 所示.若随机变量 X 的概率分布密度函数为 $f(x)$，则称随机变量 X 服从正态分布（normal distribution），记为 $X\sim N(\mu,\sigma^2)$. 特别地，当 $\mu=0$，$\sigma=1$ 时，称随机变量 X 服从标准正态分布.

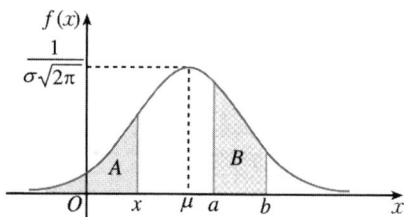

图 7.5-4

若 $X\sim N(\mu,\sigma^2)$，则如图 7.5-4 所示，X 取值不超过 x 的概率 $P(X\leqslant x)$ 为图中区域 A 的面积，而 $P(a\leqslant X\leqslant b)$ 为区域 B 的面积.

早在 1734 年，法国数学家棣莫弗（A. De Moivre，1667—1754）在研究二项概率的近似计算时，已提出了正态密度函数的形式，但当时只是作为一个数学表达式. 直到德国数学家高斯（C. F. Gauss，1777—1855）提出"正态误差"的理论后，正态密度函数才取得"概率分布"的身份. 因此，人们也称正态分布为高斯分布.

$P(X\leqslant x)$ 只能通过数值积分近似计算. 可以查正态分布表或利用计算机软件计算. Excel 中对应的函数为 NORM. DIST.

正态分布在概率和统计中占有重要地位，它广泛存在于自然现象、生产和生活实践之中。在现实生活中，很多随机变量都服从或近似服从正态分布。例如，某些物理量的测量误差，某一地区同年龄人群的身高、体重、肺活量等，一定条件下生长的小麦的株高、穗长、单位面积产量，自动流水线生产的各种产品的质量指标(如零件的尺寸、纤维的纤度、电容器的电容)，某地每年 7 月的平均气温、平均湿度、降水量等，一般都近似服从正态分布。

◉ 观察

观察正态曲线及相应的密度函数，你能发现正态曲线的哪些特点？

由 X 的密度函数及图象可以发现，正态曲线还有以下特点：

(1) 曲线是单峰的，它关于直线 $x = \mu$ 对称；

(2) 曲线在 $x = \mu$ 处达到峰值 $\dfrac{1}{\sigma\sqrt{2\pi}}$；

(3) 当 $|x|$ 无限增大时，曲线无限接近 x 轴。

❓ 思考

一个正态分布由参数 μ 和 σ 完全确定，这两个参数对正态曲线的形状有何影响？它们反映正态分布的哪些特征？

我们知道，函数 $y = f(x - \mu)$ 的图象可由 $y = f(x)$ 的图象平移得到。因此，在参数 σ 取固定值时，正态曲线的位置由 μ 确定，且随着 μ 的变化而沿 x 轴平移，如图 7.5-5 所示。

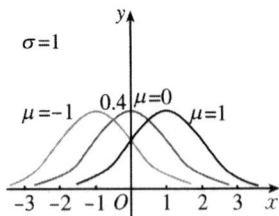

图 7.5-5

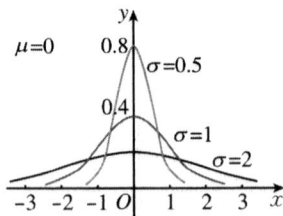

图 7.5-6

当 μ 取定值时，因为曲线的峰值 $\dfrac{1}{\sigma\sqrt{2\pi}}$ 与 σ 成反比，而且对任意的 $\sigma > 0$，曲线与 x 轴围成的面积总为 1。因此，当 σ 较小时，峰值高，曲线"瘦高"，表示随机变量 X 的分布比较集中；当 σ 较大时，峰值低，曲线"矮胖"，表示随机变量 X 的分布比较分散，如图 7.5-6 所示。

观察图 7.5-5 和图 7.5-6 可以发现，参数 μ 反映了正态分布的集中位置，σ 反映了随机变量的分布相对于均值 μ 的离散程度. 实际上，我们有

若 $X\sim N(\mu,\sigma^2)$，则 $E(X)=\mu$，$D(X)=\sigma^2$.

> 在实际问题中，参数 μ，σ 可以分别用样本均值和样本标准差来估计.

例   李明上学有时坐公交车，有时骑自行车. 他各记录了 50 次坐公交车和骑自行车所花的时间，经数据分析得到：坐公交车平均用时 30 min，样本方差为 36；骑自行车平均用时 34 min，样本方差为 4. 假设坐公交车用时 X 和骑自行车用时 Y 都服从正态分布.

（1）估计 X，Y 的分布中的参数；

（2）根据（1）中的估计结果，利用信息技术工具画出 X 和 Y 的分布密度曲线；

（3）如果某天有 38 min 可用，李明应选择哪种交通工具？如果某天只有 34 min 可用，又应该选择哪种交通工具？请说明理由.

分析：对于第（1）问，正态分布由参数 μ 和 σ 完全确定，根据正态分布参数的意义，可以分别用样本均值和样本标准差来估计. 对于第（3）问，这是一个概率决策问题，首先要明确决策的准则，在给定的时间内选择不迟到概率大的交通工具；然后结合图形，根据概率的表示，比较概率的大小，作出判断.

解：（1）随机变量 X 的样本均值为 30，样本标准差为 6；随机变量 Y 的样本均值为 34，样本标准差为 2. 用样本均值估计参数 μ，用样本标准差估计参数 σ，可以得到

$$X\sim N(30,6^2),\quad Y\sim N(34,2^2).$$

（2）X 和 Y 的分布密度曲线如图 7.5-7 所示.

（3）应选择在给定时间内不迟到的概率大的交通工具. 由图 7.5-7 可知，

$P(X\leqslant38)<P(Y\leqslant38)$，$P(X\leqslant34)>P(Y\leqslant34)$.

所以，如果有 38 min 可用，那么骑自行车不迟到的概率大，应选择骑自行车；如果只有 34 min 可用，那么坐公交车不迟到的概率大，应选择坐公交车.

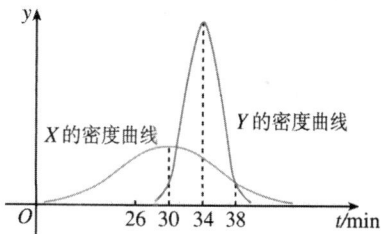

图 7.5-7

假设 $X\sim N(\mu,\sigma^2)$，可以证明：对给定的 $k\in\mathbf{N}^*$，$P(\mu-k\sigma\leqslant X\leqslant\mu+k\sigma)$ 是一个只与 k 有关的定值. 特别地，

$$P(\mu-\sigma\leqslant X\leqslant\mu+\sigma)\approx0.682\,7,$$
$$P(\mu-2\sigma\leqslant X\leqslant\mu+2\sigma)\approx0.954\,5,$$
$$P(\mu-3\sigma\leqslant X\leqslant\mu+3\sigma)\approx0.997\,3.$$

上述结果可用图 7.5-8 表示.

由此看到，尽管正态变量的取值范围是 $(-\infty,+\infty)$，但在一次试验中，X 的取值几乎总是落在区间 $[\mu-3\sigma,\mu+3\sigma]$ 内，而在此区间以外取值的概率大约只有 0.002 7，

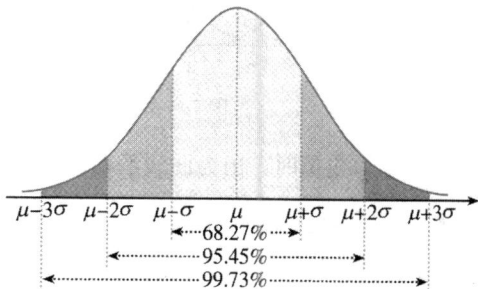

图 7.5-8

通常认为这种情况几乎不可能发生.

在实际应用中,通常认为服从于正态分布 $N(\mu, \sigma^2)$ 的随机变量 X 只取 $[\mu-3\sigma, \mu+3\sigma]$ 中的值,这在统计学中称为 3σ 原则.

二、教学目标

(1)知识与技能:通过正态分布的图形特征,归纳正态曲线的性质;结合正态曲线,加深对正态密度函数的理解;了解正态分布的均值、方差及其含义.

(2)过程与方法:通过误差模型,了解服从正态分布的随机变量;通过具体实例,借助频率分布直方图的几何直观,了解正态分布的特征.

(3)情感态度价值观:通过教学中一系列的探究过程使学生体验发现的快乐,形成积极的情感,培养学生的进取意识和科学精神.同时培养了学生数学抽象、数据处理、数学建模的数学学科核心素养.

三、学情分析

从知识结构方面而言,学生在必修第二册和选择性必修第三册的前部分知识中,已经掌握了统计等知识,这为学生理解利用频率分布直方图来研究正态分布规律奠定了基础.但正态分布的密度函数表达式较为复杂抽象,学生理解比较困难.从能力方面而言,经过两年学习,学生具有了一定的发现和提出问题、分析和解决问题的能力,抽象、概括能力,逻辑思维能力,通过设立问题情境,在教师的启发引导下,能力目标不难达到.同时因为学生对新鲜事物充满好奇,参与意识强,通过高尔顿钉板试验激发学生的学习兴趣,能够确保学生积极参与学习过程,投入到正态分布曲线特征的发现中.

四、教学过程

(一)复习引入

前面我们学习了离散型变量的相关知识,现在我们来回顾一下:

(1)离散型随机变量的定义是什么?

生:可能取值为有限个或可以一一列举的随机变量称为离散型随机变量.

(2)离散型随机变量的均值和方差是如何定义的?

生:均值是随机变量可能取值关于取值概率的加权平均数,方差适用于度量随机变量取值于其均值的偏离程度,即用偏差平方关于取值概率的加权平均.

(3)生活中是否存在随机变量不是离散型的问题?

生:一定条件下生长的小麦的株高、单位面积产量.现实中,除了离散型随机变量,还有大量的问题中的随机变量不是离散型的,它们的取值往往充满某个区间甚至整个实轴,但取一点的概率为 0,我们称这类随机变量为连续型随机变量.

(二)讲授新课

观察课本中的问题:随机抽取了 100 袋食盐,获得误差 X 的观测值.

[问题 1]如何描述这 100 个样本误差数据的分布?

生:可以通过这 100 个数的极差、平均数、众数、中位数来描述.

追问 1:那有没有更直观的方法可以来观察、描述呢?

生:频率分布直方图.

现在根据已学过的统计知识,用频率分布直方图来描述这组误差数据的分布,用几何画板展示图 3-46 所示的频率分布直方图.

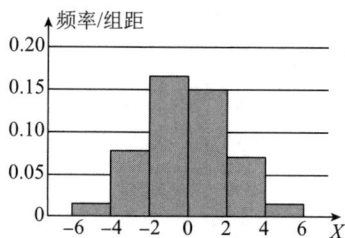

图 3-46

根据已经学过的统计知识,可以用频率分布直方图描述这组数据的分布,频率分布直方图中每个小矩形的面积表示误差落在相应区间内的频率,所有小矩形的面积之和为 1.

追问 2:观察频率分布直方图,你有什么发现吗?

生:误差观测值大致对称的分布在 $X=0$ 的两侧,且小误差比大误差出现得更频繁.

[问题 2]如何构建适当的概率模型刻画误差 X 的分布?

通过几何画板展示随着样本量、分组和组距的变化,频率分布直方图的变化.

从图 3-47 可以看出,随着样本数据量越来越大,让分组越来越多,组距越来越小,频率分布直方图的轮廓越来越稳定,接近一条光滑的钟形曲线.根据频率与概率的关系,光滑的钟形曲线就可以用来描述袋装食盐质量误差的变化.

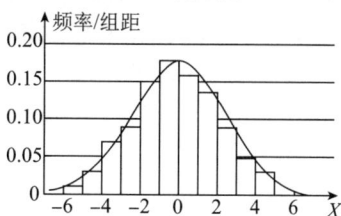

图 3-47

【实验操作】

英国生物统计学家高尔顿,为了研究频率的稳定性,发明了高尔顿板,指的是每一黑点表示钉在板上的一颗钉子,它们彼此的距离均相等,上一层的每一颗的水平位置恰好位于下一层的两颗正中间(图 3-48).接下来就由各位同学充当小科学家,看看由你的高尔顿板试验你能有什么发现?

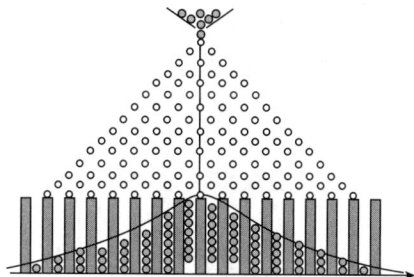

图 3-48

221

用频率分布直方图从频率角度研究小球的分布规律.

(1)将球槽编号,算出各个球槽内的小球个数,作频率分布表.

(2)以球槽的编号为横坐标,以小球落入各个球槽内的频率与组距的比值为纵坐标,画出频率分布直方图.连接各个长方形上端的中点得到频率分布折线图.

问:这里每个长方形的面积的含义是什么?

生:长方形面积代表相应区间内数据的频率.

【设计意图】播放高尔顿板试验视频,引导学生进行高尔顿板试验,通过观察各组试验结果,利用几何画板画出各组试验结果,观察结果.让学生演示试验,能提高学生的学习积极性,提高学习数学的兴趣;让学生体验"正态分布曲线"的生成和发现历程,并通过把与新内容有关的旧知识进行联系,并通过这里的思考回忆,加深对频率分布直方图的理解.

[问题3]由函数的知识知道,图3-48的钟形曲线是一个函数,那么这个函数是否存在解析式?

经过数学家们的不懈努力,找到了以下刻画随机误差分析的解析式:

$$f(x)=\frac{1}{\sqrt{2\pi}\sigma}e^{-\frac{(x-\mu)^2}{2\sigma^2}},x\in(-\infty,+\infty).$$

其中实数 μ 和 $\sigma(\sigma>0)$ 为参数.

[问题4]这个解析式有什么特征?

生:(1)对任意的 $x\in R,f(x)>0$;

(2)x 轴与曲线之间的区域的面积为 1.

我们称 $f(x)$ 为正态密度函数,称它的图象为正态分布密度曲线,简称为正态曲线.若随机变量 X 的概率密度函数为 $f(x)$,则称随机变量 X 服从正态分布,记为 $X\sim N(\mu,\sigma^2)$.特别地,当 $\mu=0,\sigma=1$ 时,称随机变量 X 服从标准正态分布.

若 $X\sim N(\mu,\sigma^2)$,如图3-49所示,X 取值不超过 x 的概率 $P(X\leqslant x)$ 为图中区域 A 的面积,而 $P(a\leqslant X\leqslant b)$ 为区域 B 的面积.

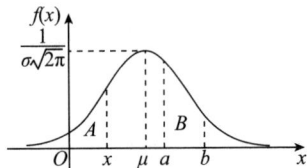

图 3-49

由此我们就得到了正态分布的定义,你能否归纳出什么样的变量服从正态分布呢? 能否从高尔顿板的试验中进行归纳总结? 请以小组为单位解决下列问题:

[问题5](1)小球落下的位置是随机的吗?

(2)若没有上部的小木块,小球会落在哪里? 是什么影响了小球落下的位置?

(3)前一个小球对下一个小球落下的位置有影响吗? 哪个小球对结果的影响大?

(4)你能事先确定某个小球下落时会与哪些小木块发生碰撞吗?

生:(1)它是随机的;(2)竖直落下,受众多次碰撞的影响;(3)互不相干、不分主次;(4)不能,具有偶然性.

由此我们归纳出正态分布的特征:一个随机变量如果是众多的、互不相干的、不分主次的偶然因素作用之和,它就服从或近似服从正态分布.由此你能否再举出生活中服从正态分布或者近似服从正态分布的例子呢?

生：某次考试全年段同学的成绩；某一地区同龄人群的身高、体重、肺活量等；一定条件下生长的小麦的株高、穗长、单位面积产量；某地每年 7 月份的平均气温、平均湿度、降雨量等.

[问题 6]观察正态曲线及对应的密度函数，正态曲线还有哪些特点？

教师引导启发，学生思考、讨论、交流，共同总结：

(1)曲线是单峰的，它关于直线 $x=\mu$ 对称.

(2)曲线在 $x=\mu$ 处达到峰值 $\dfrac{1}{\sigma\sqrt{2\pi}}$；当 $|x|$ 无限增大时，曲线无限接近 x 轴.

[问题 7]解析式中除了含有 π 和 e 两个常数，还含有 σ 和 μ 两个参数，这两个参数的意义是什么？这两个参数对正态曲线的形状有何影响？它们反映正态分布的哪些特征？

(1)在参数 σ 取固定值时，正态曲线的位置由 μ 确定，且随着 μ 的变化而沿 x 轴平移，如图 3-50 所示.

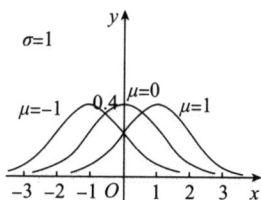

图 3-50

(2)当 μ 取定值时，因为曲线的峰值 $\dfrac{1}{\sigma\sqrt{2\pi}}$ 与 σ 成反比，而且 $\sigma>0$，曲线与 x 轴围成的面积总为 1.因此，当 σ 较小时，峰值高，曲线"瘦高"，表示随机变量 X 的分布比较集中；当 σ 较大时，峰值低，曲线"矮胖"，表示随机变量 X 的分布比较分散，如图 3-51 所示.

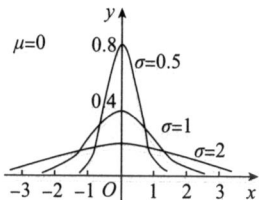

图 3-51

观察上面两个图可以发现，参数 μ 反映了正态分布的集中位置，σ 反映了随机变量的分布相对于均值 μ 的离散程度.实际上，我们有：若 $X\sim N(\mu,\sigma^2)$，则 $E(X)=\mu$，$D(X)=\sigma^2$.

[问题 8]对于具体的例子，想要求某一区间的概率，该怎么进行求解？

假设 $X\sim N(\mu,\sigma^2)$，可以证明：对给定的 $k\in\mathbf{N}^*$，$P(\mu-k\sigma\leqslant X\leqslant\mu+k\sigma)$ 是一个只与 k 有关的定值.特别地，

$P(\mu-\sigma\leqslant X\leqslant\mu+\sigma)\approx0.6826$，

$P(\mu-2\sigma\leqslant X\leqslant\mu+2\sigma)\approx0.9544$，

$P(\mu-3\sigma\leqslant X\leqslant\mu+3\sigma)\approx0.9974$.

同时，我们将 $\mu=0$ 且 $\sigma=1$ 的正态分布曲线称为标准正态分布曲线，在求解问题时，也可以将正态分布曲线先转化为标准正态分布，再查询标准正态分布表，即可求解变量在某一区间内的概率.

(三)例题讲解

[例题]如图 3-52 所示是一个正态分布的图象,试根据该图象写出正态分布密度函数的解析式,求出随机变量总体的均值和方差.

解:由图 3-52 可以知道 $\mu=20$ 且峰值为 $\dfrac{1}{2\sqrt{\pi}}$,即 $\sigma=\sqrt{2}$,所以随

机变量总体均值为 20,方差为 $\sqrt{2}$,正态分布密度函数解析式为

$$f(x)=\dfrac{1}{2\sqrt{\pi}}e^{\frac{(x-20)^2}{4}}.$$

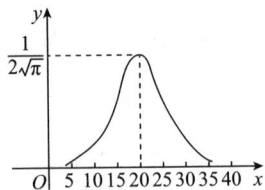

图 3-52

(四)课堂练习

[练习]某市教学质量检测中,甲、乙、丙三科考试成绩的正态分布图如图 3-53 所示(由于人数众多,成绩分布的直方图可视为正态分布),下列说法中正确的是　　　(　　)

　　A.甲科总体的标准差最小

　　B.丙科总体的平均数最小

　　C.乙科总体的标准差及平均数都居中

　　D.甲、乙、丙总体的平均数不相同

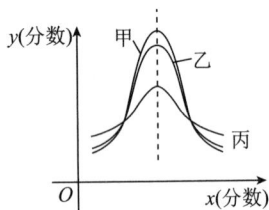

图 3-53

分析:从图 3-53 中可以看出,甲、乙、丙的正态分布曲线对称轴是相同的,即三组随机变量总体的均值是相等的.而甲的峰值是最高的,乙次之,丙最小,根据前面对函数曲线特征及参数意义的学习可以知道,σ 即方差越大,曲线越矮胖.所以可知丙的方差最大,甲的方差最小,即标准差最小,乙居中.

故正确的答案为 A.

(五)归纳小结

通过今天的学习,我们对连续型随机变量有了一定的了解,并且发现了一种统计学中常用的模型——正态分布,通过试验探究和利用数形结合的方法进行探究和观察,发现并学习了正态曲线及其性质,归纳起来就是 6 个主要性质;①非负性;②定值性;③对称性;④单调性;⑤最值性;⑥几何性.利用正态分布曲线处理相关的连续型随机变量的解决方法归纳成两类:

(1)对称法:由于正态曲线是关于直线 $x=\mu$ 对称的,且概率的和为 1,故关于直线 $x=\mu$ 对称的区间上概率相等,如①$P(X<a)=1-P(X\geqslant a)$;②$P(X<\mu-a)=P(X>\mu+a)$.

(2)"3σ"法:利用 X 落在区间 $(\mu-\sigma,\mu+\sigma]$,$(\mu-2\sigma,\mu+2\sigma]$,$(\mu-3\sigma,\mu+3\sigma]$内的概率分别是 $0.6826,0.9544,0.9974$ 求解.

五、注　析

本节课通过利用几何画板和高尔顿板进行试验以及探究,让学生可以通过直观的动手操作,以及对实验结果的观察,了解连续型变量与离散型变量的本质区别.几何画板的动态演示生动、形象、直观地展示了随着样本量、分组和组距的变化,频率分布直方图引起的变化,这是单纯依靠教师通过语言的描述无法达到的教学效果,将给学生留下深刻的印象.借助高尔顿板试验视频的播放,对学生渗透数学文化教育的同时,体验数学家的智慧,直观感

受正态分布曲线的生成和发现历程.学生通过观察研究了解正态分布,实现由直观感知到数形结合,再到发展核心素养的学习过程,化学生的被动接受知识为主动发现规律,让学生通过自主探究、小组合作、交流共享的小组学习模式,将正态分布的相关知识真正学会、学懂、会用、用准,借信息技术、动手实践之东风,助核心素养落地.

案例 5　抛物线及其标准方程

一、教材原文

人教 A 版,高中数学选择性必修第一册,2020 年 5 月第 1 版,pp.130-132.

3.3.1　抛物线及其标准方程

🔄 探究

利用信息技术作图. 如图 3.3-1,F 是定点,l 是不经过点 F 的定直线,H 是直线 l 上任意一点,过点 H 作 $MH \perp l$,线段 FH 的垂直平分线 m 交 MH 于点 M. 拖动点 H,点 M 随之运动,你能发现点 M 满足的几何条件吗?它的轨迹是什么形状?

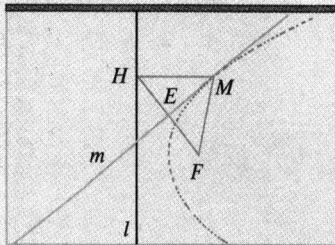

图 3.3-1

可以发现,在点 M 随着点 H 运动的过程中,始终有 $|MF|=|MH|$,即点 M 与定点 F 的距离等于它到定直线 l 的距离,点 M 的轨迹形状与二次函数的图象相似.

我们把平面内与一个定点 F 和一条定直线 l（l 不经过点 F）的距离相等的点的轨迹叫做抛物线（parabola）. 点 F 叫做抛物线的焦点,直线 l 叫做抛物线的准线.

❓ 思考

比较椭圆、双曲线标准方程的建立过程,你认为如何建立坐标系,可能使所求抛物线的方程形式简单?

根据抛物线的几何特征,如图 3.3-2,我们取经过点 F 且垂直于直线 l 的直线为 x 轴,垂足为 K,并使原点与线段 KF 的中点重合,建立平面直角坐标系 Oxy. 设 $|KF|=p(p>0)$,那么焦点 F 的坐标为 $\left(\dfrac{p}{2}, 0\right)$,准线 l 的方程为 $x=-\dfrac{p}{2}$.

设 $M(x，y)$ 是抛物线上任意一点，点 M 到准线 l 的距离为 d. 由抛物线的定义，抛物线是点的集合

$$P=\{M\mid|MF|=d\}.$$

因为 $|MF|=\sqrt{\left(x-\dfrac{p}{2}\right)^2+y^2}$，$d=\left|x+\dfrac{p}{2}\right|$，

所以

$$\sqrt{\left(x-\frac{p}{2}\right)^2+y^2}=\left|x+\frac{p}{2}\right|.$$

将上式两边平方并化简，得

$$y^2=2px\ (p>0). \qquad ①$$

从上述过程可以看到，抛物线上任意一点的坐标 $(x，y)$ 都是方程①的解，以方程①的解为坐标的点 $(x，y)$ 与抛物线的焦点 $F\left(\dfrac{p}{2}，0\right)$ 的距离和它到准线 $x=-\dfrac{p}{2}$ 的距离相等，即以方程①的解为坐标的点都在抛物线上. 我们把方程①叫做抛物线的标准方程. 它表示焦点在 x 轴正半轴上，焦点是 $F\left(\dfrac{p}{2}，0\right)$，准线是 $x=-\dfrac{p}{2}$ 的抛物线.

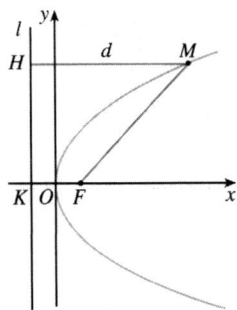

图 3.3-2

探究

在建立椭圆、双曲线的标准方程时，选择不同的坐标系我们得到了不同形式的标准方程. 抛物线的标准方程有哪些不同的形式？请探究之后填写下表.

图形	标准方程	焦点坐标	准线方程
	$y^2=2px\ (p>0)$	$\left(\dfrac{p}{2}，0\right)$	$x=-\dfrac{p}{2}$

？ 思考

你能说明二次函数 $y = ax^2 (a \neq 0)$ 的图象为什么是抛物线吗？指出它的焦点坐标、准线方程.

例1　(1) 已知抛物线的标准方程是 $y^2 = 6x$，求它的焦点坐标和准线方程；

(2) 已知抛物线的焦点是 $F(0, -2)$，求它的标准方程.

解：(1) 因为 $p = 3$，抛物线的焦点在 x 轴正半轴上，所以它的焦点坐标是 $\left(\dfrac{3}{2}, 0\right)$，准线方程是 $x = -\dfrac{3}{2}$.

(2) 因为抛物线的焦点在 y 轴负半轴上，且 $\dfrac{p}{2} = 2$，$p = 4$，所以抛物线的标准方程是 $x^2 = -8y$.

例2　一种卫星接收天线如图 3.3-3 左图所示，其曲面与轴截面的交线为抛物线. 在轴截面内的卫星波束呈近似平行状态射入形为抛物线的接收天线，经反射聚集到焦点处，如图 3.3-3（1）. 已知接收天线的口径（直径）为 4.8 m，深度为 1 m. 试建立适当的坐标系，求抛物线的标准方程和焦点坐标.

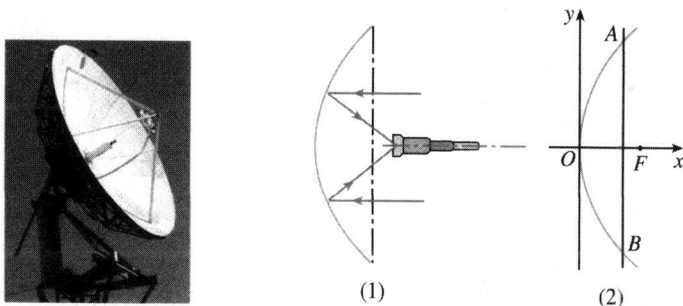

图 3.3-3

解：如图 3.3-3（2），在接收天线的轴截面所在平面内建立直角坐标系，使接收天线的顶点（即抛物线的顶点）与原点重合，焦点在 x 轴上.

设抛物线的标准方程是 $y^2 = 2px$（$p > 0$）. 由已知条件得，点 A 的坐标是（1，2.4），代入方程，得

$$2.4^2 = 2p \times 1,$$

即 $p = 2.88$.

所以，所求抛物线的标准方程是 $y^2 = 5.76x$，焦点坐标是（1.44，0）.

二、教学目标

(1)知识与技能:掌握抛物线的定义及几何特征;掌握抛物线的标准方程及其推导过程;明确 p 的几何意义,并能解决简单的求抛物线标准方程问题.

(2)过程与方法:能类比椭圆、双曲线的标准方程的建立过程,运用坐标法推导出抛物线的标准方程,并能用它解决简单的问题,进一步体会建立曲线方程的方法.

(3)情感态度价值观:通过对抛物线的学习和探究,发展学生的直观想象、数学运算素养,培养学生发现数学图形与符号之间的关联的能力,发掘数学学科的美丽.

三、学情分析

通过前面的学习,学生已经对圆锥曲线有了初步的认识,对椭圆的标准方程、双曲线的标准方程及其推导过程有了初步认识.在抛物线的教学中,需要对抛物线的形成过程以及抛物线的定义进行准确表述,区分抛物线与椭圆,建立起两者间的联系,同时需要学生对标准方程中的每个元素有更清楚的认识,对于抛物线的焦点、准线有清晰的理解,以免在学习过程中出现混乱.

四、教学过程设计

(一)复习引入

通过前面的学习可以发现,如果动点 M 到定点 F 的距离与 M 到定直线 l(不过点 F)的距离之比为 k,当 $0<k<1$ 时,点 M 的轨迹为椭圆;当 $k>1$ 时,点 M 的轨迹为双曲线.一个自然的问题是:当 $k=1$ 时,即动点 M 到定点 F 的距离与它到定直线 l 的距离相等时,点 M 的轨迹会是什么形状? 下面我们就来研究这个问题.

(二)讲授新课

1.抛物线概念的获得

[问题1]如图 3-54 所示,利用几何画板作图,演示动点轨迹. F 是定点,l 是不经过点 F 的定直线. H 是直线 l 上任意一点,过点 H 作 $MH\perp l$,线段 FH 的垂直平分线 m 交 MH 于点 M.拖动点 H,点 M 随之运动,你能发现点 M 满足的几何条件吗? 它的轨迹是什么形状?

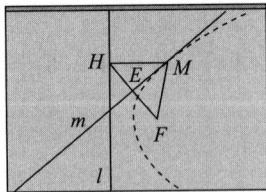

图 3-54

师生活动:教师拖动点 H,展示 M 点的运动过程,学生观察点 M 的轨迹,从而得到抛物线的定义:

我们把平面内与一个定点 F 和一条定直线 l(l 不经过点 F)的距离相等的点的轨迹叫做抛物线,点 F 叫做抛物线的焦点,直线 l 叫做抛物线的准线.

【设计意图】通过对问题1的探究,引导学生利用已知条件和图形认识抛物线的几何特征,抽象得出抛物线的概念,发展学生的数学抽象核心素养.

2.建立抛物线的标准方程

[问题2]比较椭圆、双曲线标准方程的建立过程,你认为如何建立坐标系,可能使所求抛物线的方程形式简单?

师生活动:教师讲解,根据抛物线的定义,与抛物线有关的重要几何元素有三个:抛物线、抛物线的焦点、抛物线的准线.所以我们可以考虑三种情况:

第一种,以抛物线的焦点 F 为原点建立坐标系,如图 3-55 所示.

第二种,以抛物线的准线 l 为 y 轴建立坐标系,如图 3-56 所示.

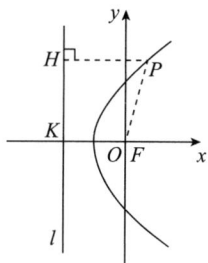 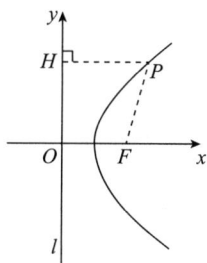

图 3-55　　　　　　　　图 3-56

第三种,过抛物线的焦点 F 向准线 l 作垂线,以垂线与抛物线的交点为原点,以垂线为 x 轴建立坐标系,如图 3-57 所示.

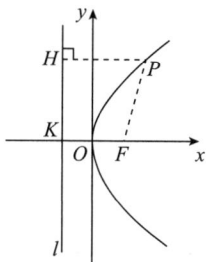

图 3-57

师:我们选取哪种可使得方程形式简单呢?

生:选取第三种较为简单.

确定方案后,师生一同推导抛物线的标准方程.

【设计意图】通过问题2的思考,为学生展示抛物线标准方程的推导过程,提升学生的数学运算核心素养.

[问题3]在建立椭圆、双曲线的标准方程时,选择不同的坐标系,我们可以得到不同形式的标准方程.抛物线的标准方程有哪些不同的形式?

在平面直角坐标系中,类比椭圆、双曲线,怎样求不同开口方向的抛物线的标准方程?

师生活动:教师出示表 3-15,并引导学生类比刚推导出的开口向右的抛物线的标准方程、焦点坐标和准线方程,填写开口向左、向上、向下的抛物线的标准方程、焦点坐标和准线方程,以及焦点到准线的距离.

表 3-15

图形	标准方程	焦点坐标	准线方程	焦点到准线的距离
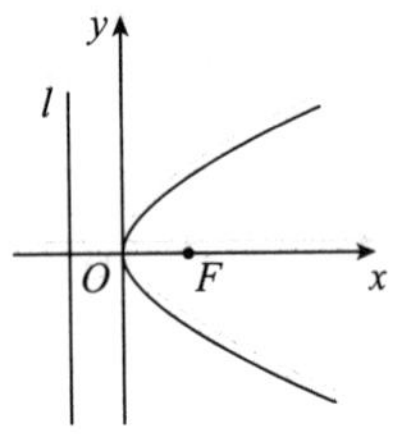	$y^2=2px\,(p>0)$	$\left(\dfrac{p}{2},0\right)$	$x=-\dfrac{p}{2}$	
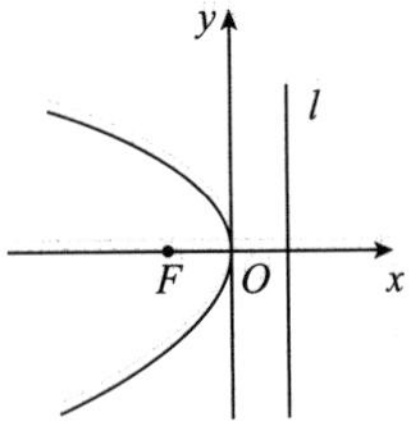				
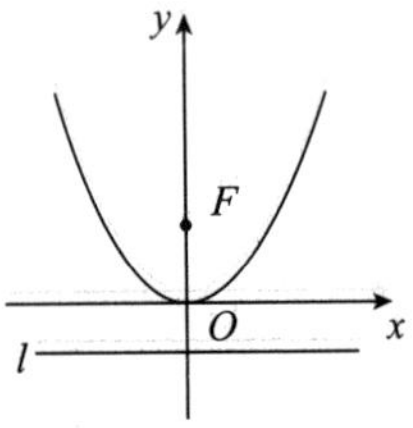				
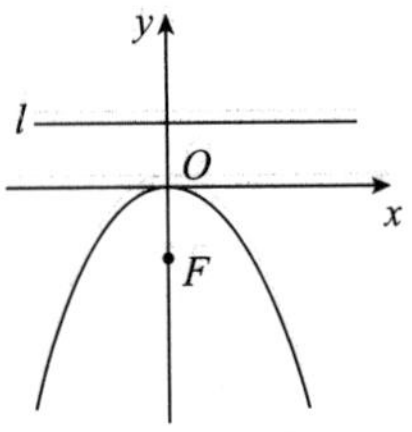				

【设计意图】类比椭圆与双曲线不同形式的标准方程,结合开口向右的抛物线的标准方程,获得开口向左、向上和向下的抛物线的标准方程、焦点坐标和准线方程,以及焦点到准线的距离.

[问题 4]你能说明二次函数 $y=ax^2\,(a\neq0)$ 的图象为什么是抛物线吗?指出它的焦点坐标、准线方程.

师生活动:教师利用 PPT 将二次函数 $y=ax^2\,(a\neq0)$ 的解析式变形成抛物线的标准方程的形式,从而说明二次函数 $y=ax^2\,(a\neq0)$ 的图象是抛物线,并利用标准方程求出焦点坐标和准线方程.

【设计意图】利用高中所学的抛物线的标准方程,说明初中所学的二次函数 $y=ax^2\,(a\neq0)$ 的图象的确是抛物线,建立初高中知识的联系.

(三)例题讲解

[例题](1)已知抛物线的标准方程是 $y^2=6x$,求它的焦点坐标和准线方程;

(2)已知抛物线的焦点是 $F(0,-2)$,求它的标准方程.

师生活动:教师展示解题过程,学生观看并思考.

解:(1)该抛物线开口向右,焦点坐标为$\left(\dfrac{3}{2},0\right)$,准线方程为$x=-\dfrac{3}{2}$.

(2)由题意可知,该抛物线开口向下,且$\dfrac{p}{2}=2$,$p=4$,所以抛物线的标准方程是$x^2=-8y$.

【设计意图】通过本例题,向学生展示抛物线中最关键的三个要素:标准方程、焦点坐标和准线方程的求法.体会:由标准方程可以确定焦点坐标和准线方程;反之,由焦点坐标或准线方程也可以确定抛物线的标准方程.

(四)课堂练习

[练习]一种卫星接收天线如图 3-58 所示,其曲面与轴截面的交线为抛物线.在轴截面内的卫星波束呈近似平行状态射入形为抛物线的接收天线,经反射聚集到焦点处,如图 3-59①所示.已知接收天线的口径(直径)为 4.8 m,深度为 1 m.试建立适当的坐标系,求抛物线的标准方程和交点坐标.

师生活动:教师带领学生阅读题目,建立数学模型,利用几何画板将图形抽象出来,然后建立如图 3-59②所示的坐标系,用待定系数法求解.

图 3-58

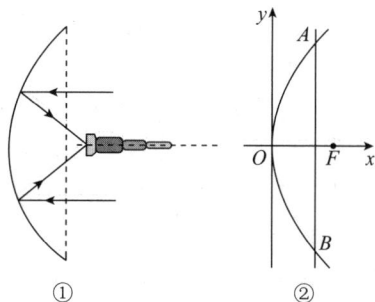

图 3-59

【设计意图】让学生运用抛物线及其标准方程解决实际问题,经历将实际问题转化为数学问题,解决数学问题,进而解决实际问题的过程.

(五)归纳小结

通过今天的学习,利用几何画板的直观演示,我们知道了抛物线的定义:平面内与一个定点 F 和一条定直线 l(l 不经过点 F)的距离相等的点的轨迹叫做抛物线,点 F 叫做抛物线的焦点,直线 l 叫做抛物线的准线.通过类比、辨析四种形式的抛物线的标准方程、交点坐标和准线方程,对抛物线有了基本的理解和认识,对于具体问题,我们学会了如何求抛物线的标准方程、交点坐标或准线方程,能够把实际问题抽象成数学问题,用数学的知识来解决实际问题.

五、注 析

平面解析几何在高中学习中占有重要地位,它是利用代数方法研究平面几何问题.有时候我们不用画出轨迹,只需要研究方程就可以通过曲线的几何特征解决问题.其中最重要的问题就是如何求一些曲线的轨迹方程,但这往往比较抽象,学生难以理解.在前面学习了椭圆和双曲线的基础上,利用几何画板,将几何图形生动、直观、变化地呈现给学生,化抽象为具象,学生可以通过观察变化的图象找到不变的规律,归纳出性质、特征.学生自主探究学习,观察变化规律,能够深刻掌握概念,同时通过小组合作探究的模式,引导学生自主学习、合作学习.这样的教学设计让课堂更加生动有趣,有助于激发学生的学习兴趣.同时通过学生的自主观察、动手实践,能够培养学生数形结合能力,能够最终达到几何问题代数化的目的.

案例6 利用几何画板研究直线与圆锥曲线的位置关系

一、教学目标

本课时的内容是解析几何复习中以圆锥曲线为载体研究与圆有关的包络问题,其问题实质是直线与圆锥曲线的位置关系.包络圆是学生面对的全新的概念,但并未超纲,它是圆锥曲线问题中的一类典型高频题型,是研究直线与圆锥曲线位置关系的重要载体.在研究包络圆问题中,学生灵活运用所学知识解决实际问题,掌握研究圆锥曲线的一般思路和方法,加深对解析几何蕴含的数形结合核心思想的认识,发展了直观想象、逻辑推理、数学运算等核心素养,具有重要的育人价值.据此设定教学目标如下:

(1)知识与技能:利用常规问题,引出椭圆的轨迹求解,利用几何画板探索直观包络问题,复习椭圆、圆、直线与圆锥曲线位置关系的基本知识和方法.

(2)过程与方法:利用几何画板探索直观包络问题,把抽象问题变得具体化,在原有新课学习的基础上,借助信息技术直观感受几何问题的呈现形式,再借助理论计算验证发现的结论,经历探究、发现、再探究的过程.

(3)情感态度价值观:利用几何画板探索直观包络问题,提高学生探究的兴趣,在螺旋式学习的过程中培养学生学习知识、应用知识的意识和能力,在数量关系的推演过程中发展学生逻辑推理和数学运算的核心素养,在所得结论再探究的辩证分析中培养学生辩证思考的能力,培养学生批判思维.

二、学情分析

高中阶段的解析几何默认是平面解析几何,所研究的对象主要是直线、圆、椭圆、双曲线和抛物线及其它们之间的位置关系等.本专题是高二解析几何综合课复习的微专题,是在学习直线与抛物线的位置关系后,知识的应用与深化.直线与圆锥曲线的位置关系、定点定值、最值范围等问题便是对圆锥曲线应用提出的较高层次要求.本专题的包络圆问题是以圆锥曲线为载体,用研究直线与圆锥曲线的位置关系的方法途径,探索其中与包络有关、最终呈现形式为圆的问题的总结与探究,一方面,它延续了圆锥曲线基本知识的应用,思维上具有可持续性;另一方面,它是解析几何知识螺旋式上升过程中的重要载体,具有化抽象为具体、变简单模仿为自我梳理提高的作用.

数形结合思想是高中阶段的重要思想方法,在函数的图象与性质、立体几何、解析几何、平面向量等知识模块均有涉及.因此,本节课前学生应该在很多场合已经体会了数形结合的内涵及应用,而本课时重点研究如何由"数"解答"形"的性质问题,学生在对"形"有一定直观认识的同时应专注于如何用"数"的手段精确论证.在此过程中,教师借助信息技术——几何画板给予直观引导,帮助学生直观认识所要研究的结论的直观呈现,进而寻找理论推导方式与途径.包络圆问题是学生新接触的概念,因此需要将陌生问题转化为熟悉的知识——即直线与圆锥曲线的位置关系问题,而题目条件若比较多,则如何选择合理的切入点,又如何用合适的代数手段刻画几何条件将使得问题的解答具有多样性,而不同途径可能解题时间差异很大甚至完不成解答,因此需要老师做一些分析、铺垫与引导.

教学难点:如何厘清包络圆与题目条件中点、直线与圆锥曲线之间的关系,从而建立合理的代数式,最终得到问题解决途径.

三、教学过程

(一)复习引入

[问题1]常见的圆锥曲线有哪些?它们是怎么定义的呢?

教师活动:引导学生思考问题,回忆一轮复习总结过的知识,完成各种圆锥曲线的几何定义描述,利用PPT展示完成表3-16.

表3-16

圆锥曲线类型	第一定义(几何)	第二定义(比值)	第三定义(斜率)
圆	$\|MC\|=r$	$\dfrac{\|PA\|}{\|PB\|}=\lambda(\lambda\neq1)$	$k_{PA}\cdot k_{PB}=-1$
椭圆	$\|PF_1\|+\|PF_2\|=2a$ $(2a<2c)$	$\dfrac{\|PF_1\|}{d}=e(0<e<1)$	$k_{PA}\cdot k_{PB}=-\dfrac{b^2}{a^2}$
双曲线	$\big\|\|PF_1\|-\|PF_2\|\big\|=2a$ $(2a>2c)$	$\dfrac{\|PF_1\|}{d}=e(e>1)$	$k_{PA}\cdot k_{PB}=\dfrac{b^2}{a^2}$
抛物线	$\|PF_1\|=d$	$\dfrac{\|PF_1\|}{d}=e(e=1)$	无

学生活动:探索、回忆和思考,在教师的引导下将PPT中表格的空白处填写清楚,对比不同圆锥曲线定义的差别,建立圆锥曲线的类型知识框架.

活动说明:通过简单的回忆,激活学生的思维细胞,但为了节约板书时间,用PPT展示,教师通过提问引导学生回答,学生通过梳理,学会总结、归纳与思考.

【设计意图】解析几何的核心思想是如何将几何问题代数化,因此掌握常见的圆锥曲线的等价刻画方法,尤其是代数刻画方法显然尤为重要.通过表格类比加深印象,为后续综合题目呈现后寻找研究解题的方法和途径做好铺垫.

(二)新课讲授

环节一:小试牛刀,几何画板初步应用.

[问题2]我们用具体的题目做载体,请看以下例题:

已知圆 $F_1:(x+1)^2+y^2=16$,点 $F_2(1,0)$,动点 P 在圆 F_1 上,线段 PF_2 的垂直平分线与直线 PF_1 相交于点 Q,Q 的轨迹是曲线 C,O 为坐标原点,求 C 的方程.

教师活动:用PPT展示题目,引导学生做出题目草图并思考相应条件的作用,提问学生如何转化中垂线条件？在引导学生思考的过程中,推选一名计算机技术较好的学生代表1上台用几何画板演示完整作图过程,通过追踪轨迹功能拖动点 Q 直观感受曲线 C 的形状,通过在电脑上做出精确的图象(图3-60),引导学生体会从无到有的完整作图过程,教师手动板书解答过程,展示"定义法求轨迹"的基本书写规范要求,做好如下的解题示范:

解:依题意 $F_1(-1,0)$,$F_2(1,0)$,$|QF_2|=|QP|$,则
$|QF_1|+|QF_2|=|QF_1|+|QP|=|F_1P|=4>|F_1F_2|$,

所以 Q 的轨迹是以 F_1,F_2 为焦点,4 为长轴长的椭圆,

所以 $a=2,c=1,b=\sqrt{3}$,

所以点 Q 的轨迹方程为 $\dfrac{x^2}{4}+\dfrac{y^2}{3}=1$.

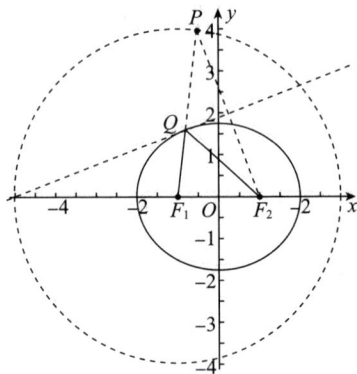

图 3-60

学生活动:在老师的引导下,上台演示的学生代表1用几何画板依次作出圆 F_1、线段 PF_2 的垂直平分线、交点 Q,并通过追踪轨迹的功能得到整个曲线 C 的形状.其他学生动笔作出题目的相对规范图象,培养动手操作的习惯,通过对比观察几何画板展示的轨迹图象,联系刚复习的椭圆定义,思考解题的要领与细节,并跟随老师将问题作答清楚.

【设计意图】解析几何作图是一项基本功,作图的过程也是思维过程的直观体现,通过具体题目感受圆和椭圆定义的实际使用,化抽象为具体,这是问题1表格内容的具体化体现,为后续包络圆的寻找打好思维基石,同时也培养学生良好的解题习惯.几何画板的使用可以是先体验轨迹曲线类型,再理论验证说明;也可以是先证明,再直观用几何画板验证.对于一轮复习后的学生而言,理论证明应该问题不大,因此建议先解答完毕,而后用几何画板的直观性验证所得结论,同时也初步感受信息技术的使用,为后续包络圆的出现做好铺垫.

环节二:深化应用,感受信息技术魅力.

[问题3]在问题2的基础上,设 A,B 为 C 上的两个动点,且满足 $OA\perp OB$,那么直线 AB 会有什么特殊性质呢?

[探究1]利用几何画板分步做出图象,追踪直线 AB 的轨迹,观察所成图象,猜测结论.

教师活动:鼓励学生代表2利用几何画板,依次作出椭圆 C,满足 $OA\perp OB$ 条件的点 A,B,演示完整作图过程,并追踪直线 AB 的轨迹,引导学生发现直线 AB 总与一定圆相切(即演示包络圆的形成过程).

学生活动:学生2由学生1的操作得到启发,利用几何画板探究直线 AB 的轨迹,其余学生观察学生2的作图过程,猜想直线 AB 总与一定圆相切(即演示包络圆的形成过程).

【设计意图】教师巧妙先利用几何画板演示动画,体现信息技术不可比拟的优越性和高效性,引导学生经历发现数学结论的过程,而学生通过观察可以激发对新知识的好奇心,直观观察所得结论再通过理论验算,体现了数学的科学性和严谨性,有助于学生深入认识数形结合思想的使用.几何画板在做轨迹问题方面有其独特的优越性,当场作出图象是让学生感受条件的作用.本探究活动在于利用信息技术帮助学生发现数学结论的过程,同时也为包络圆问题的提出做好铺垫.

[问题4]在问题3的基础上,证明:直线 AB 总与一定圆相切.

[探究 2]题目关键条件处理:如何刻画两直线垂直?

教师活动:引导学生思考条件"$OA \perp OB$"有以下刻画方法:

$$OA \perp OB \rightarrow \begin{cases} \text{思路 1}:\overrightarrow{OA} \cdot \overrightarrow{OB} = x_1 x_2 + y_1 y_2 = 0 \\ \text{思路 2}:k_{OA} \cdot k_{OB} = \dfrac{y_1 y_2}{x_1 x_2} = -1 \\ \text{思路 3}:|OA|^2 + |OB|^2 = |AB|^2 \end{cases}$$

它们有什么优缺点? 提问哪一种方法比较适合本题?

学生活动:在老师的引导下,挖掘自身知识储备,找到三种刻画垂直的方法,并认识到思路 2 需要讨论斜率的存在性,思路 3 距离运算计算量较大,从而得到思路 1 是较为合适的解题途径.

[探究 3]题目关键条件处理:如何刻画直线与圆相切?

教师活动:首先引导学生回忆圆的定义,并通过对称性寻找确定圆心、半径的方法. 其次,直线与圆相切可通过圆心到直线的距离等于半径来转化,教师通过提问帮助学生厘清条件的处理方式.

学生活动:通过对称性发现圆心必定是原点,问题转化为寻找半径即原点 O 到直线 AB 的距离,从而转化为证明 O 到直线 AB 的距离为定值.

[探究 4]直线 AB 如何假设? 不同假设方法有何优缺点? 请动手完成本题的计算.

教师活动:由探究 1、探究 2 可知,直线 AB 的方程非常重要,那该如何假设呢? 再次引导学生思考假设直线的两种方法:

$$\text{直线方程如何假设?} \longrightarrow \begin{cases} \text{思路 1}:y = kx + m,\text{讨论 } k \text{ 是否存在} \\ \text{思路 2}:x = my + n,\text{讨论 } m \text{ 是否存在} \end{cases}$$

并得出结论,两种假设方法都可以,但都需要讨论.引导学生动笔计算,并板书演示结果.

完成计算后,老师给出包络圆的概念:

包络线:跟某曲线族的每条线都相切的一条曲线.

(曲线族即一些曲线的无穷集,它们有一些特定的关系.)

包络圆:形状为圆的包络线(图 3-61).

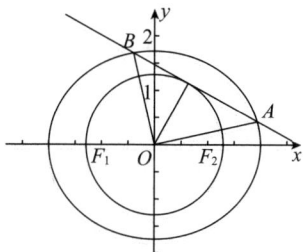

图 3-61

本题中,定圆 $x^2 + y^2 = \dfrac{12}{7}$ 为直线 AB 的包络圆,我们不妨称该定圆为椭圆 C 关于弦 AB (满足特定条件 $OA \perp OB$)的包络圆.

学生活动:在老师的引导下,学生选择一种直线方程进行求解,并跟随老师的板书步骤完成自己的解答.在解答过程中,学生思考为什么直线方程要讨论? 韦达定理的使用注意事项,解析几何中常见的四元消参的基本方法——通过直线或圆锥曲线先消去两参,且正常优先考虑通过直线消参.通过老师的介绍,明确问题 4 中包络圆问题的研究本质是直线与椭圆的位置关系问题,包络圆只是一种呈现形式.

活动说明:题目中每个条件都有其特定的约束作用,不同的转化方法将产生不一样的计算量,甚至影响到最终结果能否顺利求出.如何求圆的两要素是解答本题的关键,因此教师通过引导学生思考图象的对称性找到圆心,这是对图形的直观认识,发挥所作图形的作用;通过分析条件的多种不同刻画方法,让学生自己学会选择,而不是包办或直接将方法告知给学生,这有助于学生自主思考能力的培养.探究 2、探究 3 帮助学生学会思考,探究 1、探究 4 引导学生动手实践,在探索或运算过程中培养学生的创新意识,发展逻辑推理、数学运算等核心素养.

【设计意图】对每个条件的分析是解题的核心步骤,引导学生思考每个条件的独特作用有助于培养学生独立分析、思考的能力,而不同方法的选择将是影响作答效率的关键性步骤,因此设置两个探究的意图在于引导学生认识分析条件的重要性,同时细致的分析有助于抓住解题的切入点,从而建立解题的自信心,也能发现自己的知识或方法缺漏,从而找到弥补措施.探究 2、探究 3 教会学生思考,探究 1、探究 4 教会学生动手实践,鼓励学生大胆操作,突破计算能力不足的瓶颈,善于借助信息技术手段发现问题,并用严谨的数学推理解决问题,培养科学探究的精神.

[问题 5]在问题 2 的基础上,若与圆 $x^2+y^2=\dfrac{12}{7}$ 相切的直线 l 与曲线 C 交于 A,B 两点,问 $\angle AOB$ 是否为定值? 说明理由.

教师活动:教师引导学生思考问题 4 的逆命题,安排学生分组讨论,判断逆命题的真假,并模仿原命题商讨相应解决方法.教师走下讲台,参与学生讨论,并适时指导.最后选择两组同学代表发言并展示小组解法(可选择方法略有差异的进行对比,如直线假设不同等).最后教师用几何画板验证所得结论.

学生活动:在老师的引导下,分组讨论,得出先猜后证的思路,让目标更为明确,只要证明 $OA \perp OB$ 即可,并在方案确定后动笔实践,把解题过程写完.在此过程中,学生感受合作学习的乐趣.

活动说明:通过问题 4,学生掌握了包络圆问题的关键条件的处理技巧,问题 5 相当于换角度强化训练,因此教师以鼓励学生分组讨论、动笔实践的方式再次感受包络圆问题——本质是直线与圆锥曲线位置关系的一种特殊案例的求解策略,对两直线垂直、直线与圆相切、直线与椭圆相交等条件的处理形成自己对知识的切身体会,从单纯的视觉感受到模仿探究,再从模仿中走向独立思考,最后反思形成自己对知识的见解,从直观感受到理论推演,激发学习兴趣,培养独立思考、科学严谨的学习习惯.

【设计意图】数学命题中经常从原命题与逆命题同真假的角度进行题目改编,同时这也是辩证认识一个数学问题的方法.在对包络圆相关问题的正逆向探究中,发现其实质是考察直线与圆、直线与椭圆等圆锥曲线的位置关系,换角度看问题让学生学会思考,培养优秀的思维品质,同时让问题探究走向深入.而几何画板直观呈现的探究形式让人耳目一新,对结论"未卜先知"的状态更能激发学生的求知欲,从而大大提高课堂效率.

[问题6]将问题4、问题5所得结论推广到一般椭圆情况,并写出来.

教师活动:通过问题4、问题5的探究与思考,引导学生将所得结论推广到一般的椭圆,并写出相应的结论.

学生活动:将问题2的题目具体数据改为一般参数,得到如下一般结论:

结论:设 A,B 为 $C:\dfrac{x^2}{a^2}+\dfrac{y^2}{b^2}=1$ 上的两个动点,则 $OA\perp OB\Leftrightarrow$直线 AB 总与定圆 $x^2+y^2=\dfrac{a^2b^2}{a^2+b^2}$ 相切,其中定圆 $x^2+y^2=\dfrac{a^2b^2}{a^2+b^2}$ 即为直线族 AB 的包络线,我们不妨称其为椭圆 $C:\dfrac{x^2}{a^2}+\dfrac{y^2}{b^2}=1$ 关于弦 AB(满足特定条件)的包络圆.

活动说明:教师引导学生将所得学习成果总结为一个一般结论,有助于引导学生思维走向深入,并在后续学习中让学生对知识的应用达到举一反三、触类旁通成为可能.

【设计意图】由特殊到一般、由具体到抽象,这是数学推理中常见的归纳推理,通过问题6引导学生学会对一个具体问题进行推广与思考,从解决一个问题到掌握解决一类问题,培养学生学以致用、举一反三的能力,这是思维的飞跃,也是主题的升华.

(三)反思总结,深化知识应用主题

[问题7]本节课你学到了什么?试从知识和方法两个角度进行总结.

本节课我们学习了以下内容:知识上,复习了圆锥曲线的定义,明确了包络圆的概念;方法上,掌握了利用几何画板直观探索包络圆问题的方法,明确两条直线垂直、直线与圆相切、直线与椭圆的位置关系等的代数化方法.

最后,请同学们回去继续思考,如果将椭圆改为双曲线、改为抛物线,那么是否也会有类似问题6的结论?可先用几何画板进行直观验证,再理论证明.

四、注　析

解析几何(analytic geometry),又称为坐标几何(coordinate geometry)或卡氏几何(Cartesian geometry),早先叫笛卡儿几何,是一种借助于解析式进行图形研究的几何学分支.解析几何通常使用二维的平面直角坐标系研究直线、圆、圆锥曲线、摆线、星形线等各种一般平面曲线,使用三维的空间直角坐标系来研究平面、球等各种一般空间曲面,同时研究它们的方程,并定义一些图形的概念和参数.

在平面解析几何初步的学习中,学生经历如下的过程:首先将几何问题代数化,用代数的语言描述几何要素及其关系,进而将几何问题转化为代数问题;处理代数问题;分析代数结果的几何含义,最终解决几何问题,这种思想应贯穿平面解析几何学习的始终.在这过程中,既有由难到易、由繁到简、由陌生到熟悉的化归与转化思想,又有由形到数再到形——直观体验与精确验证的"数形结合"思想方法.

在传统的教学中,经常会遇到以下问题:

(1)"教"多于"学",未体现学生主体地位.

(2)教师注重解决问题,忽视提出问题.

(3)传统的题型训练制约学生思维的深入.

根据上述原因,下面从教师和学生两个方面给出以下几种方法和途径,促进课堂中的深度学习.

(一)立足价值引领,深刻理解教学内容

立德树人是教育的根本任务,价值引领是基于核心素养的教育改革的本质追求.构建深度学习的数学课堂需要立足学科特点,找准数学学科价值引领的渗透点,将数学知识、数学文化以及学科思辨性、艺术性等融入课堂中,唤醒学生爱国情怀,激发学生探究欲望,引导学生学会用数学的眼光观察世界、用数学的思维分析世界、用数学的语言表达世界.而要达到这样的深度学习课堂状态取决于教师深度教学的状态,而深度教学的实施取决于教师对教学内容及教学对象的理解.其中对教学内容的理解要以研读教材为主要途径,教师一定要躬身实践,亲自阅读教材,尽量做到创新阅读,做好教材的二次开发.只有在研读过程中形成自己对教材独立的思考,增加教材研读的深度、广度和厚度,深度挖掘知识所蕴含的内涵和外延,并在理解教学对象的基础上进行教学设计并组织课堂,学生才能在课堂教学中进行深度学习.本节课的例题就是在教材课后习题基础上结合作业题综合改编得到,定义法求轨迹学生熟悉又不超纲,教学植根于教材,教学过程通过"包络圆"概念进行包装,呈现形式新颖,教学内容及学习方法又高于教材.

(二)创设有效情境,培养学生学习兴趣

我国古代教育家孔子说过:"知之者不如好之者,好之者不如乐之者."可见,兴趣是求知的前提,学习的动机,成才的起点.教学中,教师要把枯燥的知识融入新颖、富有吸引力的有效教学情境中,化抽象为具体,化乏味为兴趣,使学生乐学、会学、学会.只有在合适的教学情境中或者数学问题的引领下,学生才能进行深度思考与交流,才能更好地形成和发展数学核心素养,准确把握数学本质,从而构建深度学习的课堂.

高中学生多数沉溺于题海战术,久而久之,对课堂产生疲怠感甚至课上只顾解题不听老师讲解,自己重难点没把握住,最后得不偿失.本课时笔者根据教学的实际需要创设现实的、科学有效的"包络圆"教学情境和问题,用给同桌或老师编考题的方法避开传统的纯知识讲解模式,给人耳目一新的感觉,在问题的发现、解决过程中,不断激发学生深度学习的欲望,促进了学生数学建模、数学抽象、数学运算等数学核心素养的发展.

(三)注重形成过程,暴露学生数学思维

德国教育家第斯多惠明确指出:"发展和培养不能给予人或传授给人.谁要享有发展和培养,必须用自己内部的活动和努力来获得."新课标也强调数学教学不仅要体现数学知识

的结果,更要体现数学知识发生和发展的过程.本课时教师通过创设定义法求轨迹、定圆探究、特殊到一般的命题推广等合适的探究教学活动,提供较为丰富的学习资源,提出给同桌或老师命制题目等富有启发性、开放性的问题,在课堂生成过程中充分暴露学生的数学思维,教师尽量沿着学生的思维进行有效的方法指导,不断试错、纠错,帮助学生学会"从无到有"地寻找解题的思路,形成对教学内容"包络圆"及常见解析几何问题处理方法的深层次思考.学生在教师引导下通过自主的活动亲身经历观察、发现、直观感知、抽象概括、归纳类比、演绎证明等一系列思维活动,深入理解知识、方法的形成过程,自身的数学素养也得到了提升.注重知识生成过程,充分暴露学生数学思维,这是提升学生核心素养、构建深度学习课堂的重要途径.

(四)端正学习态度,养成学后反思习惯

俗话说,态度决定一切.数学知识的学习需要智力因素的参与,同样也需要非智力因素的积极配合.要想学好数学,学生本身应端正学习态度,养成良好的学习习惯,这样才会产生内在驱动力,在行动上真正热爱学习.数学是思辨性很强的学科,很多学生有畏难的心理,遇到难题就想绕道走,没有养成反思、总结的习惯,从而让听课效率大打折扣,课上内容遗忘率非常高.事实上,当解决完一个问题时,需要对问题的解决过程进行总结分析,如老师为什么会这么想?我为什么想不到?为什么要从这个条件入手?有没有更好的解法?等等,有时甚至要对结论的正确性进行辩证分析.本课时最后留下的思考题环节就是鼓励学生学会反思,独立思考,课后总结.在这样的反思过程中学生可以找到解决问题的方法,寻找更优解法,甚至对问题进一步推广,做到举一反三,融会贯通,同时在反思中也可以获得超越知识本身的信息.学生在教师的引导及自身的努力下端正学习态度,养成学后反思的习惯,不断优化学习策略,构建自己对知识的深度理解,避免"套模式"解题,突破对传统题型训练的过分依赖,才能真正做到深度学习.

第四章 教学形式开放教学实践探究

为了在教学形式开放上改变传统和习惯性的"教室＋讲授"教学模式,通过户外授课、实地教学,使教学更加贴近自然、贴近现实,让学生真实地领略自然、感受生活,尽可能地增强学生学习的参与性、自主性和主动性,有助于理论与实际更加紧密的结合,提升学生运用所学知识解决实际问题的应用能力.通过小组合作学习形式,培养学生协作精神和团队意识,营造宽松的彼此沟通、互帮互学、情感和谐、激励共进的学习氛围,有利于培养学生的统筹协调能力和人际交流能力,增进生生沟通和师生沟通;通过体验操作形式,充分体现学生为主体、教师为主导的教育思想,让学生亲历和参与教学全过程,提升学生的动手能力和操作技巧,培养劳动意识,在体验和操作中循序渐进地理解知识、感悟知识和掌握知识,增进学生的成就感和学习乐趣;通过活动探究形式,让学生在教师精心设计、组织的教学活动中,按照教学进程有序地开展活动,探索数学知识的各种特征、性质和规律,大胆提出各种猜想,有利于培养学生提出问题的能力,培养学生勇于探索的精神,培养学生敢于质疑、不畏权威的创新精神和挑战意识,提高学生克服困难、战胜困难的自信心.

本章我们特精心设计 16 个教学实践范例,以帮助一线教师克服教学过程中的时间与空间的局限性,更高层次、更大范围、更有效率地利用现代化的教学设备和技术,深刻揭示教材知识背后所蕴含的内在规律、性质和特征,提高学生的空间想象力和探究能力.

第一节 活动探究形式开放实践
教学设计实践范例

案例 1 角的比较与运算

一、教材原文

人教版,数学七年级(上册),2012 年 6 月第 1 版,pp.134-135.

4.3.2 角的比较与运算

你已经知道了比较两条线段长短的方法，怎样比较两个角的大小呢？

与线段长短的比较类似，我们可以用量角器量出角的度数，然后比较它们的大小；也可以把它们的一条边叠合在一起，通过观察另一条边的位置来比较两个角的大小（图 4.3-6）.

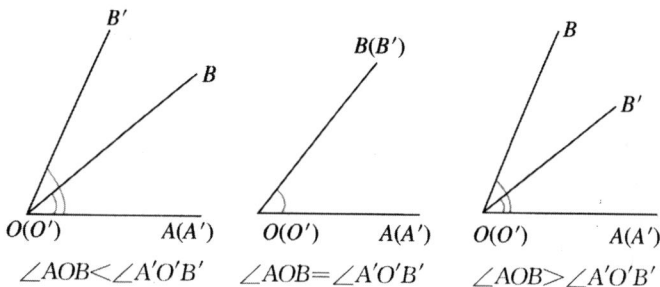

$\angle AOB < \angle A'O'B'$ $\angle AOB = \angle A'O'B'$ $\angle AOB > \angle A'O'B'$

图 4.3-6

✕ 思考

如图 4.3-7，图中共有几个角？它们之间有什么关系？

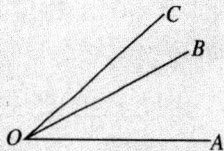

图 4.3-7

图 4.3-7 中，$\angle AOC$ 是 $\angle AOB$ 与 $\angle BOC$ 的和，记作 $\angle AOC = \angle AOB + \angle BOC$. $\angle AOB$ 是 $\angle AOC$ 与 $\angle BOC$ 的差，记作 $\angle AOB = \angle AOC - \angle BOC$. 类似地，$\angle AOC - \angle AOB = $ _____.

二、教学目标

（1）知识与技能：会比较两个角的大小，会分析图中角的和、差关系；会计算角的和、差，并能书写证明过程.

（2）过程与方法：通过主动探索、交流合作，体会类比、数形结合、分类讨论的思想.

（3）情感态度价值观：能通过角的比较等活动体验文字语言、符号语言和图形语言是描述现实世界的重要手段.

三、学情分析

学生已经学习过线段长短的比较，类比线段长短的比较方法，比较角的大小会相对容易，这里主要想培养学生的动手操作能力和几何直观能力，让学生认识复杂图形中角的和、差关系.学生刚开始接触几何证明题,对几何证明题的思路还比较零乱,步骤的写法还比较生疏.

四、教学过程

(一)复习引入

复习角的定义、角的表示方法、角的单位,类比线段大小的比较,线段和、差的表示方法,引出本节课研究角的大小的比较及角的和、差的表示方法

(二)讲授新课

1. 比较角的大小

师:请同学们在本子上任意作两个角(图 4-1).

教师巡视,学生作好后,教师提问.

师:如何比较它们的大小呢?

生 1:用量角器量.

生 2:通过折叠法.

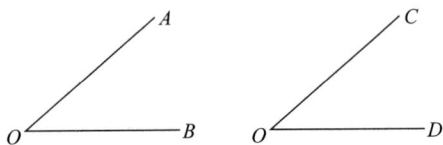

图 4-1

师:叠合后,OC 与 $\angle AOB$ 的位置关系可能会出现几种情况?(强调三种语言的统一)

(1)当 OC 边在 $\angle AOB$ 的内部时,$\angle COD < \angle AOB$(图 4-2①).

(2)当 OC 边在 $\angle AOB$ 的外部时,$\angle COD > \angle AOB$(图 4-2②).

(3)当 OC 边与 OA 边重合时,$\angle COD = \angle AOB$(图 4-2③).

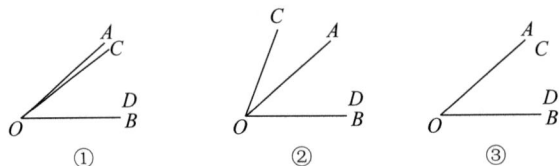

图 4-2

师生共同总结,比较角的大小的方法:

(1)度量法:用量角器度量出角的度数,再进行比较.

(2)叠合法:①将两个角的顶点及一边重合;②两个角的另一边落在重合一边的同侧;③由两个角的另一边的位置确定两个角的大小.

【设计意图】通过猜想,培养学生直观想象能力;通过度量和叠合,培养学生动手操作能力.

思考1:师:(1)比较 $\angle AOB$ 和 $\angle COD$ 的大小(图 4-3①).

生:$\angle AOB$ ___ = ___ $\angle COD$(直观想象).

结论1:角的大小和画出来的边的长短无关.

师:(2)比较 $\angle 2$ 和 $\angle 3$ 的大小(图 4-3②).

生:$\angle 2$ ___ < ___ $\angle 3$(度量或叠合).

结论2:角的大小和 两条边张开的程度 相关.

思考2:师:(3)若 $\angle 1 > \angle 2$,$\angle 2 > \angle 3$,则 $\angle 1$ _____ $\angle 3$.

生:若 $\angle 1 > \angle 2$,$\angle 2 > \angle 3$,则 $\angle 1$ ___ > ___ $\angle 3$.

结论3:角的大小具有传递性.

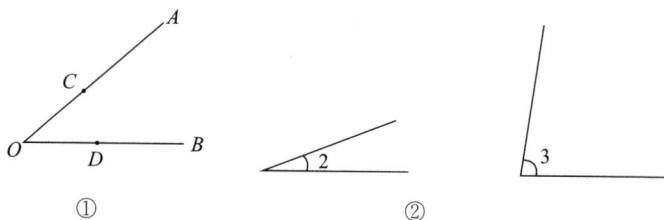

图 4-3

（二）角的和差运算

[例题 1]观察图 4-4①,回答问题：

师:图中共_____个角,它们分别是_____.

生:3 个,$\angle AOB$,$\angle BOC$,$\angle AOC$.

师:比一比它们的大小

生:通过度量或折叠等动手操作方法可知,

$\angle AOC > \angle AOB > \angle BOC$.

师:这些角之间有什么关系？

(同样通过动手操作得出结论,引入角的和与差,注意符号语言与文字语言的相互转化.) $\angle AOC = \angle AOB +$ __$\angle BOC$__ ; $\angle AOB = \angle AOC -$ __$\angle BOC$__ ;

$\angle BOC =$ __$\angle AOC$__ $-$ __$\angle AOB$__ .

[练习 1]观察图 4-4②,回答问题：

$\angle AOD =$ (　　) $+$ (　　) $+$ (　　) $=$

(　　) $+$ (　　) $=$ (　　) $+$ (　　).

$\angle BOC =$ (　　) $-$ (　　) $-$ (　　) $=$

(　　) $-$ (　　) $=$ (　　) $-$ (　　).

(方法类比图 4-4①,通过动手操作验证结果)

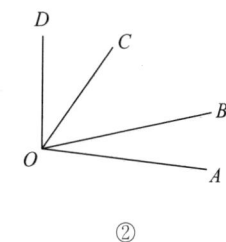

图 4-4

（三）例题讲解

[例题 2]如图 4-5 所示,O 是直线 AB 上一点,$\angle AOC = 53°17'$,求 $\angle BOC$ 的度数.

师:你能根据题目意思画出示意图吗？(教师板书,强调书写规范)

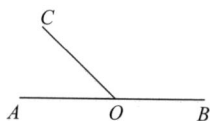

图 4-5

解:$\because \angle AOB$ 是平角,$\angle AOB = \angle AOC + \angle BOC$,

$\therefore \angle BOC = \angle AOB - \angle AOC$

$= 180° - 53°17' = 179°60' - 53°17' = 126°43'$.

[练习 2](1)如图 4-6 所示,已知 $\angle AOC = 22°$,$\angle BOC = 43°$,则 $\angle AOB$ $=$ (　65°　).

(2)如图 4-6 所示,已知 $\angle AOB = 65°$,$\angle BOC = 43°$,则 $\angle AOC =$ (　22°　).

(3)若 $\angle AOB = 60°$,$\angle AOC = 30°$,则 $\angle BOC =$ (　90°或 30°　).

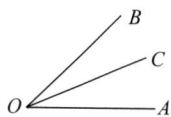

图 4-6

【设计意图】教师引导学生对题目进行分析,找出等量关系,(1)题考查和的关系,(2)题考查差的关系,(3)题考查分类讨论的情形.

(四)课堂练习

活动探究:用三角板拼角.

师:一副三角板,你能拼出哪些角?(学生动手拼接、尝试)

师:这些角的大小有什么规律吗?

得出结论:凡是 15 的倍数的角都能拼出.

[练习3]下面一些角中,可以用一副三角尺画出来的角是 (　　)

①15°的角;②65°的角;③75°的角;④135°的角;⑤145°的角

A.①③④ B.①③⑤ C.①②④ D.②④

(五)归纳小结

板书设计:

4.3.2　角的比较与运算

1.角的比较

方法 ①度量法 ②叠合

2.角的和与差

$\angle AOC = \angle AOB +$ _____.

$\angle AOB = \angle AOC -$ _____.

$\angle BOC =$ _____ $-$ _____.

例 2　解:∵ $\angle AOB$ 是平角,$\angle AOB = \angle AOC + \angle BOC$,

∴ $\angle BOC = \angle AOB - \angle AOC$

$= 180° - 53°17'$

$= 179°60' - 53°17'$

$= 126°43'$.

活动探究:

15°,30°,45°,60°,75°,90°

105°,120°,135°,150°,165°,180°

凡是 15°的倍数的角都能画出.

五、注　析

本节课主要分为三个探究活动:一是学生通过度量和叠合的方法比较角的大小;二是角的和、差运算;三是用三角板拼角,通过生生互动、师生互动,有效调动了学生学习的积极性,激发学生学习数学的兴趣,课堂探究气氛活跃.通过数学活动培养学生几何直观和动手能力,启发学生发现数学在生活中的实用价值,培养学生自主探索、独立思考的能力,有利于培养学生的核心素养.

案例 2　制作立体模型

一、教材原文

人教版,数学九年级(下册),2014 年 8 月第 1 版,pp.105-106.

29.3　课题学习　制作立体模型

观察三视图，并综合考虑各视图表达的含义以及视图间的联系，可以想象出三视图所表示的立体图形的形状，这是由视图转化为立体图形的过程. 下面我们动手实践，体会一下这个过程.

一、课题学习目的

通过由三视图制作立体模型的实践活动，体验平面图形向立体图形转化的过程，体会用三视图表示立体图形的作用，进一步感受立体图形与平面图形之间的联系.

二、工具准备

刻度尺、剪刀、小刀、胶水、硬纸板、马铃薯（或萝卜）等.

三、具体活动

1. 以硬纸板为主要材料，分别做出下面的两组三视图（图 29.3-1）表示的立体模型.

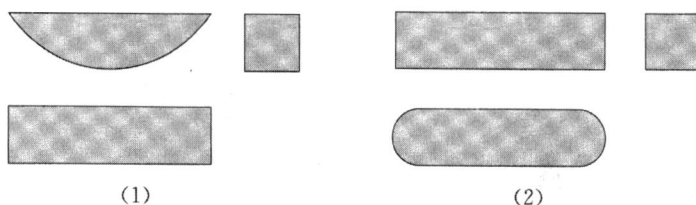

（1）　　　　　　　　　　（2）

图 29.3-1

2. 按照下面给出的两组三视图（图 29.3-2），用马铃薯（或萝卜）做出相应的实物模型.

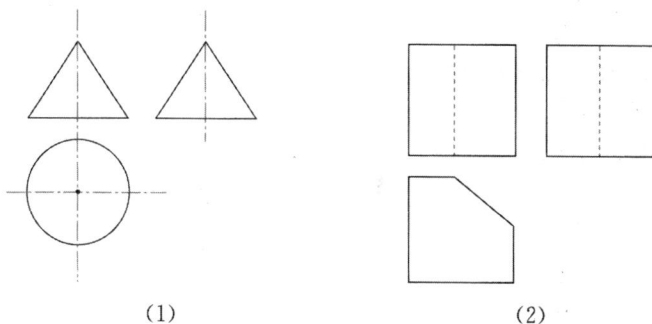

（1）　　　　　　　　　　（2）

图 29.3-2

3. 下面每一组平面图形（图 29.3-3）都由四个等边三角形组成.

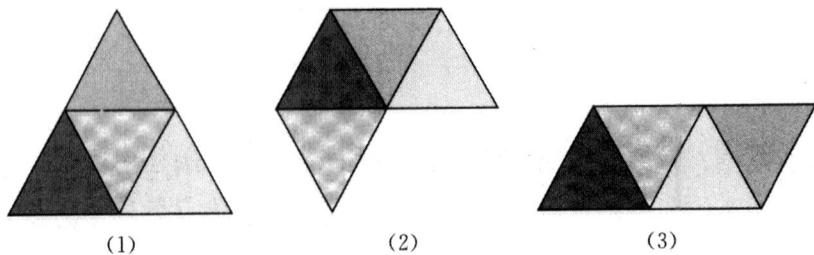

(1)   (2)   (3)

图 29.3-3

（1）其中哪些可以折叠成三棱锥？把上面的图形描在纸上，剪下来，叠一叠，验证你的结论.

（2）画出由上面图形能折叠成的三棱锥的三视图，并指出三视图中是怎样体现"长对正，高平齐，宽相等"的.

（3）如果上图中小三角形的边长为 1，那么对应的三棱锥的表面积是多少？

4. 下面的图形（图 29.3-4）由一个扇形和一个圆组成.

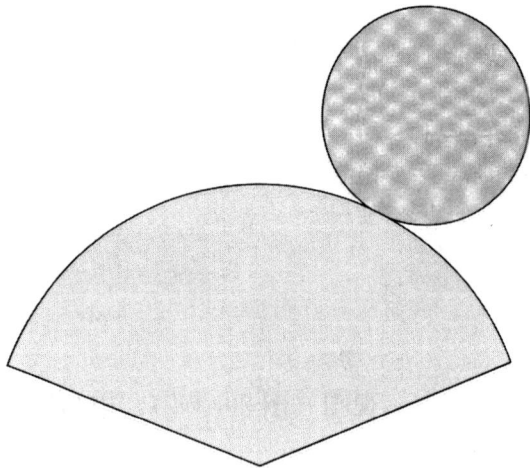

图 29.3-4

（1）把上面的图形描在纸上，剪下来，围成一个圆锥.

（2）画出由上面图形围成的圆锥的三视图.

（3）如果上图中扇形的半径为 13，圆的半径为 5，那么对应的圆锥的体积是多少？

四、课题拓广

三视图、展开图都是与立体图形有关的平面图形. 了解有关生产实际，结合具体例子，写一篇短文介绍三视图、展开图的应用.

二、教学目标

（1）知识与技能：通过根据三视图制作立体模型的实践活动，体验平面图形向立体图形转化的过程；体会用三视图表示立体图形的作用，进一步感受立体图形与平面图形之间的联系.

（2）过程与方法：通过创设情境，探索立体图形的制作过程；通过自主探索、合作交流，加深对投影和视图的认识；通过模型制作，体会由平面图形转化为立体图形的过程与乐趣.

（3）情感态度价值观：通过动手实践，培养学生创新精神与创造发明的意识；通过参与数学实践，培养合作探索精神和尊重理解他人想法的学习品质.

三、学情分析

学生已经学习了投影与视图的相关知识，具备一定的数学活动经验，但动手能力和空间观念还有所欠缺.本节课的活动探究都是前面三视图知识的综合运用与实践，在教师指导下，学生采用动手操作的方式完成.

四、教学过程

（一）情景引入

引入生活中常见的立体图形图片，及教师亲身经历的图片（图4-7）.

图4-7

【设计意图】问题情境激发学生学习兴趣，生活实例让学生体会立体图形与平面图形之间的联系，进而引出本节课题，由图制物.

（二）讲授新课

（1）以硬纸板为主要材料，分别做出下面的两组视图（图4-8和图4-9）所表示的立体模型.

　　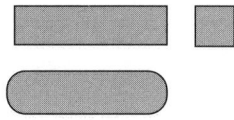

图4-8　　　　　　　　　　图4-9

[问题1]你能根据以上视图，描述你想象的立体图形是什么形状吗？

师生活动：学生观察思考，想象出立体图形的形状，并描述从左、俯视图看都是长方形，猜想它是柱体；再看主视图是弓形，判断它可以由圆柱或长方体切割而成，并用实物演示切割方法.

【设计意图】通过观察三视图，确定立体图形形状，为动手制作模型做准备.

[问题2]根据三视图，小组讨论如何制作其所表示的立体模型呢？

师生活动：学生合作讨论，教师巡视并参与到学生讨论中，给予评价指导.在讨论的基础上，学生分工合作，动手画各个面的展开图，完成立体模型的制作.

【**设计意图**】让学生认识到由三视图制作立体模型的步骤,体会平面图形与立体图形的联系,并培养归纳总结的能力.通过合作学习完成学习任务,不仅可以达到共同提高的目的,还可以培养学生与人交流的能力.

师生总结:在动手制作立体模型之前,先由三视图想象立体图形形状,再确定各个面的展开图,进而总结归纳出制作立体模型的步骤:①由三视图想象几何体形状;②按三视图尺寸画各个面或展开图;③裁剪并粘贴.

(2)按照下面给出的两组视图(图4-10),用马铃薯(或萝卜)做出相应的实物模型.

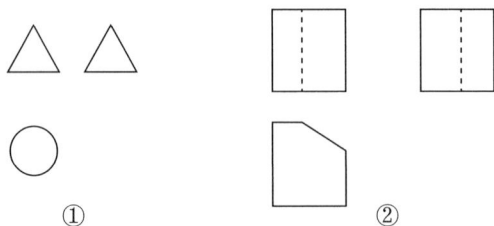

图4-10

师生活动:学生先确定立体模型,分别为圆锥、五棱柱,再思考从哪个面切割入手简单,分组做立体模型.在制作过程中,教师强调安全、有序,确保活动顺利进行.学生完成后进行组内互评.

解:第1个三视图对应的几何体是圆锥,制作流程:

①用刻度尺度量其底面圆的半径 r,高 h;

②用小刀把萝卜削成一个底面半径为 r,高为 h 的圆柱;

③把圆柱加工成如图4-11所示的模型.

第2个三视图对应的几何体是将正方体截去一个三棱柱得到的五棱柱.制作流程:

图4-11

①用刻度尺度量正方体的棱长 a,被截去的三棱柱的底面为直角三角形,一条直角边长为 b,另一条直角边长为 c;

②用小刀将萝卜削成一个正方体,棱长为 a;

③在这个正方体的基础上再加工,使其截去一下三棱柱,三棱柱底面上直角三角形的两直角边长分别为 b 和 c,这样即可制成如图4-12所示的模型.

【**设计意图**】学生借助已有的经验类比动手学习,不仅提高了自主动手能力,而且进一步培养了空间观念,体会三视图与实物模型的关系,检验和校正"由图想物"的结果.

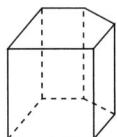

图4-12

(3)图4-13所示的三个平面图形都是由四个等边三角形组成的.

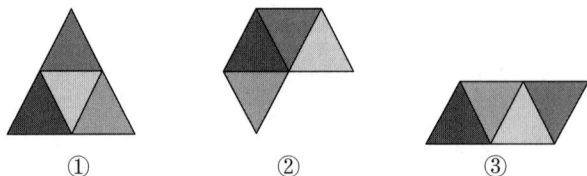

图4-13

师生活动:

①指出其中哪些可以折叠成三棱锥.把上面的图形描在纸上,剪下来,叠一叠,验证你的答案;

②画出由上面图形能折叠成的三棱锥的三视图,并指出三视图中是怎样体现"长对正,高平齐,宽相等"的;

③如果②问画出的三视图中小三角形的边长为1,那么对应的三棱锥的表面积是多少?

生1:①和③可以.

生2:如图4-14所示,主视图长与俯视图长对正;主视图高与左视图高平齐;俯视图宽与左视图宽相等.

生3:$S_{表}=4S_{ABC}=4\times\dfrac{1}{2}\times1\times\dfrac{\sqrt{3}}{2}=\sqrt{3}$.

【设计意图】通过几何体的展开图制作原几何体的活动,体会平面图形与它所制作的几何体之间的关系并叠加简单计算.

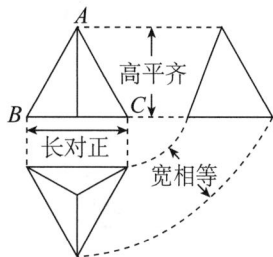

图 4-14

(三)归纳小结

教师与学生一起回顾本节课经历的主要活动,并请学生回答以下问题:

(1)根据三视图制作立体模型的步骤是什么?

生:①由三视图想象几何体形状;②按三视图尺寸画各个面或展开图;③裁剪并粘贴.

(2)如何说明制作的立体模型是符合三视图要求的?

生:从合适的角度观察立体模型,看是否与三视图要求一致.

【设计意图】引导学生梳理知识、发展思维,体验获得知识的过程,积累数学学习经验,让学生学会从数学角度思考和解决问题,体会综合运用数学知识解决简单的实际问题,了解数学价值,增强应用意识.

五、注　析

本节课是人教版九年级下册第二十九章第三节的内容.前面学习了"由物画图"和"由图想物",本节课安排了"由图制物"的实践活动,这是结合实际问题动脑与动手并重的学习内容,不仅可以检验学生对本章核心内容"三视图"的掌握情况,还可以培养学生的动手能力,发展学生的空间观念,积累学生基本的数学活动经验,让学生体会综合运用数学知识解决简单的实际问题,增强应用意识,体验解决问题方法的多样性,发展创新意识.观察三视图,想象出三视图所表示的立体图形的形状,这个由视图转化为立体图形的过程需要动脑实现.而根据三视图制作立体模型,让学生体验平面图形向立体图形转化的过程,需要动手实践.本节课的学习活动让学生体会用三视图表示立体图形的作用,进一步感受立体图形与平面图形之间的联系.

案例3　直线与平面的垂直(一)

一、教材原文

人教 A 版,高中数学必修第二册,2019 年 7 月第 1 版,pp.149-152.

8.6.2　直线与平面垂直

在日常生活中，我们对直线与平面垂直有很多感性认识. 比如，旗杆与地面的位置关系（图8.6-7），教室里相邻墙面的交线与地面的位置关系等，都给我们以直线与平面垂直的形象.

图 8.6-7

◎ 观察

如图 8.6-8，在阳光下观察直立于地面的旗杆 AB 及它在地面的影子 BC. 随着时间的变化，影子 BC 的位置在不断地变化，旗杆所在直线 AB 与其影子 BC 所在直线是否保持垂直？

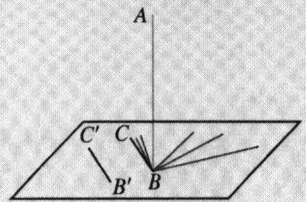

图 8.6-8

事实上，随着时间的变化，尽管影子 BC 的位置在不断地变化，但是旗杆 AB 所在直线始终与影子 BC 所在直线垂直. 也就是说，旗杆 AB 所在直线与地面上任意一条过点 B 的直线垂直. 对于地面上不过点 B 的任意一条直线 $B'C'$，总能在地面上找到过点 B 的一条直线与之平行，根据异面直线垂直的定义，可知旗杆 AB 所在直线与直线 $B'C'$ 也垂直. 因此，旗杆 AB 所在直线与地面上任意一条直线都垂直.

一般地，如果直线 l 与平面 α 内的任意一条直线都垂直，我们就说直线 l 与平面 α 互相垂直，记作 $l \perp \alpha$. 直线 l 叫做平面 α 的垂线，平面 α 叫做直线 l 的垂面. 直线与平面垂直时，它们唯一的公共点 P 叫做垂足.

画直线与平面垂直时，通常把直线画成与表示平面的平行四边形的一边垂直，如图 8.6-9 所示.

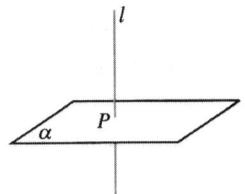

图 8.6-9

? 思考

在同一平面内，过一点有且只有一条直线与已知直线垂直. 将这一结论推广到空间，过一点垂直于已知平面的直线有几条？为什么？

可以发现，过一点垂直于已知平面的直线有且只有一条.

过一点作垂直于已知平面的直线，则该点与垂足间的线段，叫做这个点到该平面的垂线段，垂线段的长度叫做这个点到该平面的距离.

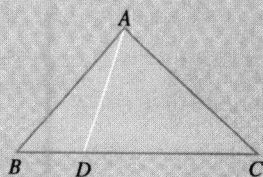

在棱锥的体积公式中，棱锥的高就是棱锥的顶点到底面的距离.

下面我们来研究直线与平面垂直的判定，即探究直线与平面垂直的充分条件.

根据定义可以进行判断，但无法验证一条直线与一个平面内的所有直线都垂直. 那么，有没有可行的方法？

探究

如图 8.6-10，准备一块三角形的纸片 ABC，过 $\triangle ABC$ 的顶点 A 翻折纸片，得到折痕 AD，将翻折后的纸片竖起放置在桌面上（BD，DC 与桌面接触）.

(1) 折痕 AD 与桌面垂直吗？

(2) 如何翻折才能使折痕 AD 与桌面垂直？为什么？

图 8.6-10

容易发现，AD 所在直线与桌面所在平面 α 垂直（图 8.6-11）的充要条件是折痕 AD 是 BC 边上的高. 这时，由于翻折之后垂直关系不变，所以直线 AD 与平面 α 内的两条相交直线 BD，DC 都垂直.

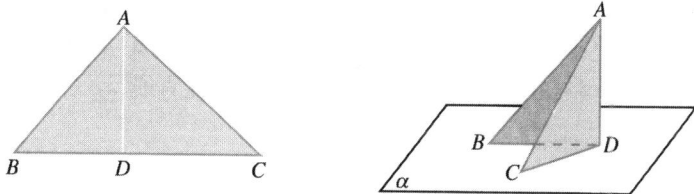

图 8.6-11

事实上，由基本事实的推论 2，平面 α 可以看成是由两条相交直线 BD，DC 所唯一确定的，所以当直线 AD 垂直于这两条相交直线时，就能保证直线 AD 与 α 内所有直线都垂直.

一般地，我们有如下判定直线与平面垂直的定理.

定理　如果一条直线与一个平面内的两条相交直线垂直，那么该直线与此平面垂直.

它可以用符号表示为：

$$m \subset \alpha,\ n \subset \alpha,\ m \cap n = P,\ l \perp m,\ l \perp n \Rightarrow l \perp \alpha.$$

定理体现了"直线与平面垂直"和"直线与直线垂直"的互相转化.

? 思考

两条相交直线可以确定一个平面，两条平行直线也可以确定一个平面，那么定理中的"两条相交直线"可以改为"两条平行直线"吗？你能从向量的角度解释原因吗？如果改为"无数条直线"呢？

例3 求证：如果两条平行直线中的一条直线垂直于一个平面，那么另一条直线也垂直于这个平面.

已知：如图 8.6-12，$a \parallel b$，$a \perp \alpha$，求证 $b \perp \alpha$.

分析：要证明直线 $b \perp \alpha$，根据直线与平面垂直的判定定理可知，只需证明直线 b 垂直于平面 α 内的两条相交直线即可.

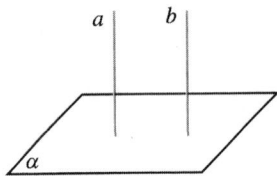

图 8.6-12

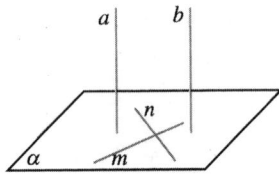

图 8.6-13

证明：如图 8.6-13，在平面 α 内取两条相交直线 m，n.

∵　直线 $a \perp \alpha$，

∴　$a \perp m$，$a \perp n$.

∵　$b \parallel a$，

∴　$b \perp m$，$b \perp n$.

又　$m \subset \alpha$，$n \subset \alpha$，m，n 是两条相交直线，

∴　$b \perp \alpha$.

? 你能用直线与平面垂直的定义证明这个结论吗？

如图 8.6-14，一条直线 l 与一个平面 α 相交，但不与这个平面垂直，这条直线叫做这个平面的斜线，斜线和平面的交点 A 叫做斜足. 过斜线上斜足以外的一点 P 向平面 α 引垂线 PO，过垂足 O 和斜足 A 的直线 AO 叫做斜线在这个平面上的射影. 平面的一条斜线和它在平面上的射影所成的角，叫做这条直线和这个平面所成的角.

? 如果 AB 是平面 α 内的任意一条不与直线 AO 重合的直线，那么直线 PA 与直线 AB 所成的角和直线 PA 与这个平面所成的角的大小关系是什么？

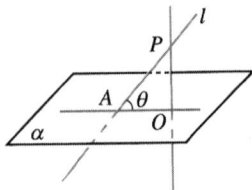

图 8.6-14

一条直线垂直于平面，我们说它们所成的角是 $90°$；一条直线和平面平行，或在平面内，我们说它们所成的角是 $0°$. 直线与平面所成的角 θ 的取值范围是 $0°\leqslant\theta\leqslant90°$.

例 4　如图 8.6-15，在正方体 $ABCD\text{-}A_1B_1C_1D_1$ 中，求直线 A_1B 和平面 A_1DCB_1 所成的角.

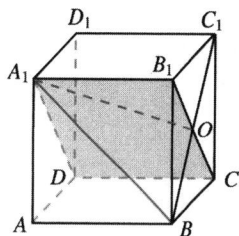

图 8.6-15

分析：关键是找出直线 A_1B 在平面 A_1DCB_1 上的射影.

解：连接 BC_1，BC_1 与 B_1C 相交于点 O，连接 A_1O. 设正方体的棱长为 a.

∵　$A_1B_1\perp B_1C_1$，$A_1B_1\perp B_1B$，$B_1C_1\bigcap B_1B=B_1$，

∴　$A_1B_1\perp$ 平面 BCC_1B_1.

∴　$A_1B_1\perp BC_1$.

又　$BC_1\perp B_1C$，

∴　$BC_1\perp$ 平面 A_1DCB_1.

∴　A_1O 为斜线 A_1B 在平面 A_1DCB_1 上的射影，$\angle BA_1O$ 为 A_1B 和平面 A_1DCB_1 所成的角.

在 $\text{Rt}\triangle A_1BO$ 中，$A_1B=\sqrt{2}a$，$BO=\dfrac{\sqrt{2}}{2}a$，

∴　$BO=\dfrac{1}{2}A_1B$.

∴　$\angle BA_1O=30°$.

∴　直线 A_1B 和平面 A_1DCB_1 所成的角为 $30°$.

二、教学目标

（1）知识与技能：理解直线与平面垂直的意义，理解点到平面的距离、直线与平面所成的角的概念.

（2）过程与方法：探索并了解直线与平面垂直的判定定理，能应用判定定理证明直线和平面垂直的简单问题，能求简单的直线与平面所成的角.

（3）情感态度价值观：在探索直线与平面垂直判定定理的过程中发展合情推理能力，感悟和体验"线面垂直转化为线线垂直"，进一步感悟数学中"以简驭繁"的转化思想. 通过将实际物体抽象成空间图形并观察直线与平面的垂直关系，培养学生数学抽象能力；通过例题和练习逐步培养学生将理论应用实际的能力，培养学生逻辑推理能力；在讲解时注重培养学生立体感及逻辑推理能力，有利于培养学生数学建模能力，同时培养学生空间想象能力.

三、学情分析

先前学生已经学习过了垂直的相关知识，也有直线与直线垂直、直线与平面垂直的生活经验和感知，但由于他们把空间问题转化为平面问题来解决的意识和能力还不强，因而他们对于如何借助直线与直线垂直来刻画直线与平面垂直还会遇到困难，更难用准确的数学语言刻画直线与平面垂直. 因此，考虑通过数学实验、动手探究的方法，让学生更能深刻体会转化过程.

四、教学过程

(一)情景引入

在前面的学习中,我们学习了直线与平面平行的相关内容,那么直线与平面除了平行还有什么样的位置关系呢? 直线与平面的位置关系中除了平行还有什么是值得我们研究的吗? 这就是我们今天将要学习的内容.

首先请同学们观察图 4-15,左图是天安门广场前红旗冉冉升起的照片,你能说出旗杆与地面是什么位置关系吗? 右图是厦门具有代表性的地标之一——厦门海沧大桥,你能说说大桥的桥柱和海平面是什么样的位置关系吗?

生:垂直.

图 4-15

在生活中,我们还有碰到哪些类似的例子吗?

生:电线杆与地面……

你能否说出它们之间的共同点吗?

生:都是给人以直线与平面垂直的印象.

那你能由此归纳一下什么叫做直线与平面垂直吗? 通过今天的学习,你将对直线与平面垂直的定义有个清晰的认识.

(二)讲授新课

1.探究直线与平面垂直的定义

[实验操作 1]动手实验,如图 4-16 所示拿笔代替旗杆,拿一个手电筒代替阳光,通过实验观察,在阳光下观察直立于地面的旗杆 AB 及它在地面上的影子 BC,旗杆所在直线 AB 与影子所在直线 BC 的位置关系是什么?

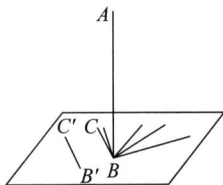

图 4-16

其次,随着时间的变化,影子 BC 的位置在不断地变化,旗杆所在直线 AB 与其影子所在直线 BC 是否保持垂直?

学生通过动手实验操作,可以知道 AB 与 BC 永远垂直,也就是 AB 垂直于地面上所有过点 B 的直线.

追问 1:平面中不过点 B 的直线会与 AB 垂直吗? 怎么样才能说明垂直呢?

生:不过点 B 的直线在地面内总是能找到过点 B 的直线与之平行,因此 AB 与地面上所有直线均垂直.

追问 2:当直线与平面给人以垂直的感觉时,平面当中无论是否过点 B 的直线都会与 AB 垂直,你能将这个特征归纳一下吗?

生:直线与平面内的任意一条直线都垂直.

因此,我们得到了线面垂直的定义:一般地,如果一条直线 l 与一个平面 α 内任意一条直线均垂直,我们就说 l 垂直 α,记作 $l \perp \alpha$.

2.得出定义

于是我们得到直线与平面垂直的三种语言叙述：

(1)文字叙述：如果直线 l 与平面 α 内的所有直线都垂直，就说直线 l 与平面 α 互相垂直，记作 $l\perp\alpha$.直线 l 叫做平面 α 的垂线，平面 α 叫做直线 l 的垂面.直线与平面垂直时，它们唯一的公共点 P 叫做交点.

(2)图形语言：如图 4-17 所示.

强调说明：画直线 l 与平面 α 垂直时，通常把直线画成与表示平面的平行四边形的一边垂直.

(3)符号语言：任意 $a\subset\alpha$ ，都有 $l\perp a\Rightarrow l\perp\alpha$.

追问 3：如果将定义中的任意一条直线改成无数条直线可以吗？

生：不行，如无数条平行的直线.

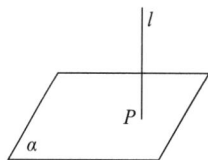

图 4-17

3.判定定理的探究

学习了直线与平面垂直的定义后，我们就要学会如何才能判定线面垂直.如果想要通过线面垂直的定义去判定线面垂直，显然是不可能的，因为要判断直线是否与平面内的任意一条直线垂直.我们通过已经学过的知识思考一下，能不能通过其他方法判断直线与平面是否垂直呢？

生：根据线面平行的判定定理，可以试试通过直线与平面中的一条直线垂直.

通过前面学习的直线与平面平行的判定定理，我们知道：可以通过判断直线与平面内的一条直线平行，进而判断直线与平面平行.那么类似地，直线与平面内的一条直线垂直的时候，直线与平面是否会垂直呢？请大家以小组为单位展开讨论.如果是，你能否证明一下；如果不是，你能不能通过手边的工具，举出一个反例呢？那么两条呢？

小组共同探究：学生通过探究发现，如果直线与平面内的一条直线垂直，不能证明直线与平面垂直.例如，三角板的两条直角边是互相垂直的，把其中一条直角边放在桌面上，左右摆动三角板，此时两条直角边所在直线保持垂直的关系，但不在平面内的直角边，并不始终与桌面垂直.

追问 4：如果与平面当中的两条直线垂直呢？

[实验操作 2]如图 4-18 所示，准备一块三角形的纸片 ABC ，过△ABC 的顶点 A 翻折纸片，得到折痕 AD ，将翻折后的纸片竖起放置在桌面上（BD ，DC 与桌面接触），请同学们在操作的过程中思考以下问题：

(1)折痕 AD 与桌面垂直吗？

(2)如何翻折才能使折痕 AD 与桌面垂直？

(3)把 BD 固定在桌面上，移动 CD 你能有什么发现？

通过自己动手实践，你能否解答上面的问题呢？

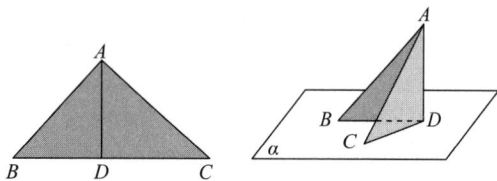

图 4-18

生：(1)折痕 AD 并不始终与桌面垂直.

(2)AD 要与桌面垂直，就需要垂直于桌面内的任意一条直线，因此 AD 与桌面垂直的充要条件是折痕 AD 是 BC 边上的高.这时，由于翻折之后垂直关系不变，因此直线 AD 与平面 α 内的两条相交直线 BD ，DC 都垂直.

(3)移动 CD 会发现，当 CD 的位置发生改变时，它可以也代表了平面中的所有过点 D 的直线，而所有不过点 D 的直线，都能够找到一条过 D 点的直线与之平行，所以此时的 AD

垂直于平面内的任意一条直线,满足线面垂直的定义.

追问5:通过实验,你能否归纳出来,如何才能够判定直线与平面垂直呢?

4.得出判定定理

(1)文字语言:一条直线与一个平面内的两条相交直线都垂直,则该直线与此平面垂直.

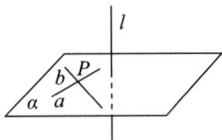

图 4-19

(2)图形语言:如图 4-19 所示.

(3)符号语言:$l \perp a, l \perp b$,且 $a \cap b = P \Rightarrow l \perp \alpha$.

思考1:两条相交直线可以确定一个平面,那么定理中的"两条相交直线"可以改为"三条两两相交的直线"吗?如果改为无数条呢?

生:三条两两相交的直线可以,无数条直线不行,因为无数条直线有可能是无数条平行直线(图 4-20).

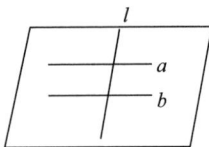

图 4-20

因此,直线与平面垂直的判定定理中,一个重要条件就是两条直线必须是相交直线.

思考2:在同一平面内,过一点有且只有一条直线与已知直线垂直,这一结论推广到空间,过一点垂直于已知平面的直线有几条? 为什么?

生:有一条.经实际观察我们发现,过一点垂直于已知平面的直线有且只有一条.

于是我们又一次将空间与平面建立起联系,将平面中的结论推广到了空间当中.

5.垂线段的定义

过一点作垂直于已知平面的直线,则该点与垂足间的线段,叫做这个点到该平面的垂线段,垂线段的长度叫做这个点到该平面的距离.

(三)例题讲解

已知:如图 4-21 所示,$a // b, a \perp \alpha$,求证 $b \perp \alpha$

【实验操作3】你能否通过手中有的文具,试着探究这个结论的形成呢?

证明:如图 4-21 所示,在平面 α 内取两条相交直线 m, n.

$\because a \perp \alpha, \therefore a \perp m, a \perp n$.

$\because b // a, \therefore b \perp m, b \perp n$ 又 m, n 均在平面 α 内且相交,

$\therefore b \perp \alpha$,即证.

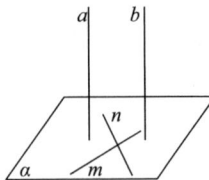

图 4-21

(四)课堂练习

如图 4-22 所示,四棱锥 $S\text{-}ABCD$ 的底面是正方形,$SD \perp$ 平面 $ABCD$,

求证:$AC \perp$ 平面 SDB.

分析:欲证 $AC \perp$ 平面 SDB,只需证 $AC \perp BD, AC \perp SD$.

证:略.

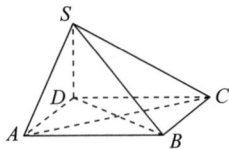

图 4-22

(五)归纳小结

通过今天的学习,我们学习了哪些内容呢?

(1)直线与平面垂直的定义.通过学习、动手实验,我们知道了直线与平面垂直,就必须与平面内的任意一条直线都垂直.

(2)直线与平面垂直的判定定理.由于从定义出发,很难在实际练习过程中完成证明,因此我们类比线面平行判定定理的获得,将线面垂直问题转化为了线线垂直的问题,也通过实

验验证了猜想,实现了用"降维"的思想来解决几何问题.

(3)通过思考和归纳,建立起了空间和平面之间的联系,将平面几何的结论,推广应用到空间;学习了垂线段的定义,有助于我们后续问题的解决.

五、注　析

动手操作是学生数学学习活动中常用的学习方法之一.学生通过操作,使数学问题情境化,不但可以帮助学生加深对数学问题的理解,降低了学生的学习难度,同时也渗透了数形结合的数学思想,为学生的继续学习奠定了基础.通过学生的实际动手操作,加强了理论和实际的联系,培养了学生的数学应用意识,提高了学生的学习积极性.几何部分定理的学习,更强调学生直观感知的重要性.通过直观的图片、实例,甚至是动手操作的实验,再经过对比、归纳,将直观感知到的事物抽象为数学元素,进而研究它们之间所具有的关系和特征,学生更能体会定义、定理形成过程,加深对定义和定理的理解.

案例 4　古典概型

一、教材原文

人教 A 版,高中数学必修(第二册),2019 年 7 月第 1 版,pp. 233-236.

10.1.3 古典概型

研究随机现象,最重要的是知道随机事件发生的可能性大小.对随机事件发生可能性大小的度量(数值)称为事件的概率(probability),事件 A 的概率用 $P(A)$ 表示.

我们知道,通过试验和观察的方法可以得到一些事件的概率估计.但这种方法耗时多,而且得到的仅是概率的近似值.能否通过建立适当的数学模型,直接计算随机事件的概率呢?

> ? 思考
>
> 在10.1.1节中,我们讨论过彩票摇号试验、抛掷一枚均匀硬币的试验及掷一枚质地均匀骰子的试验.它们的共同特征有哪些?

考察这些试验的共同特征,就是要看它们的样本点及样本空间有哪些共性.可以发现,它们具有如下共同特征:

(1) 有限性:样本空间的样本点只有有限个;

(2) 等可能性:每个样本点发生的可能性相等.

我们将具有以上两个特征的试验称为古典概型试验,其数学模型称为**古典概率模型**(classical models of probability),简称**古典概型**.

下面我们就来研究古典概型.

？ 思考

考虑下面两个随机试验，如何度量事件 A 和事件 B 发生的可能性大小？

（1）一个班级中有 18 名男生、22 名女生. 采用抽签的方式，从中随机选择一名学生，事件 A ＝"抽到男生"；

（2）抛掷一枚质地均匀的硬币 3 次，事件 B ＝"恰好一次正面朝上".

对于问题（1），班级中共有 40 名学生，从中选择一名学生，因为是随机选取的，所以选到每个学生的可能性都相等，这是一个古典概型.

抽到男生的可能性大小，取决于男生数在班级学生数中所占的比例大小. 因此，可以用男生数与班级学生数的比值来度量. 显然，这个随机试验的样本空间中有 40 个样本点，而事件 A ＝"抽到男生"包含 18 个样本点. 因此，事件 A 发生的可能性大小为 $\frac{18}{40}=\frac{9}{20}$.

对于问题（2），我们用 1 表示硬币"正面朝上"，用 0 表示硬币"反面朝上"，则试验的样本空间

$$\Omega =\{(1, 1, 1), (1, 1, 0), (1, 0, 1), (1, 0, 0),$$
$$(0, 1, 1), (0, 1, 0), (0, 0, 1), (0, 0, 0)\},$$

共有 8 个样本点，且每个样本点是等可能发生的，所以这是一个古典概型.

事件 B 发生的可能性大小，取决于这个事件包含的样本点在样本空间包含的样本点中所占的比例大小. 因此，可以用事件包含的样本点数与样本空间包含的样本点数的比值来度量. 因为 $B=\{(1, 0, 0), (0, 1, 0), (0, 0, 1)\}$，所以事件 B 发生的可能性大小为 $\frac{3}{8}$.

一般地，设试验 E 是古典概型，样本空间 Ω 包含 n 个样本点，事件 A 包含其中的 k 个样本点，则定义事件 A 的概率

$$P(A)=\frac{k}{n}=\frac{n(A)}{n(\Omega)}.❶$$

其中，$n(A)$ 和 $n(\Omega)$ 分别表示事件 A 和样本空间 Ω 包含的样本点个数.

❶法国数学家拉普拉斯（P.-S. Laplace，1749—1827）在 1812 年把该式作为概率的一般定义，现在我们称它为概率的古典定义.

例 7 单项选择题是标准化考试中常用的题型，一般是从 A，B，C，D 四个选项中选择一个正确答案. 如果考生掌握了考查的内容，他可以选择唯一正确的答案. 假设考生有一题不会做，他随机地选择一个答案，答对的概率是多少？

解：试验有选 A、选 B、选 C、选 D 共 4 种可能结果，试验的样本空间可以表示为 $\Omega=\{A, B, C, D\}$. 考生随机选择一个答案，表明每个样本点发生的可能性相等，所以这是一个古典概型. 设 $M=$"选中正确答案"，因为正确答案是唯一的，所以 $n(M)=1$. 所以，考生随机选择一个答案，答对的概率

$$P(M) = \frac{1}{4}.$$

> ❓ **思考**
>
> 　　在标准化考试中也有多选题，多选题是从 A，B，C，D 四个选项中选出所有正确的答案（四个选项中至少有一个选项是正确的）. 你认为单选题和多选题哪种更难选对？为什么？

　　例 8　抛掷两枚质地均匀的骰子（标记为Ⅰ号和Ⅱ号），观察两枚骰子分别可能出现的基本结果.

　　（1）写出这个试验的样本空间，并判断这个试验是否为古典概型；

　　（2）求下列事件的概率：

$A = $ "两个点数之和是 5"；

$B = $ "两个点数相等"；

$C = $ "Ⅰ号骰子的点数大于Ⅱ号骰子的点数".

　　解：（1）抛掷一枚骰子有 6 种等可能的结果，Ⅰ号骰子的每一个结果都可与Ⅱ号骰子的任意一个结果配对，组成掷两枚骰子试验的一个结果. 用数字 m 表示Ⅰ号骰子出现的点数是 m，数字 n 表示Ⅱ号骰子出现的点数是 n，则数组 $(m，n)$ 表示这个试验的一个样本点. 因此该试验的样本空间

$$\Omega = \{(m，n) \mid m，n \in \{1，2，3，4，5，6\}\}，$$

其中共有 36 个样本点.

　　由于骰子的质地均匀，所以各个样本点出现的可能性相等，因此这个试验是古典概型.

　　（2）因为 $A = \{(1，4)，(2，3)，(3，2)，(4，1)\}$，所以 $n(A) = 4$，从而

$$P(A) = \frac{n(A)}{n(\Omega)} = \frac{4}{36} = \frac{1}{9};$$

因为 $B = \{(1，1)，(2，2)，(3，3)，(4，4)，(5，5)，(6，6)\}$，所以 $n(B) = 6$，从而

$$P(B) = \frac{n(B)}{n(\Omega)} = \frac{6}{36} = \frac{1}{6};$$

因为

$$C = \{(2，1)，(3，1)，(3，2)，(4，1)，(4，2)，(4，3)，(5，1)，(5，2)，$$
$$(5，3)，(5，4)，(6，1)，(6，2)，(6，3)，(6，4)，(6，5)\}，$$

所以 $n(C) = 15$，从而

$$P(C) = \frac{n(C)}{n(\Omega)} = \frac{15}{36} = \frac{5}{12}.$$

? 思考

在例 8 中，为什么要把两枚骰子标上记号？如果不给两枚骰子标记号，会出现什么情况？你能解释其中的原因吗？

如果不给两枚骰子标记号，则不能区分所抛掷出的两个点数分别属于哪枚骰子，如抛掷出的结果是 1 点和 2 点，有可能第一枚骰子的结果是 1 点，也有可能第二枚骰子的结果是 1 点．这样，$(1，2)$ 和 $(2，1)$ 的结果将无法区别．

当不给两枚骰子标记号时，试验的样本空间 $\Omega_1 = \{(m，n) \mid m，n \in \{1，2，3，4，5，6\}$，且 $m \leqslant n\}$，则 $n(\Omega_1) = 21$．其中，事件 $A = $"两个点数之和是 5"的结果变为 $A = \{(1，4)，(2，3)\}$，这时 $P(A) = \dfrac{2}{21}$．

? 思考

同一个事件的概率，为什么会出现两个不同的结果呢？

可以发现，36 个结果都是等可能的；而合并为 21 个可能结果时，$(1，1)$ 和 $(1，2)$ 发生的可能性大小不等，这不符合古典概型特征，所以不能用古典概型公式计算概率，因此 $P(A) = \dfrac{2}{21}$ 是错误的．

📖 归纳

求解古典概型问题的一般思路：

(1) 明确试验的条件及要观察的结果，用适当的符号（字母、数字、数组等）表示试验的可能结果（借助图表可以帮助我们不重不漏地列出所有的可能结果）；

(2) 根据实际问题情境判断样本点的等可能性；

(3) 计算样本点总个数及事件 A 包含的样本点个数，求出事件 A 的概率．

二、教学目标

(1)知识与技能:理解并掌握古典概型的两个特征及其概率计算公式;会用列举法计算一些随机事件所含的基本事件数及事件发生的概率.

(2)过程与方法:在抽象古典概型和建立古典概型概率计算公式的过程中,培养学生观察比较、归纳问题的能力;渗透数形结合、分类讨论的思想方法.

(3)情感态度价值观:通过生活中常见的民俗引出新课内容,使学生体会到数学源于生活而又高于生活,从而激发学生的学习兴趣;通过学生课前进行数学试验的具体实践,让学生感受到数学家们躬身实践和锲而不舍的科学精神,激发学生的数学研究精神.

三、学情分析

授课对象为理科实验班学生,学生基础较好,个性活泼、思维活跃,动手实践、合作探究的积极性比较高,对概率也有一定的粗浅认识,但是对知识的发生、发展过程不是很清晰,而且课前的试验环节部分同学并不是很积极主动.因此,个体差异比较明显,在教学过程中要关注不同层次学生的发展,而且要不断增强学生的兴趣,让学生主动学习数学.

四、教学过程

(一)情境引入

[问题1]播放关于博饼(中秋节期间厦门的传统民俗活动)的视频,提出思考:博饼的奖项设置一般按照1:2:4:8:16:32的比例,蕴含怎样的数学原理?

【设计意图】从学生熟悉而又喜闻乐见的民俗活动引入,引导学生用数学的眼光观察生活现象,提出课题,导入研究随机事件发生可能性大小的必要性:对随机事件发生可能性大小的度量(数值)称为事件的概率(probability),事件 A 的概率用 $P(A)$ 表示.

(二)讲授新课

[数学试验1]抛掷两枚质地均匀的硬币,在表4-1中记录并观察可能出现的结果.要求:

(1)硬币的材质均匀,所有的硬币都相同.

(2)从离桌面大约30 cm的高度,让其自由下落在桌面上.

(3)4人一组,每人抛掷10次,共40次,各自认真记录"都正面""都反面""一正一反"出现的次数.

表 4-1

记录	"都正面"的次数	"都反面"的次数	"一正一反"的次数
第一次试验			
重复一次试验			
小组统计结果1			
小组统计结果2			
全班统计结果			

[数学试验2]抛掷两枚质地均匀的骰子,在表4-2中记录并观察两枚骰子可能出现的结果.要求:

(1)骰子的材质均匀,所有的骰子都相同.

(2)从离桌面大约30 cm的高度,让其自由下落在桌面上.

(3)4人一组,每人抛掷10次,共40次,各自认真记录朝上点数"都是1"、"都是2"以及"一个1一个2"的次数.

表 4-2

记录	"都是1"的次数	"都是2"的次数	"一个1一个2"的次数
第一次试验			
重复一次试验			
小组统计结果 1			
小组统计结果 2			
全班统计结果			

分别计算当试验总次数为 40,80,200,560,1120 时,随机事件发生的频率,并观察其变化规律.

师生活动:学生在课前分组完成数学试验,并按要求完成数据的录入工作,教师在课堂上收集数据,验证直观猜想,统计学生课前所做抛掷硬币试验的结果,对结果做信息化处理(数据的直观感知,事件发生的频率的折线图、条形图、散点图等的感知)得出相应的结论:

随着试验次数的增加,随机事件发生的频率一般会稳定在某个常数附近,这个常数就是随机事件发生的概率 $P(A)$,因此:①$0 \leqslant P(A) \leqslant 1$;②频率是概率的近似值,概率是频率的稳定值.我们把这个称为概率的统计定义.

(三)例题讲解

[问题 2]通过试验和观察的方法可以得到一些事件的概率估计,但这种方法耗时多,而且得到的仅是概率的近似值.能否通过建立适当的数学模型,直接计算随机事件的概率呢?

【设计意图】提出一个带有综合性的问题,让学生在实践的基础上分析问题,思考解决问题的方法,设计解决问题的方案,发展学生的高阶思维.

追问 1:我们讨论过彩票摇号试验、抛掷一枚均匀硬币的试验、抛掷一枚质地均匀骰子的试验.抛我们也在课前实践了抛掷两枚均匀硬币的试验、抛掷两枚质地均匀骰子的试验.它们的共同特征有哪些?

追问 2:以抛掷一枚均匀硬币的试验为例,"正面朝上"的概率为 $\frac{1}{2}$,这里的 2 和 1 分别是什么的数量?再以抛掷一枚质地均匀骰子的试验为例,"向上点数为 1"的概率为 $\frac{1}{6}$,这里的 6 和 1 分别是什么的数量?据此,你能提出哪些猜想?

追问 3:这些猜想在抛掷两枚均匀硬币的试验、抛掷两枚质地均匀骰子的试验中成立吗?据此你能总结出这些试验的共同特征了吗?

师生活动:围绕四个经典的试验进行课堂对话,总结出共同特征并给出古典概型的定义和概率计算公式.

可以发现,上述试验具有如下共同特征:

(1)有限性:样本空间的样本点只有有限个.

(2)等可能性:每个样本点发生的可能性相等.

我们将具有以上两个特征的试验称为古典概型试验,其数学模型称为古典概率模型(classical models of probability),简称古典概型.

追问 4:按照试验的结果和概率的统计定义,你认为古典概率模型中事件 A 的概率应该怎么定义?

师生活动:继续追问 3 的对话,总结出古典概型的概率计算公式:一般地,设试验 E 是古典概型,样本空间 Ω 包含 n 个样本点,事件 A 包含其中的 k 个样本点,则定义事件 A 的概率 $P(A)=\dfrac{k}{n}=\dfrac{n(A)}{n(\Omega)}$,其中,$n(A)$ 和 $n(\Omega)$ 分别表示事件 A 和样本空间 Ω 包含的样本点个数.

追问 5:抛掷两枚均匀的硬币的试验中,样本点有几个?“都正面”和“一正一反”的概率分别是多少?

【设计意图】此处是本节课的难点,古典概型的判断和应用中难点就在于样本点的等可能性,学生往往对此容易混淆,此处结合试验的结果帮助学生进行理解:抛掷两枚均匀硬币的试验中,样本点有 4 个,也就是需要给两枚硬币进行标号,如果不给两枚硬币标记号,则不能区分所抛掷出的一正一反两面分属哪一枚硬币,这样(正,反)和(反,正)的结果将无法区别.

所以 $\Omega=\{(正,正),(正,反),(反,正),(反,反)\}$.

$A=$“都正面”$=\{(正,正)\}$,$P(A)=\dfrac{1}{4}$,

$B=$“一正一反”$=\{(正,反),(反,正)\}$,$P(B)=\dfrac{2}{4}=\dfrac{1}{2}$.

(四)课堂练习

追问 6:抛掷两枚质地均匀的骰子.①写出这个试验的样本空间,并判断这个试验是否为古典概型;②求下列事件的概率:$A=$“两个点数之和是 5”;$B=$“两个点数相等”;给两个骰子分别编号为Ⅰ号和Ⅱ号,$C=$“Ⅰ号骰子的点数大于Ⅱ号骰子的点数”.

师生活动:学生独立思考,解决问题,教师在巡视的基础上展示不同的解答,组织学生进行师生对话和生生对话,进一步巩固前述成果:①古典概型中样本点必须保证等可能性;②多个硬币或多个骰子的问题中,为了保证等可能性,一般都要进行标号.在此基础上,给出规范的解答和示范:

所有的样本点可以列举,见表 4-3.

表 4-3

	1	2	3	4	5	6
1	(1,1)	(1,2)	(1,3)	(1,4)	(1,5)	(1,6)
2	(2,1)	(2,2)	(2,3)	(2,4)	(2,5)	(2,6)
3	(3,1)	(3,2)	(3,3)	(3,4)	(3,5)	(3,6)
4	(4,1)	(4,2)	(4,3)	(4,4)	(4,5)	(4,6)
5	(5,1)	(5,2)	(5,3)	(5,4)	(5,5)	(5,6)
6	(6,1)	(6,2)	(6,3)	(6,4)	(6,5)	(6,6)

也可以更简明地表示为 $\Omega=\{(m,n)\mid m,n\in\{1,2,3,4,5,6\}\}$,共 36 个样本点.

$A=\{(1,4),(2,3),(3,2),(4,1)\}$,$P(A)=\dfrac{n(A)}{n(\Omega)}=\dfrac{4}{36}=\dfrac{1}{9}$.

$B=\{(m,m)|m\in\{1,2,3,4,5,6\}\}$，$P(B)=\dfrac{n(B)}{n(\Omega)}=\dfrac{6}{36}=\dfrac{1}{6}$.

$C=\{(2,1),(3,1),(3,2),(4,1),(4,2),(4,3),(5,1),(5,2),(5,3),(5,4),(6,1),(6,2),(6,3),(6,4),(6,5)\}$，$P(C)=\dfrac{n(C)}{n(\Omega)}=\dfrac{15}{36}=\dfrac{5}{12}$.

【设计意图】应用古典概型解决概率计算问题，在这个过程中进一步确立等可能性的观念，并学会用列举、图表、符号等规范地表述样本空间.

[强化练习]袋中有两个标号分别为1,2的白球和一个标号为3的黑球,这三个球除颜色、标号外完全相同,从中不放回地依次取出两个球.

(1)写出样本空间;

(2)记"取出的两个球中含有黑球"为事件 A,求事件 A 发生的概率.

解:(1)$\Omega=\{(1,2),(1,3),(2,1),(2,3),(3,1),(3,2)\}$;

(2)$P(A)=\dfrac{4}{6}=\dfrac{2}{3}$.

【设计意图】经历用数学模型解决问题的一般过程,感受借助模型进行逻辑推理的严谨和便捷,体会数学发展的必要性和价值.

(五)归纳小结

[问题3]古典概型的定义是什么? 古典概型的一般解题步骤有哪些?

(1)具有有限性和等可能性两个特征的试验称为古典概型试验,其数学模型称为古典概型模型,简称古典概型.

(2)用古典概型解决问题的一般步骤:

①明确试验的条件及要观察的结果,用适当的符号(字母、数字、数组等)表示试验的可能结果(借助图表可以帮助我们不重不漏地列出所有的可能结果).

②根据实际问题情境判断样本点的等可能性.

③计算样本点总个数及事件 A 包含的样本点个数,求出事件 A 的概率.

五、注　析

(1)实践经验与理性精神相结合.

2017 版课标对概率论这部分内容做了较大的调整,从原来的统计视角转向现在的依托集合论的公理化视角,更加依赖模型和数学抽象.教材中指出,"通过试验和观察的方法可以得到一些事件的概率估计.但这种方法耗时多,而且得到的仅是概率的近似值",但是,通过试验和观察的手段研究问题更符合高一学生的思维特点.因此,本节课把学生试验和观察的过程放在课前和课下,让学生在实践的基础上结合实践的经验进行理性的思辨,站在实践的基础上构建模型,更容易帮助学生突破古典概型应用过程中样本点的等可能性问题,实现了统计定义的实践性和古典定义的抽象性的结合.

(2)信息技术与数学教学相融合.

信息技术作为一种新的教学手段,在实际应用过程中往往被弱化为呈现和展示的初级功能,不能充分体现信息技术的重要价值.本节课尝试把信息技术的数据处理功能与课题教学相融合,采用信息技术进行数据分析和直观展示,帮助学生更好地理解概率的统计定义.同时,也为概率的古典定义提供了思考的方向和思维的基础,能够在充分预设的基础上进行合理生成,有条件的教师还可以在计算机教室或数学实验室进行授课,实现对数据更快捷、更直观的呈现,实现大数据技术支持下的人机互动教学,充分借助信息技术优化概念教学.

第二节　分组协作形式开放实践
教学设计实践范例

案例1　立体图形与平面图形

一、教材原文

人教版,数学七年级(上册),2012年6月第1版,pp.115-116.

4.1.1　立体图形与平面图形

　　有些几何图形(如长方体、正方体、圆柱、圆锥、球等)的各部分不都在同一平面内,它们是立体图形(solid figure).棱柱、棱锥也是常见的立体图形.图4.1-3(1)中的帐篷、茶叶盒等都给我们以棱柱的形象,图4.1-3(2)中的金字塔则给我们以棱锥的形象.你能再找出一些棱柱、棱锥的实例吗?

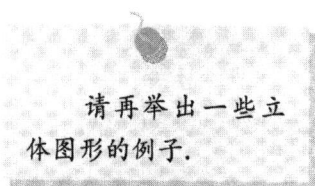

请再举出一些立体图形的例子.

帐篷

茶叶盒

金字塔

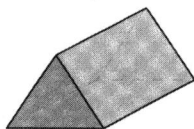

棱柱
(1)

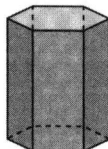

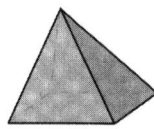

棱锥
(2)

图4.1-3

思考

图 4.1-4 中实物的形状对应哪些立体图形？把相应的实物与图形用线连起来.

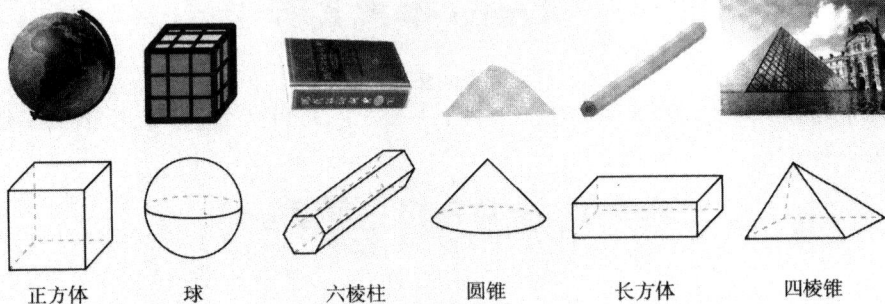

| 正方体 | 球 | 六棱柱 | 圆锥 | 长方体 | 四棱锥 |

图 4.1-4

有些几何图形（如线段、角、三角形、长方形、圆等）的各部分都在同一平面内，它们是平面图形（plane figure）.

思考

图 4.1-5 的各图中包含哪些简单平面图形？请再举出一些平面图形的例子.

图 4.1-5

虽然立体图形与平面图形是两类不同的几何图形，但它们是互相联系的.立体图形中某些部分是平面图形，例如长方体的侧面是长方形.

二、教学目标

（1）知识与技能：能将生活中具体物体抽象成几何图形，能从几何图形联想到实际物体；能辨析立体图形与平面图形，认识两者的联系；能区分柱体和锥体.

（2）过程与方法：经历从现实世界抽象图形，从图形具体运用到生活的过程，感受几何图形世界的丰富多彩；通过探究过程，体会小组合作的重要性.

（3）情感态度价值观：通过对实物的观察，揭示几何图形与丰富多彩的图形世界的密切联系，体会数学与生活的密切联系.

三、学情分析

学生在小学阶段已经学了一些图形与几何的知识，了解了三角形、四边形、圆、圆柱、正方体、长方体等图形的形状，并能借助直观感知对平面图形与立体图形进行分类. 本课时意在小学所学知识基础上学习比较系统的图形与几何知识，做好承上启下的衔接.

四、教学过程

（一）复习引入

上新课之前，我们先回顾一下小学学过的几何图形都有哪些？

生：点、线段、长方形、正方形、三角形、梯形、圆等.

师：其他小组的同学还有进行补充吗？

生：球、圆锥等.

【设计意图】让学生回顾曾经学过的几何图形，为本节课打下基础.

（二）讲授新课

探究一：观察以下图形（图4-23）.

图 4-23

归纳：从实物中抽象出的各种图形统称为几何图形.

师：球、正方体、长方体、圆柱、圆锥，这些几何图形有什么共同特征？

归纳：各部分不都在　同一平面内　的几何图形叫做　立体图形　.

同时在以前学习的基础上引入两种新的图形：柱和锥.

［练习1］下列实物（图4-24）与给出的哪个几何体相似？

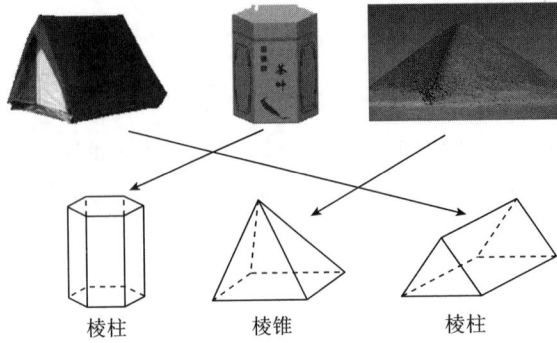

图 4-24

【设计意图】通过小组合作完成练习,从实际物体抽象到几何图形,让学生体会生活和数学的联系,体会从物到形的过程.

[练习 2]你能举出一些在日常生活中形状与以下几何体(图 4-25)类似的物体吗?

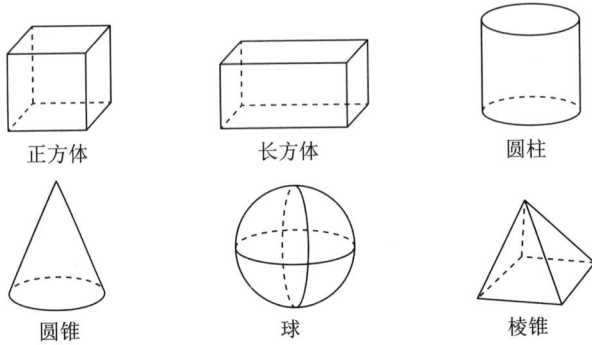

正方体　　长方体　　圆柱
圆锥　　球　　棱锥

图 4-25

【设计意图】每个小组选一种几何图形交流讨论,其他小组做补充.从几何图形联想到实际物体,体会从形到物的过程.

师:根据已有的数学经验,我们能否把它们(图 4-26)命名然后进行分类呢?

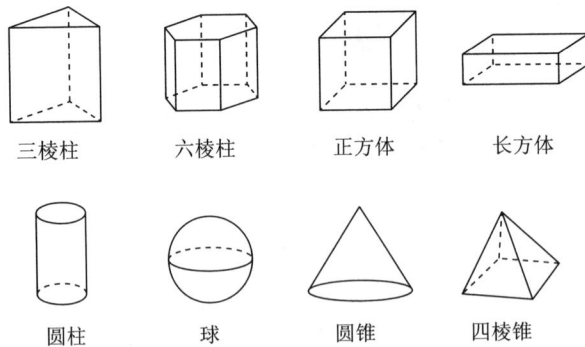

三棱柱　　六棱柱　　正方体　　长方体
圆柱　　球　　圆锥　　四棱锥

图 4-26

【设计意图】对立体图形有更加深刻的认识,对柱体和锥体更加清楚.

各小组讨论、展示、补充,得出分类方法.

常见立体图形
- 柱体
  - 圆柱
  - 棱柱
    - 三棱柱
    - 四棱柱
    - 六棱柱
    - ……
- 球体
- 锥体
  - 圆锥
  - 棱锥
    - 三棱锥
    - 四棱锥
    - 五棱锥
    - ……

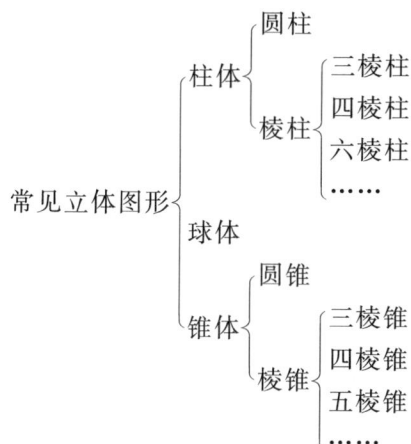

探究二：平面图形与立体图形.

师：如图 4-27 所示，这些几何图形有什么共同特点？

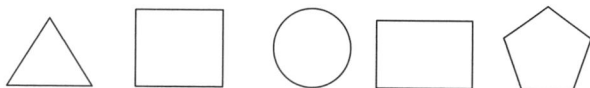

图 4-27

归纳：各部分都在＿＿同一平面内＿＿，这样的几何图形叫做＿＿平面图形＿＿.

[练习 3] 图 4-28 中包含哪些简单的平面图形？

图 4-28

生：五角星、圆、正方形、长方形、三角形、梯形、线段、直角三角形等

【设计意图】可以从复杂图形中识别平面图形.

[练习 4] 给图 4-29 中的图形分类：

① ② ③ ④

⑤ ⑥ ⑦ ⑧

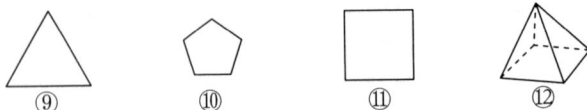

⑨　　　　　⑩　　　　　⑪　　　　　⑫

图 4-29

分析：立体图形有：①③④⑦⑫.

平面图形有：②⑤⑥⑧⑨⑩⑪.

【设计意图】能辨析立体图形与平面图形，体会图形的分类.

探究三：几何图形的联系.

师：从图 4-30 的纸盒中可以看出哪些你熟悉的图形呢？

生：长方体.

师：这是一个立体图形，还可以看到平面图形吗？

（学生小组讨论，得出结论.）

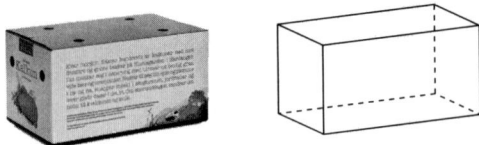

图 4-30

结论：如图 4-31 所示，从整体上看，它的形状是（长方体）；看不同的侧面，得到的是（正方形）或（长方形）；看棱得到的是（线段）；看顶点得到的是（点）.

师：立体图形与平面图形之间有什么联系呢？

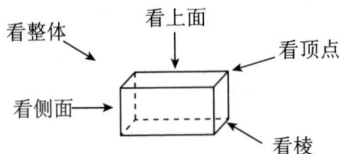

图 4-31

生：一个立体图形，从不同角度看就会得到平面图形.

【设计意图】体会立体图形与平面图形之间的联系，立体图形中某些部分是平面图形.

（三）课堂练习

（1）下列图形不是立体图形的是　　　　　　　　　　　　　　　　　　　　（　　）

A. 球　　　　　　　B. 圆柱　　　　　　　C. 圆锥　　　　　　　D. 圆

（2）图 4-32 中的几何体属于棱锥的是　　　　　　　　　　　　　　　　　（　　）

A. ①⑤　　　　　　B. ①　　　　　　　　C. ①⑤⑥　　　　　　D. ⑤⑥

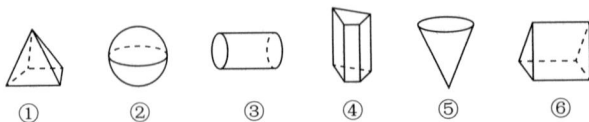

①　　　　②　　　　③　　　　④　　　　⑤　　　　⑥

图 4-32

（3）如图 4-33 所示，说出图中的一些物体的形状所对应的立体图形.

图 4-33

（4）观察图 4-34，在括号内填上相应名称.

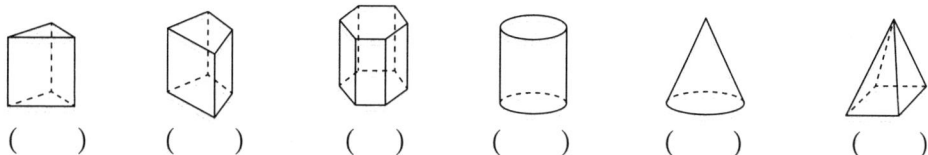

（　）　　（　）　　（　）　　（　）　　（　）　　（　）

图 4-34

【设计意图】第（1）、（2）两题分别从文字和图形两个方面进行考查分类；第 3 题课本习题，进一步体会由物到形；第 4 题考查在系统学习之后，对立体图形进行命名.

（四）归纳小结

这节课以小组合作探究的形式，通过系列探究学习了立体图形的概念，学会如何正确区分立体图形和平面图形，以及几何图形之间的联系，感受到数学与生活的紧密联系，真实地体验到数学来源于生活又高于生活.本节课的学习内容将为今后的几何知识学习起到奠基的作用.

【设计意图】通过课堂梳理可完善知识建构，提高学生表达总结能力.

五、注　析

本节课是几何图形初步的第一节内容，在知识的含量上并不多，因此在设计时，主要考虑到能让学生建立数学与生活的联系，感受到数学存在于生活之中，用数学的眼光看待问题，感受到几何世界的丰富多彩，对几何产生浓厚的学习兴趣，为以后的学习做准备.

本节课主要让学生借助图片、实物初步感知几何与几何图形，进行直观演示和观察，激发学生的学习兴趣，由物到形，由形到物，建立立体图形与平面图形之间的联系，培养几何直觉.

本节课采用自育自学的方式，通过小组合作探究的方式，让学生发言的环节较多，学生参与度也比较高.学生在回答问题的过程当中，充分给予学生展示自我的平台和机会，尊重学生的主体地位，力争让每个学生对立体图形和平面图形的理解都能更加深刻.

案例 2　校园探宝的奥秘

一、教材原文

人教版，数学七年级（下册），2012 年 10 月第 1 版，p.82.

活动2

春天到了，七（2）班组织同学到人民公园春游，张明、李华对着景区示意图（图1）如下描述牡丹园的位置（图中小正方形的边长代表100 m长）.

张明："牡丹园的坐标是（300，300）."

李华："牡丹园在中心广场东北方向约420 m处."

图1

实际上，他们所说的位置都是正确的. 你知道张明同学是如何在景区示意图上建立坐标系的吗？你理解李华同学所说的"东北方向约420 m处"的含义吗？

用他们的方法，你能描述公园内其他景点的位置吗？与同学们交流一下.

二、教学目标

(1)知识与技能:掌握由点建系、写坐标的方法.

(2)过程与方法:了解用平面直角坐标系表示地理位置的过程与方法.

(3)情感态度价值观:通过自主探究、合作交流的学习方式,培养学生自主学习能力,提升解决实际问题的综合能力,培养学生的学科核心素养.

三、学情分析

学生已经初步了解平面直角坐标系的建立及坐标表示的方法,对于根据一个点的坐标如何建系、写出其他点坐标仍是难点;通过创设问题情境引出活动内容,以学生熟悉的校园作为生活背景,活动具有可操作性,可激发学习兴趣;通过小组讨论、合作交流、信息技术应用等多种方式,让学生复习巩固表示平面内物体的位置的方法.

四、教学过程

(一)情景引入

师生活动:欣赏电影《完美风暴》片段(视频).

师:电影中是怎样描述遇险船只位置的?

生:经纬度.

师:在地理中,用经度和纬度可以确定某个地方的位置.在数学中,我们刚刚学过的哪个知识,可以用来确定位置呢?

生:平面直角坐标系.

【设计意图】通过观看视频,让学生体会数学与地理学科之间的关联,了解数学与生活的密切联系.

师生活动:教师出示校园寻宝的启事,如图 4-35 所示.

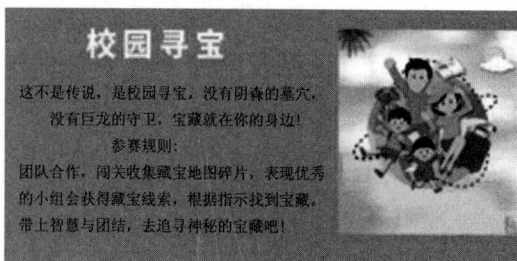

图 4-35

【设计意图】设计寻宝游戏,增加活动课的趣味性,通过小组合作,提高合作交流能力.

(二)讲授新课

探究一:师:如图 4-36 所示,老师已经把"宝藏"藏在了学校某处,为了方便大家寻宝,给出几个坐标作为线索:

教学大楼 $A(0,0)$ 图书馆 $B(4,-3)$ 体育馆 $C(1,2)$ 田径场 $D(-3,2)$

师:如何建立平面直角坐标系?

生:以教学大楼为原点.

师:根据你所建立的平面直角坐标系,写出校门 G、孙中山像 H、育芳园 I 的坐标,它们和宝藏有着密不可分的联系.

生:$G(0,-6)$,$H(4,-5)$,$I(5,0)$.

②

图 4-36

【设计意图】本课以学生熟悉的校园作为生活背景,激发学习热情,提高学习数学和应用数学的意识.同时完成本节课的第一个学习目标——已知原点建系、写坐标,对表现优秀小组提供第一条藏宝信息.

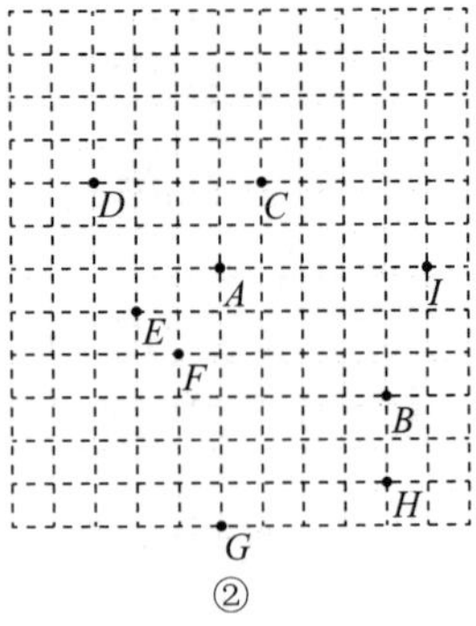

探究二:师:图 4-36 中,如果将科艺馆 E 的坐标变更为 $E(-1,1)$,你能确定点 D 的坐标吗? 小组讨论交流并展示:

组1:把点 E 分别向右、向下平移1个单位,确定原点、建系,再写点 D 的坐标:$D(-2,4)$.

组2:把点 E 向上平移3个单位,再向左平移1个单位直接确定点 D,$D(-2,4)$.

组3:点 E 在第二象限,到 x 轴、y 轴距离是1,x 轴、y 轴交点为原点,再写点 D 的坐标:$D(-2,4)$.

师:根据新建立的坐标系,据说宝藏和 $(1,-4)$,$(6,2)$ 这两点有关,你能确定它们的位置吗?

组4:将科艺馆 E 的坐标变更为 $E(-1,1)$,F 点变为坐标原点,所以点 $G(1,-4)$、点 $I(6,2)$.

【设计意图】鼓励学生用多种方法解决问题,培养学生的辩证思维能力.探究二也完成了本节课的第二个学习目标,由某一点坐标确定原点、建系,对优秀的小组提供第二条藏宝信息.

师:课堂积分最高的小组——第2小组获得终极寻宝线索:宝藏的位置与 G,I 两点构成直角三角形.

第2小组:宝藏藏在点 A 处.

【设计意图】及时总结完善知识建构,寻找宝藏激发数学学习兴趣.关注课堂积分是课堂评价的一种体现,让学生体会小组合作学习的益处.

师:如果马老师周末想去厦门的著名旅游景点,你会推荐哪里?

生:鼓浪屿.

师:图 4-37 中,如何精确定位鼓浪石、皓月园、厦门海底世界等地理位置? 通过本节课的学习,我们将用平面直角坐标系知识解决以上问题.

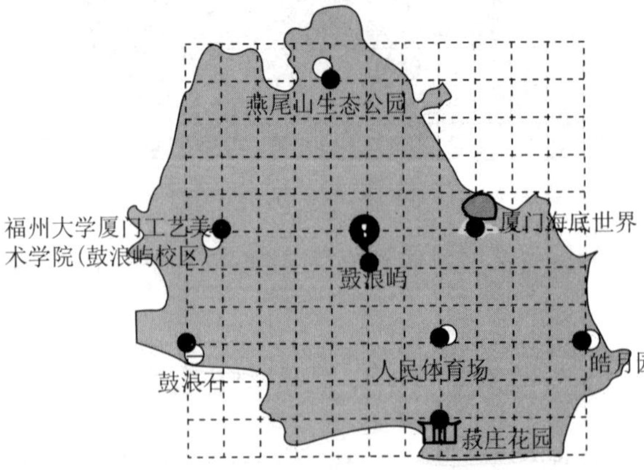

图 4-37

【设计意图】从现实生活抽象出数学问题,培养学生发现问题的能力.

探究三:如图 4-37 所示,请你以鼓浪屿为背景,设计一个合理的探宝趣题,小组交流合作,探讨其他小组设计的优点,并解答或适当拓展.

组 1:题目:鼓浪屿$(0,0)$,宝藏的位置与皓月园、菽庄花园形成直角三角形.

分析:皓月园$(6,-2)$,菽庄花园$(2,-4)$,所以宝藏藏在人民体育场$(2,-2)$.

组 2:题目:已知皓月园为$(6,-2)$,$(-4,1)$,$(-1,5)$,$(2,-2)$,$(3,1)$四个点构成一个四边形,宝藏藏在四边形里面.

分析:根据皓月园坐标推出鼓浪屿为坐标原点,根据坐标原点找到其他几个点的对应位置,发现四边形内只有鼓浪屿一个点,所以宝藏藏在鼓浪屿$(0,0)$.

组 3:题目:人民体育场$(0,0)$,宝藏在 $x=-3$ 这条直线上.

分析:$x=-3$ 表示垂直于 x 轴的直线,在这条直线上的点是燕尾山生态公园,所以宝藏藏在燕尾山生态公园$(-3,7)$

组 4:题目:三点在同一直线,最左边为原点,宝藏在直线 $y=3x$ 上.

分析:鼓浪石、人民体育场、皓月园在一条直线上,最左边为原点,所以鼓浪石为原点,宝藏在直线 $y=3x$ 上,直线过$(1,3)$,所以宝藏藏在福州大学厦门工艺美术学院$(1,3)$.

组 5:题目:已知鼓浪屿$(0,0)$,$2^m=8$,$m+n=4$,宝藏藏在(m,n)的位置.

分析:可知 $m=3$,$n=1$,$(3,1)$表示厦门海底世界,所以宝藏藏在厦门海底世界$(3,1)$.

【设计意图】学生在合作学习中解决实际问题,五个小组通过独立思考、合作探究,从不同角度设计题目,组 1、组 2 分别应用三角形、四边形知识,组 3、组 4 设计了有关函数的题目,组 5 运用了乘方知识,这体现了数学与生活实际、数学与地理学科及数学内部知识的联系和综合应用.探究的过程有助于学生发散思维的培养、解决问题能力的提高.

(三)归纳小结

本节课以大家熟悉的校园为背景,以小组合作的形式探究了:如何建立合理的平面直角坐标系,由给定的坐标寻求"宝藏"等.以系列的题组方式结合考查三角形、四边形和函数等数学知识,各组充分展示小组合作讨论的结果,每位同学和每个小组均有出色的表现.

五、注　析

本节课根据教材的活动课进行拓展延伸,从学生熟悉的现实生活问题着手开发"综合与实践"课题,设置开放性的问题,通过小组讨论、合作学习等方式完成学习内容,学生全程自主参与、积极动脑,教师适时引导与评价,体现了以学生为主体、教师为主导的课堂.通过这种学习方式,激发学生的学习兴趣,培养学生自主学习能力和团队合作能力,提高学生的数学核心素养.

案例 3　函数的单调性

一、教材原文

人教 A 版,高中数学必修一,2019 年 6 月第 1 版,pp.76-79.

3.2 函数的基本性质

变化中的不变性就是性质，变化中的规律性也是性质．

前面学习了函数的定义和表示法，知道函数 $y=f(x)$ $(x \in A)$ 描述了客观世界中变量之间的一种对应关系．这样，我们就可以通过研究函数的变化规律来把握客观世界中事物的变化规律．因此，研究函数的性质，如随着自变量的增大函数值是增大还是减小，有没有最大值或最小值，函数图象有什么特征等，是认识客观规律的重要方法．

我们知道，先画出函数图象，通过观察和分析图象的特征，可以得到函数的一些性质．观察图 3.2-1 中的各个函数图象，你能说说它们分别反映了相应函数的哪些性质吗？

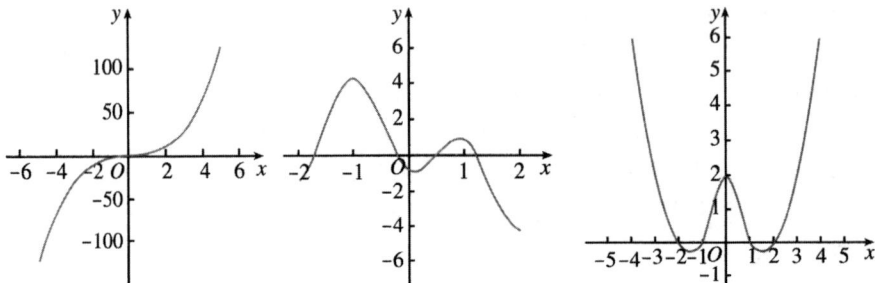

图 3.2-1

3.2.1 单调性与最大（小）值

在初中，我们利用函数图象研究过函数值随自变量的增大而增大（或减小）的性质，这一性质叫做函数的单调性．下面进一步用符号语言刻画这种性质．

先研究二次函数 $f(x)=x^2$ 的单调性．

画出它的图象（如图 3.2-2），可以看到：

图象在 y 轴左侧部分从左到右是下降的，也就是说，当 $x \leqslant 0$ 时，y 随 x 的增大而减小．用符号语言描述，就是任意取 x_1，$x_2 \in (-\infty, 0]$，得到 $f(x_1)=x_1^2$，$f(x_2)=x_2^2$，那么当 $x_1 < x_2$ 时，有 $f(x_1) > f(x_2)$．这时我们就说函数 $f(x)=x^2$ 在区间 $(-\infty, 0]$ 上是单调递减的．

图象在 y 轴右侧部分从左到右是上升的，也就是说，当 $x \geqslant 0$ 时，y 随 x 的增大而增大．用符号语言表达，就是任意取 x_1，$x_2 \in [0, +\infty)$，得到 $f(x_1)=x_1^2$，$f(x_2)=x_2^2$，

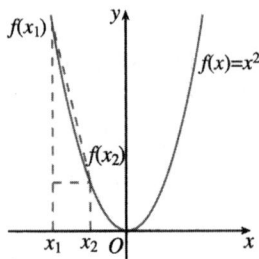

图 3.2-2

你能说明为什么 $f(x_1) > f(x_2)$ 吗？

那么当 $x_1 < x_2$ 时，有 $f(x_1) < f(x_2)$. 这时我们就说函数 $f(x) = x^2$ 在区间 $[0, +\infty)$ 上是单调递增的.

> **?**
> 你能说明为什么 $f(x_1) < f(x_2)$ 吗?

? 思考

> 函数 $f(x) = |x|$，$f(x) = -x^2$ 各有怎样的单调性?

一般地，设函数 $f(x)$ 的定义域为 I，区间 $D \subseteq I$：

如果 $\forall x_1, x_2 \in D$，当 $x_1 < x_2$ 时，都有 $f(x_1) < f(x_2)$，那么就称函数 $f(x)$ 在区间 D 上单调递增 (图 3.2-3 (1)).

特别地，当函数 $f(x)$ 在它的定义域上单调递增时，我们就称它是增函数 (increasing function).

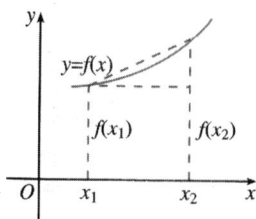
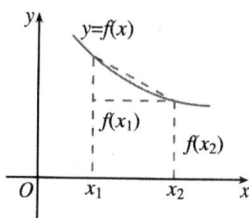

(1)   (2)

图 3.2-3

如果 $\forall x_1, x_2 \in D$，当 $x_1 < x_2$ 时，都有 $f(x_1) > f(x_2)$，那么就称函数 $f(x)$ 在区间 D 上单调递减 (图 3.2-3 (2)).

特别地，当函数 $f(x)$ 在它的定义域上单调递减时，我们就称它是减函数 (decreasing function).

如果函数 $y = f(x)$ 在区间 D 上单调递增或单调递减，那么就说函数 $y = f(x)$ 在这一区间具有 (严格的) 单调性，区间 D 叫做 $y = f(x)$ 的单调区间.

? 思考

> (1) 设 A 是区间 D 上某些自变量的值组成的集合，而且 $\forall x_1, x_2 \in A$，当 $x_1 < x_2$ 时，都有 $f(x_1) < f(x_2)$，我们能说函数 $f(x)$ 在区间 D 上单调递增吗? 你能举例说明吗?
>
> (2) 函数的单调性是对定义域内某个区间而言的，你能举出在整个定义域内是单调递增的函数例子吗? 你能举出在定义域内的某些区间上单调递增但在另一些区间上单调递减的函数例子吗?

例1 根据定义,研究函数 $f(x)=kx+b(k\neq 0)$ 的单调性.

分析:根据函数单调性的定义,需要考察当 $x_1<x_2$ 时,$f(x_1)<f(x_2)$ 还是 $f(x_1)>f(x_2)$. 根据实数大小关系的基本事实,只要考察 $f(x_1)-f(x_2)$ 与 0 的大小关系.

解:函数 $f(x)=kx+b(k\neq 0)$ 的定义域是 **R**. $\forall x_1$,$x_2\in$**R**,且 $x_1<x_2$,则

$$f(x_1)-f(x_2)=(kx_1+b)-(kx_2+b)$$
$$=k(x_1-x_2).$$

由 $x_1<x_2$,得 $x_1-x_2<0$. 所以

①当 $k>0$ 时,$k(x_1-x_2)<0$.

于是

$$f(x_1)-f(x_2)<0,$$

即

$$f(x_1)<f(x_2).$$

这时,$f(x)=kx+b$ 是增函数.

②当 $k<0$ 时,$k(x_1-x_2)>0$.

于是

$$f(x_1)-f(x_2)>0,$$

即

$$f(x_1)>f(x_2).$$

这时,$f(x)=kx+b$ 是减函数.

> 在初中,我们利用函数图象得到了上述结论,这里用严格的推理运算得到了函数 $f(x)=kx+b$ 的单调性.

例2 物理学中的玻意耳定律 $p=\dfrac{k}{V}$(k 为正常数)告诉我们,对于一定量的气体,当其体积 V 减小时,压强 p 将增大. 试对此用函数的单调性证明.

分析:根据题意,只要证明函数 $p=\dfrac{k}{V}$($V\in(0,+\infty)$)是减函数即可.

证明:$\forall V_1$,$V_2\in(0,+\infty)$,且 $V_1<V_2$,则

$$p_1-p_2=\frac{k}{V_1}-\frac{k}{V_2}=k\,\frac{V_2-V_1}{V_1V_2}.$$

由 V_1,$V_2\in(0,+\infty)$,得 $V_1V_2>0$;

由 $V_1<V_2$,得 $V_2-V_1>0$.

又 $k>0$,于是

$$p_1-p_2>0,$$

即

$$p_1>p_2.$$

所以,根据函数单调性的定义,函数 $p=\dfrac{k}{V}$,$V\in(0,+\infty)$ 是减函数. 也就是说,当体积 V 减小时,压强 p 将增大.

例3 根据定义证明函数 $y=x+\dfrac{1}{x}$ 在区间 $(1,+\infty)$ 上单调递增.

证明：$\forall x_1,x_2\in(1,+\infty)$，且 $x_1<x_2$，有

$$y_1-y_2=\left(x_1+\frac{1}{x_1}\right)-\left(x_2+\frac{1}{x_2}\right)=(x_1-x_2)+\left(\frac{1}{x_1}-\frac{1}{x_2}\right)$$

$$=(x_1-x_2)+\frac{x_2-x_1}{x_1x_2}=\frac{x_1-x_2}{x_1x_2}(x_1x_2-1).$$

由 $x_1,x_2\in(1,+\infty)$，得 $x_1>1,x_2>1$.

所以 $\qquad\qquad\qquad x_1x_2>1,\ x_1x_2-1>0.$

又由 $x_1<x_2$，得 $x_1-x_2<0$.

于是 $\qquad\qquad\qquad \dfrac{x_1-x_2}{x_1x_2}(x_1x_2-1)<0,$

即 $\qquad\qquad\qquad\qquad y_1<y_2.$

所以，函数 $y=x+\dfrac{1}{x}$ 在区间 $(1,+\infty)$ 上单调递增.

二、教学目标

(1)知识与技能：理解函数的单调性概念；初步掌握函数单调性的判断与证明；学会运用函数图象理解和研究函数的性质.

(2)过程与方法：通过实例让学生从直观感受、定性描述到定量刻画函数单调性的自然跨越，最终实现对单调性概念的提炼和定性，体验数学的严谨性.通过自主探究、合作交流，引导学生参与到问题的讨论中，并用自己的语言表达自己的思想，体验和建立数形结合、分类讨论等数学思想，发展学生的创新意识和应用意识.

(3)情感态度价值观：通过利用图形计算器辅助教学，让学生感受图象对函数的有力作用，培养学生对数学的兴趣；通过自主学习、小组合作探究，增强学生之间的合作意识，拉近学生之间、师生之间的情感距离，形成良好的学习模式与氛围；通过问题讨论、语言概括与提炼，感受表达准确与理解准确的统一.

三、学情分析

(1)有利因素：学生已经在初中学过一些简单函数，并在高中阶段学习了函数的概念及表示，具备画简单函数图象的能力，也了解到有些函数值会随着自变量的增大而增大(或减小)的现象.学生已具备了一定的观察事物的能力，积累了一些研究问题的经验，少部分学生在一定程度上具备了抽象、概括的能力和语言转换能力.

(2)不利因素：用准确的数学符号语言去刻画函数单调性，由直观感性的认识上升到理性的高度，从直观到抽象的转变对大部分一级达标学校的高一学生来说比较困难，虽然他们的学习态度与积极性比较好，但思维的灵活性还是比较欠缺，逻辑思维水平不高，抽象概括能力不强.

四、教学过程

(一)复习引入

同学们,二十四节气是我国古代劳动人民对天文、气象进行长期观察、研究的产物,古人通过它能够直观、清楚地了解一年中季节气候的变化规律,以此掌握农时,合理安排农事活动.

图 4-38 所示是某城镇一年的气温变化图,观察这个图象,最高点是哪里? 最低点是哪里? 整个图象的变化趋势是怎么样的?

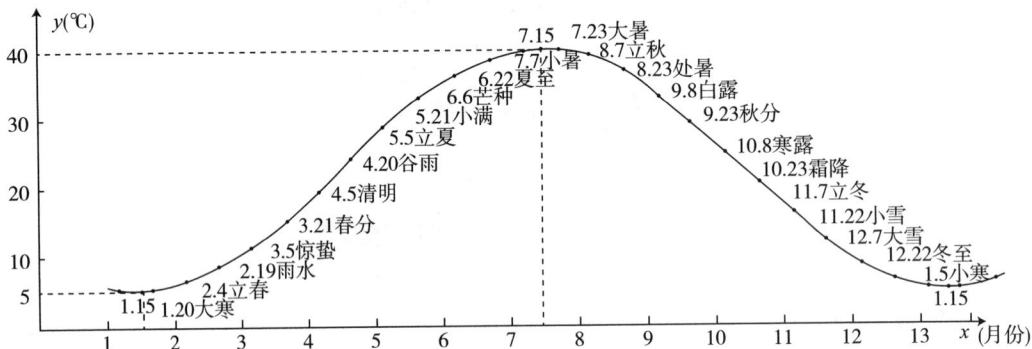

图 4-38

生:7 月 15 日小暑达到最高气温为 40 ℃,1 月 15 日小寒达到最低气温为 5 ℃,从 1 月小寒到 7 月小暑温度是逐渐上升的,从 7 月大暑到 12 月冬至温度是逐渐下降的.

师:是的,从这张图中我们可以看出不同时间下的数据变化.生活中还有很多与数据相关的变化趋势问题,请同学们举例说明.

学生以小组合作形式,展开充分的交流、碰撞与讨论.

生:股票行情、燃油价格、各城市工资收入、水位高低等.

师:我看到了同学们列举了很多生活实例来说明数据的变化情况.如何用数学中函数和图象的观点来描述这种变化趋势呢?

生:如果用函数的观点看,这些数据的变化其实就是自变量变化时,函数值也随之变化;从图象上看,其变化趋势为上升或下降.

师:是的,图象的这种升降性就是今天我们要研究的内容——函数的单调性.

【设计意图】从生活中的实例出发,结合中华民族悠久的历史文化,拉近数学与实际的距离,感受数学源于生活,激发学生的学习兴趣和主动探究的精神,为后面的学习提供了指向性,让学生从图象的上升和下降来考虑.

(二)讲授新课

请大家用图形计算器分别画出函数 $f(x)=x+1$,$f(x)=-x+1$,$f(x)=x^2$ 的图象,这些图象(图 4-39)从左往右看的趋势是怎么样的?

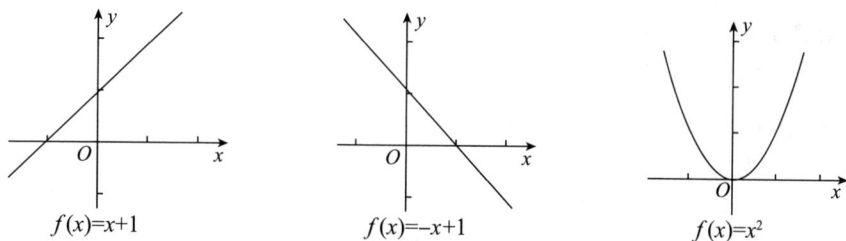

图 4-39

生:我们小组认为,函数 $f(x)=x+1$ 的图象从左往右是上升的,函数 $f(x)=-x+1$ 的图象从左往右是下降的,而函数 $f(x)=x^2$ 的图象从左往右是先降后升.

师:图象的这种升降规律,反映了当自变量 x 变化时,函数值 y 有什么变化规律?

生:当自变量 x 增大时,函数值 y 随之增大(升)或减小(降).

【设计意图】让学生直观感知单调性的图形特征,明确升降变化的实质就是自变量 x 变化时,函数值 $f(x)$ 随之变化,使学生第二次认识函数的单调性,为"形"过渡到"数"做铺垫.

师:如何用数学符号表示自变量 x 增大时,函数值 $f(x)$ 也增大?

师生活动:先分组探究,再展示交流.教师及时对学生的发言进行评价,肯定学生的回答,并对普遍出现的问题组织学生讨论,在辨析中达成共识.

$x_1<x_2$ 时,$f(x_1)<f(x_2)$,我们称 $f(x)$ 在定义域上是单调递增的,也称 $f(x)$ 为增函数.

师:在函数 $f(x)=x^2$ 的定义域 $(-\infty,+\infty)$ 内取 $x_1=-1,x_2=2$,显然 $x_1<x_2$,计算得到 $f(x_1)<f(x_2)$,则称函数 $f(x)=x^2$ 在 $(-\infty,+\infty)$ 上是增函数,这种说法对吗?

学生在组内讨论交流后,派代表发言.

生:不对,它不是增函数,取特殊值不具有代表性.

师:(继续追问)"如果在区间 D 内存在 $x_1<x_2<x_3<\cdots<x_n$,使得 $f(x_1)<f(x_2)<f(x_3)<\cdots<f(x_n)$ 成立,则称函数 $f(x)=x^2$ 在 D 上是增函数,这种说法对吗?"

生:不对,没有包含任意一个.

【设计意图】由特殊到一般,具体到抽象,在自主探究阶段中产生认知冲突,几个、许多个、无数个都不能代表"全部",利用学生的思维节点引导更深层次的思考,理解如何取值才具有一般的代表性,帮助学生理解定义中的"$\forall x_1,x_2$".因为定义中自变量取值的"任意性"是关键点,也是学习的难点,教学中给学习小组留足充裕的思考、交流与讨论的时间.

师:你认为一个函数是增函数必须具备哪些条件?

生:一是在定义域内的某个区间 D 上;二是对于 D 内的任意两个 x_1,x_2;三是 $x_1<x_2$ 时,一定都有 $f(x_1)<f(x_2)$.

【设计意图】函数单调性的概念在直观上是"动"的,但我们可以采用数学符号语言,很严谨、很简洁地就把这种关系刻画出来,让学生经历从用"直观图象""自然语言"过渡到用"数学符号语言"描述函数单调性的过程,实现对函数三种表示形式的认知,提升学生的抽象概括能力,是提升学生核心素养的有效途径,同时可以让学生感悟到数学符号语言的美.

师:有了对增函数性质的这些认识,对比增函数的定义,你能给出减函数的定义吗?

生:如果 $\forall x_1,x_2\in D$,当 $x_1<x_2$ 时,都有 $f(x_1)>f(x_2)$,那么就称函数 $f(x)$ 在区间 D 上单调递减.特别地,当函数 $f(x)$ 在它的定义域上单调递减时,我们就称它是减函数.

增函数和减函数,我们统称为单调函数.

【设计意图】让学生通过类比、归纳概括出减函数的定义.

(三)例题讲解

[例题 1]根据定义,研究函数 $f(x)=kx+b(k\neq0)$ 的单调性.

分析:根据函数单调性的定义,需要考察当 $x_1<x_2$ 时,$f(x_1)<f(x_2)$ 还是 $f(x_1)>f(x_2)$.根据实数大小关系的基本事实,只要考察 $f(x_1)-f(x_2)$ 与 0 的大小关系.

解:函数 $f(x)=kx+b(k\neq0)$ 的定义域是 $\mathbf{R}$,$\forall x_1,x_2\in\mathbf{R}$,且 $x_1<x_2$,则

$$f(x_1)-f(x_2)=(kx_1+b)-(kx_2+b)=k(x_1-x_2).$$

由 $x_1<x_2$,得 $x_1-x_2<0$.所以

(1)当 $k>0$ 时,$k(x_1-x_2)<0$.

于是 $f(x_1)-f(x_2)<0$,即 $f(x_1)<f(x_2)$,这时,$f(x)=kx+b$ 是增函数.

(2)当 $k<0$ 时,$k(x_1-x_2)>0$.

于是 $f(x_1)-f(x_2)>0$,即 $f(x_1)>f(x_2)$,这时,$f(x)=kx+b$ 是减函数.

综上所述,当 $k>0$ 时,$f(x)=kx+b$ 是增函数. 当 $k<0$ 时,$f(x)=kx+b$ 是减函数.

【设计意图】规范训练学生用严谨的数学符号语言证明函数的单调性,培养学生逻辑推理的学科素养.通过对 k 正负讨论,初步培养分类讨论的数学思想,让学生体会函数单调性与函数图象之间的联系与转化.在例题 1 的证明过程中,先由一个小组派代表进行小组成果阐述,再采用其他小组补充完善(或点评)的方式,使全体同学对讨论的必要性及如何分类达成一致的意见,突破教学难点.

[例题 2]物理学中的玻意耳定律 $p=\dfrac{k}{V}$(k 为正常数)告诉我们,对于一定量的气体,当其体积 V 减小时,压强 p 将增大,试对此用函数的单调性证明.

师生活动:先让学生独立思考"体积 V 减小时,压强 p 增大"的含义,建立物理意义与函数单调性的联系,明确只要证明函数 $p=\dfrac{k}{V}[V\in(0,+\infty)]$ 是减函数即可;再让学生独立给出证明,教师完善.

证明:$\forall V_1,V_2\in(0,+\infty)$,且 $V_1<V_2$,则 $p_1-p_2=\dfrac{k}{V_1}-\dfrac{k}{V_2}=k\cdot\dfrac{V_2-V_1}{V_1V_2}$.

由 $V_1,V_2\in(0,+\infty)$,得 $V_1V_2>0$;由 $V_1<V_2$,得 $V_2-V_1>0$. 又 $k>0$,于是 $p_1-p_2>0$,即 $p_1>p_2$.

所以,根据函数单调性的定义,函数是减函数. 也就是说,当体积 V 减小时,压强 p 将增大.

(四)课堂练习

师:(展示课堂练习)判断下列说法是否正确,并结合定义说明理由:

(1)如果 $\forall x_1,x_2\in D$,当 $x_1>x_2$ 时,都有 $f(x_1)>f(x_2)$,则此函数 $f(x)$ 在区间 D 上单调递减. ( )

(2)定义域为 $(0,+\infty)$ 的函数 $f(x)$,满足 $f(n)<f(n+1)$,$n=1,2,3,4,\cdots$,则此函数 $f(x)$ 为增函数. ( )

(3)如果 $\forall x_1x_2\in D$,当 $x_1>x_2$ 时,都有 $(x_1-x_2)[f(x_1)-f(x_2)]<0$,则此函数 $f(x)$ 在区间 D 上单调递减. ( )

由各小组长带领本组同学对以上问题展开讨论,讨论中充分发扬民主精神,保证组内每个同

学都能够畅所欲言,表达自己的观点和见解,在思想碰撞中深度理解函数单调性的概念及内涵.

生:(1)不正确,因为 $f(x)$ 单调递增.

(2)不正确,因为不是任意的 x_1,x_2.

(3)正确.$\because x_1>x_2,\therefore x_1-x_2>0,\therefore f(x_1)-f(x_2)<0$,即 $f(x_1)<f(x_2)$.

【设计意图】利用增减函数的定义,判断以上命题的正确性,深化学生对定义内涵的进一步理解,达到进一步巩固概念的目的,对函数的单调性又有了新的认识,体会到除了用函数图象来判断函数的单调性,还可以用增减函数的定义来判断证明.

(五)归纳小结

师:通过本节课的学习,你能用图象语言、自然语言以及数学符号语言描述函数 $y=f(x)$ 在区间 (a,b) 上单调递增的函数特征吗? 你能说说用定义证明函数单调性的步骤吗?

生:在用定义法证明函数单调性时要经历五个步骤:取值,作差,变形,定号,下结论.

【设计意图】回顾概念探究过程,体会由直观到抽象、特殊到一般、感性到理性的认知过程,对数学概念的应用进一步提升到可操作的层面,学会严谨证明函数的单调性,巩固学生研究函数性质的学习方法,为后续学习函数其他性质做铺垫.

五、注　析

整节课采用小组合作探究为主的开放教学形式组织教学.本节课是人教 A 版高中数学必修一第一章第三节的内容,是学生学习了函数的概念后学习的函数第一个性质.函数的单调性是函数学习中第一个用数学符号语言刻画的性质,相对于初中用自然语言来刻画函数的性质抽象许多.在函数单调性的研究过程中,经历观察函数图象,结合图、表,用自然语言描述函数图象特征,用严谨的数学符号语言定义函数性质的过程.既有从图象上进行观察的直观方法,又有根据其定义进行逻辑推理的严格证明方法,是函数研究的深化与提高,也为后阶段研究函数的其他性质提供了方法依据.

新课程标准指出:"数学概念教学,要关注概念的实际背景和形成过程,让学生经历概念的形成过程."本节课的教学设计就围绕立足概念教学培育学生核心素养这个根本展开,在教学目标上,定位"直观想象、数学抽象、逻辑推理"为本节课学科素养的培育目标,教学过程分为五个环节,层层递进、螺旋上升,利用"问题串"引导学生探究学习,开展小组合作交流,在关注概念背景中培养直观想象能力,在生成概念和方法形成中培养数学抽象能力,在探索论证和讨论交流中培养逻辑推理能力.

这节课主要时间花在"生成概念"上,一开始采用生活实例观察气温高低变化图,感受函数图形的走势情况,关注师生互动,给时间让学生思考、交流、讨论,开展小组合作学习,互帮互助,尽可能发挥学生学习的积极能动性,激发学生的学习兴趣.

案例4　双曲线的标准方程

一、教材原文

人教 A 版,高中数学选择性必修第一册,2020 年 5 月第 1 版,pp.118-121.

3.2 双曲线

双曲线也是具有广泛应用的一种圆锥曲线，如发电厂冷却塔的外形、通过声音时差测定位等都要用到双曲线的性质. 本节我们将类比椭圆的研究方法研究双曲线的有关问题.

3.2.1 双曲线及其标准方程

我们知道，平面内与两个定点 F_1，F_2 的距离的和等于常数（大于 $|F_1F_2|$）的点的轨迹是椭圆. 一个自然的问题是：平面内与两个定点的距离的差等于常数的点的轨迹是什么？下面我们先用信息技术探究一下.

探究

如图 3.2-1，在直线 l 上取两个定点 A，B，P 是直线 l 上的动点. 在平面内，取定点 F_1，F_2，以点 F_1 为圆心、线段 PA 为半径作圆，再以 F_2 为圆心、线段 PB 为半径作圆.

我们知道，当点 P 在线段 AB 上运动时，如果 $|F_1F_2|<|AB|$，那么两圆相交，其交点 M 的轨迹是椭圆；如果 $|F_1F_2|>|AB|$，两圆不相交，不存在交点轨迹.

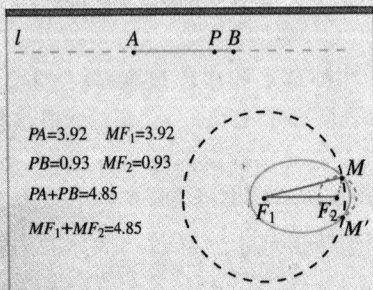

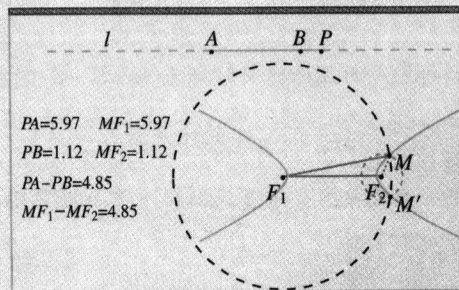

图 3.2-1　　　　　　　　　　　图 3.2-2

如图 3.2-2，在 $|F_1F_2|>|AB|$ 的条件下，让点 P 在线段 AB 外运动，这时动点 M 满足什么几何条件？两圆的交点 M 的轨迹是什么形状？

我们发现，在 $|F_1F_2|>|AB|$ 的条件下，点 P 在线段 AB 外运动时，当点 M 靠近定点 F_1 时，$|MF_2|-|MF_1|=|AB|$；当点 M 靠近定点 F_2 时，$|MF_1|-|MF_2|=|AB|$. 总之，点 M 与两个定点 F_1，F_2 距离的差的绝对值 $|AB|$ 是一个常数（$|AB|<|F_1F_2|$）. 这时，点 M 的轨迹是不同于椭圆的曲线，它分左右两支.

一般地，我们把平面内与两个定点 F_1，F_2 的距离的差的绝对值等于非零常数（小于 $|F_1F_2|$）的点的轨迹叫做双曲线（hyperbola）．这两个定点叫做双曲线的焦点，两焦点间的距离叫做双曲线的焦距．

探究

类比求椭圆标准方程的过程，我们如何建立适当的坐标系，得出双曲线的方程？

观察我们画出的双曲线，发现它也具有对称性，而且直线 F_1F_2 是它的一条对称轴，所以我们取经过两焦点 F_1 和 F_2 的直线为 x 轴，线段 F_1F_2 的垂直平分线为 y 轴，建立如图 3.2-3 所示的平面直角坐标系 Oxy．设 $M(x，y)$ 是双曲线上任意一点，双曲线的焦距为 $2c(c>0)$，那么，焦点 F_1，F_2 的坐标分别是 $(-c，0)$，$(c，0)$，又设 $||MF_1|-|MF_2||=2a$（a 为大于 0 的常数）．

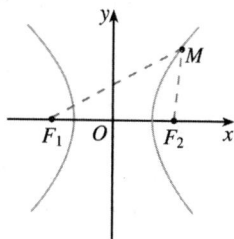

由双曲线的定义，双曲线就是下列点的集合：

$$P=\{M|\,||MF_1|-|MF_2||=2a，0<2a<|F_1F_2|\}.$$

因为

$$|MF_1|=\sqrt{(x+c)^2+y^2},$$
$$|MF_2|=\sqrt{(x-c)^2+y^2},$$

图 3.2-3

所以

$$\sqrt{(x+c)^2+y^2}-\sqrt{(x-c)^2+y^2}=\pm 2a. \qquad ①$$

类比椭圆标准方程的化简过程，化简①，得

$$(c^2-a^2)x^2-a^2y^2=a^2(c^2-a^2),$$

两边同除以 $a^2(c^2-a^2)$，得

$$\frac{x^2}{a^2}-\frac{y^2}{c^2-a^2}=1.$$

由双曲线的定义知，$2c>2a$，即 $c>a$，所以 $c^2-a^2>0$．类比椭圆标准方程的建立过程，令 $b^2=c^2-a^2$，其中 $b>0$，代入上式，得

你能在 y 轴上找一点 B，使得 $|OB|=b$ 吗？

$$\frac{x^2}{a^2}-\frac{y^2}{b^2}=1\ (a>0，b>0). \qquad ②$$

从上述过程可以看到，双曲线上任意一点的坐标 $(x，y)$ 都是方程②的解；以方程②的解为坐标的点 $(x，y)$ 与双曲线的两个焦点 $F_1(-c，0)$，$F_2(c，0)$ 的距离之差的绝对值都为 $2a$，即以方程②的解为坐标的点都在双曲线上．我们称方程②是双曲线的方程，这个方程叫做双曲线的标准方程．它表示焦点在 x 轴上，焦点分别是 $F_1(-c，0)$，$F_2(c，0)$ 的双曲线，这里 $c^2=a^2+b^2$．

？思考

类比焦点在 y 轴上的椭圆标准方程，焦点在 y 轴上的双曲线的标准方程是什么？

如图 3.2-4，双曲线的焦距为 $2c$，焦点分别是 $F_1(0，-c)$，$F_2(0，c)$，a，b 的意义同上，这时双曲线的方程是

$$\frac{y^2}{a^2}-\frac{x^2}{b^2}=1 \ (a>0，b>0)，$$

这个方程也是双曲线的标准方程.

例 1 已知双曲线的两个焦点分别为 $F_1(-5，0)$，$F_2(5，0)$，双曲线上一点 P 与 F_1，F_2 的距离差的绝对值等于 6，求双曲线的标准方程.

解：因为双曲线的焦点在 x 轴上，所以设它的标准方程为

$$\frac{x^2}{a^2}-\frac{y^2}{b^2}=1 \ (a>0，b>0).$$

由 $2c=10$，$2a=6$，得 $c=5$，又 $a=3$，因此 $b^2=5^2-3^2=16$.

所以，双曲线的标准方程为

$$\frac{x^2}{9}-\frac{y^2}{16}=1.$$

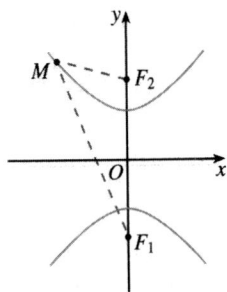

图 3.2-4

例 2 已知 A，B 两地相距 800 m，在 A 地听到炮弹爆炸声比在 B 地晚 2 s，且声速为 340 m/s，求炮弹爆炸点的轨迹方程.

分析：先根据题意判断轨迹的形状. 由声速及 A，B 两处听到炮弹爆炸声的时间差，可知 A，B 两处与爆炸点的距离的差为定值，所以爆炸点在以 A，B 为焦点的双曲线上. 因为爆炸点离 A 处比离 B 处远，所以爆炸点应在靠近 B 处的双曲线的一支上.

解：如图 3.2-5，建立平面直角坐标系 Oxy，使 A，B 两点在 x 轴上，并且原点 O 与线段 AB 的中点重合.

设炮弹爆炸点 P 的坐标为 $(x，y)$，则

$$|PA|-|PB|=340\times2=680，$$

即 $2a=680$，$a=340$.

又 $|AB|=800$，所以 $2c=800$，$c=400$，$b^2=c^2-a^2=44\ 400$.

因为 $|PA|-|PB|=680>0$，所以点 P 的轨迹是双曲线的右支，因此 $x\geqslant340$.

所以，炮弹爆炸点的轨迹方程为

$$\frac{x^2}{115\ 600}-\frac{y^2}{44\ 400}=1 \ (x\geqslant340).$$

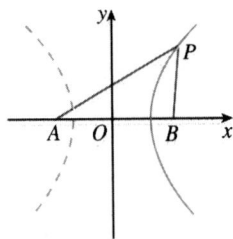

图 3.2-5

利用两个不同的观测点 A，B 测得同一点 P 发出信号的时间差，可以确定点 P 所在双曲线的方程. 如果再增设一个观测点 C，利用 B，C（或 A，C）两处测得的点 P 发出信号的时间差，就可以确定点 P 所在另一双曲线的方程. 解这两个方程组成的方程组，就能确定点 P 的准确位置，这是双曲线的一个重要应用.

探究

如图 3.2-6，点 A，B 的坐标分别是 $(-5, 0)$，$(5, 0)$，直线 AM，BM 相交于点 M，且它们斜率之积是 $\dfrac{4}{9}$，试求点 M 的轨迹方程，并由点 M 的轨迹方程判断轨迹的形状，与 3.1 例 3 比较，你有什么发现？

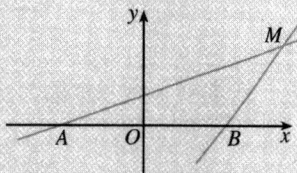

图 3.2-6

二、教学目标

（1）知识与技能：掌握双曲线的定义，标准方程，并会根据已知条件求双曲线的标准方程.

（2）过程与方法：通过设置有关拉链拉锁轨迹的问题，引导学生类比椭圆的定义，引出双曲线的定义，并通过类比推导出双曲线的标准方程.

（3）情感态度价值观：通过本节课的学习，增强学生类比推理的能力，激发学生的学习兴趣；逐步培养学生发现和提出问题、分析和解决问题的能力，体会数学在生活中无处不在.

三、学情分析

双曲线的标准方程是人教版高中数学选择性必修第一册第三章第二节内容. 双曲线是在学习了椭圆的基础上研究的又一种圆锥曲线. 双曲线的学习是对研究圆锥曲线内容的进一步深化和提高. 它的学习体现了数形结合、类比等重要的数学思想方法. 本节课的作用就是纵向承接椭圆定义和标准方程的研究，横向为双曲线的简单性质以及抛物线的学习打下基础.

学生已经学习了椭圆定义的概况过程、定义中常数的限定范围、如何建系、椭圆的标准方程的推导过程、如何判断焦点位置等一系列的知识，并且学生已经具备了一定的抽象概括的能力，所以可以类比椭圆抽象概括出双曲线的定义.

四、教学过程

（一）情境与实验

[实验]学生两人一组，每组一条拉链，老师随机抽取一位同学做助手，全班师生一起动手操作.

师：取一条拉链拉开它的一部分，拉链的两个端点分别固定在 F_1，F_2 上，把笔尖放在拉链的活动处，拉链逐渐拉开或闭拢，笔尖所经过的点的轨迹是什么？能用数学知识解释一下吗？（笔尖到两个固定点的距离相等,是一条直线.）

师:上述操作把拉链的一边剪短一定的长度后,再照样操作,此时笔尖到两个固定点的距离关系式是什么呢？ 笔尖的轨迹是怎样的呢？（学生操作.）

（二）概念形成

[问题]我们把笔尖所对应的点记为 P 点,拉链的两侧长度差记为 $2a(a>0)$. 刚才实验中产生的一组等量关系,我们如何来描述呢？

生 1: $|PF_1|-|PF_2|=2a$.

生 2: $|PF_2|-|PF_1|=2a$.

生 3: $\big||PF_1|-|PF_2|\big|=2a$.

师:非常好! 我们把满足上述等量关系的 P 点的轨迹称为双曲线. 前面我们已经学过了椭圆的定义,请同学们类比椭圆,尝试着给出双曲线的定义.

生 4:平面内到两定点 F_1, F_2 的距离的差等于常数的点的轨迹叫双曲线.

生 5:必须是差的绝对值.

生 6:常数要小于 $|F_1F_2|$.

师:不加绝对值, P 点的轨迹有什么特点?

生（众）:只有一支.

师:很好! 当 $|PF_1|-|PF_2|=2a$ 时,动点的轨迹是与 F_2 对应的双曲线的一支, $|PF_2|-|PF_1|=2a$ 时为双曲线的另一支.

师: $\big||PF_1|-|PF_2|\big|\geqslant|F_1F_2|$ 时, P 点的轨迹是什么?

生 7: $\big||PF_1|-|PF_2|\big|>|F_1F_2|$ 时,根据三角形三边关系, P 点的轨迹不存在.

生 8: $\big||PF_1|-|PF_2|\big|=|F_1F_2|$ 时,两条射线.

师:非常好! 现在我们一起来重新给出双曲线的定义.（学生回答,教师板书.）

定义:平面内到两定点 F_1, F_2 的距离的差的绝对值等于常数(小于 $|F_1F_2|$)的点的轨迹叫双曲线. 这两个定点 F_1, F_2 叫做双曲线的焦点,两个焦点间的距离 $|F_1F_2|$ 叫做焦距.

（三）类比探究,推导方程

前面我们通过建系,设点,找出关系式,代入,化简,从而推导出椭圆的标准方程. 现在我们类比椭圆方程生成的过程,基于大家手中完成的图象(图 4-40 和图 4-41),推导双曲线的标准方程. 学生两人一组,配合操作.

展示学生的成果:

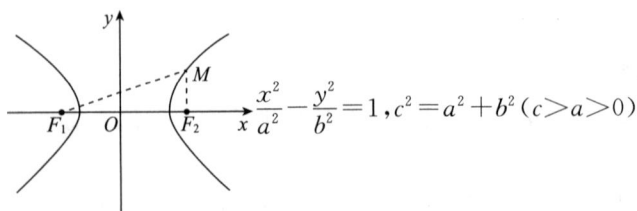

$$\frac{x^2}{a^2}-\frac{y^2}{b^2}=1, \quad c^2=a^2+b^2 \ (c>a>0)$$

图 4-40

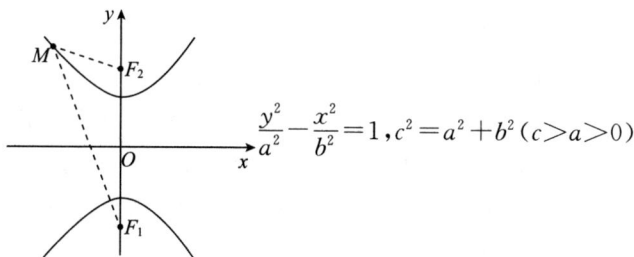

$$\frac{y^2}{a^2}-\frac{x^2}{b^2}=1,c^2=a^2+b^2(c>a>0)$$

图 4-41

师:哪种结果是正确的?

生:都是对的,建系不同,图 4-40 是焦点在 x 轴上,图 4-41 是焦点在 y 轴上.

师:很好!

(四)概念辨析应用

[例题 1]设双曲线的两个焦点分别为 $F_1(-5,0)$, $F_2(5,0)$,双曲线上一点 P 与 F_1, F_2 的距离差的绝对值等于 6,求双曲线的标准方程.

解:因为双曲线的焦点在 x 轴上,所以设它的标准方程为

$$\frac{x^2}{a^2}-\frac{y^2}{b^2}=1,(a>0,b>0).$$

由 $2c=10,2a=6$,得 $c=5,a=3$.

因此,$b^2=5^2-3^2=16$.

所以,双曲线的标准方程为 $\dfrac{x^2}{9}-\dfrac{y^2}{16}=1$.

[例题 2]已知,A,B 两地相距 800 m,在 A 地听到炮弹爆炸声比在 B 地晚 2 s,且声速为 340 m/s,求炮弹爆炸点的轨迹方程.

解:如图 4-42 所示,建立平面直角坐标系 xOy,使 A,B 两点在 x 轴上,并且原点 O 与线段 AB 的中点重合.设炮弹爆炸点 P 的坐标为 (x,y),则 $|PA|-|PB|=340\times2=680>0$.

所以,点 P 轨迹是以 AB 为焦点的双曲线的右支.

$\because 2a=680,\therefore a=340$.

又 $\because |AB|=800$,即 $2c=800,\therefore c=400$.

故 $b^2=c^2-a^2=44400$.

$\therefore$ 双曲线的标准方程为 $\dfrac{x^2}{115600}-\dfrac{y^2}{44400}=1(x\geqslant340)$.

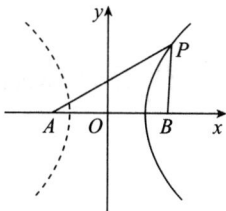

图 4-42

(五)课堂小结

(1)双曲线的定义是平面内到两定点的距离之差的绝对值是一个非零正常数,且这个常数小于 $|F_1F_2|$.注意双曲线定义中"$0<2a<|F_1F_2|$""绝对值"的词汇的定性描述.

(2)双曲线的标准方程的特点是平方差,一般根据项的正负来判断焦点所在的位置,即 x^2 项的系数是正的,那么焦点在 x 轴上;y^2 项的系数是正的,那么焦点在 y 轴上.

(3)比较与区分双曲线与椭圆的定义和标准方程的异同.

五、注 析

本课属于教学形式开放.

本教学设计与原教材不同之处见表 4-4.

表 4-4

内容	原教材	本课程设计
双曲线生成过程	几何画板展示	学生动手实验
双曲线的两种标准方程	类比得出	学生动手实验,通过展示学生作图和推导成果,发现出现两种结果,师生合作经探究后,发现是因建系时焦点所处位置不同导致

本着创新开放的数学教育理念,采用问题引领的实验探究式教学法,层层深入,让不同层次的学生都经历概念的形成、发展以及应用过程,渗透数形结合、类比等数学思想方法,同时让学生感受数学的美.

首先,在问题的探究过程中,设计了学生的动手实验,增加学生的感性认识,培养学习的兴趣和主动参与的精神.通过实验操作,自然地引入双曲线定义,不仅提高了课堂的趣味性,也深化了学生对双曲线定义的认识.

其次,用类比联想的方法,从椭圆的定义中提出新的问题:到两个定点的距离之差为正常数的点的轨迹是什么?再通过探究解答问题,得到双曲线定义,这样有助于学生正确理解双曲线概念,在学习中主动加强知识间的联系.特别注意双曲线定义中"$0<2a<|F_1F_2|$""绝对值"的词汇的定性描述,当没有绝对值时,通常表示为双曲线的一支.

由于前一节学生接触过椭圆标准方程的推导,对建、设、列、化、证等步骤有所熟悉,因此双曲线标准方程的推导过程,可以在教师的引导下由学生尝试完成,特别是证明"以方程的解为坐标的点都在双曲线上"的过程可以由师生共同完成,以培养思维和论证的严密性.

案例5 抛物线的焦点弦性质探究

一、教材原文

人教 A 版,高中数学选择性必修第一册,2020 年 5 月第 1 版,p.135.

例 4　斜率为 1 的直线 l 经过抛物线 $y^2=4x$ 的焦点 F，且与抛物线相交于 A，B 两点，求线段 AB 的长.

分析：由抛物线的方程可以得到它的焦点坐标，又直线 l 的斜率为 1，所以可以求出直线 l 的方程；与抛物线的方程联立，可以求出 A，B 两点的坐标；利用两点间的距离公式可以求出 $|AB|$. 这种方法思路直接，具有一般性. 请你用此方法求 $|AB|$.

下面介绍另外一种方法——数形结合的方法.

在图 3.3-4 中，设 $A(x_1,y_1)$，$B(x_2,y_2)$. 由抛物线的定义可知，$|AF|$ 等于点 A 到准线的距离 $|AA'|$. 由 $p=2$，$\dfrac{p}{2}=1$，得

$|AA'|=x_1+\dfrac{p}{2}=x_1+1$，于是 $|AF|=x_1+1$. 同理，$|BF|=$

$|BB'|=x_2+\dfrac{p}{2}=x_2+1$，于是得

$$|AB|=|AF|+|BF|=x_1+x_2+p=x_1+x_2+2.$$

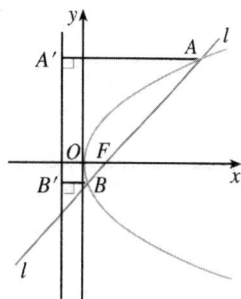

图 3.3-4

由此可见，只要求出点 A，B 的横坐标之和 x_1+x_2，就可以求出 $|AB|$.

解：由题意可知，$p=2$，$\dfrac{p}{2}=1$，焦点 F 的坐标为 $(1,0)$，准线方程为 $x=-1$. 如图 3.3-4，设 $A(x_1,y_1)$，$B(x_2,y_2)$，A，B 两点到准线的距离分别为 d_A，d_B. 由抛物线的定义，可知

$$|AF|=d_A=x_1+1, \quad |BF|=d_B=x_2+1,$$

于是

$$|AB|=|AF|+|BF|=x_1+x_2+2.$$

因为直线 l 的斜率为 1，且过焦点 $F(1,0)$，所以直线 l 的方程为

$$y=x-1. \quad ①$$

将①代入方程 $y^2=4x$，得 $(x-1)^2=4x$，化简，得

$$x^2-6x+1=0.$$

所以

$$x_1+x_2=6,$$
$$|AB|=x_1+x_2+2=8.$$

所以，线段 AB 的长是 8.

> 如果直线 l 不经过焦点 F，$|AB|$ 还等于 x_1+x_2+2 吗？

教材例题的目的在于探究直线与抛物线的位置关系，进而求相交弦的长度. 例题的特殊之处在于直线刚好过抛物线的焦点，从而有更特殊的方法来求相交弦长度. 而关于过抛物线的弦还有许多的性质值得去探究，可为之专门开一节性质探究课.

二、教学目标

（1）知识与技能：帮助学生理解并掌握抛物线的几何性质，从定义和标准方程出发，探究有关抛物线的焦半径和焦点弦的常见性质.

（2）过程与方法：从抛物线的定义和标准方程出发，结合几何分析和坐标运算，推导抛物线的性质，让学生体会运用数学各种思想方法解题的快捷性和准确性，培养学生分析、归纳、推理等能力.

（3）情感态度价值观：通过本节课的学习，使学生进一步掌握利用方程研究曲线性质的基本方法，加深对直角坐标系中曲线方程的关系概念的理解，培养学生主动探索精神，使学生感受到学习数学的乐趣，增强学习的积极性.

三、学情分析

本节课的授课对象是学校选修数学竞赛的 24 位学生，有着较强的数学学习能力和较好的数学探究意识. 就知识掌握程度而言，学生已经学习了抛物线的定义及标准方程，掌握了研究直线与圆锥曲线位置关系的一般方法. 课前将 24 位学生平均分成四个小组，在问题驱动下，以学生分组讨论、合作探究的形式来开展本节课教学.

四、教学过程

（一）新课引入

同学们，前面我们学习了抛物线的定义和标准方程，今天我们继续研究直线和抛物线的位置关系. 首先我们给出抛物线焦点弦定义：

如果经过焦点 F 的直线与抛物线交于 A，B 两点，称线段 AB 为抛物线的焦点弦（图 4-43）.

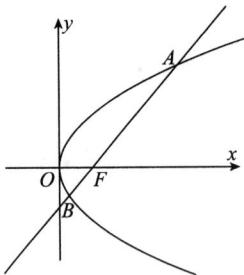

图 4-43

本节课，我们将一起探究抛物线焦点弦的多种神奇性质. 请同学们回顾，前面我们学习了哪些方法来探究直线与圆锥曲线的位置关系？

生：研究直线与圆锥曲线的位置关系时通常有几何法和代数法两种方法，但如果要对位置关系进行定量分析，常用方法是联立直线和圆锥曲线方程，消元得到一元二次方程，进而研究交点坐标之间的一些代数关系.

【设计意图】老师通过抛出问题，点明本节课的学习主题，同时，老师也可以此引导学生回忆通性通法，帮助学生在参与课堂活动时能有一定的思维导向.

(二)性质探究

1.探究活动(一)

本节课我们均以抛物线 $y^2=2px(p>0)$ 为例.首先请同学们设出直线 AB 方程,其中 $A(x_1,y_1)$,$B(x_2,y_2)$,分组探究以下两个问题,完成之后会请同学们上台展示讨论成果.

[问题1]交点 A,B 坐标之间有何代数关系?

[问题2]与焦点弦 AB 相关的线段长度有哪些性质?

【设计意图】老师通过提问帮助学生明确讨论方向,同时给学生足够的时间进行讨论,老师可参与讨论和给予一定指导,进而达到真正的讨论效果.

生:各小组分别派一名同学作为代表展示探究成果,其余组员进行适当补充.

第1组:因为焦点弦经过 x 轴上的点 $F\left(\dfrac{p}{2},0\right)$,所以我们小组讨论后一致认为设直线方程为 $x=my+\dfrac{p}{2}$ 便于问题解决.

联立 $\begin{cases} x=my+\dfrac{p}{2} \\ y^2=2px \end{cases}$,消去 x 得方程 $y^2-2mpy-p^2=0$;消去 y 得方程 $x^2-(2m^2+1)px+\dfrac{p^2}{4}=0$.

进而得以下四个代数式:

$$y_1y_2=-p^2,\quad x_1x_2=\dfrac{p^2}{4},\quad y_1+y_2=2mp,\quad x_1+x_2=(2m^2+1)p.$$

从上面四个代数式可以看出,$A(x_1,y_1)$,$B(x_1,y_2)$ 两点的横(纵)坐标之和是关于 m 的函数,即与直线的位置相关,二横(纵)坐标乘积是一个与直线位置无关的定值.同时按照类似的方法,我们还得到了以下更为一般的结论:

过定点 $(a,0)(a>0)$ 的直线 l 与抛物线 $y^2=-2px$ 交于 $A(x_1,y_1)$,$B(x_2,y_2)$ 两点,则 $y_1y_2=-2pa$,$x_1x_2=a^2$.

第3组:对于问题1,我们小组得到了和第1组相同的结论,对于问题2,结合方程 $y^2-2mpy-p^2=0$ 可得到弦长 $|AB|=2(m^2+1)p$,这个公式的推导,有两种证明方法.

法一:根据弦长公式

$$|AB|=\sqrt{(x_1-x_2)^2+(y_1-y_2)^2}=\sqrt{m^2+1}\,|y_1-y_2|$$
$$=\sqrt{m^2+1}\cdot\sqrt{[(y_1+y_2)^2-4y_1y_2]}=2(m^2+1)p.$$

法二:因为焦点弦经过抛物线的焦点,结合抛物线的定义可得

$$|AB|=|AF|+|BF|=x_1+\dfrac{p}{2}+x_2+\dfrac{p}{2}=x_1+x_2+p=2(m^2+1)p.$$

第2组:对于问题2,我们小组组员提出了可以从抛物线的倾斜角入手的想法,进而通过几何的方法得到了以下四个公式

$$|AF|=\dfrac{p}{1-\cos\theta},\quad |BF|=\dfrac{p}{1+\cos\theta},\quad \dfrac{1}{|AF|}+\dfrac{1}{|BF|}=\dfrac{2}{p},\quad |AB|=\dfrac{2p}{\sin^2\theta}.$$

具体证明如下:

如图 4-44 所示,过 A 点作 AR 垂直 x 轴于点 R,过 B 点作 BS 垂直 x 轴于点 S,设准线与 x 轴交点为 E,因为直线 l 的倾斜角为 θ,则 $|ER|=|EF|+|FR|=p+|AF|\cos\theta=|AF|$.

$\therefore |AF|=\dfrac{p}{1-\cos\theta}$,$\therefore \dfrac{1}{|AF|}=\dfrac{1-\cos\theta}{p}$,同理可得 $\dfrac{1}{|BF|}=\dfrac{1+\cos\theta}{p}$.

$\therefore \dfrac{1}{|FA|}+\dfrac{1}{|FB|}=\dfrac{2}{p}$,$|AB|=|AF|+|BF|=\dfrac{p}{1-\cos\theta}+\dfrac{p}{1+\cos\theta}=\dfrac{2p}{\sin^2\theta}$.

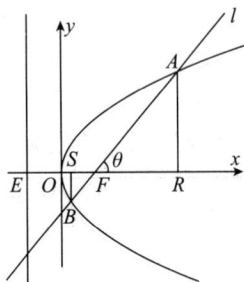

图 4-44

【设计意图】学生展示讨论成果,体现教学效果.通过展示,可培养学生的数学表达能力和数学思维,同时还帮助学生树立学习数学的热情和积极性,增强学生学习的自信心.

2.探究活动(二)

刚才同学们分组探究了问题 1 和问题 2 的一些结论,第 1 组同学还进行了一般结论的推广,这种从特殊到一般的思想是一种非常重要的思想方法,值得我们所有同学学习.下面,请同学们结合问题 1 和问题 2 的结论以及解题方法,继续思考以下两个问题:

[问题 3]以焦点弦 $|AB|$ 和焦半径 $|AF|$(或 $|BF|$)为直径的圆有什么性质?

[问题 4]从角度的探究出发,同学们可以得到哪些结论?

【设计意图】对探究活动(一)学生的表现给予肯定,继续给出问题,帮助学生确定讨论方向,进一步探究抛物线焦点弦的其他性质.

生:各小组经过讨论后分别派一名同学作为代表展示探究成果,其余组员进行适当补充.

第 4 组:通过讨论探究,对于问题 3 我们小组得到以下两个结论,即

结论 1:以 $|AB|$ 为直径的圆与抛物线的准线相切.

结论 2:以 $|AF|$(或 $|BF|$)为直径的圆与 y 轴相切(图 4-45).

结论 1 证明如下:

如图 4-46 所示,设 M 为 AB 的中点,过 A 点作准线的垂线 AA_1,过 B 点作准线的垂线 BB_1.

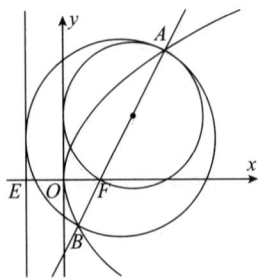

图 4-45

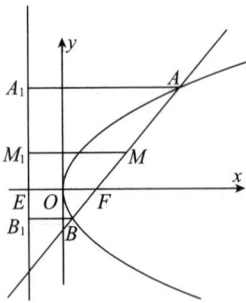

图 4-46

过 M 点作准线的垂线 MM_1，由梯形的中位线性质和抛物线的定义知：

$$|MM_1| = \frac{|AA_1| + |BB_1|}{2} = \frac{|AF| + |BF|}{2} = \frac{|AB|}{2},$$

即 $|AB|$ 为直径的圆与抛物线的准线相切.

同理可证结论 2.

第 1 组：结合图象我们小组得到以下两个结论：$\angle A_1 FB_1 = 90°$，$\angle AM_1 B = 90°$.

具体证明如下：

先证 $\angle A_1 FB_1 = 90°$，连接 $A_1 F，B_1 F$（图 4-47），根据定义 $\angle AA_1 F = \angle AFA_1$，

因为 $AA_1 \parallel x$ 轴，所以 $\angle EFA_1 = \angle FA_1 A$，从而 $\angle NFA_1 = \angle AFA_1$，

同理 $\angle EFB_1 = \angle BFB_1$，所以 $\angle A_1 FB_1 = 90°$.

由第 4 组同学的结论 1 可以直接推导 $\angle AM_1 B = 90°$.

第 2 组：我们发现 x 轴平分 $\angle AEB$，AM_1 平分 $\angle FAA_1$，BM_1 平分 $\angle FBB_1$（图 4-48）.

证明如下（图 4-49）：

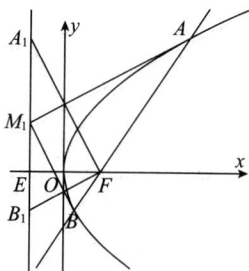

图 4-47

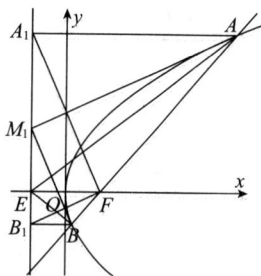

图 4-48

$\because BB_1 \parallel EF \parallel AA_1，\therefore \dfrac{|B_1 E|}{|EA_1|} = \dfrac{|BF|}{|FA|}.$

$\because |BF| = |B_1 B|，|FA| = |A_1 A|，\therefore \dfrac{|B_1 E|}{|EA_1|} = \dfrac{|B_1 B|}{|A_1 A|}.$

$\because \angle AA_1 E = \angle BB_1 E = 90°，\therefore \triangle A_1 EA \backsim \triangle B_1 EB，$

$\therefore \angle A_1 EA = \angle B_1 EB，\therefore \angle AEF = \angle BEF，即 EF 平分角 \angle AEB.$

又 $\because MM_1 \parallel AA_1，\therefore \angle MM_1 A = \angle A_1 AM_1.$

$\because MM_1 = AM，\therefore \angle MM_1 A = \angle MAM_1，$

$\therefore \angle M_1 AA_1 = \angle MAM_1，即 AM_1 平分 \angle FAA_1.$

同理可证 BM_1 平分 $\angle FBB_1$.

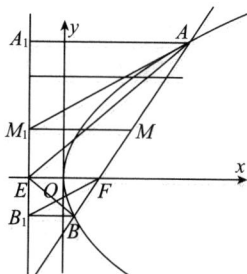

图 4-49

【设计意图】通过学生展示,培养学生的数学表达能力,同时评价学生小组讨论的效果.结合学生的表达,教师可帮助学生完善思维上的不足之处,进而帮助学生深刻理解所学知识.

(三)课堂小结

本节课我们小组探究的活动非常成功,同学们利用多种方法探究了与抛物线焦点弦相关的结论,每一个结论的得出都凝聚了同学们的智慧和思想.同时,抛物线的焦点弦还有许许多多的结论,同学们课后可以继续去探究和发现,老师也希望你们能带着这种探究学习的精神投入今后的学习中,你们一定能在数学的海洋里发现更多的宝藏.

【设计意图】通过课堂小结,肯定学生的讨论成果,增强学生学习数学的积极性.同时给学生留下一些问题,提升学生的数学探究意识和创新精神.

五、注 析

美籍数学家、数学教育家波利亚在其名著《怎样解题》中指出:在解题过程中要加强学生数学发现能力的培养,教会学生思考和培养学生创新精神.因此,本节课的重点不在于推出多少性质,记住多少结论,而是以已学过的知识为载体,引导学生如何抓住这类问题的本质,启发学生思考,在探究活动中积累基本的运算经验,发展数学运算素养,提高分析问题和解决问题的能力.

通过教师问题驱动,师生共同探究的形式开展教学,真正实现课堂以学生为中心,使枯燥的课堂变得生动有趣,亦可扎实地培养学生的数学思维以及数学表达能力,增强学生的数学学习兴趣.在实际教学过程中,多次用到几何画板教学软件作图帮助学生理解和探究抛物线的焦点弦性质,有助于培养学生数形结合的思维能力.

但是,本节课还可以有一些改进之处,如教师的问题驱动使得讨论有了一定局限性,不利于更多地培养学生发散性思维,因此可尝试让学生独立去发现一些抛物线的焦点弦性质.另外,本节课学习的内容可谓是抛物线焦点弦的一些典型性质,内容难度和思维深度并不大,因此教师可整合抛物线焦点弦多方面的性质,进而帮助学生进行一些更好的性质探究.

第三节　体验操作形式开放实践

案例1　勾股定理的逆定理

一、教材原文

人教版,数学八年级(下册),2013年9月第1版,pp.31-33.

17.2 勾股定理的逆定理

据说，古埃及人用图 17.2-1 的方法画直角：把一根长绳打上等距离的 13 个结，然后以 3 个结间距、4 个结间距、5 个结间距的长度为边长，用木桩钉成一个三角形，其中一个角便是直角.

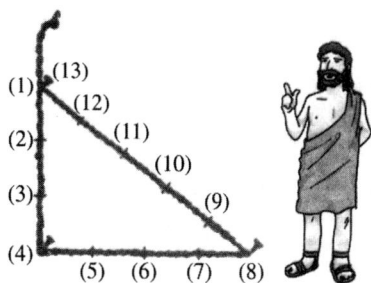

图 17.2-1

相传，我国古代大禹治水测量工程时，也用类似方法确定直角.

这个问题意味着，如果围成的三角形的三边长分别为 3，4，5，它们满足关系"$3^2+4^2=5^2$"，那么围成的三角形是直角三角形.

画画看，如果三角形的三边长分别为 2.5 cm，6 cm，6.5 cm，它们满足关系"$2.5^2+6^2=6.5^2$"，画出的三角形是直角三角形吗？换成三边分别为 4 cm，7.5 cm，8.5 cm，再试一试.

由上面的几个例子，我们猜想：

命题 2 如果三角形的三边长 a，b，c 满足 $a^2+b^2=c^2$，那么这个三角形是直角三角形.

我们看到，命题 2 与上节的命题 1 的题设、结论正好相反. 我们把像这样的两个命题叫做互逆命题. 如果把其中一个叫做原命题，那么另一个叫做它的逆命题. 例如，如果把命题 1 当成原命题，那么命题 2 是命题 1 的逆命题. 上节已证明命题 1 正确，能证明命题 2 正确吗？

命题 1、命题 2 的题设、结论分别是什么？

在图 17.2-2(1) 中，已知△ABC 的三边长分别为 a，b，c，且满足 $a^2+b^2=c^2$，要证△ABC 一定是直角三角形. 我们可以先画一个两

条直角边长分别为 a，b 的直角三角形，如果 $\triangle ABC$ 与这个直角三角形全等，那么 $\triangle ABC$ 就是一个直角三角形.

如图 17.2-2(2)，画一个 $\mathrm{Rt}\triangle A'B'C'$，使 $B'C'=a$，$A'C'=b$，$\angle C'=90°$. 根据勾股定理，$A'B'^2=B'C'^2+A'C'^2=a^2+b^2$. 因为 $a^2+b^2=c^2$，所以 $A'B'=c$. 在 $\triangle ABC$ 和 $\triangle A'B'C'$ 中，$BC=a=B'C'$，$AC=b=A'C'$，$AB=c=A'B'$，所以 $\triangle ABC\cong\triangle A'B'C'$. 因此 $\angle C=\angle C'=90°$，即 $\triangle ABC$ 是直角三角形.

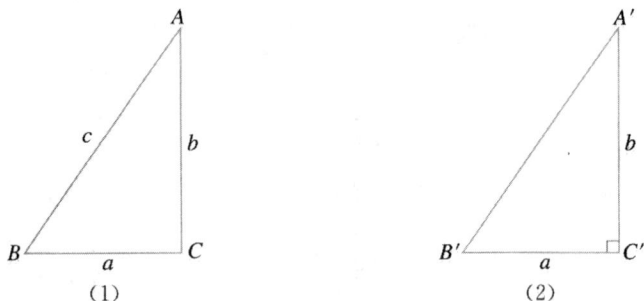

图 17.2-2

这样我们证明了勾股定理的逆命题是正确的，它也是一个定理. 我们把这个定理叫做勾股定理的逆定理. 它是判定直角三角形的一个依据.

一般地，原命题成立时，它的逆命题可能成立，也可能不成立. 如本章中的命题 1 成立，它的逆命题命题 2 也成立；命题"对顶角相等"成立，而它的逆命题"如果两个角相等，那么这两个角是对顶角"却不成立.

一般地，如果一个定理的逆命题经过证明是正确的，那么它也是一个定理，称这两个定理互为逆定理.

例1 判断由线段 a，b，c 组成的三角形是不是直角三角形：

(1) $a=15$，$b=8$，$c=17$；

(2) $a=13$，$b=14$，$c=15$.

分析：根据勾股定理及其逆定理，判断一个三角形是不是直角三角形，只要看两条较小边长的平方和是否等于最大边长的平方.

解：(1) 因为 $15^2+8^2=225+64=289$，

$$17^2=289,$$

所以 $15^2+8^2=17^2$，根据勾股定理的逆定理，这个三角形是直角三角形.

像 15，8，17 这样，能够成为直角三角形三条边长的三个正整数，称为勾股数.

（2）因为 $13^2 + 14^2 = 169 + 196 = 365$，

$$15^2 = 225,$$

所以 $13^2 + 14^2 \neq 15^2$，根据勾股定理，这个三角形不是直角三角形.

例 2 如图 17.2-3，某港口 P 位于东西方向的海岸线上."远航"号、"海天"号轮船同时离开港口，各自沿一固定方向航行，"远航"号每小时航行 16 n mile，"海天"号每小时航行 12 n mile. 它们离开港口一个半小时后分别位于点 Q，R 处，且相距 30 n mile. 如果知道"远航"号沿东北方向航行，能知道"海天"号沿哪个方向航行吗？

分析：在图 17.2-3 中可以看到，由于"远航"号的航向已知，如果求出两艘轮船的航向所成的角，就能知道"海天"号的航向了.

解：根据题意，

$PQ = 16 \times 1.5 = 24$，

$PR = 12 \times 1.5 = 18$，

$QR = 30$.

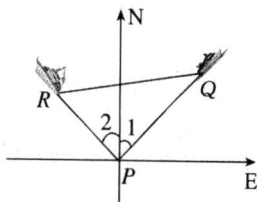

图 17.2-3

因为 $24^2 + 18^2 = 30^2$，即 $PQ^2 + PR^2 = QR^2$，所以 $\angle QPR = 90°$.

由"远航"号沿东北方向航行可知，$\angle 1 = 45°$. 因此 $\angle 2 = 45°$，即"海天"号沿西北方向航行.

二、教学目标

（1）知识与技能：体会勾股定理的逆定理得出过程，掌握勾股定理的逆定理；探究勾股定理的逆定理的证明方法.

（2）过程与方法：通过对勾股定理的逆定理的探索，经历知识的发生、发展和形成的过程；通过用三角形的三边的数量关系来判断三角形的形状，体验数形结合方法的应用.

（3）情感态度价值观：培养学生的辩证思维能力及不断发现、探索新知识的精神，对学生进行爱国主义教育，激发学生的学习热情；通过对勾股定理的逆定理的探索，培养学生的交流、合作的意识，严谨的学习态度和自主学习的能力.

三、学情分析

从勾股定理到它的逆定理，学生往往会从直觉出发想当然地认为勾股定理的逆命题也一定成立，而从这种直觉上升到逻辑严密的思考和证明，认识到两个结论有联系但并不相同，认识到新的结论仍需经过严格的证明，这是思维能力提高的重要体现.

八年级学生思维比较活跃，喜欢发表自己的见解，善于进行小组合作学习，学生动手操作,动脑思考,动口表达,积极参与实践操作的能力较强.但是学生思维的局限性还很大,特别是勾股定理逆定理的证明要根据已知条件构造一个直角三角形,根据学生的现有知识储备情况,学生不容易想到,因此是本节课的难点,引导学生构造一个直角三角形是学生本节课能力发展的关键点.

四、教学过程

(一)复习引入

师:上一节课我们学习了勾股定理,请同学们回忆一下勾股定理的内容是什么?

生:如果直角三角形的两条直角边为 a,b,斜边为 c,那么三边满足的关系为 $a^2+b^2=c^2$.

师:勾股定理反映了直角三角形三边间的数量关系,即直角边为 a,b,斜边为 c,则三边满足 $a^2+b^2=c^2$.

(带领学生集体复习勾股定理.)

(二)讲授新课

1. 发现勾股定理的逆定理

师:同学们,我们今天来做个游戏,将你们准备好的细绳子用直尺量一量,然后第一组同学将绳子用剪刀剪成 5 cm,11 cm,12 cm,13 cm 四段;第二组同学将绳子分成 7 cm,23 cm,24 cm,25 cm 四段;第三组同学将绳子分成 8 cm,13 cm,15 cm,17 cm 四段.

(教师在黑板上写下这三组数据.)

师:同学之间互相合作,检查一下这四段绳子的长度是否符合要求,看谁分得准确?(严谨、认真,注重知识的形成过程)你们分别用这四段绳子首尾相连能组成多少个三角形? 并量一量,每一个三角形中有没有直角? 把结果记录下来.

(教师在各组间巡视.)

师:把所得的结果在组内互相交换一下,每组各派一个代表,说说你们测量的结果.

生 1:我们围成四个三角形,这四个三角形中,有一个三角形的一个角是 $90°$,三边长分别是 5 cm,12 cm,13 cm,$90°$角是长 13 cm 这条边所对的角.

生 2:我们围成四个三角形,这四个三角形中,有一个三角形的一个角是 $90°$,三边长分别是 7 cm,24 cm,25 cm 的三角形中,边长是 25 cm 的边所对的角是 $90°$.

生 3:我们围成四个三角形,这四个三角形中,有一个三角形的一个角是 $90°$,三边长分别是 8 cm,15 cm,17 cm 的三角形中,边长是 17 cm 的边所对的角是 $90°$.

(让学生将生活中的问题抽象成数学模型.)

师:各组的代表都回答得很正确,下面请这三位同学在黑板上用三角板分别画出各组的三角形,并标出对应边的数据长度.从各组结果来看,每组中都围成了一个直角三角形.同学们观察黑板上三个三角形的各边数据,看看这三个数据间有没有联系,你发现了什么?

(各小组内互相讨论.)

生 4:$5^2+12^2=13^2$,$7^2+24^2=25^2$,$8^2+15^2=17^2$.

生 5:都满足 $a^2+b^2=c^2$,即两边的平方和等于第三边的平方.

生 6:如果三角形的三边长 a,b,c 满足 $a^2+b^2=c^2$,那么这个三角形是直角三角形.

师:这就是我们今天要学习的命题 2.命题 2 和之前我们学过的命题 1 有什么联系呢?

生(众):这两个命题的题设和结论正好相反.

师:像这样的两个命题我们叫做互逆命题.

教师出示互逆命题的概念,并介绍原命题和逆命题.

师:你能举出有关互逆命题的例子吗?

生 7:"正方形的四个角都是直角"与"四个角都是直角的四边形是正方形".

生 8:"平行四边形的两组对边相等"与"两组对边相等的四边形是平行四边形".

师:在我们大家举出的互逆命题中原命题和逆命题都成立吗?

生:不一定.例如,正方形的四个角为直角,但四个角为直角的四边形不一定是正方形.

【设计意图】让学生在合作交流的基础上明确互逆命题的概念,在生生互动的过程中掌握互逆命题的真假性是各自独立的.

2.证明勾股定理的逆定理

师:对于刚才的猜想命题 2,你能给出证明吗? 它的题设和结论是什么?

生:题设是三角形的三边长 a,b,c 满足 $a^2+b^2=c^2$,结论是这个三角形是直角三角形.

根据题设、结论,师生共同写出已知、求证.

已知:如图 4-50 所示,△ABC 的三边长 a,b,c 满足 $a^2+b^2=c^2$,

求证:△ABC 是直角三角形.

师:要证明△ABC 是直角三角形,我们需要知道∠C 是直角,那如何证明∠C 是直角呢? 直接在△ABC 中证明,可以吗? 上面我们证明了以 5,12,13 为边长的三角形是直角三角形,这个问题和前面的问题有相似的地方吗?

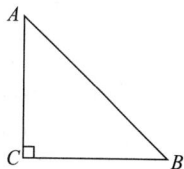

图 4-50

小组讨论得出证明思路,证明猜想的正确性,教师适时点拨,总结证明步骤.

如图 4-51 所示,画一个 Rt△$A'B'C'$,使得 $B'C'=a$,$A'C'=b$,∠$C'=90°$.

根据勾股定理,$A'B'^2=B'C'^2+A'C'^2=a^2+b^2$,

因为 $a^2+b^2=c^2$,所以 $A'B'=c$.

在△ABC 与△$A'B'C'$中,$BC=a=B'C'$,$AC=b=A'C'$,$AB=c=A'B'$,

所以△ABC≌△$A'B'C'$,所以∠$C=∠C'=90°$,

即△ABC 是直角三角形.

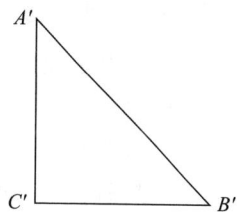

图 4-51

师:通过刚才的证明,我们可以得出前面的猜想是正确的.正确的命题我们称为真命题,通过证明的真命题我们称为定理.我们把它称为勾股定理的逆定理.

板书:勾股定理的逆定理:如果三角形的三边长 a,b,c 满足 $a^2+b^2=c^2$,那么这个三角形是直角三角形.

师:要判定一个三角形是直角三角形,只需要知道三边是否满足"两边的平方和等于第三边".

(三)例题讲解

[例题]在△ABC 中,$AC=7$,$AB=24$,$BC=25$ 组成的三角形是不是直角三角形?

解：$\because AC^2+AB^2=7^2+24^2=625,BC^2=25^2=625,\therefore AC^2+AB^2=BC^2.$

根据勾股定理逆定理可知，$\triangle ABC$ 是直角三角形.

(四)课堂练习

[练习 1]已知 $a=m^2-n^2,b=2mn,c=m^2+n^2$，判断由线段 a,b,c 组成的三角形是不是直角三角形.

解：$\because a^2+b^2=(m^2-n^2)^2+(2mn)^2=(m^2+n^2)^2,$

$c^2=(m^2+n^2)^2,$

$\therefore a^2+b^2=c^2.$

根据勾股定理逆定理可知，线段 a,b,c 组成的三角形是直角三角形.

[练习 2]如图 4-52 所示，在四边形 $ABCD$ 中，$AB=3$，$BC=4$，$CD=12$，$AD=13$，$\angle B=90°$，求：四边形 $ABCD$ 的面积.

分析：欲求不规则四边形 $ABCD$ 的面积，可以采用割补法，先将四边形分割成两个三角形. 注意到连接 AC 后，刚好得到两个直角三角形，应用相关数据即可求出四边形 $ABCD$ 的面积.

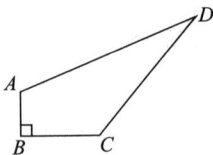

图 4-52

解：连接 AC，

$\because \angle B=90°,AB=3,BC=4,$

$\therefore AC=\sqrt{AB^2+BC^2}=5.$

在 $\triangle ACD$ 中，$AC^2+CD^2=25+144=169=AD^2$，

$\therefore \triangle ACD$ 是直角三角形.

$\therefore S_{四边形ABCD}=\dfrac{1}{2}AB\cdot BC+\dfrac{1}{2}AC\cdot CD=\dfrac{1}{2}\times3\times4+\dfrac{1}{2}\times5\times12=36.$

(五)归纳小结

(1)勾股定理的逆定理：如果三角形的三边长 a,b,c 满足 $a^2+b^2=c^2$，那么这个三角形是直角三角形.

(2)原命题与逆命题的关系：题设与结论互换.

(3)判断一个三角形是直角三角形的方法：有一个角为 90° 的三角形是直角三角形；勾股定理的逆定理；两个锐角互为余角(两角相加等于 90°)的三角形是直角三角形.

五、注　析

初中阶段大部分学生的学习态度是很端正的，但是由于学习方法及习惯不恰当，使得对数学失去兴趣，在课堂上跟着老师被动地听课，缺乏思考和主动探索学习的精神. 所以本节课的设计打破传统的讲授方法，采用开放式的教学形式，激发学生的自主学习能力和学习兴趣. 在教师的引导下，让学生做游戏，探究问题的主体，经历、体验、感受知识形成的过程然后逐步递进.

整个过程都是以学生为主，学生动手实践，互助探索，合作交流，教师起了参与者、引导者的作用. 教师充分创造了让学生探索问题的时间和空间，学生自主学习、观察、探索，由此发现规律，让每一位学生都能够积极参与到课堂上来，得到不同程度的发展. 学生在这一环节中不仅要掌握相关的数学知识,还要培养实践动手能力与自主探究能力,体验知识在实际问题中的运用,体会数学的实用性,敢于应对数学学习中遇到的困难,从而树立学习数学的信心和培养自主学习能力.

案例2　勾股定理活动探究

一、教材原文

人教版,数学八年级(下册),2013年9月第1版,p.36.

数学活动

活动1

如图1,学校需要测量旗杆的高度.同学们发现系在旗杆顶端的绳子垂到了地面,并多出了一段,但这条绳子的长度未知.请你应用勾股定理提出一个解决这个问题的方案,并与同学交流.

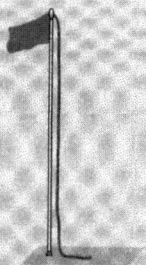

图1

活动2

用四张全等的直角三角形纸片拼含有正方形的图案,要求拼图时直角三角形纸片不能互相重叠.以下各图是按要求拼出的几个图案,请你再给出几种不同拼法.

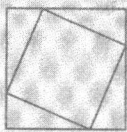

图2

图3

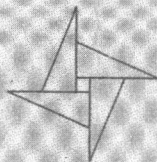

图4

设直角三角形的两条直角边长分别为 a，b，斜边长为 c，试用两种不同方法计算图 2 中大正方形（或小正方形）的面积. 从中你发现勾股定理的证明方法了吗？在拼出的其他图案中再试一试，看看在哪些图案中能用类似的方法证明勾股定理.

请你从有关书籍或互联网上再找一些证明勾股定理的方法，并与同学交流.

二、教学目标

（1）知识与技能：通过拼图活动，巩固勾股定理的证明；通过测量旗杆高度方法的探究，巩固勾股定理的应用.

（2）过程与方法：经历拼图过程，体验数学思维的严谨性，发展形象思维；在勾股定理应用探究中，培养动手实践能力，发展合情推理能力，体会数形结合思想.

（3）情感态度价值观：了解勾股定理的历史，感受数学文化，增强对我国悠久历史文化的热爱情感；感受学习数学知识是为实践服务的意识；提高学生对数学的兴趣；在解决问题的过程中，培养学生的应用意识.

三、学情分析

八年级的学生已经具备了一定的几何推理证明基础，同时也有一定的动手操作能力，因此本节课设置为一个活动课，能够很大地调动学生的积极性，让每个学生参与到活动探究中，体会到定理的产生和应用. 这些活动的经历，让学生也积累了一定的活动经验，为九年级的数学活动探究奠定一定的基础.

四、教学过程

（一）复习引入

勾股定理：已知直角——三边的特殊关系.

追问 1：如何证明勾股定理？

追问 2：是否有其他拼图方法来证明呢？这节课我们一起来探究一下.

学生口头回答：通过等面积法.

（二）讲授新课

活动 1：请同学们拿出手头事先准备好的四张全等的直角三角形纸片（图 4-53），尝试用这四张纸片拼出含有正方形的图案，要求拼图时直角三角形纸片不能互相重叠.

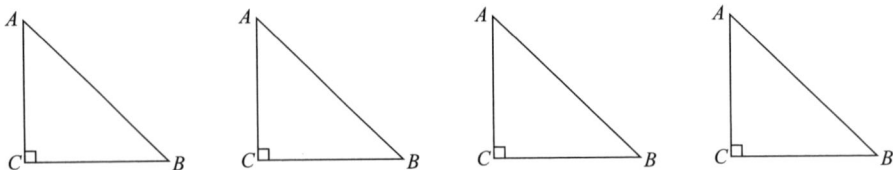

图 4-53

追问1:要拼成正方形,需要满足什么条件?

学生思考并回答:四个角都是直角,四条边都相等.

追问2:如何保证四个角都是直角? 有几种拼法? 可以怎么拼?

学生动手操作,并回答拼成的步骤.

教师引导:可以把两个锐角放在同一个顶点,就拼成了一个直角,比如先拿出一个直角三角形,然后再取另一个直角三角形,将顶点 A 和顶点 B 靠在一起,拼成直角,另外直角边重合,将剩余部分空出来,以此类推,拼出四个直角,此时四个直角三角形的斜边刚好是拼成的正方形的边长,也就是大家熟悉的赵爽弦图(图4-54).

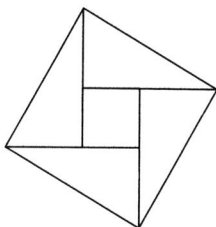

图 4-54

追问3:还有其他不同的拼法吗?

学生动手操作,并回答拼图的步骤.

教师引导:可以将四个全等的直角三角形的直角作为拼成的大正方形的直角,即顶点 A 和顶点 B 靠着,此时直角三角形的斜边在内部,拼成的正方形的边长为 $a+b$,以此类推,拼成四个直角,中间是边长为 c 的小正方形,即如图 4-55 所示.

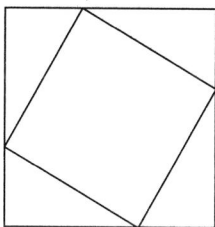

图 4-55

教师引导:如果不拼成大正方形,而是只要出现正方形图案呢? 还有其他拼法吗? 想想看.

学生动手操作尝试,得到如图 4-56 所示的图形.

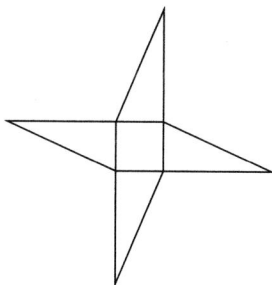

图 4-56

(三)例题讲解

[例题]你能根据你所拼出的图形,证明勾股定理吗?

教师示范一个例子证明书写过程.

比如:

证明:如图 4-57 所示,依题意得:

$S_{大正方形} = (a+b)^2$,

$S_{大正方形} = 4 \times \frac{1}{2}ab + c^2$,

由 $(a+b)^2 = 4 \times \frac{1}{2}ab + c^2$ 可得

$c^2 = a^2 + b^2$.

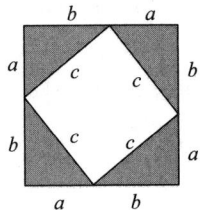

图 4-57

(四)课堂练习

[练习]如图 4-58 所示,你能只用两个全等的直角三角形证明勾股定理吗?如何拼?如何证明?

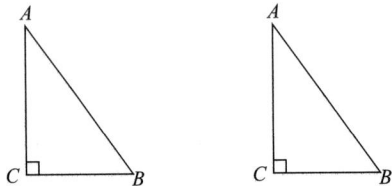

图 4-58

追问 1:此时还能拼成正方形吗?如果不能,能拼成什么图形?是否依然可以用等面积法来证明勾股定理呢?

学生动手拼出如图 4-59 所示的图形,并且尝试类比之前的证明过程完成解答.

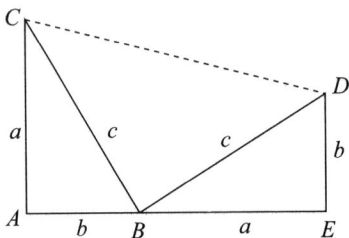

图 4-59

连结 CD,根据梯形的面积公式有:

$\frac{1}{2}(a+b)(a+b) = 2 \times \frac{1}{2}ab + \frac{1}{2}c^2$,

化简即得 $c^2 = a^2 + b^2$.

【设计意图】设计举一反三的练习是培养学生问题解决的能力,使学生知道公式的推理本质所在.

活动 2:刚才同学们已经通过拼图探究了勾股定理的证明过程,那么接下来请同学们利用勾股定理来解决一个实际问题.

[问题]如图 4-60 所示,学校需要测量旗杆的高度.同学们发现系在旗杆顶端的绳子比旗杆长但长度未知.你能应用勾股定理提出一个解决这个问题的方案吗?

追问 1:求旗杆的高度,首先要构造什么?

教师引导学生结合本节知识思考,得出:构造直角三角形.

追问 2:如何构建直角三角形呢?

学生不难得出,只要将绳子拉直放在地面上,然后保证绳子端点落在水平地面上即可(图 4-61).

追问 3:如何测量旗杆高度呢?

(1)如图 4-62 所示,设旗杆的高度为 x,测量绳子垂到地面多出的部分,记为 a.

(2)测量绳子底端到旗杆底端的距离,记为 b.

(3)根据勾股定理可得 $x^2 + b^2 = (x+a)^2$,a,b 为已知量,便可求出 x 的值,即旗杆的高度.

图 4-60

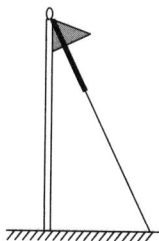

图 4-61

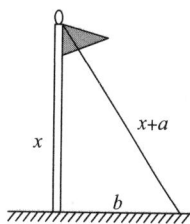

图 4-62

(五)归纳小结

本节课通过拼图的方式证明勾股定理,说明几何定理的证明可以采用图形证法.这种方法既直观又易于理解,是数学证明的一种重要方法.同时,在测量旗杆高度的过程中,我们深刻认识到数学来源于生活,又应用于生活.在使用勾股定理解决实际问题时,关键是要构造出直角三角形.

五、注 析

本节课在教材中是属于数学活动课,学生通过亲自动手实验的方式,获得定理证明的思路和方法.教材中先应用勾股定理解决实际旗杆问题,再利用拼图证明勾股定理,而这节课的设计思路刚好与教材布局相反,我们认为学生应该先理解勾股定理的证明原理,才能够应用于实际问题.通过设置拼图活动和测量学校旗杆高度的活动,让学生动手参与,动手操作,体会到数学源于实际,高于实际,运用于实际的科学意义与价值.在以往勾股定理的证明中,往往都是教师给出具体的拼好的图形,让学生利用等面积法证明,省去拼图的过程,很多学生并不能真正理解图形的作用,通过亲自参与拼图,转化,能更深地体会到勾股定理的证明本质.实际应用也是让学生明确知识的价值,在解决问题中的应用.当然,笔者的教学设计虽然与教材有差异,但都同样能达到(或更好地达到)教学目的,起到殊途同归的功效.

一、教材原文

人教版,数学八年级(下册),2013 年 9 月第 1 版,pp.57-58.

上面我们研究了菱形的性质,下面我们研究如何判定一个平行四边形或四边形是菱形.

由菱形的定义可知,有一组邻边相等的平行四边形是菱形.除此之外,还有没有其他判定方法呢?

与研究平行四边形、矩形的判定方法类似,我们研究菱形的性质定理的逆命题,看看它们是否成立.

思考

我们知道,菱形的对角线互相垂直.反过来,对角线互相垂直的平行四边形是菱形吗?

可以发现并证明菱形的一个判定定理:

对角线互相垂直的平行四边形是菱形.

例 4　如图 18.2-10,□$ABCD$ 的对角线 AC,BD 相交于点 O,且 $AB=5$,$AO=4$,$BO=3$. 求证:□$ABCD$ 是菱形.

证明:∵　$AB=5$,$AO=4$,$BO=3$,

∴　$AB^2=AO^2+BO^2$.

∴　△OAB 是直角三角形.

∴　$AC \perp BD$.

∴　□$ABCD$ 是菱形.

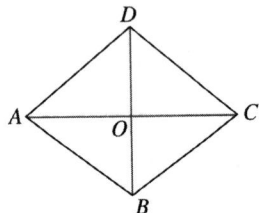

图 18.2-10

思考

我们知道,菱形的四条边相等.反过来,四条边相等的四边形是菱形吗?

可以发现并证明菱形的另一个判定定理:

四条边相等的四边形是菱形.

二、教学目标

(1)知识与技能:掌握菱形的三种判定方法,能根据已知条件,选择适当的判定定理进行推理和计算.

(2)过程与方法:经历菱形判定定理的探究过程,渗透类比思想,体会图形判定的一般思路.

(3)情感态度价值观:经历动手操作实践的过程,独立探索问题,体会数学的价值.

三、学情分析

对于八年级下学期的学生而言,他们动手操作能力以及演绎推理能力逐步得到提高,而且前面已经学习了平行四边形的性质、判定以及矩形的性质、判定以及菱形的性质,经历了对平行四边形和矩形判定的探究.本节课在这些已有学习经验的基础上,类比平行四边形、矩形判定的研究过程,从性质定理的逆命题出发,获得猜想,然后用演绎推理证明猜想,形成定理.本节课教学需要解决两个问题:一是如何探索并证明菱形的判定定理,深化对菱形的认知;二是随着知识的增加,如何合理有效地安排习题进行巩固训练,发展推理能力.本节课设计了多个丰富的动手实践活动,在动手操作的过程中体会菱形判定的应用.

四、教学过程

(一)复习引入

(1)师生回忆菱形的定义与性质,引出菱形的定义,作为菱形的第一种判定方法(图4-63).

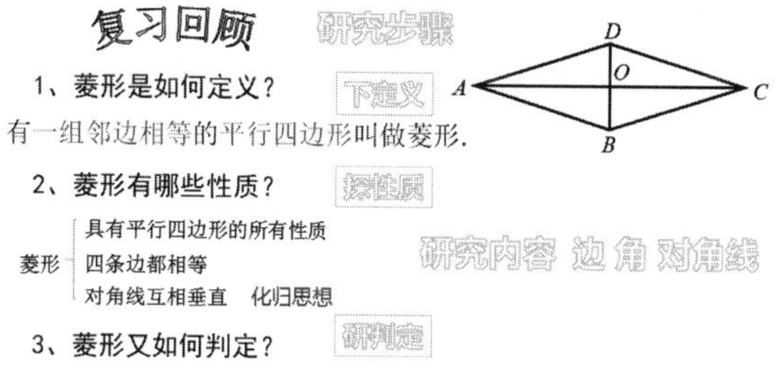

图 4-63

(2)对比平行四边形和矩形判定定理的引入,研究菱形性质的逆命题(表4-5).

表 4-5

图　形	性　　质	判　定
平行四边形	平行四边形的对边相等 平行四边形的对角相等 平行四边形的对角线互相平分	两组对边分别相等的四边形是平行四边形 两组对角分别相等的四边形是平行四边形 对角线互相平分的四边形是平行四边形
矩形	矩形的四个角都是直角　类比思想 矩形的对角线相等	有三个角是直角的四边形是矩形 对角线相等的平行四边形是矩形
菱形	菱形的四条边都相等 菱形的两条对角线互相垂直	? 猜想、归纳、验证的探究方法

(二)讲授新课

由菱形的定义可得,有一组邻边相等的平行四边形是菱形.

除此之外,还有其他判定方法吗?

类比猜想 1:由菱形的对角线互相垂直.

猜想逆命题:对角线互相垂直的平行四边形是菱形?

求证:对角线互相垂直的平行四边形是菱形.

已知:如图 4-64 所示,在□ABCD 中,对角线 AC,BD 相交于点 O,
且 AC⊥BD.

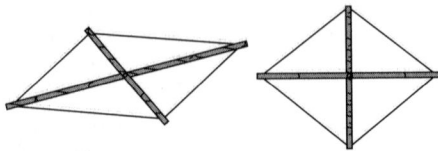

图 4-64

求证:□ABCD 是菱形.

师生活动:需要明确此方法包括两个条件:①是一个平行四边形;②两条对角线互相垂直.

证明:∵四边形 ABCD 是平行四边形,

∴OA=OC.

∵AC⊥BD,∴△ADO≌△CDO,

∴AD=CD. 又四边形 ABCD 是平行四边形,

∴四边形 ABCD 是菱形.

类比猜想 2:由菱形的四条边都相等.

猜想逆命题:四条边都相等的四边形是菱形?

求证:四条边都相等的四边形是菱形.

已知:如图 4-65 所示,四边形 ABCD 中,AB=BC=CD=DA.

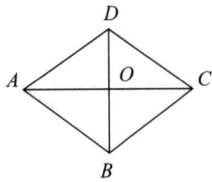

图 4-65

求证:四边形 ABCD 是菱形.

师生活动:证明相对简单,教师展示多媒体,学生口述即可. 教师强调此方法应用时的前提条件是四边形.

证明:∵AB=CD,AD=BC,

∴四边形 ABCD 是平行四边形.

∵AB=BC,

∴四边形 ABCD 是菱形.

(三)例题讲解

[转一转 1]如图 4-66 所示,用一长一短两根木条,在它们的中点处固定一个小钉,做成一个可转动的十字,四周围上一根橡皮筋,做成一个四边形. 转动木条,这个四边形什么时候变成菱形? 请说明理由.

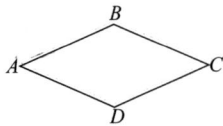

图 4-66

解:由题意,该四边形对角线互相平分,所以是平行四边形.

当两根木棒互相垂直时,它是菱形.

【设计意图】学生在动态演示的过程中,感受菱形与一般平行四边形的演变关系,及时巩固菱形的判定定理,增强对此定理的理解.

[剪一剪]如何用一张矩形纸片(图 4-67)和一把剪刀,剪出一个菱形?

图 4-67

解:将长方形纸张横对折,再竖对折,然后沿图中虚线剪下,打开即得菱形纸片(图 4-68).

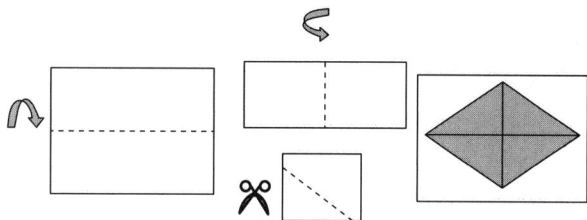

图 4-68

【设计意图】联系矩形和菱形的轴对称性思考问题,培养学生观察与动手操作能力.

[画一画]如何只用一把有刻度的直尺画菱形? 并说明理由.

[问题 1]有刻度的直尺的作用是什么?

解:连线,度量长度.

[问题 2]通过两条互相平分的对角线,可以画平行四边形,怎么通过一把直尺画垂直?

解:可通过构造等腰三角形,由三线合一,连结两腰的交点与底边中点,可得此线垂直于底边.

[问题 3]有没有借助其他图形构造平行四边形的方法?

解:法一:先画一个等腰三角形 ABC,其中 $AB=AC$,度量底边中点 D,连结底边的中线 AD,也就是底边上的高,再延长 AD 至 E,使得 $DE=AD$,则四边形 $ABEC$ 是菱形.

法二:先用刻度尺画一个等腰三角形,再通过度量分别确定两腰与底边的中点,依次连结每条腰的中点与底边中点,与两腰的一半围成一个菱形,通过三角形中位线定理易证得.

法三:先画一个对角线相等的四边形,度量确定各边中点,再依次连结各边中点得到的中点四边形即为菱形,通过三角形中位线定理易证得.

【设计意图】培养学生动手能力,分析问题、类比解决问题的能力,同时培养学生的探究意识,整理知识,优化知识结构,加强知识联系.

[转一转 2]如图 4-69 所示,两张等宽的纸条交叉叠放在一起:

(1)判断重合部分构成的四边形 $ABCD$ 的形状?

(2)若纸条都是长 8 cm,宽 2 cm,则 $ABCD$ 周长的最小值和最大值分别是多少?

[问题 4]教师询问,叠放的位置唯一吗?

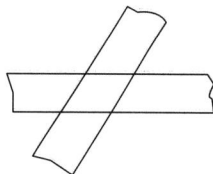

图 4-69

311

解：不唯一，不同学生上台展示不同的叠放位置，教师将其展示在黑板上.

[问题5]教师追问，虽然图形不同，但不同之中有没有相同之处？

解：学生通过动手旋转操作，测量或观察，发现都是菱形.

[问题6]教师再次追问，这些菱形有没有相同的要素？

解：学生发现菱形的高相等，就是原来长方形纸条的宽.

过点 A 作 $AF \perp BC$ 于点 F，$AE \perp CD$ 于点 E，如图 4-70 所示.

∵四边形 $ABCD$ 是由两张等宽纸条叠放重合，

∴$AD /\!/ BC$，$AB /\!/ CD$，

∴四边形 $ABCD$ 是平行四边形，

∵$S_{\square ABCD} = BC \cdot AF = CD \cdot AE$，

∵$AE = AF$，∴$CD = BC$. ∵四边形 $ABCD$ 为平行四边形，

∴四边形 $ABCD$ 是菱形.

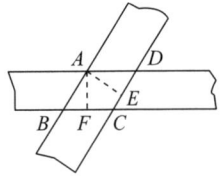

图 4-70

[问题7]纸张移动过程中，如何发现周长的最大、最小值？

解：由于菱形 $ABCD$ 四边相等，因此周长的最值转化为求边长的最值.

在学生旋转纸条的过程中，发现当两条长方形纸条的对应边互相垂直时（图 4-71），也就是菱形 $ABCD$ 的边长为纸条的宽 2 cm 时，边长最小，则周长最小.

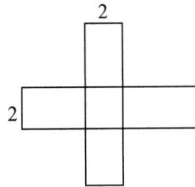

图 4-71

即 $BC = AB \geqslant AF$，只有当 $AB \perp BC$ 时，$AB = AF = 2$ cm，则菱形 $ABCD$ 的周长最小，为 8 cm.

当固定一张纸条，另一张纸条从垂直开始旋转，越来越倾斜，旋转至如图 4-72 所示，边长最大，则周长最大.即 $x^2 = 2^2 + (8-x)^2$，$x = \dfrac{17}{4}$，则菱形 $ABCD$ 的周长最大，为 17 cm.

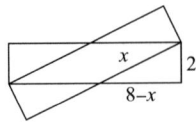

图 4-72

(四)归纳小结

菱形的判定方法有哪些？各需要满足什么条件？（图 4-73）

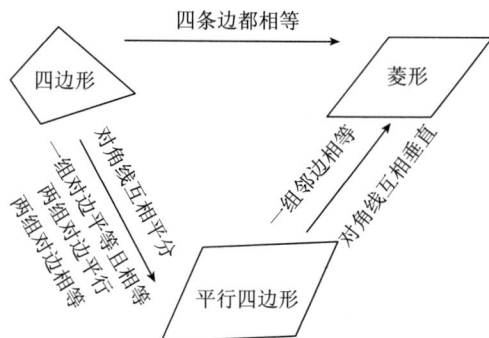

图 4-73

五、注 析

教材在讲授菱形的三个判定定理后,就引入传统的练习巩固新知.而本案例开放教学形式,在完成菱形的三个判定定理的教学后,让学生在转一转1、剪一剪、画一画、转一转2四个环节通过动手操作,自主合作,降低了图形本身的抽象性,更直观地展示图形的性质.动手操作是学生探究问题的必要步骤,透过一系列折纸、画图、旋转实践,得到丰富又具体的数学活动经验.基本活动经验就是在做中积累起来的,在课堂上拥有基本活动经验是学生理解数学知识、形成数学思维的基础.学生通过课堂上的数学活动不仅提高了动手操作能力,而且有效降低了几何知识的抽象性,以动手促思考,形成积极探索的习惯.教师应该遵循学生的思维规律,给学生提供足够的空间与实践,独立经历探索问题的过程,并且在这一过程中,尽可能地鼓励学生积极参与,主动探究,在必要的时候,给予学生一定的指导、释疑.数学活动教学既有利于揭示知识形成过程,将数学概念、定理形象化,又有利于知识内涵外延的拓展,在活动中"做数学",从活动中"学数学",经历抽象思维过程,透彻认识折叠中蕴含着的轴对称的性质、三角形的中位线定理、平行四边形的判定定理等,深刻感受直观想象、逻辑推理等数学核心素养.人教版新教材最突出的特征就是强调关注学生的探究活动,我们一线教师在具体的教学活动中,要注意领会教材编排的"良苦用心",既要引导学生理解每一章末的数学活动内容与本章知识的关联,借数学活动课整理知识脉络,又要带领学生领略数学活动的内涵,以操作和实验为基础,积极思考、深度学习、整体考量,有效达成课程标准所设定的素养发展目标.

案例 4 折纸做 $60°, 30°, 15°$ 的角

一、教材原文

人教版,数学八年级(下册),2013 年 9 月第 1 版,p.64.

数 学 活 动

活动1 折纸做60°，30°，15°的角

如果我们身旁没有量角器或三角尺，又需要作60°，30°，15°等大小的角，可以采用下面的方法（如图1）：

（1）对折矩形纸片 $ABCD$，使 AD 与 BC 重合，得到折痕 EF，把纸片展平.

（2）再一次折叠纸片，使点 A 落在 EF 上，并使折痕经过点 B，得到折痕 BM. 同时，得到了线段 BN.

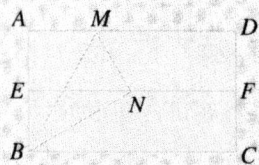

观察所得的 $\angle ABM$，$\angle MBN$ 和 $\angle NBC$，这三个角有什么关系？你能证明吗？

通过证明可知，这是从矩形得到30°角的好方法，简单而准确. 由此，15°，60°，120°，150°等角就容易得到了.

图1

二、教学目标

（1）知识与技能：能折出 60°，30°，15° 的角.

（2）过程与方法：通过折叠活动，亲历问题解决的过程，加深对轴对称、全等三角形、特殊三角形、四边形等知识的认识.

（3）情感态度价值观：经历折叠、观察、推理、交流、反思等数学活动过程，积累数学活动经验；在动手操作的过程中，感受数学的内在魅力，体验成功的快乐；体验数学来源于生活及应用于生活的意识，更好地激发学习兴趣.

三、学情分析

对于八年级下学期学生而言，很乐于折纸这样的数学活动，他们具有较强的动手操作能力，逻辑思维能力也有了很大的提升，演绎推理的意识与能力也趋于成熟. 但是，对于较复杂操作的数学活动，还是缺乏理性思考的意识. 折出 60°，30°，15° 的角，如果先展示折法再说理证明，就会减弱思考的价值. 所以在具体课堂教学的实施上，需要让学生自己探究得出折这些特殊角的方法. 教师需要在这之前为学生做好铺垫，注意理论知识的结合，让学生自己探究折出等边三角形，产生 60°等特殊角.

四、教学过程

（一）复习引入

[问题1]在一张矩形纸片上，如何折出 45°角？

师生活动:学生在小组内动手折,对折任意一个直角,利用折叠得到相等的角度回答问题.

追问 1:折叠过程中,能发现哪些图形.

师生活动:学生观察发现,能得到等腰直角三角形.

追问 2:更进一步,还能折出什么图形?

师生活动:把等腰直角三角形外多余部分折叠,再展开三角形,就得到一个正方形,如图 4-74 所示.

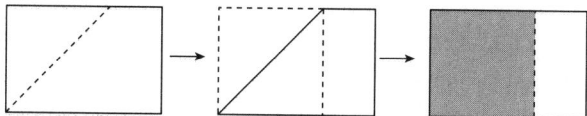

图 4-74

【设计意图】从第一个特殊角 45°开始折起,起点较低,较简单,学生人人参与,气氛活跃.发现对折可以得到相等的角,并且还能得到相等的线段,全等的图形.从折角度到折不同图形,综合考虑线段与角的等量关系,实现能力上的螺旋式上升.

[问题 2]用这一张矩形纸片还能折出哪些度数的角?

师生活动:学生继续动手折纸,师生共同归纳:对折可以平分一个角,继续反复对折,可以把一个角进一步平均分成 2^n 份,还可以利用角的和差得出相关度数的角.

【设计意图】如图 4-74 所示,从简单的角度出发,提高学生课堂参与度,学生不断思考,得出 22.5°,67.5°等度数的角,由此引导学生从特殊到一般,发现以上折叠结论.

(二)讲授新课

[问题 3]继续动手操作,能否折出 60°的角?怎样折?

师生活动:学生动手尝试,但陷入困境.

追问 1:我们学过哪些和 60°角有关的知识?

师生活动:学生容易想到等边三角形,师生复习等边三角形的性质:三条边相等,三个角都相等,等边三角形是轴对称图形.联系矩形也是轴对称图形.为突破重难点,教师做以下铺垫,引导学生思考:若以矩形纸片的短边为等边三角形的一条边,即确定了等边三角形的两个顶点,第三个顶点在哪里? 学生发现在短边的垂直平分线上.师生共同操作折纸,使两条长边重合,确定折痕 EF,如图 4-75 所示.

追问 2:如何折出等边三角形?

师生活动:折叠 AB,使点 A 落在 EF 上,即点 A 与点 O 重合.折叠 OB,再沿着 OA 折叠,得到等边三角形 AOB,如图 4-76 所示.

验证方法:∵折叠,∴$AB=OB$.

∵EF 垂直平分 AB,∴$OA=OB$,∴$AB=OA=OB$,∴△AOB 为等边三角形.

追问 3:图形中有哪些 60°角?

师生活动:可得∠ABO=∠GBC=∠AGB=∠BGO=∠BAO=∠AOB=60°,如图 4-76 所示.

【设计意图】折叠 45°角时,角度等量关系易由对折得到,设计由折 45°角到折正方形,由角到形,逐层推进;而折叠 60°角时,边长等量关系易由折叠得到,设计从折等边三角形到折 60°角,由形到角,突破难点.

追问 4：在图 4-76 中，你能找出所有 30°的角吗？你能折出 15°的角吗？

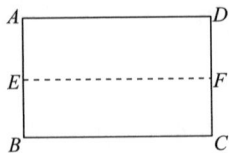
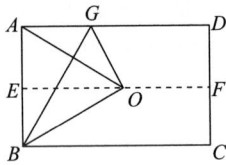

图 4-75   图 4-76

师生活动：可得 $\angle GAO = \angle GBA = \angle GBO = \angle OBC = \angle GOA = \angle AOE = \angle BOE = 30°$.
我们只需将 30°对折，即可得到 15°的角.

【设计意图】培养学生的发散思维，提高学生综合运用知识的能力，强化学生的推理能力，进一步培养学生的识图能力，几何直观.

[问题 4]利用这张矩形纸片，还能折出其他等边三角形吗？请折叠并证明.

师生活动：由 $\angle GBC = \angle BGO = 60°$ 得到启发，折叠 AB，使点 A 落在 EF 上，即点 A 与点 O 重合.折痕与 AD 相交于点 M，再沿着 OM 折叠，折痕与 BC 交于点 N，则得等边三角形 BMN，如图 4-77 所示.

验证方法：由追问 2 中已证 $\angle MBN = \angle BMN = 60°$，可得 $\angle MNB = 60°$，可得等边三角形 BMN.

追问：还有其他的折 30°，60°角的方法吗？

师生活动：教师引导除等边三角形外，还有特殊的直角三角形，若斜边是一条直角边的 2 倍，那么这条直角边所对的角度是 30°，如何构造倍分关系，通过对折，那么多次对折呢？

将短边 AB 四等分对折，折痕分别为 EF，MN，PQ，折叠 BE，使点 B 落在 MN 上，即点 B 与点 O 重合，则 $\angle BER = \angle OER = 60°$，如图 4-78 所示.

验证：$OE = BE = 2ME$，则 $\angle OEM = 60°$，对折可得 $\angle OER = \angle BER = 60°$，$BE = EO = 2ME$.

【设计意图】引导多种方法、多个维度考虑折叠问题，感受特殊角度的应用.通过本次追问，引领学生由动手操作转向深度思考，归纳折纸问题的方向和步骤，折纸前关注什么（需要构建哪些等量关系）；折纸时观察什么（产生哪些重合的线段与角度，从而得到相应的等量关系）；折纸展开后思考什么（折叠前后的对应图形全等，折痕在折叠前后对应图形的对称轴上，又在对应点连线的垂直平分线上）.

[问题 5]（背景变式）利用正方形纸片，如何折叠等边三角形？

师生活动：学生小组多种方法呈现折叠等边三角形的过程，如图 4-79 所示.

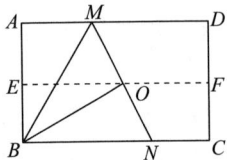
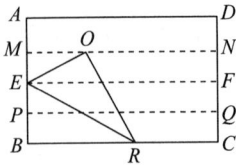
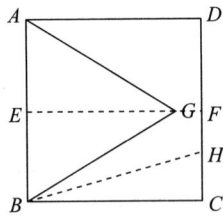

图 4-77   图 4-78   图 4-79

法一：对折，得到折痕 EF.折叠 AB，使点 A 落在 EF 上，即点 A 与点 G 重合.再沿着 GA

折叠,得到等边三角形 *ABG*.

法二:对折,得到折痕 *EF*. 折叠 *BC*,使点 *C* 落在 *EF* 上,即点 *C* 与点 *G* 重合.同理,折叠 *AD*, 使点 *D* 落在 *EF* 上,由 *AD*=*BC*,即点 *D* 的对应点也与点 *G* 重合,得到等边三角形 *ABG*.

【设计意图】正方形是邻边相等的矩形,在生活中和矩形一样常见.变换图形背景,折叠特殊角度与图形,利用正方形是特殊的矩形,可以类似矩形的折叠,进一步巩固所学.而正方形又是特殊的邻边相等的矩形,方法更加多样化,拓宽学生的思维角度,实现能力的飞跃.

(三)归纳小结

[问题6]通过这一节数学活动课的学习,有哪些收获?

师生活动:学生总结,注意折纸的步骤化,以及折纸后的图形的验证.折纸本质是对图形轴对称性的应用,关注图形性质,利用线段与角度折叠前后的等量关系突破难点.

五、注　析

教材中只呈现了一种折叠 30°,60°,15° 的方法,且没有铺垫预设,一步到位,对学生而言理解难度较大.本案例开放教学形式,整节课围绕折纸,以学生的动手操作——折纸活动为主体,设计中先由矩形中的直角对折可得 45° 角这个简单折纸引入,可以发现对折即可得到一半角.因此,折 30°,15° 都转化为折 60° 角,引发学生强烈的学习兴趣、探究热情;再由 60° 角联系等边三角形,考虑等边三角形与矩形的共同点,轴对称图形,联想折叠 60° 角的一般方法;接着学生展示多种折叠等边三角形的方法,一题多解,发散思维;最后由矩形变为正方形,折叠等边三角形,一题多变,开拓思维.学生通过折纸活动,提高了动手操作能力,体会知识的生成过程;而教师在折纸过程中的引导价值也不可忽略,比如本课中折纸前关注什么、折纸时观察什么、折纸展开后思考什么,引领学生认知、思维的连续性与统一,降低知识的抽象性,从动手到思维,培养积极探索的习惯.

案例 5　余弦定理、正弦定理应用举例

一、教材原文

人教 A 版,高中数学必修第二册,2019 年 7 月第 1 版,pp.48-51.

3. 余弦定理、正弦定理应用举例

在实践中,我们经常会遇到测量距离、高度、角度等实际问题. 解决这类问题,通常需要借助经纬仪以及卷尺等测量角和距离的工具进行测量.

具体测量时,我们常常遇到"不能到达"的困难,这就需要设计恰当的测量方案.下面我们通过几道例题来说明这种情况.需要注意的是,题中为什么要给出这些已知条件,而不是其他的条件.

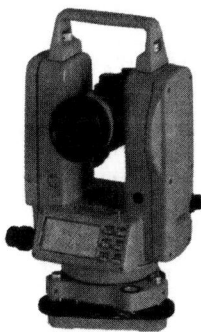

经纬仪

事实上，这些条件往往隐含着相应测量问题在某种特定情境和条件限制下的一个测量方案，而且是这种情境与条件限制下的恰当方案.

例9 如图 6.4-12，A，B 两点都在河的对岸（不可到达），设计一种测量 A，B 两点间距离的方法，并求出 A，B 间的距离.

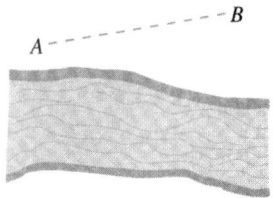

图 6.4-12

分析：若测量者在 A，B 两点的对岸取定一点 C（称作测量基点），则在点 C 处只能测出 $\angle ACB$ 的大小，因而无法解决问题. 为此，可以再取一点 D，测出线段 CD 的长，以及 $\angle ACD$，$\angle CDB$，$\angle BDA$，这样就可借助正弦定理和余弦定理算出距离了.

解：如图 6.4-13，在 A，B 两点的对岸选定两点 C，D，测得 $CD = a$，并且在 C，D 两点分别测得 $\angle BCA = \alpha$，$\angle ACD = \beta$，$\angle CDB = \gamma$，$\angle BDA = \delta$.

在 $\triangle ADC$ 和 $\triangle BDC$ 中，由正弦定理，得

$$AC = \frac{a\sin(\gamma+\delta)}{\sin[180°-(\beta+\gamma+\delta)]} = \frac{a\sin(\gamma+\delta)}{\sin(\beta+\gamma+\delta)},$$

$$BC = \frac{a\sin\gamma}{\sin[180°-(\alpha+\beta+\gamma)]} = \frac{a\sin\gamma}{\sin(\alpha+\beta+\gamma)}.$$

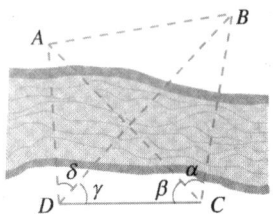

图 6.4-13

于是，在 $\triangle ABC$ 中，由余弦定理可得 A，B 两点间的距离

$$AB = \sqrt{AC^2+BC^2-2AC\times BC\cos\alpha}$$

$$= \sqrt{\frac{a^2\sin^2(\gamma+\delta)}{\sin^2(\beta+\gamma+\delta)}+\frac{a^2\sin^2\gamma}{\sin^2(\alpha+\beta+\gamma)}-\frac{2a^2\sin(\gamma+\delta)\sin\gamma\cos\alpha}{\sin(\beta+\gamma+\delta)\sin(\alpha+\beta+\gamma)}}.$$

❓ 思考

在上述测量方案下，还有其他计算 A，B 两点间距离的方法吗？

在测量过程中，我们把根据测量的需要而确定的线段叫做基线，如例9中的 CD. 为使测量具有较高的精确度，应根据实际需要选取合适的基线长度. 一般来说，基线越长，测量的精确度越高. 如图 6.4-14，早在 1752 年，两位法国天文学家为了测量地球与月球之间的距离，利用几乎位于同一经线上的柏林（点 A）与好望角（点 B）为基点，测量出 α，β 的大小，并计算出两地之间的距离 AB，进而算出了地球与月球之间的距离约为 385 400 km. 我们在地球上所能用的最

长的基线是地球椭圆轨道的长轴. 当然，随着科学技术的发展，人们会不断发现更加先进的测量距离的方法.

图 6.4-14

下面看一个测量高度的问题.

例 10　如图 6.4-15，AB 是底部 B 不可到达的一座建筑物，A 为建筑物的最高点. 设计一种测量建筑物高度 AB 的方法，并求出建筑物的高度.

分析：由锐角三角函数知识可知，只要获得一点 C（点 C 到地面的距离可求）到建筑物的顶部 A 的距离 CA，并测出由点 C 观察 A 的仰角，就可以计算出建筑物的高度. 为此，应再选取一点 D，构造另一个含有 CA 的 $\triangle ACD$，并进行相关的长度和角度的测量，然后通过解三角形的方法计算出 CA.

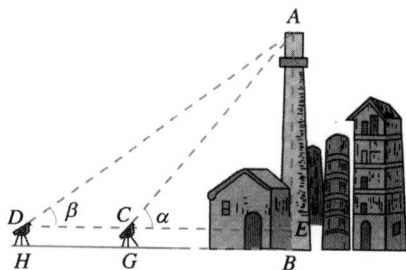

图 6.4-15

解：如图 6.4-15，选择一条水平基线 HG，使 H，G，B 三点在同一条直线上. 在 G，H 两点用测角仪器测得 A 的仰角分别是 α，β，$CD=a$，测角仪器的高是 h. 那么，在 $\triangle ACD$ 中，由正弦定理，得

$$AC = \frac{a\sin\beta}{\sin(\alpha-\beta)}.$$

所以，这座建筑物的高度为

$$
\begin{aligned}
AB &= AE + h \\
&= AC\sin\alpha + h \\
&= \frac{a\sin\alpha\sin\beta}{\sin(\alpha-\beta)} + h.
\end{aligned}
$$

在实际操作时，使 H，G，B 三点共线不是一件容易的事情. 你有什么替代方案吗？

下面再来看一个测量角度的问题.

例 11　位于某海域 A 处的甲船获悉，在其正东方向相距 20 n mile 的 B 处有一艘渔船遇险后抛锚等待营救. 甲船立即前往救援，同时把消息告知位于甲船南偏西 30°，且与甲船相距 7 n mile 的 C 处的乙船. 那么乙船前往营救遇险渔船时的目标方向线（由观测点看目标的视线）的方向是北偏东多少度（精确到 1°）？需要航行的距离是多少海里（精确到 1 n mile）？

分析：首先应根据"正东方向""南偏西 30°""目标方向线"等信息，画出示意图.

解：根据题意，画出示意图（图 6.4-16）.由余弦定理，得

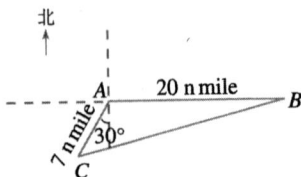

图 6.4-16

由于题目中没有给出图形，因此正确理解题意、画出示意图，是解决问题的重要环节.

$$BC^2 = AB^2 + AC^2 - 2AB \cdot AC \cdot \cos 120°$$
$$= 20^2 + 7^2 - 2 \times 20 \times 7 \times \left(-\frac{1}{2}\right) = 589.$$

于是

$$BC \approx 24 \ (\text{n mile}).$$

由正弦定理，得

$$\frac{\sin C}{20} = \frac{\sin 120°}{24},$$

于是

$$\sin C = \frac{20 \times \frac{\sqrt{3}}{2}}{24} = \frac{5\sqrt{3}}{12}.$$

由于 $0° < C < 90°$，

所以 $C \approx 46°$.

因此，乙船前往营救遇险渔船时的方向约是北偏东 $46° + 30° = 76°$，大约需要航行 24 n mile.

二、教学目标

(1)知识与技能：了解实际问题中常用的测量相关术语,能够运用余弦定理、正弦定理等知识和方法解决一些有关测量距离、高度、角度的实际问题.

(2)过程与方法：师生一起室外合作验证,学会利用余弦定理、正弦定理解决生活中的长度和高度问题.

(3)情感态度价值观：通过对余弦定理、正弦定理综合运用的学习,进一步提高学生数学抽象、数学运算、逻辑推理、直观想象和数学建模的学科核心素养.

三、学情分析

学生已经通过对任意三角形边长和角度关系的探索,掌握正弦、余弦定理的内容及其证明方法,并会运用正弦定理、余弦定理与三角形内角和定理、面积公式等解斜三角形的基本问题.同时在前期教学过程中,学生已学会分析问题,合理选用定理解决三角形综合问题.

四、教学过程

课前准备:老师准备好教师专用量角器、皮尺(20 米)、计算器若干套,组织学生到操场主席台,并将移动黑板移至主席台.

师:现在我手里只有教师专用量角器、20 米长的皮尺和计算器,今天我们就利用这两样简单的工具,来感受下如何利用余弦定理和正弦定理测量生活中的长度和高度问题.大家看,主席台对面的一排树,上课前已经请甲同学和乙同学过去用皮尺测量过正中间的两棵树之间的距离了,大家猜一猜这两棵树之间的距离是多少米?

生 1:8 米.

生 2:7.5 米.

……

师:很明显,我们同学没办法通过目测给予一个确定的答案.我们今天就站在主席台这边,利用已学过的知识和一些简单的工具来计算这两棵树的距离.现在我们把两棵树看成两个点 A,B,它们之间的距离就是 AB,我们所处的位置看成另外一个点 C(在移动黑板上板书,如图 4-80 所示),接下去要如何操作呢?

生:构建三角形(图 4-81).

师:哪个量是可以测量的?(提醒学生我们手里还有一个量角器.)

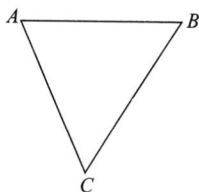

图 4-80   图 4-81

生 1:∠ACB.

师:很好,∠ACB 可以测出来.现在我们已经有了一个角,还需要什么条件,才能求解三角形呢?

生 2:如果能知道∠CAB 和边 AC,就可以用正弦定理计算 AB 了.

生 3:知道∠CBA 和边 BC,也可以用正弦定理计算出 AB.

生 4:知道∠CBA 和边 AC,也可以用正弦定理计算出 AB.

生 5:∠CAB 和∠CBA 没办法测量,应该要知道边 CA 和 CB,然后用余弦定理计算

出 AB.

师：非常好，大家对于正弦定理和余弦定理掌握得都很熟练．那么请问，我们手里只有一把 20 米的皮尺，能否测量出 CA 和 CB 的长度呢？

生6：不能．

师：我们来回顾下，要求三角形中未知边的长度，我们就要换成已知边的长度和角度．那么现在要求未知的边 CA 和 CB 的长度，那要怎么办呢？

生7：也借助于已知的边和角．

生8：重新构建已知边和角的三角形．

师：聪明．比如，现在从我们脚下（C 点）用皮尺来构建一个包含 CB 边的三角形．

师生一起合作，在主席台这边找一点（D 点），并用皮尺量出 CD 的距离．（在黑板上作图，如图 4-82 所示．）

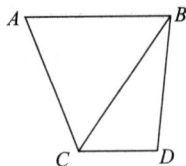

图 4-82

师：现在含边 CB 的三角形已经构建出来了，我们要求解 CB，还缺少什么条件？

生9：$\angle BDC$ 和 $\angle CBD$，$\angle CBD$ 可以通过 $\angle BCD$ 来求．

师：非常好．（师生合作一起测量出 $\angle BDC$ 和 $\angle BCD$）现在请同学们算出 CB 的长度．

生10：$\dfrac{CD}{\sin\angle CBD}=\dfrac{CB}{\sin\angle BDC}$，由此可求 CB 的长度．

师：现在请同学们四人一组动手实验，用同样的思想方法计算出 CA 的长度．

学生分组操作，老师在旁关注，适当指导．

师：请同学丙来讲解下你们小组的求解过程（图 4-83）．

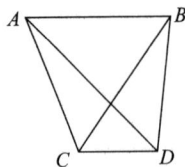

图 4-83

丙生：第一步：测量 $\angle ACD$，$\angle CDA$，利用三角形内角和计算出 $\angle CAD$．

第二步：用正弦定理 $\dfrac{CD}{\sin\angle CAD}=\dfrac{CA}{\sin\angle CDA}$ 计算出 CA 的长度．

老师负责板书，辅助丙生讲解．

师：非常好！现在我们同学都求出了 AC 的长度，下面请每组同学结合一开始量出的角度 $\angle ACB$，计算出 AB 的长度．

生 11:8.13.

生 12:8.24.

生 13:8.35.

师:大家的答案之间存在着一定误差,这是由我们测量过程中使用的仪器的精确度和操作的准确度等造成的,但是误差都很小,都在我们能接受的范围内.如果我们的仪器和操作足够精确,那么我们得到的答案也一定是精确的.今后我们就可以用量角器(测角仪)、皮尺、计算器计算任何我们无法达到的两个地点间的距离.今天这次实验是一次非常成功的实验.

生(众):鼓掌.

师:我们已经学会了利用量角器、皮尺和计算器等简单的生活工具来测量长度问题,那么我们同学能否也用同样的工具来测量生活中的高度问题呢? 现在请我们同学按小组为单位,在主席台的位置,测量操场入口处的旗杆的高度.

学生动手实验操作,教师巡视指导,最后展示学生结果.

学生给出了两种不同设计方案并讲解(表 4-6),教师点评.

表 4-6

	方案一(图 4-84)	方案二(图 4-85)
第一步	任意取两点 C,D	任取一点 C,沿着旗杆的方向取点 D
第二步	测量 $CD,\angle BCD,\angle BDC,\angle BCA$	测量 $CD,\angle BCD,\angle BDC$
第三步	利用三角形内角和计算 $\angle CBD$ 利用正弦定理 $\dfrac{CD}{\sin\angle CBD}=\dfrac{BC}{\sin\angle BDC}$ 计算 BC	利用三角形内角和计算 $\angle CBD$ 利用正弦定理 $\dfrac{CD}{\sin\angle CBD}=\dfrac{BC}{\sin\angle BDC}$ 计算 BC
第四步	借助直角三角形两直角边关系 $AB=BC\cdot\sin\angle BCD$ 计算出 AB,AB 即为旗杆的高度	借助直角三角形两直角边关系 $AB=BC\cdot\sin\angle BCD$ 计算出 AB,AB 即为旗杆的高度

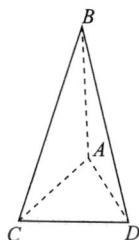 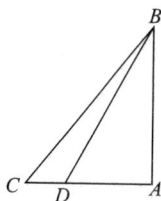

图 4-84　　　　图 4-85

[课后作业](2016 广东高考改编)为了测量两山顶 M,N 间的距离,飞机沿水平方向在 A,B 两点进行测量,A,B,M,N 不在同一个铅垂平面内(图 4-86),飞机能够测量的数据有俯角和 A,B 间的距离,请设计一个方案,包括:①指出需要测量的数据(用字母表示,并在图中标出);②用文字和公式写出计算 M,N 间的距离的步骤.

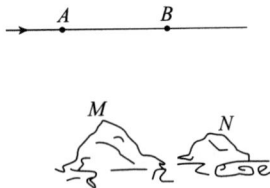

图 4-86

【设计意图】提出问题引发探究,培养学生的直观想象、探究精神和数学建模思想;由果索因,培养学生的逆向思维;动手实验培养学生的动手能力和表达能力.

课堂小结:本节课,我们在教室外利用简单工具,同时应用正弦定理和余弦定理,测量计算不可直接到达的两个物体间的距离和旗杆的高度.整节课,同学们积极参与、主动学习的热情很高,应用方法得当,虽然结果有误差,但都在可接受的范围内.通过这节课,相信大家进一步认识到生活中处处都是数学,数学来源于生活,同时应用数学知识可以解决大量生活中的问题.今后,我们也要像今天这样,学会用数学的思维思考世界、用数学的眼光观察世界.

五、注 析

本案例属于教学形式开放模式.

本教学设计与原教材的不同之处见表 4-7.

表 4-7

内　　容	原教材	本课程设计
上课地点		室外
例题	图片	生活中的实物
练习	无	从简单平面到完整图象空间跨越,从动手探索到直观想象的提升,培养学生的空间想象能力,让学生的理论体系得到提升

本节课可以认为是验证生活的一堂课,授课地点由室内转为室外,学生更贴近自然,更能感受到生活中的数学.通过问题 1 中两棵树之间距离的测量与计算,引导学生学会应用数学知识解决生活问题,让学生感受到用数学解决生活问题的可行性和准确性.学生在测量计算旗杆高度的操作过程中,发现了两种不同的测量方案,这样的教学效果,也只有让学生亲自操作才能得到启发.课后作业,对广东高考改编,将学生的思维从二维延伸到了三维,更符合学生的思想,贴近生活.总之,这是一节较成功的教学形式开放课.

案例6　平　面

一、教材原文

人教 A 版,高中数学必修二,2019 年 7 月第 1 版,pp.124-127.

8.4.1 平面

在初中，我们已经对点和直线有了一定的认识，知道它们都是由现实事物抽象得到的. 生活中也有一些物体给我们以平面的直观感觉，如课桌面、黑板面、平静的水面等. 几何里所说的"平面（plane）"就是从这样的一些物体中抽象出来的. 类似于直线向两端无限延伸，平面是向四周无限延展的.

与画出直线的一部分来表示直线一样，我们也可以画出平面的一部分来表示平面. 我们常用矩形的直观图，即平行四边形表示平面. 如图 8.4-1，当平面水平放置时，常把平行四边形的一边画成横向；当平面竖直放置时，常把平行四边形的一边画成竖向.

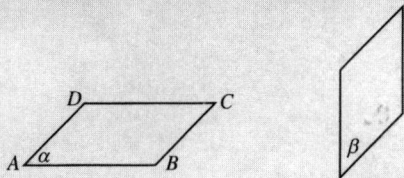

图 8.4-1

我们常用希腊字母 α，β，γ 等表示平面，如平面 α、平面 β、平面 γ 等，并将它写在代表平面的平行四边形的一个角内；也可以用代表平面的平行四边形的四个顶点，或者相对的两个顶点的大写英文字母作为这个平面的名称. 如图 8.4-1 中的平面 α，也可以表示为平面 $ABCD$、平面 AC 或者平面 BD.

下面，我们来研究平面的基本性质.

? 思考

我们知道，两点可以确定一条直线，那么几点可以确定一个平面？

图 8.4-2

在日常生活中，我们常常可以看到这样的现象：自行车用一个脚架和两个车轮着地就可以"站稳"，三脚架的三脚着地就可以支撑照相机（图 8.4-2）. 由这些事实和类似经验，可以得到下面的基本事实：

基本事实 1 过不在一条直线上的三个点，有且只有一个平面（图 8.4-3）.

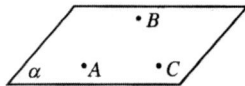

图 8.4-3

基本事实 1 给出了确定一个平面的依据. 它也可以简单说成"不共线的三点确定一个平面". 不在一条直线上的三个点 A，B，C 所确定的平面，可以记成平面 ABC.

直线上有无数个点，平面内有无数个点，直线、平面都可以看成是点的集合. 点 A 在直线 l 上，记作 $A \in l$；点 B 在直线 l 外，记作 $B \notin l$；点 A 在平面 α 内，记作 $A \in \alpha$；点 P 在平面 α 外，记作 $P \notin \alpha$.

❓ **思考**

如果直线 l 与平面 α 有一个公共点 P，直线 l 是否在平面 α 内？如果直线 l 与平面 α 有两个公共点呢？

在实际生活中，我们有这样的经验：如果一根直尺边缘上的任意两点在桌面上，那么直尺的整个边缘就落在了桌面上. 上述经验和类似的事实可以归纳为以下基本事实：

基本事实 2 如果一条直线上的两个点在一个平面内，那么这条直线在这个平面内（图 8.4-4）.

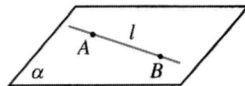

图 8.4-4

利用基本事实 2，可以判断直线是否在平面内.

平面内有无数条直线，平面可以看成是直线的集合. 如果直线 l 上所有点都在平面 α 内，就说直线 l 在平面 α 内，记作 $l \subset \alpha$；否则，就说直线 l 不在平面 α 内，记作 $l \not\subset \alpha$.

基本事实 2 也可以用符号表示为

$$A \in l，B \in l，且 A \in \alpha，B \in \alpha \Rightarrow l \subset \alpha.$$

基本事实 2 表明，可以用直线的"直"刻画平面的"平"，用

直线的"无限延伸"刻画平面的"无限延展". 如图 8.4-5，由基本事实 1，给定不共线三点 A，B，C，它们可以确定一个平面 ABC；连接 AB，BC，CA，由基本事实 2，这三条直线都在平面 ABC 内，进而连接这三条直线上任意两点所得直线也都在平面 ABC 内，所有这些直线可以编织成一个"直线网"，这个"直线网"可以铺满平面 ABC. 组成这个"直线网"的直线的"直"和向各个方向无限延伸，说明了平面的"平"和"无限延展".

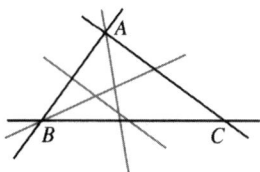

图 8.4-5

利用信息技术工具，可以方便地作出这个图形，观察"直线网"的形成和编织成平面的过程，想象直线和平面的关系.

❓ 思考

如图 8.4-6，把三角尺的一个角立在课桌面上，三角尺所在平面与课桌面所在平面是否只相交于一点 B？为什么？

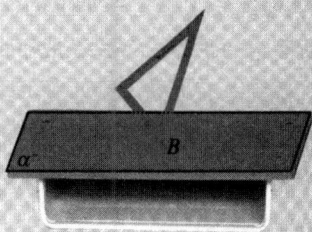

图 8.4-6

想象三角尺所在的无限延展的平面，用它去"穿透"课桌面. 可以想象，两个平面相交于一条直线. 教室里相邻的墙面在地面的墙角处有一个公共点，这两个墙面相交于过这个点的一条直线. 由此我们又得到一个基本事实：

基本事实 3　如果两个不重合的平面有一个公共点，那么它们有且只有一条过该点的公共直线（图 8.4-7）.

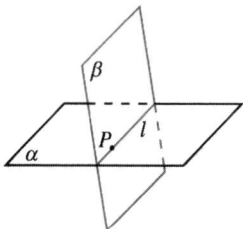

图 8.4-7

如无特殊说明，本章中的两个平面均指两个不重合的平面.

基本事实 3 告诉我们，如果两个平面有一个公共点，那么这两个平面一定相交于过这个公共点的一条直线. 两个平面相交成一条直线的事实，使我们进一步认识了平面的"平"和"无限延展".

平面 α 与 β 相交于直线 l，记作 $\alpha \cap \beta = l$. 基本事实 3 可以用符号表示为

$$P \in \alpha，且 P \in \beta \Rightarrow \alpha \cap \beta = l，且 P \in l.$$

在画两个相交平面时，如果其中一个平面的一部分被另一个平面挡住，通常把被挡住的部分画成虚线或不画，这样可使画出的图形立体感更强一些（图 8.4-8）.

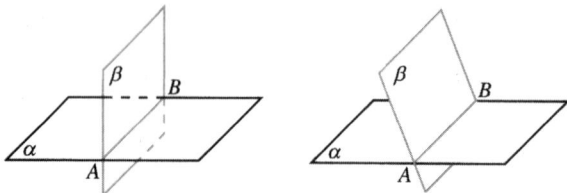

图 8.4-8

上述三个关于平面的基本事实是人们经过长期观察与实践总结出来的，是几何推理的基本依据，也是我们进一步研究立体图形的基础.

利用基本事实 1 和基本事实 2，再结合"两点确定一条直线"，可以得到下面三个推论（图 8.4-9）：

推论 1　经过一条直线和这条直线外一点，有且只有一个平面.

推论 2　经过两条相交直线，有且只有一个平面.

推论 3　经过两条平行直线，有且只有一个平面.

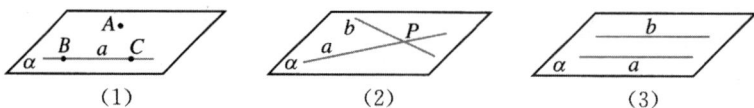

（1）　　　　　（2）　　　　　（3）

图 8.4-9

事实上，如图 8.4-9（1），设点 A 是直线 a 外一点，在直线 a 上任取两点 B 和 C，则由基本事实 1，经过 A，B，C 三点确定一个平面 α. 再由基本事实 2，直线 a 也在平面 α 内，因此平面 α 经过直线 a 和点 A，即一条直线和这条直线外一点确定一个平面.

> **?**
> 用类似的方法，你能说明推论 2 和推论 3 成立吗？

推论 1～3 给我们提供了确定一个平面的另外几种方法. 如图 8.4-10，用两根细绳沿桌子四条腿的对角拉直，如果这两根细绳相交，说明桌子四条腿的底端在同一个平面内，否则就不在同一个平面内，其依据就是推论 2.

> 不共线的三点，一条直线和这条直线外一点，两条相交直线，两条平行直线，都能唯一确定一个平面. 这些结论在后续研究直线和平面之间平行、垂直关系时，也会经常用到.

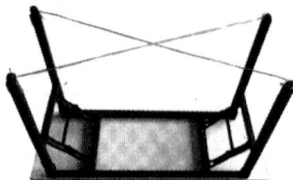

图 8.4-10

328

二、教学目标

（1）知识与技能：设置相应的实验，让学生体会并总结出平面的三个基本事实.

（2）过程与方法：能够使用文字语言、图形语言以及数学语言描述平面以及三个基本事实.

（3）情感态度价值观：通过几何画板等教学软件制作平面，让学生从中抽象出平面的平、无限延伸等特性，培养空间想象能力.

三、学情分析

学习立体几何，学生对于平面的意象主要是生活实践、旧有知识中的物象，显性认知是直线，而隐形认知是研究几何对象的思想.

（1）从概念意象上看，主要是学生无意识积累的一些关于平面的生活类、旧知类和图形类的初步认识，如平静的水面，光滑的桌面，长方体、正方体的面等.

（2）从知识基础上看，主要是学生关于直线的知识（定义、表示、直线公理等），主要基于学生对直线"无头无尾"性质的想象与理解.

（3）从研究的思路上看，研究一个几何对象，有一条"惯常线路"：显示结合生活实际，抽象出几何对象，然后下定义，用文字语言、图形语言、符号语言表示对象；接下来研究其性质，主要是构成图形的一些要素之间的关系，包括位置关系、数量关系、与其他几何对象的关系等.这条线路，学生虽已多次体验，但未加留意，也未必熟悉.

四、教学过程

（一）复习引入

师：初中，我们已经对点和直线有了一定的认识，知道它们都是由现实事物抽象得到的.生活中有哪些事物可以给我们平面的感觉呢？

生：桌面、黑板面、平静的水面.

（二）讲授新课

师：是的，几何里所说的"平面"就是从这样的一些物体中抽象出来的.类似于直线向两端无限延伸，平面是向四周无限延展的.现在老师借助几何画板，绘制一条直线 l，过直线 l 上一点 O 作直线 l 的垂线 m，将直线 m 保持与直线 l 垂直的关系绕点 O 旋转，直线 m 形成的轨迹就是一个平面（图 4-87）.请大家拿出两支笔来演示平面形成的过程.

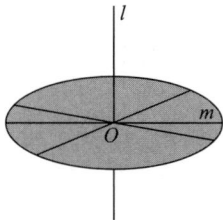

图 4-87

生：（利用两支笔在空间中实现"平面"的形成过程，即拿一支笔竖直放置，在这支笔上选一个点，将另一支笔经过该点和竖直的笔保持垂直关系，旋转一周，感受运动的笔的轨迹，让同学们总结形成的轨迹"平面"的相关特点——平、无限延展性.)

师：因为直线是无限延伸的，所以形成的平面也是无限延展的.在运动的过程中，形成的"平面"中的线始终与直线 l 垂直，所以平面处于同一"水平面"上.

【设计意图】渗透轨迹的思想，通过亲自动手实验，感受平面动态的形成过程，让学生总结平面的概念以及平面的特点；根据该模型可将平面理解为直线的集合，为后续利用集合的相关符号表示平面、点以及直线提供理论基础；该模型为后续学习线面间的位置关系进行铺垫.

师：平面是无限延展的，如何在图象上以及用符号语言表示平面图形呢？

生：与画出直线的一部分来表示直线一样，我们也可以画出平面的一部分来表示平面.我们常用矩形的直观图，即平行四边形表示平面.利用平行四边形的四个顶点表示，如平面 $ABCD$，或利用希腊字母表示等.

师：点和平面的关系有两类，属于或不属于，而平面是由直线构成的，那么如何判断直线在平面呢？请同学们拿出直尺，在桌面上摆放，尝试总结归纳.

生：(动手操作：将直尺的两端平放在桌面上，观察直尺所在直线与平面的位置关系，总结出基本事实 2.)

基本事实 2：如果一条直线上的两个点在一个平面内，那么这条直线在这个平面内.

师：我们知道，三脚架可以牢固地支撑相机或测量用的平板仪，请同学们动手用不同数量的铅笔支撑硬纸板，观察几根笔能支撑起一块硬纸板呢？

生：(动手操作：用不同的铅笔数量来支撑硬纸板，观察至少需要几支以及放置的方式可以固定硬纸板.具体流程如下：①先用一支铅笔顶住平面，硬纸板没有被固定；②用两支铅笔顶住硬纸板，硬纸板还是没有被固定；③用三支不在同一条直线上的铅笔，纸板被固定；④用四支、用五支，观察其支撑的特点.总结基本事实 1).

基本事实 1：过不在一条直线上的三个点，有且只有一个平面.

师：基本事实 1 也可以继续推导出哪些直线与平面关系的推论.

生：①经过一条直线和这条直线外一点，有且只有一个平面.

生：②经过两条相交直线，有且只有一个平面.

生：③经过两条平行直线，有且只有一个平面.

师：好的，老师接着将三角板的一个角放置在桌面上，请同学们观察三角板所代表的平面与桌面所代表的平面有几个交点？

生：无数多个.

师：这些交点有更具体的范围吗？

生：都在一条直线上.

师：上述可以归纳为基本事实 3：如果两个不重合的平面有一个公共点，那么它们有且只有一条过该点的公共直线.

【设计意图】通过动手实验总结基本事实 3，深化对基本事实的认识.两个平面相交，其公共部分一定是一条直线，该基本事实是"平面"无限延展性的体现，为后续学习平面与平面间的位置关系进行铺垫.

(三)例题讲解

师：(展示例题)用符号表示图 4-88 中点、直线、平面之间的位置关系.

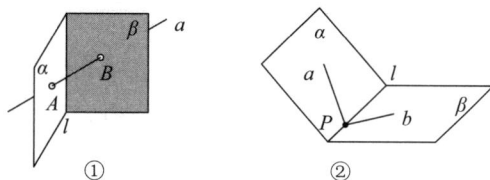

图 4-88

生：①$\alpha \cap \beta = l, a \cap \alpha = A, a \cap \beta = B$.
②$\alpha \cap \beta = l, a \subset \alpha, b \subset \beta, a \cap l = P, b \cap l = P$.

(四)归纳小结

利用身边的笔、直尺和纸板等工具,通过动手实验的方式,我们探讨研究了立体几何中的三条基本事实及其推论的形成过程.尽管在实验过程中,大家耗费了不少时间和精力,但整个过程,每位同学都积极参与验证实验,不仅培养了动手能力,掌握了立体几何中两个重要的基本事实,并学会了用文字语言、图形语言和符号语言来表示.

五、注　析

本节课学习的内容是点、直线、平面之间的位置关系的起始课.平面是一个新的概念,学生对于该概念的理解,对后续内容的学习有很大的影响.本节课,需要掌握的内容有:"平面"的概念、"平面"的性质以及与平面相关的三个基本事实.需要掌握的能力是:能够使用文字语言、图形语言以及符号语言描述平面以及三个基本定理.在学习的过程中,感受概念形成的过程,掌握学习新概念的方法.教材当中,对于"平面"概念的介绍是从桌面以及平静的水面等具体事物抽象出来的,且利用平行四边形来表示平面,无形之中给平面增加了"限制",对后续的学习造成干扰,对于平面的概念没有明确的定义.

本节课在教师的引导下,学生用生活中常见的工具进行实验活动,以及几何画板等软件辅助支持,利用轨迹、旋转等动态的思想理解平面,为后续的学习提供了铺垫.

在理解三个基本事实时,学生分组动手操作,更加直观地理解新概念,帮助学生突破对平面"平"以及"无限"的理解.通过动手实验总结基本事实,深化对基本事实的认识.后面提出的思考问题,加深利用相交直线确定平面的认识,为后续判断线面垂直等性质及定理进行铺垫.另外,通过实验感受总结定理,是数学发现与研究的一般方法,让学生在学习的过程中,体会数学知识发生发展的轨迹,培养学生的学习兴趣,增强学生学习数学的信心.

案例7　直线与平面平行的判定

一、教材原文

人教 A 版,高中数学必修第二册,2019 年 7 月第 1 版,pp.135-137.

8.5.2　直线与平面平行

在直线与平面的位置关系中,平行是一种非常重要的关系.它不仅应用广泛,而且是学习平面与平面平行的基础.

怎样判定直线与平面平行呢?根据定义,判定直线与平面是否平行,只需判定直线与平面有没有公共点.但是,直线是无限延伸的,平面是无限延展的,如何保证直线与平面没有公共点呢?

◉ 观察

如图 8.5-6(1),门扇的两边是平行的.当门扇绕着一边转动时,另一边与墙面有公共点吗?此时门扇转动的一边与墙面平行吗?

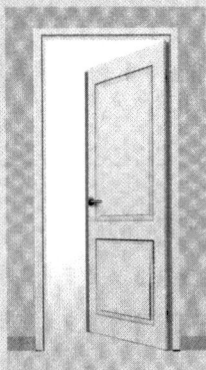 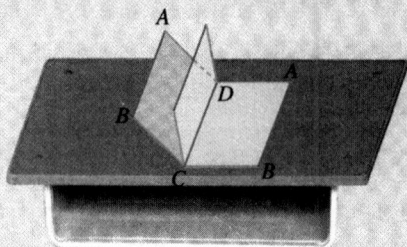

(1)　　　　　　　　　　　　　　(2)

图 8.5-6

如图 8.5-6(2),将一块矩形硬纸板 $ABCD$ 平放在桌面上,把这块纸板绕边 DC 转动.在转动的过程中(AB 离开桌面),DC 的对边 AB 与桌面有公共点吗?边 AB 与桌面平行吗?

可以发现,无论门扇转动到什么位置,因为转动的一边与固定的一边总是平行的,所以它与墙面是平行的;硬纸板的边 AB 与 DC 平行,只要边 DC 紧贴着桌面,边 AB 转动时就不可能与桌面有公共点,所以它与桌面平行.

一般地,我们有直线与平面平行的判定定理:

定理 如果平面外一条直线与此平面内的一条直线平行,那么该直线与此平面平行.

它可以用符号表示:

$$a\not\subset\alpha,\ b\subset\alpha,\ 且\ a\,/\!/\,b\Rightarrow a\,/\!/\,\alpha.$$

这一定理在现实生活中有许多应用.例如,安装矩形镜子时,为了使镜子的上边框与天花板平行,只需镜子的上边框与天花板和墙面的交线平行,就是应用了这个判定定理.你还能举出其他一些应用实例吗?

> 定理告诉我们,可以通过直线间的平行,得到直线与平面平行.这是处理空间位置关系的一种常用方法,即将直线与平面的平行关系(空间问题)转化为直线间的平行关系(平面问题).

例 2　求证：空间四边形相邻两边中点的连线平行于经过另外两边的平面.

已知：如图 8.5-7，空间四边形 $ABCD$ 中，E，F 分别是 AB，AD 的中点.

求证：$EF /\!/$ 平面 BCD.

证明：连接 BD.

∵　$AE = EB$，$AF = FD$，

∴　$EF /\!/ BD$.

又　$EF \not\subset$ 平面 BCD，$BD \subset$ 平面 BCD，

∴　$EF /\!/$ 平面 BCD.

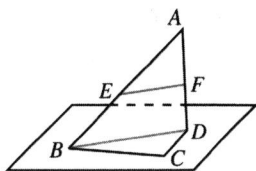

图 8.5-7

今后要证明一条直线与一个平面平行，只要在这个平面内找出一条与此直线平行的直线就可以了.

二、教学目标

（1）知识与技能：通过直观感知、动手操作，理解并掌握直线与平面平行判定定理，掌握判定定理的文字语言、符号语言和图形语言；能够运用直线与平面平行判定定理证明空间中线面平行关系的简单命题.

（2）过程与方法：通过经历观察—猜想—验证的过程探究直线与平面平行判定方法，掌握直观感知、确认操作、思辨论证的立体几何研究的基本方法，提高直观想象、数学抽象、逻辑推理的素养；通过对直线与平面平行判定定理的理解和应用，体会转化的数学思想，掌握立体几何研究中空间问题平面化的研究思路.

（3）情感态度价值观：在探究直线与平面平行判定方法的过程中，体会探究的乐趣，增强自信心；在主动探究、合作交流中进行有意义地学习，树立积极、严谨的学习态度，提高学习的自我效能感.

三、学情分析

从知识储备看，在学习本节课之前，学生已经初步学习了空间中点、线、面的位置关系，形成了学习本课的知识基础；从认知水平看，根据皮亚杰的认知发展理论，高中生的思维处于形式运算阶段，具有一定的抽象逻辑思维，能够认识命题之间的关系，因此学生已经具备了学习本课的认知基础；从实践经验看，在此前学生没有将线面平行问题转化为线线平行问题的问题解决经验；从能力水平看，此阶段学生具备一定的空间想象能力但还有待提高，在教学中应注意结合生活实例和实验操作，注重直观性教学.

四、教学过程

(一)复习引入

复习引入通过图 4-89.

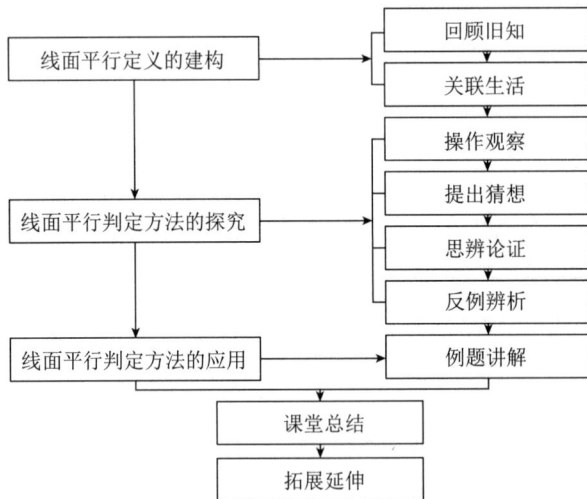

图 4-89

(二)讲授新课

知识回顾:空间中直线与平面有几种位置关系?

(1)直线在平面内——有无数个公共点.

(2)直线与平面相交——有且只有一个公共点.

(3)直线与平面平行——没有公共点.

直线与平面平行是非常重要的一种空间位置关系,在日常生活中也有非常多的实例,如教室黑板的侧框与教室侧墙墙面平行,学生课桌的桌边与地面平行等.

[问题]怎么判断空间中直线与平面平行?

我们可以根据定义,通过直线与平面没有公共点来判断直线与平面平行,但直线和平面是无限延伸的,我们怎么保证在我们看不到的地方直线和平面没有交点呢?所以我们可不可以寻找一种更简便的方法来判断直线与平面平行呢?

(三)例题讲解

1.动手操作

(1)请学生拿出折纸实验的道具,教师讲明操作步骤,提出探究问题.

操作步骤:将长方形纸的四个顶点分别记为 A,B,C,D,在长方形纸上任意折出一条折痕,记为 EF.将长方形纸沿折痕 EF 折起,形成立体图形.

[例题1]如图 4-90 所示,如何折 EF 才能使平面外直线 AB 与平面 $CDEF$ 平行?

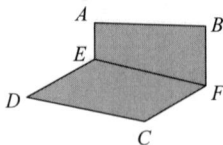

图 4-90

（2）让学生动手操作进行尝试.

2.提出猜想

（1）请完成的同学分享做法（教师分析同学们的操作手法,启发学生）.

（2）学生讨论交流,大胆猜想判定直线与平面平行的新方法.

（3）鼓励同学提出自己的猜想.若此猜想有瑕疵,可鼓励其他同学帮忙补充.

（4）教师用规范的语言表达同学的猜想（修正后）.

猜想:如果平面外直线 a 平行平面内一条直线 b,那么直线 a 平行平面.

3.思辨论证

（1）教师讲解论证,验证学生的猜想的正确性.

证:如图 4-91 所示,假设 a 不平行 α,

于是 a 与 α 相交,记 $a \cap \alpha = P$.

①若 $P \in b$,

则 $a \cap b = P$,矛盾.

②若 $P \notin b$,

则 a,b 是异面直线,矛盾.

综上,假设不成立,于是 $a /\!/ \alpha$.

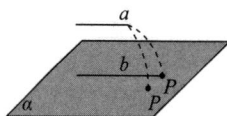
图 4-91

（2）板书判定定理的文字语言、符号语言、图形语言.

文字语言:如果平面外一条直线与此平面内的一条直线平行,那么该直线与此平面平行.

符号语言: $a \not\subset \alpha, b \subset \alpha$ 且 $a /\!/ b \Rightarrow a /\!/ \alpha$.

图形语言如图 4-92 所示.

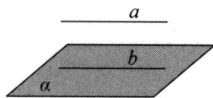
图 4-92

4.反例辨析

（1）教师强调并板书:必须同时满足三个关键条件（平面外一条直线、平面内一条直线、两直线平行）,线面平行判定定理才成立.

设问:如果缺少任意一个条件,定理为什么不能成立?

（2）学生思考探究,判断以下三个说法的正误:

①若直线 a 与平面 α 外一条直线平行,则 $a /\!/ \alpha$;

②若直线 a 与平面 α 内一条直线平行,则 $a /\!/ \alpha$;

③若平面 α 外直线 a 与平面 α 内一条直线不相交,则 $a /\!/ \alpha$.

（3）教师举出反例,讲解判断依据,最后再次强调三个条件缺一不可.

[例题 2]如图 4-93 所示,在空间四边形 $ABCD$ 中,点 E,F 是 AB,AD 的中点.

求证: $EF /\!/$ 平面 BCD.

教师引导学生动手.

第一步:裁下任意一个四边形,在四个定点分别标注 A,B,C,D.

第二步:任取一条对角线对折(比如 BD),折出两个平面.

第三步:分别取 AB,AD 的中点,标注为 E,F,用铅笔连结 EF.

第四步:将 BCD 所在平面放置于桌面上.

第五步:观察 EF 与桌面(即平面 BCD)是否平行.

第六步:能否利用今天学习的直线与平面平行的判定定理来证明呢?

分析:①EF 是平面 BCD 外一条直线;②EF 是三角形中位线,$EF /\!/ BD$;③BD 是平面 BCD 内的一条直线.三点恰好满足线面平行判定定理的前提条件,可以使用线面平行判定定理证明.

证明:连结 EF,BD.

$\because E,F$ 为 AB,AD 的中点,$\therefore EF /\!/ BD$.

又 $EF \not\subset$ 平面 BCD,$BD \subset$ 平面 BCD,

$\therefore EF /\!/$ 平面 BCD.

教师再次重点强调判定定理三个条件缺一不可.

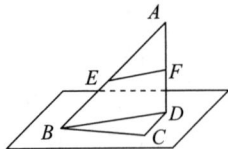

图 4-93

(四)课堂练习

[练习]如图 4-94 所示,在正方体 $ABCD$-$A_1B_1C_1D_1$ 中,E 为 DD_1 的中点,判断 BD_1 与平面 AEC 的位置关系,并说明理由.

分析:连结 BD 交 AC 于点 F,则 F 为 BD 中点,可以利用线面平行判定定理证明 $EF /\!/ BD_1$,得到 $BD_1 /\!/$ 平面 AEC.

证明:连结 BD 交 AC 于点 F,连结 EF.

$\because AC$ 和 BD 是正方形 $ABCD$ 的对角线,$\therefore F$ 为 BD 中点

又 E 为 DD_1 的中点,$\therefore EF /\!/ BD_1$.

$\because BD_1 \not\subset$ 平面 AEC,$EF \subset$ 平面 AEC,

$\therefore BD_1 /\!/$ 平面 AEC.

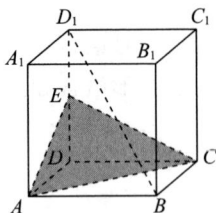

图 4-94

(五)归纳小结

1. 课堂总结,深化认知

师:今天我们学习了直线与平面平行的判定定理,分析了当条件缺少时定理不能成立的原因,还学习了如何用判定定理去证明直线与平面平行.不知道大家有没有发现,我们今天学习的判定定理其实是将线面平行问题转化,降维成线线平行问题.在立体几何研究中,我们其实经常利用这种转化的数学思想将空间问题平面化,方便我们研究.这种转化思想是我们数学问题解决中非常常见且有效的一种策略思想,之后我们也还会再多次利用转化思想解决一些复杂的数学问题.

2. 任务发布,拓展延伸

布置课后探究题,为下节课学习直线与平面平行的性质定理做铺垫.

已知:直线 $a /\!/$ 平面 α,则

(1)平面 α 内的所有直线都和直线 a 平行吗?

(2)平面 α 内是否一定有直线和直线 a 平行?

(3)平面 α 内有几条直线与直线 a 平行?

(4)如何在平面 α 内找出和直线 a 平行的一条直线 b？

五、注　析

本课属于教学形式开放.

本教学设计与原教材的不同之处见表 4-8.

表 4-8

内　容	原教材	本课程设计
课堂引入	通过观察门和已折叠好的硬纸板观察平行	利用软纸,让学生自行折叠,动手实验,多次尝试后发现平行
例 2	直接证明	继续动手实验,培养直观形象,最后再理论证明
练习	无	从简单平面到完整图象空间跨越,从动手探索到直观想象的提升,培养学生的空间想象能力,让学生的理论体系得到提升

　　本课采用启发式和探究式教学方法,以设疑启发和引导为主,多媒体和实物模型为辅,借助折纸实验,注重引导学生进行直观感知、动手操作、思辨论证,让他们经历观察—猜想—验证的过程来构建新知识,并在主动探究、合作交流中进行有意义学习,从而初步掌握立体几何问题平面化研究的基本思想方法,提高直观想象、数学抽象、逻辑推理的素养.

第五章 开放式教学实施中教师的综合提升

英国教育家贝克汉姆认为:教师拥有研究机会,如果他们能够抓住这个机会,不仅能有力地、迅速地推进教学的技术,而且将使教师工作获得生命力和尊严.教师在开放式教学实践过程中,应该牢固树立以学生为主体的教育理念,不断地解放教学思想、突破常规束缚、整合教学内容、创新教学形式、改进教学方法和手段、探索新型的评价体系,从而真正做到转变教育理念,服务教学实践;提高教师技能,高效实施教学;潜心教育科研,拓展自身专业的发展空间.

第一节 转变理念以服务教学

长期以来,我国学校课堂的教学往往过于强调认知性目标,忽视学生的全面发展;过于强调教师的主导作用,忽视学生的主体参与;过于强调教师的知识传授,忽视师生的交往互动;过于强调预设和封闭,忽视开放和生成等,课堂教学低效现象依然非常普遍.究其原因,教师深受传统教学思想的影响是造成以上现状的最重要的制约因素.因此,教师通过开放式教学的教学实践,可以有效转变教学理念,形成以学生为中心的教育观,使教师的"教"真正为学生的"学"服务,切实提高学生发现和提出问题、分析和解决问题的能力,培养学生的创新意识和创新精神,提升学生的学科核心素养.

一、转变理念,精心研发开放式教学内容,服务教学

教学理念的转变不是一朝一夕之功,需要经过长期的教学积累和不断反思,最终逐渐形成具有教师个人特点的、先进的、正确的教学理念.随着开放式教学实践持续地开展、深化和完善,教师在日常教学工作中,就会有意识或无意识地应用其指导自己备课、授课和辅导学生等教学工作,逐步地、渐进地、自觉地转变教学理念,立足于任教学生的特点,精心研发符合学生认知水平的开放式教学内容,使后续的教学工作针对性更强,更有利于学生理解和建构新知识.

比如,八年级的学生虽然在七年级时已开始接触用字母表示数,但由于受到小学六年长期专心于对数的认识和理解的影响,他们对数字之间的运算更加熟悉、更具感性认识.因此,

在教学八年级上册"平方差公式"时,教材开篇是通过含字母的多项式的积探究平方差公式,而根据以往的教学经验,如果直白地按照教材进行教学,学生在理解其知识内涵时会存在一定困难.故而,我们对教材内容进行了必要的调整,不急于直接采用教材中的探究案例,而是先设计以下几组计算题,并引导学生观察它们的共同点.

$$\begin{cases} 8×8=? \\ 7×9=? \end{cases} \quad \begin{cases} 5×5=? \\ 4×6=? \end{cases} \quad \begin{cases} 12×12=? \\ 11×13=? \end{cases}$$

学生在快速计算后,教师逐步放手让他们举出类似的例子,并尝试用数学表达式将他们的发现表示出来:$(n+1)(n-1)=n^2-1$.

接着,再通过下面几组计算题,引导学生得出规律:$(n+2)(n-2)=n^2-4$.

$$\begin{cases} 8×8=? \\ 6×10=? \end{cases} \quad \begin{cases} 5×5=? \\ 3×7=? \end{cases} \quad \begin{cases} 12×12=? \\ 10×14=? \end{cases}$$

在此基础上,启发学生列举出更多的例证,猜想得出:$(n+m)(n-m)=n^2-m^2$.至此,平方差公式$(a+b)(a-b)=a^2-b^2$自然呼之欲出.

从学生熟悉的数字运算入手,通过层层递进的方式引导学生有选择性地更改数据,探索其背后隐藏的规律,并用字母将规律表示出来,最后总结得出平方差公式.整个教学设计都立足于学生的实际学情,从学生思维发展的角度出发,在学生的最近发展区构建教学全过程,留给学生充足的思考时间和展示思维冲突的空间,取得理想的教学效果.从中不难看出,教师如果不具备以学生为中心的教学理念,很难做出以上设计.普通教师即使采用此教学设计开展教学活动,恐怕也很难真正驾驭课堂,让学生充分表达自己的认知冲突,并进行合理的启发引导,而是匆匆实施教学流程,在学生还未真正理清知识的发生、发展和形成时,就完成了教学任务.因此,只有教师真正转变教学理念,站在学生发展的角度,才能精心研发出开放式教学内容,并在实际教学中付诸实施,服务教学.也只有教师真正转变教学理念,才能立足生情,设计出有利于学生主动建构新知识的教学设计,并在实际教学中努力达到预设的教学效果.

二、转变理念,创新应用开放式教学手段,服务教学

以往部分学校或教师受到教学条件的限制,在涉及须采用信息技术手段教学的知识点时,常通过口述的方式简单带过,告诉学生应用信息技术得到的结论;甚至个别教师为了方便省事,直接跳过应用信息技术的教学内容,简单化地告诉学生相关结论.教师把课本知识当成了定论,看成是无须检验、只需记忆的"绝对真理",将课本当作至高无上、毋庸置疑的圣经,好像只要记住了课本知识,就可以套用它去应付灵活多变的实际问题.然而,实际问题总是具体的,在不同时间、不同地点会有很大的差别,它往往并不是套用一两个概念原理就能解决的,只有真正的"活知识"才能给人以力量.[1]

随着时代的进步,国家对基础教育不断加大投入力度,许多学校原有的落后教学设施和

教学环境已经得到极大的改善. 当前绝大部分学校现有的教学设施完全可以满足信息化教学的需要,但依然有相当数量的教师没有应用信息技术教学手段开展必要的教学活动,继续沿用之前的教学处理方式.殊不知,学生由于没有亲身经历感知,虽然从情感上认可教师的表述,相信结论的正确性,但是并没有留下深刻的印象,以至于经过一段时间后,对其结论也逐渐淡忘,对其知识的发生、发展和形成的过程更是说不出所以然.因此,教师只有在开放式教学实施中,才能意识到现代教育技术在教学过程中的重要作用,自觉转变教学理念,尊重学生的认知规律,创新应用开放式教学手段,服务教学.

例如,对于高中必修第二册第十章随机模拟,教材采用了大量的篇幅介绍如何利用计算器或计算机软件产生随机数,构建相应的随机数模拟试验,以加深学生对随机模拟的理解和进一步认识频率估计概率的思想与方法.在实际教学中,教师完全可以利用电子表格软件、在线随机数生成器等信息技术模拟摸球实验、比赛获胜结果等随机现象,促进学生对蒙特卡洛方法的理解.开放式教学实践表明:学生在教师的指导下,亲自应用在线随机数生成器产生随机数,不仅感受到信息技术的强大功能,而且对用频率估计概率有了深刻的认识.由于计算机产生随机数的时间很短,尽管每位学生全过程参与其中,也并不需要占用太多的教学时间,其教学效果常常超出教师的预判.同样地,在教学函数性质、图象生成、立体几何等知识点时,教师只有转变教学理念,主动地充分应用现代教育技术实施教学,才能展现传统教学难以起到或不能起到的教学与学习作用,同时有效地降低教学和学习难度,激发学生的求知欲和好奇心,提高学生的学习兴趣,提升学生数学抽象、数学建模、数学运算、直观想象和数据分析等数学学科核心素养.

三、转变理念,精心研究开放式教学形式,服务教学

传统的数学教学大都采用课堂教学形式,教师在教学过程中习惯于"一张嘴加一支粉笔"的讲授方式,学生学习积极性不高.尽管有的教师善于应用启发式教学法,提高学生学习的积极性,但并没有改变教师"教"知识、学生"学"知识的被动局面,学生仍处于被动接受知识的层面.这种忽略学生主体性的教学形式,很难培养出适应时代需要的创新开拓性人才.因此,教师只有在开放式教学实践中才能深切地体会到传统教学形式的束缚和不足,从而转变教学理念,精心研究开放式教学形式,根据授课内容,灵活地采用户外授课、实地教学、小组协作、体验操作等多种教学形式,让学生全身心地参与教学全过程,真正实现以学生为主体的教学要求.

例如,学生在掌握余弦定理、正弦定理之后,将学习它们在实际生活中的应用问题.此时,教师可以大胆地带领学生走出教室,面对"不能到达"的两个实际物体,合理地设计测量方案,并利用测角仪、皮尺等工具测量所需数据,最后综合应用余弦定理和正弦定理,计算得到"不能到达"的两个物体间的实际距离.学生在整个教学过程中,以小组协作的形式,既分工又合作,在人人有事做、事事有人做的良好氛围中,设计方案、精准测量、精确计算和汇报

成果,真正体验数学知识在实际生活中的应用.再如,八年级下册安排的数学活动课"折纸做 $60°,30°,15°$ 的角",教材只呈现一种折叠 $30°,60°,15°$ 的方法,且没有铺垫预设,对学生而言理解难度较大.教师可以先由矩形中的直角对折可得 $45°$ 角这个简单折纸引入,发现对折即可得到一半角.因此,折 $30°,15°$ 都转化为折 $60°$ 角,激发学生强烈的学习兴趣和探究热情;再由 $60°$ 角联系等边三角形,考虑到等边三角形与矩形都是轴对称图形的共同点,联想折叠 $60°$ 角的一般方法,接着让学生以小组探究的形式,研究折叠等边三角形的多种方法.学生通过折纸活动,在提高动手操作能力的同时,感悟知识的生成过程.教师也充分发挥了教学"引导者"的作用,比如折纸前关注什么、折纸时观察什么、折纸展开后思考什么等都需要教师进行适当的教学设计.这类课型要求教师转变教学理念,充分发挥自己的聪明才智,在科学搭建合作小组的基础上,合理引导学生参与教学全过程.类似以上的学习经历,有利于培养学生的动手操作能力;有利于增进学生之间的彼此了解;有利于学生相互帮助、相互支持和相互鼓励,促成他们亲密融洽的人际关系的建立;有利于培养合作能力和团队精神;有利于学生深入理解数学来源于生活又高于生活的道理.

综上所述,开放式教学促进了教师教学理念的转变,促使教师主动积极地重构教学内容,精心设计教学流程,服务教学;突破了传统教育"以课堂为中心""以教师为中心"的模式,成功实现教育中心的转变,让学生由"要我学"的被动学习向"我要学"的主动学习转变,学生成为学习的主宰,获得全面发展.

第二节　提高技能以实施教学

开放式教学对教师综合素质提出了较高的要求,不仅要求教师敢于大胆根据教学需要,科学调整教学顺序、合理重组教学单元、恰当整合教学知识,而且要求教师提升教育信息技术水平,善于改变仅依靠传统的利用粉笔、圆规、直尺等教学工具辅助教学的落后局面,充分发挥包含计算机在内的现代教育技术的强大优势.通过图形的直观演示、大数据的分析处理和几何图形的动态演示等激发学生的求知欲和好奇心,帮助学生探索发现数学知识的特征和规律,减少烦琐、复杂和枯燥的运算,降低教学和学习难度,提高学生发现问题和分析问题的能力,增强创新意识和创新精神的培养,提高创新能力和解决问题的能力.

一、提升现代教育技术能力,适应社会发展需求,有助于更好实施教学

20 世纪后半叶,人类认识到不仅物质、能量可以作为资源,而且信息也可以作为一种资源,甚至是更为重要的资源.如何将信息作为一种资源而加以利用,绝不仅仅是一个简单的技术问题,而是与人类文明的发展、与人类社会的飞跃密切相关的决定性因素.利用信息作为资源制造出新一代既有活力又有智能的生产工具[2],计算机就是这类生产工具的代表.随着社会的进步,计算机的硬件及软件不断更新换代,利用计算机可以构成智能决策系统、智

能指挥系统、智能信息处理系统、各类专家系统、各种智能卡以及机器人……以计算机为核心的信息技术是现代社会变革的动因,是人类社会跃进的杠杆,是推动人类文明与进步的革命因素.现代教育技术是以计算机为核心的信息技术在教育、教学领域的全面运用,必将促使教学内容、教学手段、教学方法和教学模式的深刻变革.

21世纪已进入信息时代,为了适应信息社会的文化基础和经济发展的需要,为了能应付21世纪面临的各种挑战,信息社会所需的新型人才应当具备全面的文化基础,特别是信息方面的文化基础即信息方面的基本知识与能力,富有创新精神和高尚道德品质的一代新人.[3]任何教育改革的目的都是能更好地培养出适应社会需求的人才,为此,现代教育技术具有至关重要的意义.这不仅是因为信息社会的文化基础包含信息方面的知识与能力,而信息方面知识与能力的培养显然有赖于现代化的教育技术手段,而且还因为各个学科教学的深化改革都离不开教育技术理论的指导和以计算机为基础的教学环境的支持.教育的实质是要培养具有创新能力和高尚道德精神的人才,而现代教育技术则对这两方面教育目标的实现均有不容忽视的重要作用,尤其是对创新能力的培养具有决定性的意义.从育人的角度来说,学生信息素养的形成被列为与传统读、写、算一样重要的基础技能,也必然要求教师首先具备良好的信息素养.同时,信息素养是信息时代每一个社会成员必备的基本生存能力,教师要实现育人的目标更不能例外.具备良好的信息素养有助于提高教师进行有效的决策、交流,问题求解和研究的能力,自主学习能力和应用知识解决问题的能力.因此,为了培养符合新时代要求的人才及自身发展的需要,教师必须具有很强的信息获取、信息分析和信息加工的能力,具备较强的现代教育技术水平.

以计算机为基础的现代教学媒体包括多媒体计算机、教室网络、校园网和因特网等,这些现代教学媒体具有交互性、多样性、超文本特性和网络特性.其中,交互性有利于激发学生的学习兴趣和认知主体作用的发挥;多样性有利于知识的获取与保持;超文本特性可实现对教学信息最有效的组织和管理;网络特性有利于培养合作精神并促进高级认知能力发展的协作式学习;而超文本特性与网络特性的结合有利于实现培养创新精神和促进信息能力发展的发现式学习.[4]现代教育技术的以上特性为开放式教学手段的建构提供了坚实的理论基础和理想的教学环境.

综上,社会的发展迫切要求教师提升现代教学技术技能,并能高效地应用于日常的教学工作,培养学生的信息技术素养.开放式教学包括教学手段开放,有助于教师更加熟练地使用现代教育信息技术实施教学,充分借助其强大的功能优势,在图形直观演示、大数据分析处理、函数图形与几何图形动态演示等方面,在教学过程中向学生形象直观地展示和深层次剖析诸如函数性质、图象生成等相关知识,帮助学生主动建构新知识.

二、提升现代教育技术能力,有助于提高专业水平

现代教育技术素养是教师专业化内容中的一部分,现代教育技术能力是促进教师专业

化的手段、方法."教育技术是关于学习过程和学习资源的设计、开发、利用、管理和评价的理论与实践",技术一旦与教育相结合、相交叉,其所表现出的不仅仅是物化技术的特点,也包括了教学中应用的方法、策略、指导思想等一系列智能化技术.教育技术＝教育×技术,技术以先进教育理念、思想作为指导,在教育教学中应用,以优化教与学.现代教育技术作为教育理论与教育实践的桥梁,是信息时代教师专业化得以体现的中介工具,所要解决的是教师专业化中"如何教"的问题.作为教育技术核心的教学设计能力更是体现出促进教师"师范性"发展的特点,是连接学习理论、教学理论与教学实践的桥梁,它可用来指导实际教学过程,为"如何教"及"如何学"提供规定性的处方.[5]

由于开放式教学经常需要借助现代教育技术实施教学,因而教师愿意与否,都将倒逼教师熟练掌握现代教育技术,充分运用现代教育技术制作图形、表格,进行图象演示、数据处理等,从而在长期使用中不断提升现代教育技术能力,真正实现教学手段的开放.此外,提升现代教育技术能力,也可从以下两个方面着手:

第一,推行电子备课.随着网络的广泛普及,学校信息化硬件建设的不断完善,教师就可以充分利用网络中优质的教学资源,既节省设计教案、制作课件的时间,又能提高教学效率,还可通过教学视频在线观看优秀教师教学,倾听专家相关讲座,为开放式教学提供参考、借鉴.

第二,推行说课、微课.通过现代教育技术录制示范性说课、评比性说课、研究性说课等多种说课形式的课件,利用网络平台进行教学交流,吸收同行先进的教学经验和制作技术,提升应用能力.同时,积极开发微课程,借助现代教育技术,发挥独特的现代化教学呈现形式,实现教学水平与技术能力的交互提高.

三、提升现代教育信息技术能力,有助于提高教学效果

恰当合理地使用信息技术开展教学活动,是现代教师的一项重要教学技能.在教学抽象的数学概念、需要积累感性经验的知识等数学内容时,教师有意识地灵活使用信息技术,依托其强大功能的展示,揭示数学知识的发生、发展和形成过程,往往能起到事半功倍的教学效果.比如,目前全国不少中学教师普遍使用的《几何画板》数学教学软件,能方便地用动态方式表现对象之间的关系,教师利用该工具平台既可根据自己的教学需要编制与开发课件,又可便于学生进行自主探索.

由于几何画板既能创设情境又能让学生主动参与,因此能有效地激发学生的学习兴趣,使抽象、枯燥的数学概念变得直观、形象,使学生从害怕、厌恶数学变成对数学喜爱和乐意学.让学生通过做"数学实验"去主动发现、主动探索,不仅使学生的逻辑思维能力,空间想象能力和运算能力得到较好的训练,而且还有效地培养了发散性思维和创造性思维的能力.[4]以下两个例子充分说明了以上观点.

示例1:运用几何画板讲授抽象数学概念[6].

北京知春里中学杜利平老师对"轴对称"概念的讲授是这样进行的:杜老师先利用几何画板制作一只会飞的花蝴蝶,这只蝴蝶刚一"飞"上屏幕,立刻吸引了全体同学的注意,一些平时不爱上数学课的学生这时也活跃起来.同学们根据蝴蝶的两只翅膀在运动中不断变化的现象很快就理解了"轴对称"的定义,并受此现象的启发还能举出不少轴对称的其他实例.这时再在屏幕上显示出成轴对称的两个三角形,并利用几何画板的动画和隐藏功能,时而让两个对称的三角形动起来,使之出现不同情况的对称图形(如图形在对称轴两侧、两图形交叉或是对称点在轴上等);时而隐去或显示一些线段的延长线.在这种形象化的情境教学中,学生们一点不觉得枯燥,相反在老师的指导和启发下他们始终兴趣盎然地在认真观察、主动思考,并逐一找出了对称点与对称轴、对称线段与对称轴之间的关系,在此基础上学生们很自然地就发现了轴对称的三个基本性质并理解了相应的定理,从而实现了对知识意义的主动建构.

示例2:运用几何画板做"数学实验"[6].

几何画板可以为做"数学实验"提供理想的环境.用画板几分钟就能实现动画效果,还能动态测量线段的长度和角的大小,通过拖动鼠标可轻而易举地改变图形的形状,因此完全可以利用画板让学生做数学实验.这样,就可用新型教学模式取代主要靠教师讲授、板书的灌输式教学模式.由于教学过程主要是让学生自己做实验,因此教师在备课时考虑的主要不是讲什么、怎样讲,而是如何创设符合教学内容要求的情境,如何指导学生做实验,如何组织学生进行协作学习和交流等.这样,教师就由知识的灌输者转变为教学活动的组织者、学习情境的创设者、学生实验过程的指导者和意义建构的帮助者.在以往的数学教学中,往往过分强调"定理证明"这一个教学环节,而不太考虑学生们直接的感性经验,致使学生难以理解几何的概念与几何的逻辑.几何画板则可以帮助学生从动态中去观察、探索和发现对象之间的数学关系与空间关系,因而能充当数学实验中的有效工具,使学生通过计算机从"听数学"转变为"做数学".例如,为了让学生较深刻地理解两个直角三角形全等的条件,可以让学生利用几何画板做一次这样的数学实验:在该实验中,学生可通过任意改变线段的长短和通过鼠标拖动端点来观察两个三角形的形态变化,从中学生可以直观而自然地概括出直角三角形全等的判定公理,并不需要由教师像传统教学中那样做滔滔不绝的讲解,而学生对该定理的理解与掌握反而比传统教学更深刻得多.

通过上面两个例子可以清楚地看到,基于几何画板的数学开放式教学是一种新型的教学模式,其特点就是在教师的指导下,或在教师所创设情境的帮助下,由学生主动进行探索式、发现式学习,教师的主导作用和学生的主体性作用均尽情得以发挥,也充分体现了开放式教学的优越性.可见,以计算机为基础的现代教育技术,对帮助学生理解掌握数学知识以及提高教学质量与学习效率都具有非常重要的作用.

第三节　潜心教研以拓展教学

开放式教学强调以学生的发展为本,实施开放式教学就是要实现教师和学生在教学活动中角色的转变:教师从知识的传输者变为指导者,学生从知识的被动接受者变为知识的主动建构者,实质上是促进教育思想、教育观念发生转变.实践证明,很多蕴含先进教育理念、充满教育智慧的教育行为都是教育科研对教师潜移默化地影响产生的结果.要促使教师不断反思自己的教学实践,深入探究对课程内容和资源的理解,改变教育思想和教育观念,发动教师从事教育教学研究是一条有效的途径.入职时间不同,教师所处的成长阶段有所不同,但不管处于哪一成长阶段,寻求发展的教师都有必要做科研,因为从事教育教学研究是信息时代教师专业发展的有效途径,它可以使教师适应教学改革的需要,实现自身的生命价值.

一、教师成为研究者的必然性和必要性

教师成为研究者既有外部条件的要求,也有内部动因的需求.[7]

第一,社会的发展对教师职业的要求越来越高,随着时代的发展和科学的进步,教学内容随着社会发展不断提高,原来的某些教育内容已经不适应社会发展,许多新的教育内容又在不断地涌现.这就要求教师自觉跟上时代的步伐,不断进行自身知识结构的新陈代谢;要求教师具有不断更新自己教育技术的意识,不断追求新知,并有意识地运用于教育教学活动;要求教师必须具备终身学习的观念和浓厚的科研意识.因此,"教师即研究者"是时代对教师的要求.

第二,教师的工作,包括创造性的教学工作.教师要使自己在职前培养中初步奠定的合理知识结构能在以后的教师工作中发挥作用,就要在保持知识结构开放性的同时,还必须学习和提高自己"转识成智"的能力,即用智慧去驾驭信息和知识的能力.这就要求教师不仅转换知识观,而且了解不同学科、不同场合、不同目的所使用的不同知识形态,采取不同的传递方式,指导和帮助学生能够在这些知识面前善于判断、选择、取舍,并能够进行不同知识的组合、转换,引导学生学会发现问题和提出问题,学习着手解决问题.教师创造性的这一特点必然要求教师要研究所传递的知识及其构成,研究传递知识的方法与途径,研究学生,研究教学,将知识、方法、价值融为一体.

第三,在现代社会的知识理论中,由于知识本身与人的关系越来越密切,知识的含义已经发生了一定的变化,知识的建构性特征越来越明显和突出.知识成了人们进行思维的原料,教学是通过作为思维系统的知识来增进人的自由,挖掘人的创造力,所以知识在教育过程中发挥作用的重要机制在于理解,而不在于认知与回忆.根据这种新的知识观,教师的教学活动和学生的学习活动本身也是一个创造新知识的活动和过程.在这个过程中,教师和学生都是作为主体而进入教育过程,他们通过协商、互动的方式共同对知识进行理解和建构.这就意味着对教师素质、能力方面的要求提高了,即教师必须是一个研究者,才有资格、有能力担负起建构性知识的教学任务,创造性地设计一种开放的、有助于学习活动的氛围和背

景,帮助学生去发现、组织和管理知识,引导他们而非包办他们.

第四,教师的知识是教师专业化的基础.就教师知识结构而言,以知识的功用出发将教师知识分为本体性知识、条件性知识和实践性知识.已有的研究表明,教师的本体性知识与学生的成绩之间几乎不存在统计上的关系,且并非本体性知识越多越好.同时,条件性知识也只有在具体实践的情境中才能发挥功效,更为重要的是实践性知识.而这类知识的获得,因为其特有的个体性、情境性、开放性和探索性特征,要求教师通过自我实现的反思和训练才能得到和确认,靠他人的给予似乎是不可能的.从这个角度看,教师成为研究者是教师职业发展的决定性因素.

第五,从普通教师到优秀教师再到教育专家,大致需要经历掌握学科知识、获得教学技能、探索教育教学规律三个阶段.知识是通过职前和职后的学习获得的,技能的提高主要靠自我的悟性与经验的积累.但如果一个教师仅仅满足于获得经验而不对经验进行深入的思考,不管其实际教龄有多长,其真正价值也只是经验的反复,充其量也只是一个"教书匠".要想成为优秀教师或教育专家,需要的是像科学家那样的探索精神,要带着理性的目光,审视自己的昨天和今天,审视从他人那里学习来的经验,审视一切正在使用的方法与正在讲授的知识,他会自己设定活动目的,自己把握教学过程,并会根据整体的需要去调整自己,会主动地、超前地意识到教育教学中的各种可能出现的问题,会走在改革的最前沿,有创造性地改进自己的工作,并在更高层次上拓宽自己的知识、完善自己的知识结构,形成自己的教学技能,使自己成为一个学者型、专家型的教师.

教师成为研究者是教师形成教育理念的必要前提.教育信念是人们确证、认定、坚信并执着追求的教育思想和教育理想,是支配教育者教育行为的内驱力,教育思想和教育理想一旦上升为教师的教育信念,就会成为其生活、工作的内在动力和自觉愉快的追求.教育信念是使教师摆脱"教书匠"的困惑,使平凡的工作得以升华,变得更富有价值的关键所在.形成教育信念,是教师专业发展的最高境界,但教师的教育信念不是教师头脑里固有的,它除了受理念指导、经验总结,更是通过对已有教育思想和教育实践的审视、反思和辨析,经过自己潜心的理论钻研和探索,敢于坚持自己深思熟虑的教育观念,并不懈地确信、恪守、实践,才形成的.

二、开放式教学为教师成为研究者提供了可能性

教师成为研究者的观念来自"专业人员即研究者"的启示.其基本假设是:教师有能力对自己的教育行动加以省思、研究与改进,提出最贴切的改进建议.由教师来研究改进自己的专业工作乃是最直接最适宜的方式.外来的研究者对实际情境的了解往往非常肤浅,因此提出来的研究建议往往无法切入问题的关键.从这点上看,教师与其他的外来者在进行研究时相比,处在一个极其有利的位置上.[8]

教师不仅处在最佳的研究位置上,而且还拥有最佳的研究机会.教师最主要的活动场所是教室,从实验研究的角度看,教室是检验教育理论的理想的实验室,教师可以通过一个科学研究过程来系统地解决课堂中遇到的问题.这使教师拥有了研究机会.从自然观察的角度看,任何外来研究者都会改变课堂的自然状态,如要想既达到观察目的,又不改变原有的气氛与状态,就只有依靠教师,教师是最理想的观察者,因为教师本来就置身于教学中,对于教

学活动,他不是一个局外人,他可以是掌握观察的方法、了解观察的意图而又不改变原来课堂教学情境的最佳人选.[9]

例如,在"三角形稳定性"的开放式教学过程中,我们就曾遇到过以下问题:一个学生拿着手中有一条边是由两条小木棒钉成的木架三角形说:老师,我发现有的三角形没有稳定性! 另一个学生则认为:这个车架虽然是四边形,但它是铁的,也有稳定性.如何破解学生基于生活经验产生的认知冲突,就是教师开展教科研的最好素材.有经验的教师还可以做一般性的思考:"生活数学"与"学校数学"的关系这样一个普遍性的问题,并引发对一些普遍性结论的思考.例如,"生活数学"与"学校数学"之间存在的本质区别;数学应该与生活经验建立起联系;生活化的最终目的还是要实现形式化思维的提升.由于开放式教学独有的开放性特征,教学过程中常常会生成意想不到的、极具学生认知冲突的"教学事故",这为教师成为研究者提供了广阔的素材,为教师成为研究者提供了丰富的研究机会.

三、多措并举促使教师潜心教研以拓展开放式教学

教师专业发展,不仅要求教师具有相应的教学实际能力,还要求教师必须时刻关注教育改革的发展,关注国家对人才培养的要求,借鉴和吸收先进教学理念、科学教学方法,掌握国内外教学研究的发展趋势和最新动态,以适应不断变化的教学活动和教学探索.为此,可考虑采取以下多样化的措施,促使教师潜心教研,以更好地拓展开放式教学.

(一)重新认识与发现教师

教师在教育实践中的主体性参与是教师发展的根本动力.在教育过程中,学生也具有主体的性质,教师与学生之间是主体间性关系,这已成为人的主体性在教育维度上展开的不容忽视的特点.长期以来,教师的教育思想往往是在被动条件下形成的,教师的主体精神未能在观念改革上得到发展和提升.即使有一些理论培训,也只是表面和字面上的,没有教师主体的自我实践反思意识和能力的增强,其效果必然是不理想的.只有注重激发教师的自我提高动机,调动教师积极的自我反思与实践,使其以主体身份投入其中,教师的教育教学观念、教育教学行为和能力才会有本质性的提高,教师成为研究者才能成为可能.

(二)确立"教学和教研"双重任务的观念

学校发展首先应以教师发展为主,学校管理者应从学校持续发展的高度确立教师教学、科研双重性任务观念,在教师进修、学习的时间上给予方便,并形成制度;在教育教学工作中,吸收教师参与学校教学管理,特别是开放式教学内容的研发工作;将教师的研究工作与教师工作评价结合起来等.

(三)改变传统的师资培养模式

根据不同的教师专业发展阶段,结合开放式教学实践的经验与困惑,分别开设具有针对性地培养研究者素质的课程和实践锻炼.传统师资培养只重视职前的学科知识学习和职后的教学技能掌握,使教师仍旧处于一个学习者和教书匠的境地.教师专业发展应从职前、适应期、职后适应期和发展期各阶段给予教师整体的指导,在职前适应期,除学科知识外应重视和加强教育科学理论的素养;在适应期应注重教育实践能力,学会运用教学设计和教学策略的理论,创造性地开展开放式教学;在发展期应树立教育观念,通过反思建构自身经验的

系统,形成教学指导能力.

苏霍姆林斯基说过:"如果你想让教师的劳动能够给教师带来一些乐趣,使天天上课不至于变成一种单调乏味的义务,你就应当引导每一位教师走上从事研究这条幸福的道路上来."当一个教师真正进入教科研的神圣领地时,他就会发现这是从事教育工作的真正幸福之路.教师的科研过程,使教师获得自我成长的能力和可能性,教师不断成长的过程在本质上就是对教育实践反思和批判能力的不断提高.[10]教育科研促进教育劳动从"汗水型"劳动向"智慧型"劳动、从经验劳动向科学劳动的转变.[11]在开放式教学提供的广阔空间中,每位教师都将大有作为,随着开放式教学实践的逐步深入和推进,他们都将成为一名真正的研究者,走上幸福的道路,实现自身的生命价值.

[参考文献]

[1]张建伟.从传统教学观到建构性教学观——兼论现代教育技术的使命[J].教育理论与实践,2001(9):32-36.

[2]蒋立源.编译原理[M].西安:西北工业大学出版社,1997:7.

[3]何克抗.论现代教育技术与教育深化改革(上)——关于 ME 命题的论证[J].电化教育研究,1999(1):3-10.

[4]何克抗.论现代教育技术与教育深化改革(下)——关于 ME 命题的论证[J].电化教育研究,1999(2):21-29.

[5]赵玉.现代教育技术促进信息时代的教师专业发展[J].中国电化教育,2007(7):21-24.

[6]牟丽芳.实践电化教育促进学校整体改革[J].中国电化教育,1997(8):18-22.

[7]张志越.谈教师专业发展的新理念[J].教育理论与实践,2002(6):34-35.

[8]宁虹,刘秀江.教师成为研究者:教师专业化发展的一个重要趋势[J].教育研究,2000(7):39-41.

[9]蒋竞莹.教师专业化及教师专业发展综述[J].教育探索,2004(4):104-105.

[10]朱永新,袁振国.中国教师:专业素质的修炼[M].南京:南京师范大学出版社,2003:233.

[11]童国嘉.教科研:可持续提高教学质量的智慧路径[J].江苏教育学院学报(社会科学版),2006(2):10-12.